개정판

Criminology

범죄학

김형중, 이도선, 정의롬, 조상현 지음

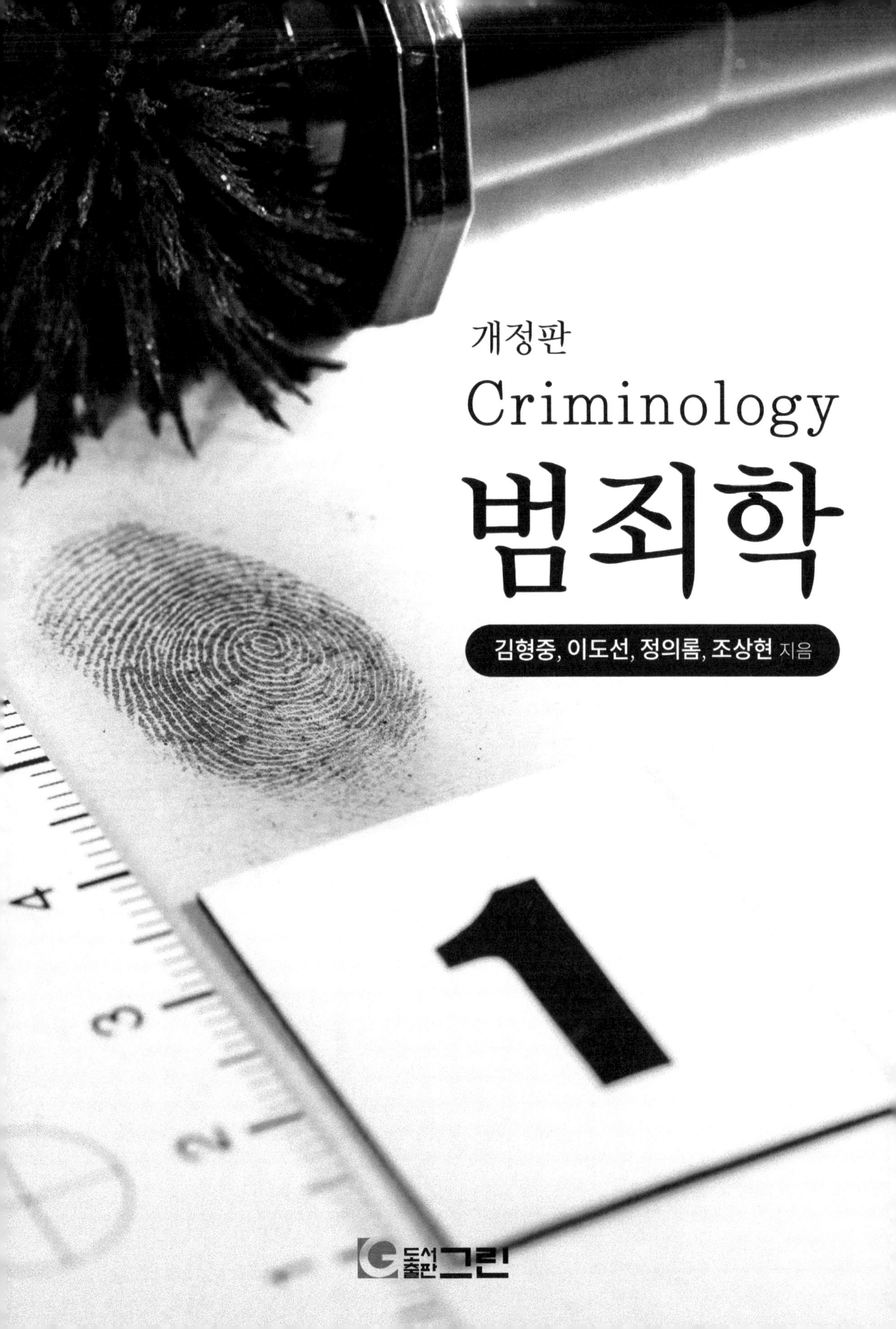

도서출판 그린

머리말

현대사회에서 범죄문제는 안전한 삶을 지향하는 우리 모두에게 중요한 문제이다.

매슬로우(Maslow)는 인간 욕구 단계이론에서 인간은 가장 원초적인 생리적 욕구의 충족이 이루어진 다음으로 '안전에 대한 욕구'를 원하게 된다고 하였다. 이 안전에 대한 문제 중 범죄문제는 우리의 삶과 삶의 질(Quality of Life)에 지대한 영향을 미치는 것 중의 하나이다.

'범죄학(Criminology)'이라는 용어는 1885년 가로팔로(Garofalo)가 「범죄학(Criminologia)」 저서에서 처음으로 사용하였고, 이후 130년의 역사를 통해 다양한 연구를 통해 발전되어 왔다. 이미 국내에서도 범죄학은 전국의 경찰관련학과에서 전공교과목으로 자리매김하고 있고, 수많은 대학과 연구기관 및 형사사법 실무분야에서도 범죄학을 중심으로 다양한 범죄문제 등에 대한 원인분석과 대응 방안 등이 모색되고 있는 실정이기도 하다.

범죄학은 범죄의 원인과 현상을 파악하여 범죄대책을 수립할 수 있는 지혜를 제공하는 학문이다. 형법학이 가치학이라면, 범죄학은 형법학의 가치개념과 규범을 세우는 데 필요한 지식을 제공하는 사실학이다. 본 교재는 사실학적 관점에서 1) 범죄학의 기초개념, 2) 범죄연구의 발달과정, 3) 범죄학이론, 4) 범죄유형론, 5) 범죄대책론(범죄예방론) 순으로 구성하여 기술하였다. 특히 본 교재는 범죄가 발생하는 원인은 무엇인가, 무엇 때문에 범죄자는 범행을 저질렀는가 라는 「범죄원인론」부분에 상당한 주의를 기울였다. 따라서 최근 외국의 새로운 범죄학 연구분야를 소개함으로써, 「범죄원인론」에 대한 시각을 넓혀주는 계기를 제공하고자 하였다.

끝으로 본서에서 가장 심혈을 기울인 것은 범죄학 전체 내용을 보다 쉽게 이해하기가 편하도록 하는데 그 주안점을 두었다. 따라서 범죄학 이론을 설명함에 있어 난해한 문장 등은 전반적으로 보다 간결하게 집필하였으며, 또 범죄대책론에서는 최근 범죄예방이론으로 각광받고 있는 상황적 범죄예방이론·환경설계를 통한 범죄예방(CPTED)·깨진 유리창 이론 등을 구체적으로 기술하여, 범죄예방의 중요성을 강조하였다.

한 권의 책을 쓰고 나면 보다 잘 만들 수 있었을 텐데 하는 아쉬움이 남기 마련이다. 이 책이 나오기 까지 많은 분들의 도움을 받았기에 이 자리를 빌어 그 분들께 깊은 감사의 말씀을 올린다. 저자와 함께 학문적 고락을 함께 해준 한남대 이도선 교수·부산외대 정의롬 교수·동서대 조상현 교수에게 감사의 마음과 함께 본서의 향후 진일보한 개정을 위해 앞으로도 애써주시길 당부 드리며, 특히 도서출판 그린의 윤덕우 대표님과 임직원 여러분께도 깊은 감사를 드립니다.

아울러 범죄학을 공부하는 독자 제군들의 건강과 행운을 기원하면서…….

2020년 7월

해송정에서

김 형 중

목 차

제1장 범죄학의 기초개념 / 13

제1절 범죄 및 범죄학 ········· 14

Ⅰ. 법의 개념 ········· 14
1. 사회규범과 법 ········· 14
2. 법의 생성과 기원 ········· 15

Ⅱ. 범죄의 정의 ········· 19
1. 범죄의 개념 ········· 19

Ⅲ. 범죄학의 영역과 대상 ········· 22
1. 범죄학의 영역 ········· 22

Ⅳ. 범죄학의 연구자료와 연구방법 ········· 29
1. 서설 ········· 29
2. 연구자료(자료수집법) ········· 29
3. 연구자료(자료수집법)와 연구방법 간의 관계 ········· 30
4. 연구방법론 ········· 30

제2장 범죄연구의 발달과정 / 47

제1절 범죄학 역사의 개관 ········· 48

Ⅰ. 개설 ······ 48

Ⅱ. 범죄학 탄생 이전의 범죄원인에 대한 인식 방법 ······ 49
1. 초자연주의(마신론) ······ 49
2. 자연주의적 경험론 ······ 50

제2절 범죄학의 탄생(고전주의 발달과정) ······ 52

Ⅰ. 개요 ······ 52

Ⅱ. 고전주의 학파 ······ 53
1. 개설 ······ 53
2. 고전학파의 태동 ······ 53
3. 초기 고전학파 ······ 54
4. 고전주의 학파의 범죄이론 ······ 59

Ⅲ. 신고전학파이론 ······ 62
1. 프랑스 형법의 개정 ······ 63
2. 신고전학파의 특징 ······ 63
3. 실증주의의 대두 ······ 63

Ⅳ. 현대적 고전학파(현대적 억제이론) ······ 64
1. 고전적학파의 개념이 부활 ······ 64
2. 고전주의 억제효과의 요소에 대한 연구 ······ 64

제3절 실증주의 범죄학 ······ 66

Ⅰ. 실증주의 범죄학의 전개과정 ······ 66
1. 초기 실증주의 학파의 등장배경 ······ 66
2. 실증주의 탄생 전후의 범죄학의 전개과정 ······ 71

Ⅱ. 실증주의 학파의 주요 범죄이론 ······ 73
1. 초기 실증주의 학파 ······ 73
2. 초기 실증주의 학파(이탈리아학파)의 공헌과 비판 ······ 80

3. 후기 실증주의 학파 ······ 95
4. 후기 실증주의 학파 범죄이론의 공헌과 비판 ······ 97

제3장 범죄학이론 / 99

제1절 생물학적 범죄원인론 ······ 100

Ⅰ. 초기 실증주의 학파(범죄인류학파) ······ 100
1. 개요 ······ 100
2. 롬브로조의 학설의 비판과 승계 ······ 101

Ⅱ. 신체생리적 조건에 관련된 범죄이론
(범죄인류학에서 범죄생물학으로) ······ 102
1. 체형과 범죄 ······ 102
2. 크레치머와 셸던의 체형학 이론의 한계 ······ 105
3. 유전이론(유전과 범죄) ······ 108
4. 성염색체 구성의 이상(異常)과 범죄이론 ······ 115

Ⅲ. 생화학적 조건이론(범죄의 생화학적 연구) ······ 120
1. 의의 ······ 120
2. 생화학과 범죄유형 ······ 121

Ⅳ. 혈액형과 범죄 ······ 129
1. 노미 마사히코의 「혈액형 인간학」에 대한 논의 ······ 129
2. 혈액형과 성격 ······ 130
3. 혈액형별 범죄성향과 대책론 ······ 134
4. 효율적 예방과 교정의 방안 ······ 135

Ⅴ. 신경생리학과 범죄 ······ 136
1. 신경생리학의 의의 ······ 136
2. 뇌의 구조와 기능 ······ 136
3. 뇌와 범죄와의 상관성 연구 ······ 137

Ⅵ. 알코올 과음 및 중독과 범죄 …… 142
1. 개설 …… 142
2. 알코올의 과음과 범죄 …… 143
3. 알코올 중독과 범죄 …… 145
4. 알코올과 유전 …… 148
5. 알코올 중독과 문제점 …… 149

Ⅶ. 마약과 범죄 …… 150
1. 개설 …… 150
2. 마약의 분류 …… 153
3. 약물남용의 원인 …… 166
4. 마약류의 합법화에 대한 논의 …… 167

Ⅷ. 여성과 범죄 …… 169
1. 개설 …… 169
2. 여성범죄의 원인과 특징 …… 170

Ⅸ. 연령과 범죄 …… 185
1. 개설 …… 185
2. 연령단계와 범죄 …… 185
3. 연령과 범죄에 관한 이론 …… 190

Ⅹ. 생물학적 범죄이론에 대한 평가 …… 194

제2절 심리학적 원인론 …… 196

Ⅰ. 개 설 …… 196

Ⅱ. 정신분석에 의한 범죄원인 연구(심층심리와 범죄연구) …… 196
1. 지그문트 프로이트의 정신분석학 …… 196
2. 프로이트와 그 계승자들 …… 206
3. 정신분석학(심층심리학)과 범죄연구의 평가 …… 207

Ⅲ. 인성이론(personality theory) …… 208
1. 글루에크 부부 …… 208

2. 아이젠크의 인성이론 ········ 209
3. 성격검사 ········ 214
4. 인성이론에 대한 평가 ········ 217

Ⅳ. 지능과 범죄 ········ 218
1. 초기(20세기 전반)의 실증적 연구 ········ 218
2. 최근의 연구경향 ········ 221
3. 지능과 범죄연구에 대한 평가 ········ 227

Ⅴ. 정신장애와 범죄 ········ 228
1. 정신장애의 정의와 DSM-Ⅴ(정신장애진단통계 매뉴얼) ········ 228
2. 정신장애자의 책임능력판단에 관한 입법례 ········ 249

제3절 범죄사회학(사회발전이론) ········ 255

Ⅰ. 개설 ········ 255
1. 범죄사회학의 발전단계 ········ 255
2. 범죄사회학의 주요 연구영역 ········ 258

Ⅱ. 사회구조적 이론 ········ 259
1. 긴장이론(아노미이론) ········ 260
2. 일반긴장이론(긴장이론의 발전) ········ 264
3. 사회해체이론 ········ 266

Ⅲ. 사회과정이론 ········ 286
1. 사회학습이론 ········ 287

Ⅳ. 사회통제이론 ········ 296
1. 초기 통제이론 ········ 296
2. 마짜와 사이크스의 표류이론(중화기술이론) ········ 296
3. 허쉬의 사회통제이론 ········ 298
4. 갓프레드슨과 허쉬의 범죄의 일반이론 ········ 301

Ⅴ. 사회반응이론(낙인이론) ········ 302
1. 낙인이론 ········ 303

Ⅵ. 범죄사회학(사회발전이론)의 비판 310

제4절 갈등론적 범죄이론(비판범죄학) 311

Ⅰ. 개설 311
1. 갈등이론의 기원 311
2. 갈등론적 범죄이론의 시각 312

Ⅱ. 갈등론적 범죄이론의 유형 313
1. 초기의 갈등이론 313
2. 급진적 시대의 급진적 갈등이론 315

Ⅲ. 갈등론적 범죄이론의 공헌과 비판 323
1. 공헌 323
2. 비판 323

제4장 범죄유형론 / 325

제1절 전통적 범죄 326

Ⅰ. 살인 326
1. 개념 326
2. 살인사건의 유형 327
3. 살인범죄의 발생원인론 343
4. 살인범죄의 개별적 요인 350

Ⅱ. 강도 354
1. 개설 354
2. 강도죄의 특징 356
3. 강도의 원인 356

Ⅲ. 강간 357
1. 개설 357

2. 강간의 유형 ... 358
3. 강간의 원인론 ... 366
4. 강간의 피해 ... 369

Ⅳ. 가정폭력 ... 370
1. 법제정의 의의 ... 370
2. 가정폭력의 개념 ... 371
3. 가정폭력의 특성 ... 372
4. 가정폭력의 이론 ... 373

제2절 특수범죄 ... 377

Ⅰ. 화이트칼라범죄(white-collar crimes) ... 377
1. 의의 ... 377
2. 화이트칼라범죄의 특성 ... 379
3. 화이트칼라범죄의 원인 ... 382

Ⅱ. 매춘 ... 385
1. 개념 ... 385
2. 매춘(성매매) ... 386
3. 매춘을 바라보는 인식문제 ... 388

Ⅲ. 조직범죄 ... 395
1. 의의 ... 395
2. 단체 등 구성의 죄(폭처법 제4조) ... 396
3. 각국의 조직범죄의 연혁 ... 397

제5장 범죄대책론 / 415

제1절 범죄예방론 ... 416

Ⅰ. 서론 ... 416

Ⅱ. 범죄예방의 개념에 대한 이론 …… 416
1. 제퍼리의 정의 …… 417
2. 랩의 정의 …… 418
3. 브랜팅햄과 파우스트의 정의 …… 418

제2절 현대적 범죄예방이론 …… 420

Ⅰ. 개설 …… 420

Ⅱ. 상황적 범죄예방이론 …… 420
1. 서론 …… 420
2. 상황적 범죄예방의 개념 …… 421
3. 상황적 범죄예방의 이론적 배경 …… 422
4. 상황적 범죄예방 전략 …… 426

Ⅲ. 환경설계를 통한 범죄예방(CPTED) …… 427
1. 개설 …… 427
2. 제퍼리의 환경설계를 통한 범죄예방이론 …… 428
3. 뉴먼의 방어공간이론 …… 430
4. 근래의 환경설계를 통한 범죄예방이론 …… 432
5. 크로우(Crowe)의 4가지 기본원리 …… 433
6. 적용사례와 세계의 관련정책 …… 435

Ⅳ. 깨진 유리창 이론 …… 438
1. 개설 …… 438
2. 깨진 유리창 이론의 내용 …… 439
3. 깨진 유리창이론에 의한 실제적 실험 …… 440

찾아보기 …… 441

제1장

범죄학의 기초개념

제1절 범죄 및 범죄학

CHAPTER 01

범죄학의 기초개념

제1절

범죄 및 범죄학

Ⅰ. 법의 개념

1. 사회규범과 법

1) 사회규범

사회규범이란 사회공동체에서 지켜야 할 행동의 기준을 말하며, 관습·도덕·종교·법 등을 모두 포함하는 포괄적인 개념이다. 즉 사회규범은 한 사회 구성원들 사이에 어떤 것이 옳고 그른가 하는 것에 대한 묵시적인 동의가 존재한다고 보는 것이다.[1]

(1) 관습·도덕

관습은 민족의 공통된 생활 습관으로 예의범절 같은 것을 말하며, 도덕은 양심과 관계된 내면적인 규범을 말한다. 관습·도덕을 지키지 않으면 양심의

1) 예컨대, 우리나라에서는 동성연애와 문신을 새기는 행위는 불법은 아니지만 아직까지 옳지 않은 일로 받아들여지고 있다. 반면 말레이시아의 경우에는 동성애가 불법이며 유죄로 인정될 경우 최대 20년형을 받게 된다(중앙일보, 야당지도자 前 부총리 이브라힘 안와르, 동성애 혐의 벗었다, 국제면, 2012.1.11 일자).

가책이나 주위의 비난을 받을 수는 있지만 처벌받지는 않는다.

(2) 법

① 법이란 무엇인가? 한 마디로 법의 개념을 정의내리기란 매우 어려운 일이다.[2] 사회규범들은 절대적이고 고정불변 하는 것이 아니라 시대적 상황과 공간적 장소에 따라 변할 수도 있다. 사회규범 중에는 이미 많은 것이 법으로 규정되어 있다. 예컨대, 살인·강도·절도·사기 등은 사회규범을 어긴 행위인 동시에 법을 어긴 행위이기도 하다.[3]

② 법은 법전을 통해서 명문화되어 있는 반면에 사회규범은 그렇게 되어 있지 않을 수도 있기 때문에, 사회규범을 어긴 행위라도 법에 명문의 규정이 없으면 처벌하지 못한다. 그러나 법을 지키지 않은 경우에는 국가에 의해 일정한 제재를 받게 된다. 이것이 바로 「죄형법정주의」이다. 이 명제는 "법률 없으면 범죄 없고 형벌 없다"는 말로 표현되기도 한다.[4]

2. 법의 생성과 기원

법의 생성과 기원에 따라서 법을 보는 관점도 크게 두 가지로 구분해 볼 수 있다. 하나는 법의 기원을 사회적 합의에 두는 「합의론적 관점」에서 보는 것이며, 또 하나는 사회적 갈등을 법의 기원으로 보는 「갈등론적 관점」이 있다.

1) 합의론적 관점

(1) 정의

① 법은 공공의 이익을 위해서 국민들이 합의에 의해서 법을 만들었다

2) 심지어 G. Flauber는 "법 그것이 무엇인지 아무도 모른다."라고 까지 언급한 적이 있다.
3) 전돈수, 범죄학 개론, 그린출판사, 2005, p.17.
4) 신동윤, 형법총론, 법문사, 2012. p.19.

고 보는 관점이다. 즉, 어떠한 행위가 법률에 의해서 금지되어야 하며, 범죄로 간주되어야 하는가에 대하여 다수의 시민들의 일반적인 합의가 있다는 것이다.[5] 「합의론적 관점」은 존 로크(John Locke), 장쟈크 루소(Jean-Jacques Rousseau), 토마스 홉스(Thomas Hobbs) 등의 사회계약설에서 그 기원점을 찾아볼 수 있다.

② 사회계약설에 의하면 시민사회 이전의 자연 상태에서 사람들은 자유를 최대한 누리고 있었고, 사람들이 마음대로 행동할 수 있게 된 결과 모든 사람들의 삶은 안전이 결여될 수밖에 없었다. 따라서 만인의 만인에 대한 투쟁 상태와 같은 혼란과 결함을 극복하고 삶의 안전성을 높이기 위해 개인들은 자연 상태를 떠나 사회계약을 통해 시민사회를 결성하게 되면서부터, 사회계약을 통해 각자가 누리는 자유와 권리를 일정 부분 국가에 위임하는 대신 자신의 생명과 재산에 대한 안전의 수준을 높이고자 하였다.[6] 즉, 사회계약을 통해 각 개인들은 생명과 재산의 보호업무를 국가에 위임한 것이고, 이러한 합의는 사회구성원들 사이의 묵시적인 계약에 의해서 형성되었다고 보는 것이다.[7]

(2) 내용

① 핵심적인 요소

합의론적 이론가들은 가치에 대한 합의, 즉 무엇이 좋고, 옳고, 정의롭고, 중요하며, 적어도 용납하는지에 대한 공유하는 믿음이 인류사회의 가장 핵심적인 요소라고 여겼다. 그러면서도 모든 인류사회에서 개인 간 또는 집단 간 필연적으로 가치에 대한 갈등이 존재한다는 것을 인정한다. 따라서 합의론적 이론가들은 이 갈등을 조정하고 그 사회의 공통된 가치와 이익을 일반적으로 대표하는 것이 조직된 정부의 역할이라고 주장한다.[8]

5) 전돈수, 앞의 책, p.17.
6) 김형중, 경찰학개론, 청목출판사, 2010, p.72.
7) Frank E. Hagan, Introduction to Criminology: Theories, Methods, and Criminal Behavior (Chicago: Nelson-Hall, 1986), p.11.

② **합의론적 범죄관**

합의론적 범죄관에 의하면 합의는 일반 시민 대다수가 성문형사법에 의해서 처벌되어야 할 전반적인 동의를 의미하고, 범죄는 형법규정을 위반하는 고의적인 행동이라고 본다.[9] 이러한 합의론적 관점은 대다수의 범죄학자들에 의해서 일반적으로 수용되고 있으나, 비판적인 시각도 만만치 않다.

(3) 비판

갈등론자들은 합의론자들이 주장하는 범죄개념은 애매모호하다고 비판하고 있다. 그 이유는 첫째, 모든 범죄행위가 다 비도덕적일 수도 없으며, 그렇다고 모든 비도덕적인 행위가 다 범죄행위인가 하는 점 때문이다. 예컨대, 가족간의 화투나 카드놀이가 꼭 불법적이거나 비도덕적이라고 여기지 않는 경우가 있는가 하면, 그것을 범죄로 규정하고 있지 않다는 점이다.[10]

둘째, '친구사이의 도박을 금지하면서 복권과 경마권은 왜 허용하고 있는가?'라는 물음 등에 대해서도 「합의론자」들이 분명히 밝히지 못하고 있는 것 또한 그 한계점으로 지적받고 있다.

2) 갈등론적 관점

(1) 정의

갈등론자들에 의하면 법은 피지배 집단으로부터 지배집단의 지위와 권한을 보호하기 위해 고안된 정치적 개념으로 파악하고 있다. 즉, 법은 지배계층의 도구로써 하류층을 통제하기 위해 사용된다는 것이다.

---

8) Thomas J. BERNARD JEFFREY B. ALEXANDERL. GEROULD 지음, 이순래·이성식·김성언·박철현 공역, Vold의 이론범죄학, 그린, 2012, p.344.

9) Edwin Sutherland and Donald Cressy, Criminology, 8th ed. (philadelphia: J·B. Lippincott, 1960, p.8)
서덜랜드와 크레시는 성문형사법은 정치권력에 의해 제정되고 모든 계층의 사람들에게 동일하게 적용되며, 범죄행동은 국가의 법 집행기관에 의해서 처벌된다고 정의하였다.

10) Larry J. Siegel, criminology(2nd ed.), st.Paul, MN:west publishing company, 1986, p.15; 이윤호, 범죄학, 박영사, 2007. p.7.

(2) 내용

① 핵심적인 요소

갈등이론가들은 이해관계의 갈등(돈·지위·권력에 대한 경쟁)을 인류사회의 가장 중요한 요소로 보았기 때문에, 「이해관계」가 가치를 결정한다고 주장한다. 따라서 현실 사회에서 조직된 정부가 일반적인 가치를 대표하는 것이 아니라, 그 정부를 통제하는 충분한 권력이 있는 집단의 이해를 대표하는 것에 불과하다고 주장한다.[11)]

② 갈등론적 범죄관

㉠ 갈등이론가인 볼드(George B. Vold)는 '법이란 집단 간의 투쟁에서 이긴 정치집단(힘이 있는 집단)이 자기이익을 위하여 법을 만든 것이다'라고 보고 있다. 따라서 범죄란 집단이익의 갈등이나 집단 간 투쟁의 결과이며 「범죄행위」란 집단갈등과정에서 자신들을 제대로 방어하지 못한 집단의 행동이라고 정의하였다.[12)]

㉡ 한편, 퀴니(Richard Quinney)는 '형법은 계급억압의 도구이며, 지배 엘리트의 수중에 통제권을 두기 위하여 형사사법체계를 통하여 형법이 진행된다. 따라서 범죄를 종결시킬 수 있는 유일한 방법은 자본주의 사회를 새로운 사회주의 사회로 대체해야 한다'고 주장하였다.[13)]

㉢ 결론적으로 갈등이론가들의 주장은 '우리 사회는 가진 자와 그렇지 못한 자로 양분되고, 「법」은 소위 가진 자의 이익을 위해서 존재한다'고 보았다. 한편, 자신의 이익을 추구할 수 없는 사람(권력이 없는 사람)은 공식적으로 「범죄자」로 정의되고 취급되는 반면, 더 많은 권력을 가진 자는 법적으로 자유롭게 자신의 이익

---

11) Thomas J. BERNARD JEFFREY B. ALEXANDERL. GEROULD 지음, 이순래·이성식·김성언·박철현 공역, 앞의 책, 2012, pp.345~347.

12) Thomas J. BERNARD JEFFREY B. ALEXANDERL. GEROULD 지음, 이순래·이성식·김성언·박철현 공역, 앞의 책, 2012, pp.346~347.

13) Richard Quinney, criminology, Boston, MA:Little Brown, 1975. pp.37~41.

을 추구한다. 그 결과는 권력과 공식범죄율과의 반비례적관계로 나타난다는 것이다.[14]

② 비판

㉠ 갈등이론가들의 견해처럼 살인이나 강간과 같은 범죄도 엄격한 의미에서 지배집단의 기득권을 보호하는 차원에서 다루어지고 있는가? 일반적으로 살인이나 강간과 같은 범죄는 모든 종류의 집단과 계급에 의해서 가장 중요한 범죄로 받아들여지는 것이지, 지배집단이나 특정계급의 이익을 보호하기 위한 것은 아니라는 점에서 갈등이론의 결점이 지적되고 있기도 하다.

㉡ 반면, 이러한 갈등론자들의 결점에 대하여, 흑인을 살해하거나 강간한 백인보다 백인을 살해하거나 강간한 흑인이 훨씬 무거운 처벌을 받고 있다는 사실을 볼 때 갈등론자들의 주장이 전혀 근거 없는 것이 아니라는 견해도 제기되고 있다.[15]

Ⅱ. 범죄의 정의

1. 범죄의 개념

'범죄란 무엇인가' 라는 용어는 그 의미가 매우 가변적이기 때문에 일률적으로 정의하기는 어렵다. 범죄의 개념은 합의론적 관점과 갈등론적 관점에 따라 달라진다. 합의론적 관점에서의 범죄는 시민이 범죄행위를 비난하는데 합의한다는 것을 가정하는 반면, 갈등론적 관점에서의 범죄는 지배계층이 피지배계층을 통해 이익을 도모하기 위해 만든 것으로 본다.

14) Thomas J. BERNARD JEFFREY B. ALEXANDERL. GEROULD 지음, 이순래·이성식·김성언·박철현 공역, 앞의책, p.345.

15) 이윤호, 앞의 책, p.7.

1) 형식적 의미의 범죄개념(법률적 정의)

형식적 의미의 범죄(법률적 정의)는 구성요건에 해당하는 위법·유책한 행위라고 정의한다. 따라서 형식적 의미의 범죄는 형법 등 형사법을 위반한 행위로, 법규에 의거하여 형벌이 부과된다. 일반적으로 범죄학 분야에서 사용되는 '범죄'라는 용어는 대체적으로 법률적으로 규정되어 있는 법률적 정의를[16] 보편적인 것으로 보고 있다.

2) 실질적 의미의 범죄개념(비법률적 정의)

(1) 정의

실질적 의미의 범죄개념(비법률적 정의[17])은 형식적 의미의 범죄(법률적 정의)뿐만 아니라 다양한 반사회적 행위(비행행위 등)까지 포함하는 견해이다. 따라서 실질적 의미의 범죄는 시간과 공간에 따라 정의가 달라지는 상대적인 개념으로 파악할 수 있다.

(2) 범죄개념의 상대성

범죄는 시간과 공간적으로 상대적인 개념이지 절대적일 수는 없다. 따라서 범죄는 시간과 공간에 따라 얼마든지 달리 규정될 수 있으며, 다양한 형태로 발생할 수 있다.

① **시간적 상대성**

시간적 상대성이란 과거에는 범죄행위로 되지 않았던 것이 형법상 범죄로 규정되고 있는가 하면(환경범죄·경제 범죄·교통범죄·컴퓨터 범죄 등), 반대로 범죄였으나 지금은 범죄로 다루어지지 않는 경우(간통·혼인빙자 간음 등)도 있다.

16) 법률적인 정의란 법률 특히 형법과 관련하여 범죄의 개념을 파악한다. 따라서 범죄란 이론상으로 다양한 사회규범들 가운데 '법규'에 위배되는 행위(예컨대, 법률적으로 구성요건에 해당하고 위법하고 책임능력이 있는 자의 행위)로 정의되어 지고 있다.

17) 비법률적 정의라 함은 법률적 정의의 범주를 넓혀서 다양한 반사회적 행위까지 포함한다.

② **공간적 상대성**

공간적 상대성(장소를 통한 법의 상대성)이란 특정사회나 지역에서는 범죄의 행위가 다른 지역이나 사회에서는 범죄가 되지 않거나 또는 그 반대의 경우 등을 일컫는다.[18] 예컨대, 간통은 중동권 등에서 처벌하지만, 개인의 선택을 중시하는 서구 국가(미국·영국·프랑스·독일 등)에서는 처벌되지 않는다.

3) 비판

(1) 형식적 의미의 범죄개념은 형법해석과 죄형법정주의에 의한 형법의 보장적 기능의 기준이 되는 장점이 있는 반면, 어떤 것을 범죄로 할 것인가에 관해서는 전혀 기준을 제시하지 못함으로써 범죄의 실질적 내용이 없다는 비판을 받는다.[19]

(2) 실질적 의미의 범죄개념은 범죄의 범위와 대상을 확대하는 장점이 있는 반면, 지나치게 애매모호하다는 비판을 받고 있다.

(3) 범죄가 성립하는가라는 명제와 관련하여 형식적 관점에서는 구성요건해당성·위법성·책임성 등에 대하여 각 단계별로 검토하면서도, 항상 실질적인 관점에서도 법익침해의 유무·행위의 사회적 유해성 등을 고려하지 않으면 안 된다. 이런 의미에서 범죄의 개념은 형식적 의의와 실질적 의의의 양면에서 이해해야 한다.[20]

---

18) 이윤호, 앞의 책, 2007, p.5.
19) 진계호·이존걸 공저, 형법총론, 대왕사, 2007, p.115.
20) 진계호·이존걸 공저, 앞의 책, p.116.

Ⅲ. 범죄학의 영역과 대상

1. 범죄학의 영역

1) 범죄학의 의의

학문적 의미에서의 범죄학은 '사회현상으로서의 범죄에 관한 지식의 총체'로 정의된다.[21] 형법학이 당위의 학(當爲의 學)이자, 가치학이고 규범학인 반면, 범죄학은 형법학의 가치개념과 규범을 세우는데 필요한 존재기초의 지식을 제공하는 사실학[22]이다. 따라서 형법학과 범죄학은 독립한 인접학문이면서도 상호관련성이 많은 관계에 있다.

2) 범죄학의 개념

범죄학의 개념과 체계에 관해서는 다양한 견해가 제기되고 있으나, 대체로 협의의 범죄학과 광의의 범죄학으로 대별해 볼 수 있다.

(1) 협의의 범죄학

협의의 범죄학이라 함은 범죄의 원인과 현상을 규명하는 것을 주된 내용으로 하는 사실학 내지 경험과학을 의미한다. 즉, 법률적·사회적·사실로서의 범죄와 범죄자를 연구하여 그 사실관계를 정확하게 파악하고 기술하여 설명·통제하려는 학문이라고 정의되고 있다.[23]

(2) 광의의 범죄학

광의의 범죄학은 범죄학의 영역부문과 관련해서 학자들마다 다양한 견해가

21) Edwin H. Sutherland, & Donald R. Cressey, Criminology, Philadelphia, PA: J. B. Lippincott Company, 1974, p.31. 여기서 범죄학의 대상은 일반 및 특정원칙과 법, 범죄, 그에 대한 대처방안 등에 관한 지식의 총체를 말한다.

22) 사실로서의 범죄학은 범죄의 원인을 규명하여 인간행동을 경험과학으로 분석하는 데에 그 주안점이 있다. 따라서 「범죄의 발생」과 「사실관계」가 중요한 관심사이다.

23) 김상균, 범죄학개론, 청목출판사, 2010, p.18.

제기되고 있으나, 일반적으로 범죄라 불리는 인간행위의 현실적 현상에 관한 과학으로서 범죄의 원인(원인론), 범죄의 현상(현상론), 그에 대한 대책(대책론)을 연구과제로 하는 학문이라고 정의되고 있다. 심지어 Bottomley는 "형사사법체계가 작용하는 모든 국면까지도 당연히 범죄학적 탐구분야"라고 주장한 바 있다.[24)]

3) 범죄학의 영역과 범위

범죄학의 영역과 대상의 범위를 어디까지로 할 것인가의 문제는 앞으로 범죄학이 나아갈 방향을 설정하는 것과 같이 매우 중요한 명제 중의 하나이다. 그러나 범죄학자들마다 제각각 견해의 차이가 있기 때문에 그 영역과 대상을 명쾌하게 한정지울 수 없는 것이 현실적인 한계이다. 범죄학은 「범죄의 원인」과 「현상」을 파악하여, 범죄방지대책을 수립하는 학문으로 정의하고 있기 때문에 본서(本書)에서는 다음과 같은 내용들에 한정하여 기술하였음을 밝혀둔다.

(1) 범죄원인

「범죄의 원인」은 개인적인 원인면에 초점을 맞춘 것으로, 범죄학의 핵심영역이다. 범죄행위를 포함하여 인간의 행위를 어떻게 이해할 것인가에 대하여 자유의사론(비결정론)과 결정론적 견해가 대립되어 왔다.

① 고전주의

고전주의자들은 인간은 기본적으로 이성적이며 합리적이라는 가정에서 출발한다. 범죄는 개인의 자유의사에 따라서 선택한 산물이기 때문에 그에 대한 도덕적·법률적인 책임을 져야 한다는 것이다(자유의사론과 도덕적 책임론).

② 실증주의

실증주의자들은 고전주의자들의 자유의사론(비결정론)을 비판하면

24) Bottomley, AK (1979) Criminology in Focus: Past Trends and Future Prospects, Oxford: Martin Robertson.

서, 범죄자는 여러 요인들에 의해 형성된다는 「범죄인 결정주의」에 근간을 두고 있다. 즉, 인간의 이성은 생물학적·심리학적·사회학적 요인 등 여러 가지 요인들에 의해 제한된다고 보았다.

(2) 범죄현상

① 범죄현상이라 함은 일정한 시기에 있어서 일정한 사회의 자연적 산물인 「범죄 전체량」을 의미한다. 즉, 집단에 대한 범죄추세를 말한다.

② 범죄현상은 공식적 범죄통계자료를 통해서 우리 사회가 가지고 있는 '범죄현상'을 파악할 수 있다. 예컨대, 경찰청에서 발간하는 범죄백서를 통해, 살인·강도·절도·성범죄 등의 범죄추세를 알 수 있다.

(3) 범죄통제방안(범죄대책)의 강구

범죄통제방안이라 함은 범죄방지대책을 수립하는 것을 말하며, 이에는 범죄예방(사전적)과 범죄통제(사후대응책)로 나눌 수 있다. 「범죄예방」과 「범죄통제」는 같은 개념은 아니나, 양자 모두 범죄학이 다루어야 할 주요 부분들이다.

① 범죄예방

㉠ 범죄예방이란 범죄가 발생하기 전 혹은 새로운 범죄가 발생하기 전에 범죄가 발생하지 않도록 개입하는 것을 말한다. 종래의 경찰활동은 실제범죄를 저지른 자들이 더 이상 다른 범죄를 저지르지 않도록 하기 위한 사법경찰 활동에 주력해왔다. 그러나 오늘날에는 범죄와 관련하여 범죄예방의 중요성이 범죄학자들에 의해 새로이 강조되고 있다. 즉, 범죄는 미연에 방지하는 것이 최상의 방법이라는 것을 깨닫게 된 것은 수많은 시행착오와 시간을 거친 후인 현대에 들어와서야 이루어졌다.[25)]

25) J. E. Conkin, The Impact of Crime, Macmillan Pub, 1975, p.356.

㉡ 대표적인 현대적 범죄예방으로는 「상황적 범죄예방이론」, 「환경설계를 통한 범죄예방이론」, 「깨진 유리창이론」 등을 들 수 있다.

② **범죄통제**

㉠ 범죄통제는 일정한 목표수준 또는 현재의 수준으로 범죄발생을 유지하고 관리하는 것을 말한다.

㉡ 범죄통제이론은 근세 이전의 응보와 보수 → 고전주의의 「범죄억제이론」 → 실증주의의 범죄학에 근거한 「치료 및 갱생이론」 → 사회학적 범죄학에 근거한 「사회발전이론」 → 범죄예방을 통하여 범죄문제를 해결하려는 「현대적 범죄예방이론」으로 발전해왔다. 이러한 범죄통제이론들은 시간적으로 체계적으로 순서에 따라 전개된 것은 아니며, 같은 시대에서도 서로 존속하고 병행하며 상호보완적 관계를 갖으면서 진행되어 왔다.

(4) 범죄피해자 연구

종래의 범죄학은 과거에는 오직 범죄자에 초점을 맞춰 범죄현상이나 범죄원인에 한정하여 고찰하였다. 따라서 이런 범죄자 중심의 고찰방법은 단편적일 수 밖에 없어 범죄실태를 규명하는데 한계가 있었다. 따라서 범죄의 피해자에 대하여 주목할 필요성이 생기게 되었고, 차츰 범죄촉발의 원인으로서 피해자에 중점을 둔 연구가 이루어지게 되었다. 범죄피해자 연구는 범죄학의 가장 최근에의 관심분야의 하나이다.[26)]

4) 범죄학의 대상

범죄학에서 연구대상으로서의 범죄는 그 범죄의 범위를 어느 범위로까지 할 것인가의 문제이다.

26) 배종대, 형사정책, 홍문사, 1999, pp.121~123. 피해자학은 범죄피해를 입거나 받을 위험이 있는 자에 대해 그 생물학적·사회학적 특징을 과학적으로 연구하고 이를 기초로 범죄발생시 피해자의 역할과 형사사법에서 피해자보호 등을 연구하는 학문 분야를 말한다.

(1) 형식적 의미의 범죄와 실질적 의미의 범죄

범죄의 개념은 형식적 의미의 범죄개념과 실질적 의미의 범죄개념으로 나눌 수 있다.

① 범죄학적으로 고찰의 대상이 되어야 하는 것은 현행법상 형식적으로 「범죄화」하고 있는 「형식적 의미의 범죄」에 국한시킬 것인가, 아니면 형식적인 법제(法制)와는 관계없이 「실질적 의미의 범죄」, 즉 「반사회적 행위」 일절을 연구의 대상으로 할 것인가의 문제로 귀결된다.

② 형식적 의미의 범죄란 실정법(형법 등)을 전제로 한 것으로 법규로서 정립된 범죄를 말하며, 이에 위반하면 형벌을 과할 수 있다. 따라서 범죄학적으로 형식적 의미의 범죄는 당연히 주요 연구대상 중의 하나이다.

반면, 현행법상 가벌화(可罰化)되지 않은 반사회적 행위에 대하여 어떻게 해야 될 것인가. 실질주의 입장에서는 반사회적 행위의 가벌화, 즉 입법화 문제에도 관심을 가져야 할 뿐만 아니라, 나아가 현실적으로 가벌화가 필요 없는 행위에 대한 법 폐기의 문제에도 깊은 관심을 가져야 한다.[27] 따라서 범죄학의 대상으로서의 범죄는 실질적 의미의 범죄도 그 내용으로 한다고 말할 수 있다.[28]

(2) 자연범과 법정범

범죄학의 연구대상으로 자연범(형사범)만 국한시킬 것인가, 아니면 법정범(행정범)까지를 포함할 것인가의 문제이다. 가로팔로(Raffaele Garofalo)는 「범죄학, 1885」이라는 저서를 통하여 범죄를 자연범과 법정범으로 구별하고, 범죄의 본질은 자연범에 있다고 하였다.

① 가로팔로는 자연범(형사범)은 시대와 장소를 불문하고 자연법에 반한 범죄로써 법률의 규정을 기다리지 아니하고 범죄로 되는 형법상의 범죄

27) 대표적인 것으로 「비범죄화」 문제를 들 수 있다. 「비범죄화」는 법과 윤리는 구별되어야 한다는 전제하에 법익 침해성이 없는 행위는 형벌에 의한 통제로부터 제외시켜야 한다는 이론이다. 즉, 법의 침해성을 갖는 행위라 할지라도 형벌이외의 수단으로 질서유지가 가능하다면 형사제재는 철회되어야 한다는 것이다(예컨대, 간통죄).

28) 신진규, 범죄학겸 형사정책, 법문사, 1987, p.38.

이고(살인·강도·절도 등), 반면 법정범(행정범)은 그 행위자체가 반드시 반사회적·반도덕적인 것이 아니라 하더라도, 행정상의 목적을 달성하기 위하여 법률이 이를 범죄로 규정했기 때문에 비로소 범죄로 되는 행위라고 주장하였다(선거법 위반죄·사상범 등). 따라서 법정범은 행정상 편의를 위해서 정한 범죄이므로, 범죄연구의 대상은 자연범이어야 한다는 것이다.[29]

② 오늘날 범죄학의 연구대상은 자연범과 법정범 중 「자연범」이라고 칭하는 범죄만을 범죄학 본래의 연구대상으로 보아야 한다는 견해[30]가 있는 반면, 「법정범」도 반사회적 행위라는 범죄개념에 포함되는 한 범죄학의 연구대상으로 취급해야 된다는 견해가 대립하고 있다.[31]

(3) 개별적 범죄행위와 집단현상으로서의 범죄

개별적 범죄행위와 집단현상으로서의 범죄 모두 범죄학의 연구대상이다.

① 개별적 범죄행위

개별적 범죄행위는 특정한 개인에 의해서 이루어지는 구체적인 범죄행위로써 규범이 금지하고 사회가 용납하지 않는 행위를 말하는데(살인·강도·절도 등), 당연히 범죄학의 연구대상이다.

② 집단현상으로서의 범죄성

집단현상으로서의 범죄는 일정한 시기에 있어서 일정한 사회의 자연적 산물인 범죄의 총체량을 의미하는 것으로, 범죄의 추세를 말한다. 집단현상으로서의 범죄성은 범죄학이 상대적으로 더 중점적 연구대상으로 삼는 분야이기도 하다.

---

29) 진계호·이존걸 공저, 앞의 책, p. 53.
30) 김성배, 형사정책학, 1962, p. 20.
31) 자연범과 법정범의 구별은 그 기준이 명확치 않고 구별 자체도 용이한 것이 아니며, 법정범으로 분류된 것이 시간이 흐름에 따라 자연범 또는 형사범으로 인정되는 이른바 「법정범의 자연범현상」 때문에 그 구별이 절대적인 것은 아니다. 따라서 양자를 굳이 구별하는 경우에도 그 모두가 반사회적 행위라는 범죄개념에 포함되는 한, 범죄학의 연구대상으로 보아야 할 것이다.

(4) 일탈행위

형법상 처벌대상은 아니지만 사회의 변화에 따라 그 사회가 가지고 있는 규범·의식을 벗어난 것을 '일탈개념'으로 보고 있는데, 범죄보다 훨씬 넓은 개념으로 볼 수 있다. 즉, 일반적으로 기대되는 행위와 모범적 행위에서 벗어나는 행위를 말한다.

① 의의

「일탈」이라는 용어는 부정·사기·속임수·불공평·비열·꾀병부리기·부도덕·부정직·배반·독직·부패·범죄 등을 의미한다. 물론 학자들마다 주장하는 '일탈'에 대한 정의가 다소 차이를 보이지만, 공통적으로는 "규범 혹은 규칙의 위반, 특히 사회에서 부정적으로 평가되는 위반"으로 설명되고 있다.

② 일탈행위

일탈행위는 사회규범을 어긴 행위로 정의할 수 있고, 어떤 일탈행위도 언제든지 범죄행위가 될 수 있다.[32] 왜냐하면 어떤 일탈행위에 대해서 사회구성원들이 강력한 제재의 필요성을 느끼고, 그것을 규제하면 그것이 곧 범죄가 되기 때문이다. 따라서 알코올 남용·자살기도·가출·학교자퇴 등과 같은 비정상적인 일탈 행위도 범죄학의 주된 연구대상이 된다.

32) Thorsten Sellin, Culture Conflictand crime(New York: Social Science Research Council, 1938), p.21; 사회학자들은 범죄행위 뿐만 아니라 일탈행위도 범죄학의 연구대상이 되어야 한다고 주장하는데, 그 대표적인 학자가 Thorsten Sellin이다.

Ⅳ. 범죄학의 연구자료와 연구방법

1. 서설

1) 경험과학과 실증적 연구

(1) 경험과학에 속하는 범죄학의 연구는 관찰과 실험에 기초한 탐구방법을 요구한다. 이는 단순한 사실의 기술과 수집뿐만 아니라 그 문제영역의 배경·관련성·구조 등을 파악하기 위한 필요성 때문이다. 사회과학적 연구는 이론과 방법론으로 구성되어 있다.

(2) 이론은 범죄와 범죄자가 되는 원인을 설명하는 등 현실을 합리적으로 설명하기 위하여 체계를 세우고 설정된 주제의 핵심적 내용을 설명한다. 반면, 방법론은 범죄의 발생량이나 범죄자의 유형분석 등 정확한 데이터와 객관적 사실들을 수집하고 분석하는 것을 내용으로 한다. 따라서 실증적 연구 없는 이론은 탁상공론이 될 가능성이 있으며, 이론적 설명 없는 실증적 연구는 단순한 사실들만의 집합에 불과하게 된다.

2. 연구자료(자료수집법)

범죄학자들이 사용하는 자료의 출처는 크게 두 가지 범주로 나눌 수 있다. 1차 자료와 2차 자료가 그것이다.[33)]

(1) 1차 자료

1차 자료는 연구자가 자신의 연구목적에 따라 원하는 자료를 직접 수집한 자료로서, 원자료라고도 한다. 여기에는 면접·설문 그리고 관찰(참여적 관

33) 역사학자들은 1차 자료와 2차 자료의 용어를 사회과학자들과는 달리 해석한다. 역사학에서는 1차 사료(자료)는 동시대 또는 현장에 있었던 사람들이 직접 보고, 듣고, 느낀 것을 기록한 문서(예컨대, 삼국사기·고려사·조선왕조실록 등)·편지·유물 등을 의미한다. 반면, 2차 사료는 사건이 일어난 이후에 후세 사람들이 그 사건에 대한 연구나 논문 서적들로써(2차적 증거자료), 1차 사료를 보충해 주는 것이다.

찰) 등과 같은 다양한 조사방법이 사용된다.

(2) 2차 자료

2차 자료는 다른 연구자나 문헌 등의 자료를 활용하여 가공한 자료를 말한다. 즉, 타인에 의해서 수집된 자료를 의미하는데, 사회학자(범죄학자)들은 자기 나름대로의 뜻에 맞게 그 자료를 사용한다. 대표적인 것으로 공식통계를 들 수 있다.

3. 연구자료(자료수집법)와 연구방법 간의 관계

범죄학자들은 하나의 연구에 하나의 자료수집법만을 활용하는 것이 아니라, 범죄통계·문헌연구와 실험·실험과 질문지법·참여관찰과 질문지법 등 매우 다양한 조합을 활용한다. 그렇기 때문에 자료수집법은 말 그대로 자료를 수집하는 방법일 뿐이다. 따라서 연구자는 자신이 연구하고자 하는 대상의 특징과 문제의 특징에 따라 자료 수집방법을 다양하게 활용하여 자신의 견해를 끌어내려고 하기 때문에, 배경정보(수집된 자료)에 상당부분 의존한다.

즉, 범죄학의 연구자료(자료수집법)와 연구방법은 불가분적으로 밀접한 관계를 형성한다.

4. 연구방법론

범죄학 연구의 방법론적 기초는 사회과학 연구방법론을 바탕으로 하고 있으며 아래와 같은 방법론 등이 이용되고 있다.

1) 공식범죄통계자료의 이용

(1) 의의

범죄학이 과학적으로 발전하게 된 중요한 계기가 된 것은 범죄현상에 대한 통계적 관찰이다.

범죄통계란 범죄와 범죄자에 대한 다각적인 분석결과를 집계한 것으로서, 범죄현상에 대한 대량적 관찰[34)]을 가능하게 하는 기초자료이다.

(2) 연혁

① 범죄통계는 19세기 초 벨기에의 수학자이자 사회학자인 케틀레(Quételet)가 처음으로 범죄학 연구에 통계학적 방법(계량적 기술)을 고안·사용하였고, 이후 국가기관이 직접 조사하는 공식적 범죄통계가 등장하게 되었다.[35)]

② 우리나라의 공식범죄통계원표로는 경찰청이 발간하는 「경찰백서」, 대검찰청의 「범죄분석」, 법무연수원의 「범죄백서」 등의 공식통계를 들 수 있다. 이런 통계자료는 수년간에 걸쳐 발생한 범죄의 발생추이, 당해 연도의 범죄발생상황 등을 집계한 것으로 공식적인 정부의 자료이고 대중들이 이용할 수 있는 자료이다.

(3) 범죄율

범죄율(범죄가 일어나는 비율)은 범죄통계와 관련하여 인구 10만 명당 범죄발생건수를 계산한 것을 말한다. 범죄율은 인구대비 범죄발생건수를 비교할 수 있다는 점에서 유용한 자료가 된다. 반면, 중요범죄와 상대적으로 가벼운 범죄가 동등한 범죄로 취급되어 통계화 된다는 것이 문제점으로 지적되고 있다.

34) 대량관찰법은 많은 대상을 관찰하여 집단의 특성을 조사하는 통계방법으로, 오늘날 범죄연구방법으로 가장 많이 활용되는 방법이다. 19세기 후반부터 20세기 초에 걸쳐 성립된 사회통계학파는 통계방법의 내용을 사회집단의 대량관찰과 수량적 기술이라 하고, 그 목적은 사회생활의 합법칙성을 추구하는데 있다고 하였다. 이런 입장에서 본다면 통계적 관찰의 중점은 대량관찰법에 있고, 또한 그것은 수량적 기술을 위한 것이 되지 않으면 안된다. 대량관찰법은 이런 의미에서 사회통계학파의 이론적 근거가 된다.

35) www.doopedia.co.kr

(4) 범죄시계(犯罪時計)

범죄시계라 함은 범죄의 종류별 발생 빈도를 시간 단위로 분석한 것으로, 범죄가 얼마나 자주 되풀이 되는가를 알아보기 위해 종류별 사건의 수를 시간으로 나눈 수치이다. 인구수에 비례하기 때문에 국가 간의 정확한 비교가 어려운 반면, 범죄 유형별 발생시차를 알 수 있고, 범죄발생현황을 통해 전반적인 사회현상을 알 수 있어 여러 국가에서 채택하고 있다. 우리나라도 미국 연방수사국(FBI)이 해마다 발간하는 연례보고서를 인용하여 매년 경찰청에서 범죄시계를 발표한다.

(5) 공식범죄통계의 유용성

공식범죄통계는 그 시대의 범죄현상이 일반적 경향을 파악하는데 있어 매우 유용하다. 따라서 공식범죄통계는 범죄연구에 있어서 유익한 출발점 중의 하나가 된다.

① 일정기간 동안의 범죄발생동향 및 범죄의 발생특성을 알아볼 수 있다. 적용범위와 대표성의 측면에서 공식범죄와 필적할 만한 것은 없다.

② 범죄통계분석을 통해 치안수요를 예측하여, 범죄가 많이 발생하는 계절이나 시각에 탄력적 치안인력을 운영할 수 있다.

③ 양적으로 막대한 양의 통계치가 정기적으로 정부에 의해 수집되기 때문에, 사회학자들이 관심을 가지는 사회문제에 대한 자료를 제공한다. 자료에 대한 접근이 자유롭고, 동일한 정보가 보통 연간으로 발행되거나 특별호의 형태로 발행된다.

④ 윤리적인 문제가 해결된다는 점이다. 사회과학자들이 자료수집단계에서 거의 모든 방법이 윤리적인 문제와 연계가 된다. 예컨대, 연구자 자신의 정체와 동기를 비밀로 하여야 할 것인가, 연구의 실제 목적을 공개하여야 할 것인가 등에 대한 윤리적인 문제에 심사숙고해야 한다. 그러나 공식통계를 이용하는 경우에는 이러한 윤리문제를 고려하지 않아도 된다.[36)]

(6) 공식범죄통계의 한계(범죄통계에 있어서 암수범죄)

범죄학자들은 범죄율과 범죄자의 특성을 파악하기 위해서 공식통계자료를 이용한다. 그러나 통계표상의 숫자는 실제 범죄량에 접근하는 하나의 지표일 뿐이지, 우리 사회에서 일어나고 있는 실제 범죄량이라고는 볼 수 없다. 그것은 암수범죄 등이 있기 때문인데, 「범죄현상」에서 가장 문제시 되는 것이 「암수문제」라고 할 수 있다. 범죄현상과 관련하여 통계가 정확하고 분명해야 「범죄방지대책」을 수립하는 것이 가능하나, 현실적으로 그러하지 못하다.

① 암수범죄의 개념

오늘날 범죄연구방법으로 가장 많이 활용되는 방법이 범죄통계를 분석하는 대량관찰법이다. 그러나 이 방법의 가장 큰 맹점은 실제로 발생한 범죄가 모두 통계로 나타나지 않는다는 점이다. 따라서 이러한 통계의 허점이 바로 「암수범죄」 문제라고 볼 수 있다. 암수범죄란 현실적으로 범죄가 발생을 하였으나 범죄통계에는 나타나지 않은 범죄를 말한다. 즉, 암수범죄란 현실적으로 발생한 범죄에서 공식통계범죄수치를 뺀 것을 말한다.

② 암수범죄의 원인

암수범죄는 크게 절대적 암수범죄와 상대적 암수범죄로 대별해 볼 수 있다.

㉠ 절대적 암수범죄

절대적 암수범죄란 범죄가 이루어진 것은 확실하지만, 범죄가 경찰에 인지되지 않아 통계에 나타나지 않은 경우를 말한다.

㉮ 매춘·마약거래와 같은 피해자 없는 범죄나, 피해자와 가해자와의 구별이 어려운 범죄(예컨대 증수뢰죄)에서 많이 발생한다. 이러한 범죄에 대하여는 국민의 고소·고발은 거의 기대될 수가 없다고 보아야 한다.

36) 김형만·이동원 역, 범죄학개론, 청목출판사, 2008, p.53.

㉯ 강간·강제추행 등과 같은 성범죄의 경우 피해자가 수치심 때문에 범죄신고를 하지 않은 경우가 많고, 범죄신고에 따른 불편과 보복의 두려움 등이 절대적 암수범죄의 발생원인이 된다.

ⓛ 상대적 암수범죄

상대적 암수범죄는 범죄가 경찰에 인지되었으나, 아직 범인이 체포되지 않았기 때문에 공식적으로 기록되지 않은 경우를 말한다. 즉, 수사기관에 의해서 인지는 되었으나 해결되지 않은 범죄를 말한다.

㉮ 신고율의 차이에 따라 암수범죄가 발생한다. 대체적으로 살인·강도 등 대인범죄 중 중한 범죄가 신고율이 높고, 경미한 재산범죄 등은 신고율이 낮다.

㉯ 수사기관에 의하여 인지되었으나, 범인이 완전범죄 등으로 인하여 피해자마저 모르는 경우 등을 들 수 있다.

㉰ 낙인이론가들은 법집행과정에서 집행의 주체인 경찰·검찰·법관 등이 개인적인 편견이나 가치관에 따라 범죄자에 대하여 차별적인 취급을 함으로써 암수범죄가 발생한다고 보았다. 예컨대, 소수민족이나 유색인종에 대한 차별·여성범죄·화이트칼라범죄에 대한 관대함 등을 들고 있다.[37)]

㉱ 수사기관의 고의에 의한 범죄통계조작 가능성을 들 수 있다. 예컨대, 업무성과를 드러내기 위해서 범죄발생률을 실제보다 축소하는 경우나, 반대로 실적을 높이기 위해서 어떠한 특정범죄(예컨대, 성매매 일제단속 등)에 대하여 대대적이고 집중적인 단속을 하여 검거율을 높이는 경우 등이 이에 속한다.

37) 최재천, 형사정책, 법지사, 1994, p.17.

③ 암수범죄에 대한 견해

㉠ 서덜랜드(Sutherland)는 "범죄와 비행에 대한 통계는 가장 신빙성이 없고 난해한 것"이라고 지적하였다.[38)]

㉡ 라즈노비츠(Radzinowicz)는 "성범죄의 90% 이상이 암수범죄"라고 하였다.

㉢ 폴락(O, pollak)은 "현존하는 남녀의 범죄 간에 차이가 보이는 원인 중에 하나는 기사도정신 때문이고, 그러한 것은 남성의 여성에 대한 일반적인 태도라고 보았다. 즉, 경찰은 여성을 체포하기 꺼려하고, 검찰은 기소하기를 꺼려하며, 재판관이나 배심원은 유죄로 하기를 꺼려한다"고 하여 암수의 문제를 지적한 바 있다.[39)]

㉣ 엑스너(Exner)는 "암수범죄에 대한 정확한 이해는 범죄통계의 커다란 급소"라고 하였다.

㉤ 셀린(Sellin)은 경찰·검찰·법원 등의 법집행이 체계적인 낙인과정에서 발생하는 암수의 문제를 지적하였다.

2) 공식통계 보완방법

공식통계는 유용한 정보도 제공하지만, 암수범죄와 같은 존재가 그 한계[40)]로 지적되고 있다. 범죄통계가 형사정책적으로 활용되기 위해서는 범죄통계에서 암수범죄를 줄이거나 제거하는 것이 필요하다. 그래서 나온 것이 「공식통계 보완방법」이다. 공식통계의 보완방법으로 여러 방안들이 제시되고 있지만, 실제에 있어서는 설문조사를 활용한 방법이 가장 많이 쓰인다.

38) Sutherland-Cressey, criminology, 10th ed., 1978, p.9.
39) O. pollak, The criminality of woman, 1950, p.151.
40) 1967년 미국의 대통령 산하 범죄특별위원회가 10,000가구의 구성원을 대상으로 지난 1년간 범죄피해에 대하여 면접조사를 실시하였다. 그 결과 범죄피해가 있다고 응답한 사람 중 절반만이 그것을 신고하였고, 그리고 신고된 것의 절반에만 경찰이 출동하였고, 출동한 사건만이 기록되었다는 것이 확인되었다(김형만·이동원, 앞의 책, p.61). 이것은 공식통계자료가 우리 사회의 정확한 실제범죄현상을 나타내는 데는 한계가 있다는 것을 보여주는 하나의 사례라 할 수 있다.

「설문조사는 제 2차 세계대전 이후에 사회과학의 한 연구방법으로서 급속한 발전을 보았고, 1946년에 처음 형사정책학에 도입되었다. 설문조사의 방법은 조사대상을 기준으로 크게 자기보고식 조사·피해자 조사·정보제공자 조사 등으로 나누어 볼 수 있다.」

(1) 자기보고식 조사(Self-report survey)

① 의의

공식통계에 대한 대안으로서 가장 빈번하게 사용되는 것 중의 하나가 자기보고식 조사이다. 자기보고식 조사는 일정한 집단을 대상으로 개개인의 범죄 또는 비행에 대해서 스스로 보고하게 함으로써 암수를 측정하는 방법이다. 이 방법은 경찰통계에 잘 잡히지 않는 범죄의 발생과 그 특성을 알아보기에 적당한 방법이다(예컨대, 청소년들의 흡연·음주·마약복용·원조교제 등).

② 장점

㉠ 우리 사회의 범죄분포에 관한 포괄적인 이해가 가능하고, 범죄성과 범죄통계상 존재할 수 있는 계급적인 편견[41]을 파악할 수 있다.

㉡ 범죄에 관한 사항뿐만 아니라 피조사자의 인격·특성·가치관·태도·환경 등을 조사하여 범죄이론을 검증하고 범죄의 원인을 파악할 수 있다.

③ 단점

㉠ 조사대상자의 정직성과 진실성의 문제로 인한 조사의 타당성에 의문성이 제기되기도 한다. 즉, 응답자가 허세를 부리려고 거짓으로 사건을 만들어 낼 위험성도 있다.

41) Porterfield, A Youth in Trouble, Austin, Texas: Lee Potishman Foundation, 1946. 포터필드는 공식통계치와 차이가 발생하는 것은 법집행기관이 중간계급이나 상류계급의 청소년들에 대하여 관대하기 때문이거나, 또는 하류계급 청소년들이 더 많은 범죄를 저지르고 따라서 체포될 가능성이 높기 때문이라고 주장하였다.

㉡ 경미범죄의 파악에는 도움이 되나, 강력범죄의 경우에는 파악하기 어렵다.

㉢ 다른 한편으로는 고발될지도 모른다는 두려움 때문에, 범죄행위를 밝히기를 꺼릴 수도 있다는 점을 들 수 있다.

(2) 피해자 조사

① 의의

공식통계와 자기보고식 조사가 가해자 중심의 통계인 반면, 피해자 조사는 가해자가 아닌 실제 범죄의 피해자로 하여금 범죄의 피해경험을 보고하게 하는 방법이다. 이 조사는 각종 범죄발생량을 경찰의 통보여하를 불문하고, 경찰이 기록한 통계와는 별도로 추계하는 방법이다. 따라서 암수범죄의 조사방법으로 가장 많이 활용된다.

② 장점

㉠ 피해자 조사는 대개의 경우 전국규모의 조사이기 때문에, 공식통계나 자기보고식 조사보다 대표성 있는 자료가 수집될 수 있다.

㉡ 피해자의 역할을 비롯한 범죄발생과정을 밝혀줌으로써 범죄예방, 특히 피해의 축소와 범행기회의 제거라는 측면에서 유용한 자료를 제공한다.

③ 단점

㉠ 전통적인 범죄만이 조사의 대상이 되므로 상당수의 범죄는 조사되지 않아, 전체의 범죄파악에는 문제가 있다.

㉡ 피해사실을 기억하지 못하거나 범죄규모를 과대보고 하는 경우가 있다. 피해자 조사와 자기보고식 조사는 이러한 단점에도 불구하고 공식통계가 제시하는 것보다 더 정확한 범죄율을 보여줄 수 있는 한 방법이라고 볼 수 있다.

(3) 정보제공자 조사

법집행기관에 알려지지 않은 범죄나 비행을 인지하고 있는 자로 하여금 이를 보고케 하는 것으로, 피해자 조사에 의해서도 밝혀지지 않는 범죄를 밝히기 위한 보조수단이다. 정보제공자 조사는 자기보고식 조사나 피해자 조사와 결합하여 행해지면 더욱 효과적이다.[42)]

3) 문헌연구법

(1) 의의

사회학자들이 일상적으로 사용하는 자료수집 방법은 문헌연구법이다. 연구자들은 기존의 문헌을 통해 연구를 시작한 후, 구체적으로 자신만의 새로운 자료를 수집하기 위해 다른 자료 수집방법을 사용하기도 한다.

따라서 연구문제를 찾거나 이론적 논의로 활용하기 위한 문헌연구법은 독립된 자료 수집 방법이 아니라 다른 연구자료 수집방법과 함께 사용하는 것이 일반적이지만, 문헌연구법 그 자체를 독립된 자료 수집방법으로 활용하는 경우도 있다.[43)]

(2) 한계

일반적으로 문헌연구를 통해 수집한 연구자료는 2차 자료이므로, 연구자의 목적과 의도에 꼭 일치하지 않는다는 한계를 갖고 있다. 따라서 문헌자료를 활용할 때 그 문헌의 신뢰도가 떨어지면 연구 자체의 신뢰도에 문제가 발생할 수 있기 때문에, 믿을 만한 공식적인 자료를 사용하는 것이 좋다.

42) 정영석·신양균, 앞의 책, p.28.
43) 예컨대, 북한의 중학교 수업 연구를 위해서 북한의 수업을 다룬 소설·신문·영화 자료 등을 활용하는 것 등은 문헌연구법 그 자체를 독립된 자료 수집방법으로 활용하는 경우에 해당한다.

4) 실험연구(실험적 방법)

(1) 의의

실험연구는 일정한 조건을 인위적으로 만들어 놓고 그 안에서 일어나는 사실을 관찰함으로써 어떤 가설의 타당성을 검증하고 새로운 사실을 관찰하는 방법을 의미한다.

(2) 실험방식

① 실험법은 실험을 하기 전에 실험집단과 통제집단으로 나누어 실험처치(처리)를 한 후에 독립변수와 종속변수의 변화를 관찰하여 실증적인 자료를 수집하는 방법이다. 실험법은 주로 양적 연구방법[44]에서 사용된다.

② 실험법을 시행하기 위해서는 두 집단을 동일한 조건으로 정해야 한다. 이때 각 집단은 연구대상인 모집단[45] 전체를 대표할 수 있는 표본이어야 한다. 따라서 실험법에서 표본을 대상으로 인위적인 실험

44) 자료 수집방법에는 질적연구를 위한 자료 수집방법과 양적 연구를 위한 수집법이 있다. 질적자료는 양적자료에 대응되는 용어로써 '원칙적으로' 숫자로 표시할 수 있는 자료이지만, 측정대상의 특성을 분류하거나 확인할 목적으로 숫자를 부여하는 경우도 있다. 인터뷰 결과 등이 대표적인 예이다. 반면, 양적 연구방법은 사회현상에도 자연현상과 같이 인과관계가 존재하므로 자연현상의 연구처럼 계량화·수치화된 자료를 분석하여 사회문화 현상을 발견하려고 한다. 예컨대, '친구간의 친밀도를 하루 평균 친구간의 대화시간'으로 정의하는 것이 이에 해당한다. 즉, 양적 연구에서는 주관적 가치(친구간의 친밀도)를 개념의 조작적 정의와 같은 과정을 통해 수치화하여 분석하게 된다. 문제는 자료수집방법을 사용하는 것과 관련하여 잘못된 인식을 가지고 있다는 점이다. 예컨대 면접법과 참여관찰은 질적 연구를 위한 자료수집방법이고, 반면 실험과 질문지법은 양적 연구를 위한 자료 수집법으로 생각하는 것이다. 사실 면접법과 참여관찰은 질적연구 방법에서 많이 활용되고, 실험과 질문지법은 양적 방법에서 많이 활용된다는 점에서 차이가 있을 뿐이다. 따라서, 이것을 이분법적으로 구분하여 이것은 양적 연구방법에 적합하고, 저것은 질적 연구방법에 적합한 자료 수집방법이라고 단정하기는 어렵다.

45) 모집단(母集團)은 통계적인 관찰의 대상이 되는 집단 전체를 말한다. 모집단에 속하는 개체들은 적어도 하나 이상의 공통의 속성을 가진다. 예컨대, 초등학교 6학년 학생들의 몸무게를 조사한다면, 그 학교의 6학년 학생 전체가 모집단이고 이 모집단의 개체들, 즉 학생들은 몸무게라는 공통의 속성을 가진다.

상황을 만들고 실험집단에 가한 처치(처리)에 따른 변화를 통제집단과 비교하여 자료를 얻는다.

「개념 정리」

(1) 실험집단과 통제집단

실험집단은 실험처치(처리)의 효과를 추정하기 위해, 실제로 실험처치(처리)를 수행하는 집단(실험처치를 받는 집단)을 말한다. 반면 통제집단은 실험집단의 결과와 비교하기 위해 실험처치(처리)를 하지 않는 집단을 말하며, 비교집단이라고도 한다.

(2) 독립변수(변인)와 종속변수(변인)

① 의의

독립변수는 어떠한 효과를 관찰하기 위하여 실험적으로 조작되거나(조작변수: 가설을 검증하는 실험을 설계할 때 일부러 실험자가 서로 다르게 하는 조건), 혹은 통제된 변수(통제변수: 독립변수와 조작변수를 제외한 나머지 실험의 조건이나 환경을 무조건 똑같게 하는 것)를 말한다. 반면, 종속변수는 독립변수에 따른 실험의 결과 달리 나오는 변수를 말한다.

② 예시

토론수업이 학생들의 성적 향상에 미치는 영향을 알아보기 위해 성적이 비슷한 학생들을 A집단과 B집단으로 나눈다. A집단은 토론수업을 하고, B집단은 기존의 방식(설명식 수업)으로 수업을 한다. 그 다음에 다시 두 집단(A, B)을 대상으로 사고력 검사(논술문을 쓰게 하는 수행평가)를 하여 토론수업을 한 학생의 사고력이 설명식 수업을 받는 학생의 사고력보다 더 높은 점수를 받았는지를 확인하는 실험이 이에 해당한다.

위의 예시에서 A집단이 「실험집단」이고, B집단은 통제집단이다. 여기서 수업방법은 독립변수이고, 사고력 검사를 통한 점수(수행평가를 통한 점수)는 종속변수이다.

(3) 장·단점

실험연구는 다음과 같은 장·단점을 갖고 있다.[46)]

① **장점**

㉠ 관찰자는 자신의 의도하는 바에 따라 집단을 통제하고 변수를 조작하면서 그 자극의 효과를 관찰할 수 있다. 따라서 다른 어느 방법보다도 인과관계가 쉽게 파악된다.

㉡ 실험상황이 조성되기 때문에 반복적인 연구가 가능하고, 그리고 그 연구를 반복함으로써 보편성과 일반성을 높일 수 있게 해준다.

② **단점**

㉠ 인간에 관한 연구이기 때문에 실험쥐와 같이 인위적인 환경을 설정하고 연구를 수행하기가 쉽지 않다. 즉, 인간의 가치와 윤리적인 측면에서 문제가 제기될 수도 있다. 예컨대, 범죄의 유전성을 규명하기 위하여 쌍생아를 서로 다른 환경에서 인위적으로 생육한다든가 하는 일 등은 원칙적으로 불가능하다고 보아야 한다.

㉡ 복잡다기한 사회현상을 「실험」이란 방법을 통해 규명해 보려고 하기 때문에, 다음과 같은 근본적인 문제가 도사리고 있다는 점을 들 수 있다. 첫째, 여러 변수를 통제하여 실험하기 때문에, 그 결과를 일상에서 그대로 적용하기 어렵다. 둘째, 자연과학의 실험에서와 같은 과학성을 보존할 수 있느냐하는 것도 그 한계점으로 지적되고 있다.

5) 참여관찰

관찰은 이론을 검증하거나 정립하기 위한 목적으로 경험적 사실들을 체계적으로 수집하는 행위이다. 대표적인 관찰방법으로는 참여관찰·사례조사·조사연구 등이 있다. 관찰이 행해지는 구체적인 방법은 자료수집과 매우

46) 김광웅, 사회과학연구방법론, 박영사, 1992, p.281.

밀접히 관련되어 있다. 예컨대 실험연구에서는 실험관찰이 이루어지고, 참여관찰연구에서는 참여관찰이 이루어진다.

(1) 의의

① 참여관찰은 연구자가 직접 범죄자 집단에 들어가 함께 생활하면서 그들의 생활을 관찰하는 조사방법을 말하며, 현장조사라고도 한다. 참여관찰은 실험법이 가지고 있는 단점을 보완할 수 있는 연구방법이다.

② 참여관찰은 원래 인류학자들이 원시사회를 연구하는 방법으로 개발되었으나,[47] 최근에는 사회학적 조사연구에도 많이 사용되고 있다. 특히 미국의 사회학자들은 범죄자·마약중독자·부랑자·갱단·빈민가 등 특수집단을 연구하기 위하여 활용하였다.[48] 서덜랜드는 참여관찰방법에 대하여 '자유로운 상태에 있는 범죄자의 연구'라고 불렀는데,[49] 이 방법은 범죄자에 관한 가장 생생한 자료를 수집할 수 있다는 점에서 높이 평가할 만한 것이라고 하였다.

(2) 장·단점

① 참여관찰은 있는 그대로의 실상을 직접 눈으로 보고 관찰할 수 있다는 것이 가장 큰 장점이다. 예컨대, 죄수문제를 연구하려면 실제 죄수노릇을 같이 하거나, 또는 체포되지 않은 범죄자들과 일상을 함께 함으로써 그들에 대하여 가장 생생한 자료를 수집할 수 있다.

② 단점으로는 다음과 같은 것 등을 들 수 있다.

㉠ 조사방법이 소규모로 진행되기 때문에 연구결과를 일반화할 수 없다는 비판이 가해지고 있고, 조사방법의 성격상 많은 시간이 소요된다.

47) 인류학자들이 뉴기니아 원주민들 틈에 섞여 그들과 같이 살면서 행태를 조사하는 것이 이에 해당한다(김해동, 조사방법론, 법문사, 1991, p.346).

48) 김용준, 범죄학, 교학사, 2005, p.21.

49) Sutherland and Cressey, Principles of Criminology(7th ed, 1966), p.72.

㉡ 관찰활동에 있어서 관찰대상의 구성원으로서의 가장(假裝)이 어렵다는 점이다. 예컨대, 갱 조직이나 윤락 여성집단은 그 구성원으로 침투하기도 힘들 뿐 아니라, 연구자의 신분이 발각되면 범죄단체에 의해 신체적 위해를 받을 위험성도 있다.

㉢ 연구자 자신이 연구를 위해서 범죄행위에 직접 가담하거나, 또는 범죄행위를 방관하는 경우를 들 수 있다. 즉, 연구의 윤리성 문제가 제기될 수 있다.

㉣ 연구자가 조사대상자들에게 동화되거나, 반대로 이들에게 혐오하는 감정을 가질 수 있다. 그 이유는 조직구성원들과의 접촉관계로 인하여 감정적 작용을 받아 객관성을 읽기 쉽다. 따라서 연구자의 주관이 개입될 가능성이 많기 때문에, 관찰방법과 그 관찰에서 얻은 자료의 표준화가 곤란하다는 점을 들 수 있다.

6) 개별적 사례조사(사례·생애사 연구)

실험법이나 참여적 관찰법이 현재를 중심으로 하는 연구라면, 이 방법은 과거중심적인 연구방법이다.

(1) 의의

① 개별적 사례조사는 범죄자 개개인에 대하여 그의 인적·환경 등의 여러 가지 측면을 종합적으로 분석하고, 그 각각의 상호연결관계를 밝힘으로써 범죄 및 범죄자의 원인관계를 해결하려는 방법이다. 일기·편지·자서전·전기 등을 주로 분석대상으로 삼는다.

② 1937년 서덜랜드(E. H. Sutherland)는 인생사 연구(life history studies)에서 이 방법을 이용하여 한 소년이 전문절도범이 된 과정을 조사하였다. 그는 인생사 연구에서 "직업절도범은 범행의 계획과 실행, 장물의 처리, 그리고 경찰에 체포되었을 때의 대처방법 등 복잡한 기술을 필요로 한다. 그런데 직업절도범은 주로 슬럼지역 출신으로 다른 지역에 비해서 슬럼지역에서는 일반소년들이 비행소

년들과 접촉할 기회가 많기 때문에, 이런 복잡한 기술들을 비행청소년을 만나면서 습득하게 된다."고 보았다. 서덜랜드는 이런 연구 등을 통해서 그 유명한 차별적 접촉이론을 제시하였다.[50)]

(2) 장·단점

개별적 사례조사는 참여적 관찰법과 마찬가지로 조사대상자에 대해 가장 깊이 있는 이해를 할 수 있다는 장점이 있다. 반면, 사례연구자의 주관적인 편견이 개입될 소지가 있다는 비판도 제기되고 있다.

7) 표본집단조사

(1) 의의

① 범죄자의 일부를 표본으로 선정(실험집단)하여 이들을 정밀 관찰한 결과를 전체 범죄자에게 유추 적용하여 그 전체 상황을 파악하는 조사방법이다.

② 표본집단조사는 그 「표본집단」과 대조되는 일정한 정상인 군(群)을 「대조집단」으로 뽑아서 양 집단을 조사·분석하고, 그 결과를 서로 비교함으로써 양 집단 간의 차이점을 밝히는 것을 원칙으로 한다. 이 경우 「대조집단」에 대응하여 범죄자의 표본이 되는 집단을 「실험집단」이라 한다.

(2) 한계

표본집단조사방법은 일반적 경향만 파악이 가능하고, 인과적 상호연결관계가 분명히 밝혀지지 않아 표본집단의 대표성에 의문이 제기된다는 데에 그 문제점이 있다. 따라서 사례연구방법 등에 의하여 보충되지 않으면 안 된다.

50) Edwin H. Sutherland, The Professional Thief in classics of Criminology edited by Joseph E. Jacoby, prospect Heights IL: Waveland press, 1988, pp.7~10.

8) 추행조사(追行調査)

(1) 의의

추행조사란 일정한 범죄자 또는 비범죄자에 대하여 그들의 뒤를 일정기간 계속 추급(追及: 뒤좇아서 따라잡음)하면서, 그들의 행상(行狀)과 그들의 인격·사회적 조건의 변화 상태를 분석하고 상호관련성을 조사하는 방법을 말한다.

(2) 장·단점

추행조사는 일정한 시간적 연속성 속에서 대상자들을 추적·조사함으로써, 개인에 관한 사실관계를 더욱 정확히 밝힐 수 있다는 장점이 있다. 반면, 추행조사는 피조사자에게 추행한다는 사실이 알려지면, 그들의 행동이 비자연적으로 움직이게 되어 조사목적의 달성이 어렵게 된다는 단점이 있다.

9) 조사연구(조사연구법)

(1) 의의

① 조사연구는 질문지 조사·면접 조사·전화 조사·우편 조사·인터넷 조사·이메일 조사 등을 통하여 응답자로부터 설문에 답하게 함으로써, 원하는 자료를 수집하는 방법을 말한다. 조사방법은 사회과학의 연구에 가장 많이 사용되는 자료수집방법으로 대단위 모집단(母集團)의 설명적 연구에 특히 적절한 방법이다.

② 최근에 범죄학 분야에서의 조사연구는 주로 범죄피해·범죄에 대한 공포·경찰이나 형사사법기관에 대한 태도 등을 측정하는데 활용되고 있다.

(2) 장·단점

조사연구는 비교적 쉽게 자료(설문지·면접 등)를 계량화하여 실험집단과 통제집단의 차이를 밝힐 수 있다는 장점이 있다. 반면, 통계조사가 갖는 일반적 허상을 그대로 안고 있기 때문에, 불리하거나 명예에 손상이 가는 질문에 대해서는 은폐하기 쉽다는 단점이 있다.

제2장

범죄연구의 발달과정

제1절 범죄학 역사의 개관
제2절 범죄학의 탄생(고전주의 발달과정)
제3절 실증주의 범죄학

CHAPTER 02

범죄연구의 발달과정

제1절

범죄학 역사의 개관

Ⅰ. 개설

범죄의 원인을 규명하려는 노력은 18세기 후반 사변적이고 관념적인 고전학파 범죄학에서 시작되었다. 그 후 19세기 후반의 실증주의 범죄학의 출현으로 범죄를 과학적으로 분석하려는 근대적인 범죄학이 탄생하였다.

범죄학의 연구경향은 크게 두 가지 측면에서 접근해 볼 수 있다. 하나는 사람 그 자체의 특질에서 범죄원인을 찾으려는 관점이고, 또 하나는 외부의 환경적인 요인에서 범죄원인을 찾으려는 연구로 분류해 볼 수 있다. 범죄학 이론의 역사적 발전과정을 보더라도 고전주의(인간의 자유의지) → 범죄생물학과 범죄심리학(인간의 선천적·소질적 결함) → 상황적 범죄이론 등은 모두 범죄의 원인을 「사람」에게서 찾는다는 점에서 공통점을 가지고 있다.

반면 사회학적 범죄학이론은 사회환경을 범죄원인으로 보고 있다.[1] 문제는 이들의 연구가 출현하기 이전에는 인간의 행위로서의 범죄, 즉 범죄원인을 어떻게 인식하고 있었을까 하는 점이다.

1) 조철옥, 경찰학개론, 대영문화사, 2007, pp.375~376.

2

Ⅱ. 범죄학 탄생 이전의 범죄원인에 대한 인식 방법

원시사회에서 고대에 이르기까지의 범죄의 원인문제는 「초자연주의」 또는 「초경험적인 사실」로 설명될 수밖에 없다.

1. 초자연주의(마신론)

1) 원시·고대사회

초자연주의는 기독교 사상이 확립되기 전 원시사회에서의 애니미즘(animism)에 기원을 둔 것으로, 범죄는 악마의 소행이라고 생각하였다. 예컨대, 고대에 있어서 범죄자의 두개골에 구멍을 내어 혼을 빼내는 천두술(trephing) 그리고 편형(鞭刑: 채찍으로 때리는 형벌)과 같은 신체형 등은 악마를 쫓는 하나의 수단이었다.[2] 이는 주술(呪術)을 통해서 범죄자로부터 악령을 쫓아내려는 것이었다.

2) 중세

(1) 기독교의 범죄관(신학적 범죄관)

중세에 들어서면서 범죄의 원인문제는 「기독교의 범죄관」과 맥을 같이한다고 볼 수 있다. 기독교는 하느님(신)의 존재를 인정함과 동시에 그 상대세력으로서의 마귀라는 악신(惡神)의 존재를 인정한다. 그러므로 범죄행위 등은 모두 마귀의 조정 내지 간섭에 의하여 이루어지는 것이라고 보았다.[3] 따라서 고전학파 이전의 형사사법제도의 중심은 종교재판이 될 수밖에 없었다. 이러한 종교재판의 대표적인 것이 악마론의 극단을 보여주는 「마녀재판」이다.

2) 김상균, 범죄학개론, 청목출판사, 2010, pp.35-36.
3) 신진규, 앞의 책, p.91.

(2) 마녀재판(마녀사냥)

마녀재판은 중세 말기부터 근대에 이르기까지 유럽 및 북아메리카 일대에서 행해졌다.[4] 마녀재판에서 처형된 수는 몇 만인지, 몇 십만인지 정확하지 않으나, 마빈 해리스는 50만 명에 달하는 사람들이 마녀 혹은 마법사라는 죄목으로 처형되었다고 주장하고 있기도 하다.[5] 마녀사냥이나 마녀재판은 유럽의 경우 제1차 세계대전 이전, 미국에서는 1970년 후반부터 공식적으로 사라졌다.[6]

2. 자연주의적 경험론

초자연주의의 입장과 대조되는 자연주의는 오직 현실적으로 경험할 수 있는 사실로써만 범죄의 원인을 설명하려고 한다.

1) 고대

자연주의적 경험론은 고대 그리스의 아리스토텔레스에서 그 기원점을 찾을 수 있다. 아리스토텔레스는 범죄성의 유전에 주목하여 신체적 특징(두개골이나 인상)과 정신 상태와의 상관관계를 주장하는 나쁜 습관이 악성을 조장한다는 의견을 피력하기도 하였다.[7]

---

4) 마녀재판의 방법으로 여러 가지 시험을 했지만 그 중 물시험이라는 것이 있었다. 형리들은 혐의자를 단단히 묶고 깊은 물에다 빠뜨린다. 물은 깨끗한 속성을 가지고 있기 때문에 마녀가 들어올 경우에는 물 밖으로 내쳐진다고 믿어졌다. 만약 혐의자가 물에서 익사한다면 그는 혐의를 벗게 되겠지만, 물에서 떠오른다면 마녀로 간주되어 화형되었다. 마녀든 아니든 죽는 것은 마찬가지였다.

5) http://ko.wikipedia.org/wiki/... 검색일 2012.8.1.

6) 2003년 3월 5일, 요한 바오로 2세의 지시에 따라 교황청은 「회상과 화해: 교회의 과거범죄」라는 문건을 발표해 과거 교회가 하느님의 뜻이라는 핑계로 인류에게 마녀사냥을 포함한 여러 가지 잘못을 최초로 공식 인정하면서 전 세계에 카톨릭의 이름으로 사죄하였다(http://terms.naver.com/entry.nhn?docId, 검색일 2012. 8. 11; http://ko.wikipedia.org/wiki., 검색일 2012. 8. 1.).

7) 아리스토텔레스의 견해에 대하여 직감적인 견해에 지나지 않는다는 비판도 제기하고 있으나, 당시의 기준으로 보았을 때에는 상당한 수준의 생물학적 깨달음에 기초하고 있었음을 시사해주고 있다.

2) 중세

중세에 들어서면서 신(神)을 중심으로 한 신본주의(神本主義) 사상이 지배하면서, 아리스토텔레스와 같은 과학적인 자연주의적 견해는 후퇴하고 오히려 초자연주의를 기본으로 한 주장들이 주류를 이루었다.

3) 근대 범죄학의 탄생

17세기 중엽에 이르러 중세의 신을 중심으로 한 신본주의를 비판하고 「인간은 합리적이고 이성적인 인간이다」라는 인본주의(人本主義)사상이 등장하였다. 그리고 이러한 사상을 바탕으로 고전주의 학파가 태동하였다. 그 후 18C에서 19C로 이행되면서 '과학혁명'의 시대로 접어들게 되고, 경험주의적 견해가 주류를 이루는 실증주의 범죄학이 탄생되는 과정을 거치게 된다.

제2절 범죄학의 탄생(고전주의 발달과정)

Ⅰ. 개요

범죄발생의 원인은 천차만별이며 하나의 범죄에 있어서도 많은 원인들이 서로 밀접하게 관련되어 있으므로, 실제로 범죄의 원인을 해명하는 것은 매우 어려운 일이라고 보겠다. 그럼에도 불구하고 범죄의 원인을 밝히려는 시도는 범죄원인을 제거함으로써 범죄를 감소시키고 예방하려는데 의도가 있기 때문이다. 따라서 범죄학의 궁극적인 관심이 범죄의 감소와 예방이라는 측면에서 볼 때, 모든 범죄학 이론은 그 자체에 범죄예방에 관한 이론들을 내포하고 있다고 할 수 있다.

범죄의 원인을 규명하려는 이론은 고전주의 범죄학을 필두로 하여, 실증주의에 입각한 개별적 수준과 사회학적 수준으로 구별해 볼 수 있다. 개별적 수준에서의 범죄설명은 크게 생물학적 이론과 심리학적 이론으로 나눌 수 있다. 그리고 사회학적 수준에서의 설명은 사회적 과정을 중시하는 미시적 수준과 사회적 구조를 중시하는 거시적 수준으로 구별될 수 있다. 그러나 여기서 유의해야 할 점은 이러한 이론들은 시간적으로 체계적으로 순서를 따라 전개된 것은 아니며, 같은 시대에서도 서로 존속하고 병행하며 상호보완적 관계를 갖고 있다는 점에 유념하여야 한다.

Ⅱ. 고전주의 학파

1. 개설

현대 범죄학의 뿌리는 베카리아, 벤담 등의 영향으로 18세기 후반에 발전한 소위 '고전학파'[8]로 거슬러 올라간다. 이들은 공리주의[9]와 쾌락주의 원리에 의하여 인간의 행위를 설명함으로써, 범죄를 원인론적으로 탐구하려고 하였다. 즉, 인간은 쾌락을 추구하고 고통을 회피하는 존재라고 보았다. 따라서 공리주의 철학에 기초하여 범죄행동으로 얻는 쾌락보다 형벌로 받는 고통이 조금 더 큰 정도로 부과되어야 범죄를 억제할 수 있다고 주장하였다.[10]

2. 고전학파의 태동

1) 유럽의 형사재판은 중세에서 근대 초기에 걸쳐 법과 종교·도덕과의 불가분성, 신분에 의한 불평등, 죄형전단주의, 형벌의 가혹성을 특색으로 하는 앙샹 레짐(ancien régime, 구제도)하의 형벌제도였다.[11] 이러한 형벌제도에 대하여 통렬히 비판하고 개혁의 봉기를 든 이론가가 이탈리아의 베카리아와 영국의 벤담이었다.

---

8) 고전학파는 '고전주의 시대'라는 개념에서 유래하고 있고, 베카리아의 저서 「범죄와 형벌」에서 시작되었다고 볼 수 있다.

9) 공리주의(功利主義)는 공리성(공명과 이익만을 추구하는 성질)을 가치판단의 기준으로 하는 사상이다. 곧 어떤 행위의 옳고 그름은 그 행위가 인간의 이익과 행복을 늘리는데 얼마나 기여하는가 하는 유용성과 결과에 따라 결정된다고 본다. 넓은 의미에서 공리주의는 효용·행복 등의 쾌락에 최대의 가치를 두는 철학·사상적 경향을 통칭한다.

10) Eugene Weber, A Modern History of Europe(New York:W. W. Norton, 1971), p.398.

11) 앙샹 레짐(구제도)에 의한 형사재판이나 형벌제도의 특색은 첫째, 형사재판에서 범죄나 내용이 확실하지 않고 재판관에게 지나친 재량권을 부여하였기 때문에, 재판관에 의해 형사재판이 자의적으로 운영되었고(죄형전단주의), 둘째, 형법의 불평등한 적용이었다. 형법이 승려·귀족·시민·농민 등의 신분에 따라 불평등하게 적용되었고(신분에 의한 불평등), 셋째, 당시의 형벌은 사형 혹은 신체형을 중심으로 처벌하여, 일반 사람들에게 본보기를 보이기 위한 목적으로 이루어졌다(가혹한 형벌의 부과).

2) 베카리아와 벤담은 형벌권의 근거와 한계를 「사회계약설」[12]에 두고 죄형법정주의·죄형균형주의·가혹형 폐지 등의 형벌관을 주장하였다. 이 두 사람의 주장은 합리주의를 표방하는 계몽사상[13]을 보강한 것으로, 이들을 중심으로 한 사상을 「고전학파 범죄학」이라고 부른다.

3) 초기의 고전주의 학파는 1810년의 「신고전주의 학파」 → 1970년대 이후의 현대적 고전주의 학파로 발전과정을 거치게 된다.

3. 초기 고전학파

1) 베카리아

(1) 베카리아는 그의 저서 「범죄와 형벌, 1764」을 통하여 당시의 잔혹한 형벌제도와 판사의 독단적인 형벌 부과 등에 대하여 날카로운 문제제기를 하였다. 특히 1761년 프랑스의 칼라스 가(家)의 비극은 당시 계몽주의자들과 베카리아에게 변혁의 빌미를 제공하였다.

「칼라스(Calas) 사건」

칼라스(Calas)사건은 1762년 일어난 한 개신교인 청년의 자살과 카톨릭 교도들의 부당한 모함으로 장 칼라스(Jean Calas)의 온 가족이 풍비박산 난 사건을 말한다. 1762년 3월 10일 프랑스 툴루즈의 필라체 거리에 사는 개신교인 장 칼라스의 청년 아들이 스카프로 목을 맨 채 자살을 하였다. 사법부의 다비드 드 보드링이 이 사건을 조사하고 사건을 발표했다. 이 청년은 카톨릭으로 개종할 것을 선언하고 개종하기로 했는데, 개신교인이었던 아버지 장 칼라스가 이것을 견딜 수 없어서 아들을 살해했다고 결론을 내렸다. 이후 칼라스의 가족은 체포되어 모진 고문을 받았고, 아버지 장 칼라스는 끝끝내

---

12) 개인들은 사회계약을 통해 각자가 누리는 자유와 권리를 일정부분 정부에 양보하는 대신, 정부는 각 개인들의 생명과 재산을 보호해야 한다고 보았다.

13) 계몽사상은 17세기 후반에 시작되어 18세기 프랑스에서 전성기를 이룬 사조(思潮)이다. 신(神)이 아닌 인간의 이성에 의해 의식이 형성되어야 한다는 사상이며, 프랑스혁명의 사상적 배경이 되었다.

아들을 살해하지 않았다고 부인하였으나 거열형에 처해졌다.

이 사건은 프랑스의 계몽 철학자 볼테르가 적극 변호하면서 세상에 알려졌고, 1765년 3월 9일 장 칼라스가 처형된 지 3년째 되던 날 칼라스의 무죄와 복권이 선고되었다. 장 칼라스 사건에 대한 볼테르의 개입은 프랑스 지식인의 현실 참여운동인 「앙가주망(engagement)」의 시초로 평가되고 있다.

(2) 베카리아의 주장의 요점

① 사회계약설

국가가 개인을 처벌할 수 있는 근거는 오직 사회계약에 있다. 따라서 법은 사회를 형성하기 위한 조건이고, 이를 위반하면 처벌해야 한다는 계약사회와 처벌의 필요성을 강조하였다.

② 죄형법정주의

입법을 통해 판사는 이미 설정되어 있는 범위를 넘어 범죄자들에게 형벌을 부과할 수 없도록 하여야 한다는 '입법'의 역할을 강조하였다. 즉, 범죄와 형벌을 창설하는 권한은 입법자에게 있고 재판관은 입법자가 아니기 때문에 법률을 해석하는 권한은 없다. 따라서 재판관은 법전(法典)에 정해진 죄와 형벌에 따라 재판을 하면 된다고 역설하였다.

③ 죄형균형주의

죄형균형주의는 죄와 형벌은 균형을 이루어야 한다는 것을 의미한다. 베카리아는 첫째, 범죄의 속성은 사회에 미친 해악에 따라 판단되어야지 범죄자의 의도에 의해 결정되어서는 안 된다는 「범죄의 중대성」, 둘째, 범죄는 사회에 대한 침해이기 때문에 정도와 형벌 간에는 적절한 비례관계가 성립하여야 한다는 「비례적 형벌」, 셋째, 형벌이 그 목적을 달성하기 위해서는 형벌로 인한 고통이 범죄로부터 얻는 이익을 약간 넘어서는 정도가 되어야 효과가 있다는 「형벌의 정도」를 주장했다.[14)]

14) Cessere Beccaria, On crime and Punishments(6th ed), trans. Henry Paolucci, Indianapolis,

④ **일반예방주의**

형벌의 목적은 응보가 아닌 범죄의 예방과 일반인에 대한 경고에 있다고 보았다. 따라서 범죄를 처벌하는 것보다는 예방하는 것이 바람직하다고 주장하였다.

⑤ **사형과 사면의 폐지**

베카리아는 사형폐지론자의 선구자로서, 사회계약시 사람은 생명에 대한 권리까지 국가에 양도한 것은 아니다. 따라서 극단적으로 잔혹한 형벌인 사형은 폐지되어야 하며, 사형집행은 합법적인 제도적 살인행위라고 보았다. 한편, 사면제도에 대해서는 「자비라는 얼굴을 한 가면」이라고 혹평하였다.

⑥ **범죄와 처벌의 관계**

범죄의 예방은 엄격한 처벌에 의한 것이 아닌 신속하고 확실한 처벌에 의해 이루어져야 한다고 주장하였다.

⑦ **고문금지**

형사재판에서 피고인의 권리는 보호되어야 하며, 특히 고문은 금지되어야 한다는 점을 강조하였다.

2) 벤담

(1) 법의 목적과 처벌의 최소화

① 고전주의 범죄학파의 또 다른 대표적인 사람은 영국의 벤담이다. 벤담은 계몽사상을 구체화 한 법률학자로서, 법의 목적은 "최대다수의 최대행복에 있다"고 주장하였다. 즉, 모든 법은 가장 많은 사람들에게 가장 많은 행복을 가져다주는 것을 목표로 해야 한다는 것이다.[15)]

② 그는 정부가 법을 어긴 사람에게 고통을 가함으로써 처벌하려 드는

IN:Bobbs-Merrill, 1977, pp.8~43.

15) 벤담은 1789년에 발표된 「도덕 및 입법원리의 서론」에서 그는 쾌락을 추구하고 고통을 피하려는 인간의 자연성에 따라 행동하는 것이 개인은 물론 개인의 집합체인 사회에도 최대의 행복을 가져다 준다고 보았다. 따라서 그는 '최대 다수의 최대 행복'을 도덕과 입법의 원리로 제시하였다.

것도 악이라 보았으며, 그런 처벌은 최소화시켜야 한다고 역설하였다. 그의 공리주의 사상은 미국 헌법뿐 아니라, 1800년대 후반과 1900년대 초반 진보주의 혁명가들에게 심대한 영향을 끼쳤다.[16)]

(2) 주요 주장

① 그는 공리주의 원리를 전면에 두고 「범죄자의 개선과 갱생」이라는 특별예방을 주장하여, 베카리아나 포이에르바하가 주장하는 일반예방사상을 승계하지 않았다.

「일반예방과 특별예방」

① 일반예방
일반예방이란 특정한 법 위반자에 대하여 처벌을 하게 되면, 처벌되지 않은 일반 시민대중에게 영향을 미치게 되어 그들의 법위반을 줄일 수 있다는 사상을 말한다. 예컨대, 공개처형과 같이 일반 공중에게 보여줌으로써 일반인의 범죄를 예방하려는 것이다.

② 특별예방
특별예방이란 일반대중을 범죄로부터 예방하려는 것이 아니고, 범인에게 형벌을 부과함으로써 그 범인이 다시 범죄에 빠지지 않도록 재사회화 하는 것을 말한다.

② 벤담은 하워드(Howard, J.)[17)]의 감옥사정에 영향을 받아 유토피아적인 파놉티콘형 교도소[18)] 건립계획을 수립하였다. 파놉티콘 계획은

16) 김상운, 천재이야기, 이가서, 2005, p.37.
17) 영국의 하워드는 최초의 감옥개량운동가로서, 1777년 「영국과 웨일즈의 감옥상태론」을 출판하여 영국 하원의원들에게 배포하였다. 그 내용은 남녀 분리수용, 독거제 실시, 연령층과 성별에 따른 분리수용, 교도관의 공적 임명과 충분한 보수 지급 등이었다.
18) 파놉티콘(Panopticon)은 벤담이 만든 말로 원형의 건축양식을 가리킨다. 그 구조는 첫째, 형무소 중앙에 감시소를 두고 그 주위에 독방을 배치해 효율적인 감시가 가능하도록 하고, 둘째, 독방의 안과 바깥에 창을 두어 빛의 각도를 이용해 감시자는 수형자를 볼 수 있으나, 수형자는 감시자를 보지 못하도록 하는 건축구조였다.

재정적 지원을 얻지 못하여 중단되었으나, 이후 유럽 각지의 형무소 운영에 큰 영향을 주었다.

3) 포이에르바하

(1) 법과 도덕과의 구별

포이에르바하는 근대 형법의 아버지라고 불리우고 있다. 그는 사회계약설에서 출발하여 국가의 목적은 개인의 자유를 보장하는데 있다고 주장하였고, 법과 도덕을 구별하였다. 그러므로 범죄는 도덕위반이 아니라 법위반이라고 하여 범죄를 권리침해로 파악하였다.

(2) 주요 주장

① **심리강제설**

그는 형벌의 위협만이 행위자가 범행을 저지르지 않고 단념시킬 수 있다는 일반예방적인 「심리강제설」을 주장하였다. 즉, 인간은 쾌락을 추구하고 불쾌를 피하려는 본성을 가지고 있다. 따라서 범죄를 억제하기 위해서는 범죄로부터 얻은 쾌락보다 그로 인하여 과해지는 형벌로 인한 불쾌감(고통)이 더 크다는 것을 알려줌으로써, 심리적으로 강제하여 일반인의 범죄를 억제할 수 있다고 보았다.[19)]

② 그는 1803년 「형법 교과서」에 「형사정책」이라는 용어를 처음 사용하면서, 형법의 보조 수단성으로 형사정책을 제시하였다. 그 후 그의 사상은 뵈머를 거쳐 헨케에 이르러 하나의 학문체계로 완성되었고, 20세기 리스트에 이르러 전형법학(全刑法學) 사상[20)]에 의하여 형사정책이 완전 정착되었다.

---

19) 진계호·이존걸 공저, 앞의 책, p.49.

20) 전형법학(全形法學)이란 모든 범죄와 형벌에 관련된 학문을 통합해서 접근해야 한다는 사상을 말한다. 규범학은 형법·형사소송법 등을 포함하는 개념이고, 광의의 형사정책학은 사실로서의 「범죄학」과 정책학으로서의 「협의의 형사정책학」을 포함하는 개념으로 보는 경우도 있다. 따라서 전형법학은 한 마디로 모든 형사법을 통합해서 접근해야 한다는 사상으로 정의되어질 수 있다.

4. 고전주의 학파의 범죄이론

과학적 범죄연구가 시작되기 이전에 있어서는 범죄는 악마가 원인이고 영혼 때문이었다고 생각하였다. 예컨대 중세의 마녀를 찾아 처벌하는 마녀재판·결투로 인한 재판·유죄냐 무죄냐를 표하는 이상한 표시 또는 징조 등은 신(神)이 그렇게 되기를 바랐기 때문이라는 별(別) 세계의 힘의 작용으로 보았다. 이런 견지에서 보면 범죄나 범죄행동은 범죄인이 악마에 휘말려 일어난 것에 불과하다는 관념의 반영이라고 볼 수 있다. 그러던 것이 18세기 중엽에 이르러 중세의 신(神)을 중심으로 한 신본주의(神本主義)를 비판하고 인간을 중심으로 하는 인본주의(人本主義) 사상이 등장하면서, 고전주의 학파가 출현하게 되었다.

1) 초기 고전주의

(1) 의의

고전학파의 범죄관은 범죄는 법을 어기는 행위라는 관점에서 이해하였고, 아울러 인간은 기본적으로 이성적이며 합리적이라는 가정에서 출발하였다. 그 결과 인간의 자유의지와 도덕적 책임감을 강조하게 되었고, 범죄자를 합리적(경제적)으로 결정하고 행동하는 존재자로 파악하였다. 즉, 개인은 자유의사에 의하여 범죄를 할 것인가, 하지 않을 것인가를 스스로 선택하고 행동한다는 것이다. 따라서 범죄를 저지를 것인가의 여부는 전적으로 개인 스스로의 책임이지(도덕적 책임), 결코 사회의 책임(사회적 책임)이 아니라는 것이다. 그러므로 국가는 개인이 범죄를 저지르지 않도록 그에 상응하는 처벌을 해야 한다는 것이다.[21]

(2) 고전학파의 특색

베카리아 등 초기 고전학파의 주장들을 종합해서 정리하면 다음과 같다.

---

21) George B. Vold, Thomas J. Bernard, & Jeffrey Snipes, Theoretical Criminology(Oxford: Oxford University Press, 1988), p.7.

범죄인도 일반인과 같이 자기의 행동을 규율할 수 있는 자유의사를 가진다(비결정론). 따라서 범죄는 자유의사가 있는 자의 자유로운 선택의 결과로 보기 때문에, 그에 따른 책임을 져야 한다고 간주한다. 고전학파는 다음과 같은 내용들을 핵심으로 하고 있다.

① 근대의 계몽사상에 입각한 개인주의적·자유주의적 법치국가의 사상을 바탕으로 한다.

② 자유론적 인간관
범죄인도 일반인과 같이 자기의 행동을 규율할 수 있는 자유의사를 가진다(비결정론). 그렇기 때문에 범죄는 자유의사가 있는 자의 자유로운 선택의 결과이다.

③ 책임의 근거
자유의사가 있는 자가 죄를 범하였기 때문에, 자신의 범죄행위에 대해서 책임이 있다고 강조하였다(도덕적 책임론). 따라서 국가가 범죄자를 처벌하여 그 대가를 치르게 함으로써, 미래의 범죄를 예방하는 것이 가장 적절한 전략이라고 본다.

④ 일반예방주의
형벌은 해악과 고통을 내용으로 하며, 사회일반인에 대한 범죄예방에 그 목적이 있다고 역설하였다.

⑤ 죄형법정주의와 죄형균형주의
범죄와 형벌은 법률로 정해져야 하며, 법의 집행도 죄형법정주의에 입각하여야 한다고 주장하였다(죄형법정주의). 한편, 범죄와 형벌은 균형이 이루어져야 하고, 너무 경미한 처벌이나 심한 처벌은 범죄를 억제할 수 없다고 보았다(죄형균형주의).

⑥ 범죄억제이론(범죄통제이론)

㉠ 범죄의 예방과 통제
베카리아는 형사처벌의 목적을 달성하기 위해서는 부과된 처벌이 통제하고자 하는 범죄로부터 얻어질 수 있는 이익을 능가해야만 한다고 믿었다. 따라서 범죄와 처벌의 관계를 계산하기 위해서는 처벌의 신속성, 처벌의 확실성, 처벌의 엄격성이 동시에 고려되어야 한다고 주

장하였다.[22)]

㉡ 억제효과(통제효과)의 3요소

㉮ 처벌의 신속성

신속성은 국가기관이 범죄에 대하여 범죄자를 신속하게 체포하고, 빨리 처벌될수록 범죄는 더 많이 억제(통제)될 것이라고 가정하였다. 즉, 범행에 따른 신속한 체포와 처벌은 빠르면 빠를수록 처벌이 보다 유용하고 정당할 것이라고 보았다.

㉯ 처벌의 확실성

고전학파의 억제이론에서 가장 중요한 핵심이라고 할 수 있는 요소가 바로 처벌의 확실성이다. 처벌의 확실성은 범죄를 저지른 범죄자에 대한 처벌이 확실할수록 법률위반의 정도는 줄어들 것이라고 가정한다. 따라서 범죄행위에 대한 국가의 확실한 처벌이 잠재적 범죄자로 하여금 범죄를 저지르지 못하게 하는 일반예방효과를 가져온다고 보았다.

㉰ 처벌의 엄격성

처벌의 엄격성은 범죄를 저지른 자에 대하여 법률에 규정된 형벌을 엄격하게 적용할수록 법률위반의 정도가 낮아진다는 것을 가정한다. 따라서 범죄를 저지른 자가 다시 범죄를 저지르지 못하게 하는 특별예방효과를 가져온다고 보았다.

(3) 고전학파의 공적과 한계

① 공적

㉠ 고전학파의 주장은 당시의 자의적이고 야만적인 형사사법제도의 운영에 대한 날카로운 비판정신을 바탕으로 실제적이고 광범위한 형법제도 개혁을 목표로 하였고, 이러한 주장들은 그 후 유럽 여러 나라의 입법 작업에 커다란 영향을 미치게 되었다. 구체적인 형사입법으로는 프랑스 형법전(1789년)·프랑스 형법전(1791

22) George B. Vold and Thomas J. Bernard, Theoretical Criminology(3rd ed.), New York: Oxford university press, 1986, p.25.

년)·나폴레옹 형법전(1810년) 등을 들 수 있다.

㉡ 또한 범죄행위에 관하여 현실세계에 존재하는 원인(자유의사론)에 의해 설명을 시도하였다는 점에서 과학적인 범죄의 출발을 가능하게 하였다.

㉢ 오늘날에 주목되는 합리적 선택이론·범죄경제학 등은 고전학파 범죄학(일반예방론)의 쾌락·불쾌설(고통설)의 연장선상에 있다고 보아야 하며, 이런 점에서 이 이론들은 고전학파의 재사용에 불과하다는 평가를 받고 있기도 하다.

② **한계**

고전학파의 주된 관심은 법과 형벌개혁에 있었다. 따라서 범죄자가 범죄를 저지르게 되는 동기·원인·사회적 환경 등의 범죄원인에는 관심이 없고, 범죄자보다는 범죄행위 그 자체에 관심을 갖고 범죄에 대한 적절한 처벌에 초점을 두었다. 그 결과 고전주의는 범죄를 저지를 수밖에 없는 외부적 영향에 대한 고려가 충분치 않았다는 점 등에 한계가 있다는 비판을 받고 있다.[23)]

Ⅲ. 신고전학파이론

베카리아의 「범죄와 형벌」에서 주장된 사상은 1810년 프랑스 형법이 개정되기까지 약 40년 간 프랑스·독일 등 유럽에서 그 영향을 미쳤다. 그러나 고전학파의 이론은 결과적으로 초범자와 재범자, 정상인과 정신이상자, 성년과 미성년자를 동등하게 취급(동일한 범죄의 동등한 형벌)하는 비현실적인 문제에 봉착하게 되었다.

23) 김형중 외, 경찰학각론, 청목출판사, 2017, p.24.

1. 프랑스 형법의 개정

1810년에 몇 가지 객관적인 상황에 대한 법관의 재량을 명시적으로 인정하는 방향으로 프랑스형법이 개정되었다. 그러나 이는 형벌의 개별화와 법관의 재량권을 제한된 범위 내에서 어느 정도 인정한 것에 불과하고, 범죄자의 범행의도와 같은 심리적 상황에 대한 고려는 인정치 않았다. 즉, 어린아이나 정신병자 등은 정상적인 범죄에 비해서 범행의 책임이 적은 것으로 간주되어, 형의 가중·감경사유에 범죄자의 특성이 고려되었다. 반면 범죄자의 주관적 상황에 대한 법관의 재량적 판단은 인정치 않았다.

2. 신고전학파의 특징

1810년 프랑스 형법개정에서 몇 가지 객관적인 상황에 대하여 법관에게 재량권을 인정했다는 것은 고전학파에서 주장하는 범죄 「행위」 중심에서 일부분이지만 「범죄자」로 관심이 이동했다는 것을 뜻한다. 이것이 「신고전학파」의 특징이라고 볼 수 있다. 여기까지가 고전주의와 신고전주의학파의 관념적·철학적 사상이다.

3. 실증주의의 대두

이러한 과정을 거치면서 1876년 롬브로조의 실증주의가 대두되었고, 범죄인들은 「관찰과 검증」을 통해서 확인하고 처벌해야 된다는 사상이 주류를 이루게 되었다. 이것은 범죄인이 주관적 사정 등을 고려하여 양형 결정이나 각종 유예제도 등을 활용하여 처벌해야 한다는 것을 의미한다.

Ⅳ. 현대적 고전학파(현대적 억제이론)

1. 고전적학파의 개념이 부활

20세기 중반까지 실증주의 이론을 바탕으로 한 교화개선적 범죄학이 주류를 이루었다. 그러나 1970~80년대 들어서면서 이의 반동으로 범죄자의 교화개선에 매달리기보다는 '사회계약과 처벌'이라는 고전적 개념이 부활되었다. 이를 '현대 고전주의'라고 한다.[24)]

2. 고전주의 억제효과의 요소에 대한 연구

1) 고전주의 이론을 현대적 억제이론으로 발전시킨 학자들은 고전학파의 주장대로 형벌이 확실하게 집행될수록(확실성), 형벌의 정도가 엄격할수록(엄격성), 형벌집행이 신속할수록(신속성) 사람들이 형벌에 대한 두려움을 더욱 느끼고 자제하는 가를 연구하였다.

2) 대표적인 사례로는 깁스(Gibbs)와 티틀(Tittle)의 연구를 들 수 있다.

(1) 깁스(Gibbs)는 1968년 미국의 50개 주를 대상으로 하여 범죄발생률, 범죄검거율 등의 관계를 분석하였다. 살인사건의 경우 형벌의 확실성, 엄격성이 높은 주(州)일수록 살인사건의 발생률이 낮은 것으로 조사되었다. 따라서 형벌의 운영과 형벌을 두려워하는 정도가 그 사회의 범죄발생 정도를 결정하는데 중요한 요인이라고 결론지었다.

(2) 티틀(Tittle)은 형벌의 엄격성은 살인사건의 경우에만 그 억제효과가 있었고, 형벌의 확실성은 모든 유형의 범죄발생률에 중요한 영향을 미친다고 주장하였다.

(3) 위의 연구사례처럼 현대주의 억제이론은 18세기에 전개된 고전학파의 범죄이론(억제이론)을 전제로 하여, 처벌의 확실성과 엄격성

24) Ronald Bayer, "Crime, Punishment and the Decline of Liberal Optimism," Crime and Delinquency, 1981, 27:190.

을 강조한다는 점에서 「고전학파 범죄의 부활」이라고 평가하기도 한다. 따라서 1970년대 이후 미국의 형사사법체계가 사형제의 부활·가석방과 부정기형의 폐지·폭력범죄자에 대한 장기 구금형·상습법에 대한 삼진 종신형 등은 고전주의자들이 주장하는 견해와 맥을 같이 한다고 보아야 할 것이다.

제3절

실증주의 범죄학

Ⅰ. 실증주의 범죄학의 전개과정

1. 초기 실증주의 학파의 등장배경

1) 과학주의의 대두

고전주의 범죄학은 1764년 베카리아의 「범죄와 형벌」이 출간된 것을 기점으로 해서 1876년 롬브로조의 「범죄인론」이 나올 때까지 약 100년 동안 범죄와 형사사법체계의 지침으로 작용했다. 그러나 18C에서 19C로 이행되면서 생물학·물리학·화학 등 자연과학의 발전이 이루어졌고, 인문분야도 물리학과 같이 엄밀한 논리와 객관적인 자료로서 사회현상을 과학적인 방법에 입각한 분석을 거쳐서 창출해야 한다고 주장하는 실증주의가 등장하게 되었다.

(1) 두개학·인상학·골상학 등의 연구

고전주의 범죄학에 대한 비판과 함께 범죄원인을 좀 더 과학적으로 규명해 보고자 하는 움직임은 두개학·인상학·골상학 등의 연구로부터 시작되었다.

① **두개학**(頭蓋學)

㉠ 범죄자가 생물학적으로 이상한 '신체적 특징'을 가지고 있다는 발상은 18세기 전반의 두개학에서 찾을 수 있다. 두개학은 18세기 후반에 인상학으로, 19세초에 골상학으로 발전되었다. 이러한 두개학 → 인상학 → 골상학 연구는 롬브로조가 생래적 범죄자설에

서 주장하고 있는 신체적 특징에 큰 영향을 미쳤다.

㉡ 두개학은 두개골의 형상적 특징에 의해 인간의 지능정도를 측정할 수 있다고 생각하였으며(머리골격 용적이 크고 작음에 따라 지능을 측정), 이를 안면각이론(顔面角理論)[25]이라고 부른다. 안면각이란 18세기 네덜란드의 해부학자 캄퍼(P. Camper)의 논문(Facial angle, 1770)에서 등장한 단어로, 유럽인의 얼굴 각도는 80°, 아시아인(흑인포함)의 얼굴 각도는 70°, 원숭이는 42°~50°가 된다고 하였다. 이 안면각이론은 인종차별주의자들에게 미개함의 척도로 악용되기도 하였다.[26]

② **인상학(人相學)**

인상학은 인상을 조사해서 그 사람의 기질이나 성격을 밝히고 걸어갈 운명도 예측하려는 경험적 지식의 체계로, 인상술 또는 관상학(술)이라고 부르기도 한다. 인상학은 인간의 얼굴 각 부분의 특징을 찾아 기질이나 성격 등을 찾아내려고 하는 것이다.

「인상학의 기원과 발달」

서양의 인상학은 그 기원이 확실치 않으나, 고대 그리스의 아리스토텔레스 학파의 사람이 써서 오랫동안 아리스토텔레스의 저술이라고 간주된 「인상학」에서 엿볼 수 있다.[27] 그 후 인상학에 대한 연구가 지속적으로 행하여 졌고,[28] 18세기 말 라바터(J.K.Lavater, 1741-1801)가 쓴 「인생학시론, 1775년」[29]은 얼굴모양의 여러 특징을 상세히 해석함으로써, 유럽에서 커다란 관

25) 안면각이론은 두개골을 옆에서 볼 때 ① 코 밑동에서 귓불까지의 사이와, ② 이마 돌출부에서 턱 앞까지의 간격에 선을 긋는다. 이 2개의 선이 교차해 만든 각도가 지능의 정도를 표시하는 지표가 된다는 것이다. 따라서 이마가 높은 사람은 두뇌가 더 발달되어 있는 반면, 이마가 뒤쪽으로 발달된 사람은 뇌가 압박되어 두뇌발달에 방해가 된다고 보았다.

26) 아시아인(혹은 흑인)의 얼굴 각도는 70°로서 인간과 원숭이의 중간적 존재라고 생각하였다.

27) 아리스토텔레스의 「인상학」은 얼굴의 용모·체격·동작·소리 등에서 어떤 동물과의 유사점을 구하고, 그 동물의 성질을 사람에 적용하는 방법을 이용하고 있다.

28) 14세기-16세기 서유럽에서 일어난 르네상스기에는 아리스토텔레스의 작품이라고 믿었던 「인상학」이 인문주의자들에게 널리 읽혀지고, 동물유추의 인상학도 유행하였다.

29) 라바터가 1775년 쓴 「인상학시론」은 전 4권으로 된 대작으로 당시의 「인상학」의 성과를 체계적으

심을 불러 일으켰다. 그러나 칸트는 그의 저서 「실용적 견지에서의 인간학」에서 관상학적인 성격론을 긍정하면서도 학문적이 아니라고 하여, 포르타[30]나 라바터의 설을 부정하고 있다.

③ 골상학

㉠ 골상학은 두골의 형상에서 사람의 성격을 비롯한 심적 특성 및 운명 등을 추정하는 학문이다. 골상학은 19세기 초 오스트리아 빈의 해부학자 갈(F. J. Gall, 1758~1828)에 의해 시작되었고, 그의 제자 슈플스하임(J. C. Spurzheim)에 의해 비약적으로 발전했다. 갈은 뇌를 기질이나 능력에 대응하는 27개의 기관으로 구분하고, 그것들이 뇌의 튀어나온 두개골을 융기시키기 때문에, 머리를 잘 관찰하면 기지나 능력의 발달 정도를 알 수 있다고 생각하였다. 슈플스하임은 이에 대해서 「골상학」이라는 이름을 붙였는데, 그는 두개골을 35가지로 분류하였다.

㉡ 골상학은 오스트리아에서 금지되었기 때문에,[31] 두 사람은 유럽 각지를 돌아다니면서 골상학의 보급에 노력하였다. 그 결과 19세기 전반 미국으로 전해졌으며, 19세기 중엽에 크게 유행하였다. 그렇지만 19세기 후반 이후 대뇌 중추에 지도(枝道: 갈림길, 즉 여러 갈래로 갈린 길)가 결정되어감에 따라 갈의 주장은 잘못이라는 것을 알게 되어서, 골상학은 급속히 신용을 잃게 되었다.

로 담고 있다. 그는 이 책에서 반사회적 행동을 취하는 자의 특성으로 ① 남성은 턱수염이 없고, 여성에게는 턱수염이 있다, ② 눈매가 교활하고, 턱이 가냘프다 등을 제시하고 있다.

30) 포르타(G.B.della Porta)는 「인상학,1586」에서 아리스토텔레스학파를 모방해서 동물유추법에 의해서 인상을 계통적으로 논술하는 등 다양한 저작을 저술하였다.

31) 갈과 슈플스하임은 인간의 정신작용이 대뇌피질에서 야기된다고 생각했기 때문에, 당시 정신을 신비의 힘으로 본 중세 크리스트교 사회에서는 이를 받아들일 수 없어 결국 오스트리아 정부는 골상학의 금지를 명(命)하기에 이르렀다.

(2) 다윈(Charles R. Darwin)의 종의 기원

① 1859년에 다윈이 저술한 「종의 기원」과 1871년에 저술한 「인간의 유래」와 같은 진화론에 입각한 저서들은 실증주의 범죄학 출현에 결정적 기여를 했다고 볼 수 있다.[32] 19세기 접어들면서 자연과학 분야가 비약적인 발전을 하게 되자, 범죄문제 등을 다루는 인문분야에서도 과거의 직관이나 철학적 사변에서 탈피하여 과학적이고 객관적인 탐구가 필요하다는 새로운 연구방법론(과학적 연구방법론)이 강조되기에 이르렀다.

② 자연과학적인 측면에서 보면 범죄학의 아버지로 불리우는 롬브로조의 「생래적 범죄자설」에서 범죄자가 진화 이전의 유인원으로 돌아가거나 퇴화된 존재라는 발상은 다윈의 진화론을 기본으로 하고 있다. 이런 점에서 다윈의 진화론은 당시 학자들에게 상당한 영향을 끼쳤을 것이라는 사실을 시사해주고 있다.

(3) 범죄통계학

① **의의**

범죄통계학은 범죄통계를 사용해 과학적으로 범죄원인을 찾으려 한 범죄현상에 관한 최초의 실증적 연구라고 볼 수 있으며, 이러한 통계학적 수법을 사용해 범죄현상을 해명하려는 학파를 「범죄통계학파」라고 한다.

② **발달과정**

실증주의적 방법으로 범죄발생의 원인을 규명한 것은 롬브로조보다 앞선 1820~1830년대였다. 당시 유럽에서는 발간된 사회통계자료를 자연과학의 실험 자료처럼 활용하여, 각 나라의 사회 및 자연환경과 범죄발생정도와의 관계를 분석하였다. 범죄에 관한 최초의 공식통계는 1827년 프랑스에서 발간되었고, 이후 범죄에 관한 통계분석이 본격화되었다.

32) 김재민, 범죄학이론, 박영사, 2018, p.64.

③ **대표적인 학자**

㉠ 대표적인 학자로는 프랑스의 게리(A. M. Guerry)와 벨기에의 케틀레(A. Quételet)를 들 수 있는데, 이들은 지도상에 표시된 여러 국가들의 통계자료를 통하여 범죄율을 분석하였다고 하여 '범죄지리학파'로 분류된다.

㉡ 게리와 케틀레는 통계학적 수법을 이용하여 「범죄현상」을 해명하려고 하였는데, 이러한 해명방법은 실증주의 범죄학 탄생에 하나의 기초가 되었으며 (롬브로조의 생래적 범죄자설에 영향을 끼침), 이후 범죄사회학이론의 태동에도 이론적 동기를 제공하였다.

2) 초기 실증주의 학파의 인간관(결정론적 인간관)

① 고전주의 학파는 범죄는 개인에 의한 선택된 산물이고(자유의사론 혹은 비결정론), 범죄자는 도덕적·법률적으로 법률위반에 대한 책임이 있기 때문에(도덕적 책임론) 그 책임에 상응하는 형벌을 가하는 응보적 사상을 기반으로 하고 있다.[33)]

② 실증주의자들은 고전주의 학파의 주장을 반대한다. 실증주의자들은 인간의 행위(범죄의 원인)는 개인이 통제할 수 없는 요소들, 즉 생물학적·심리학적·사회학적 요인들에 영향을 받아 범죄를 범한다고 보았기 때문에, 이를 「의사결정론」 또는 「결정론」이라고 부른다.

③ 고전주의 학파의 범죄이론이 「범죄행위」 그 자체에 관심을 가졌다면(객관주의)[34)], 실증주의 학파의 범죄이론은 「범죄인」 개개인에게 초점을

33) 김형중·이도선·정의롬 공저, 범죄학, 그린출판사, 2015, p.211.

34) 객관주의란 범죄에 대한 형법적 평가의 중점을 객관적인 범죄사실 자체에 두고, 형벌의 종류·경중(죄의 가벼움과 무거움)도 이에 상응해야 한다는 이론이다. 인간의 자유의사를 전제로 한 개인주의적 계몽사상에서 출발하여 형벌이론에 있어서 응보형주의 또는 일반예방주의와 이론적으로 결합되어 고전학파에 의해서 주장된 이론이다. 반면 주관주의는 범죄인은 특수한 성격의 소유자이므로 형벌의 대상은 범죄사실이 아니라 「범죄인」이며, 형벌의 종류와 경중도 범죄사실에 따라 정할 것이 아니라 범죄인의 악성내지 반사회적 성격에 따라 결정되어야 한다는 이론이다(진계호·이존걸 공저, 앞의 책, PP.58-59).

맞추고 있다는 점이 특징이다(주관주의).

2. 실증주의 탄생 전후의 범죄학의 전개과정

1) 실증주의 탄생 전후의 범죄학 관련 연표

실증주의 탄생 전후의 범죄학 관련 중요사건과 이론들의 흐름을 체계적으로 정리해보면 다음과 같다.

범죄학 관련 연표

연 도	내 용	비 고
1761년	Jean calas가(家)의 비극	당시 계몽주의자들에게 형법개혁의 빌미를 제공
1764년	베카리아의 〈범죄와 형벌〉	고전주의 태동
1789년	프랑스 대혁명	
1791년	프랑스형법의 제정	
1810년	형법의 개정	신고전주의
1833년	범죄통계학	범죄통계학은 범죄학 탄생에 있어 기초가 되고, 후에 시카고학파에 영향을 줌.
1859년	다윈의 '종의 기원'의 진화론	인간행위를 연구하는데 있어서 과학적 연구방법을 강조하는 계기가 됨.
1876년	롬브로조의 범죄인론(생래적 범죄자설)	실증주의 태동
1968년	현대적 고전주의(고전학파의 억제이론의 실증연구),상황적 범죄예방이론·환경범죄이론	범죄예방에 초점

2) 실증주의학파의 전개

실증주의는 초기 실증주의 학파와 후기 실증주의 학파로 구분지어 볼 수 있다.

(1) 초기 실증주의 학파

초기 실증주의는 19세기에 이탈리아·프랑스·벨기에를 중심으로 전개되었다. 초기 실증주의 학파의 주요 범죄이론으로는

① 이탈리아학파(롬브로조 → 페리 → 가로팔로)의 범죄이론 ② 초기 범죄학적 실증주의 학파(게리와 케틀레 → 뒤르켐)의 범죄이론 등이 있다.

(2) 후기 실증주의 학파

① 초기 실증주의 학파 이후 유럽지역과 미국을 중심으로 범죄의 원인을 생물학적·심리학적·사회학적 관점에서 탐구했던 실증주의를 후기 실증주의 학파라 부른다. 이들은 범죄를 유발하는 조건으로 개인의 심리적인 상태, 일상적 생활에 보다 근접한 미시적인 개인환경과 경제구조, 그리고 사회상태 등 보다 거시적인 환경 등에도 관심을 두었다.

② 후기 실증주의 학파의 범죄이론은 크게 생물학적 범죄이론, 심리학적 범죄이론, 사회학적 범죄이론으로 유형화 할 수 있는데, 이를 체계화시키면 다음과 같다.

구분	이론
생물학적 범죄이론	신체적 특징에 관련된 이론(체형이론 등)
	유전이론(범죄자 가계의 연구·쌍생아 연구·입양자 연구 등)
	신경생리학적 이론(뇌·왼손잡이·알코올과 범죄 등)
	생물화학적 이론(성호르몬·영양소부족·저혈당과 범죄 등)
심리학적 범죄이론	정신분석학(프로이트의 정신분석학)
	정신장애이론
	인성이론
	지능이론
사회학적 범죄이론	사회구조적 범죄이론(긴장이론·사회해체이론·문화적 일탈이론 등)
	사회과정적 범죄이론(사회학습이론·사회통제이론·낙인이론 등)
	갈등이론적 범죄이론(봉거·퀴니·셀린·볼드·터크의 갈등이론 등)

Ⅱ. 실증주의 학파의 주요 범죄이론

여기에서는 초기 실증주의와 후기 실증주의 학파를 대표하는 학자들의 주장과 범죄이론의 핵심만을 기술하였고, 상세한 범죄이론들은 장을 달리하여 후술하였음을 밝혀둔다.

1. 초기 실증주의 학파

1) 이탈리아의 초기 실증학파(범죄인류학파)

이탈리아 초기 실증학파는 「범죄인류학파」라고 불리어지고 있으며, 롬브로조, 페리, 가로팔로 등이 대표적인 학자이다. 이들은 자연과학을 바탕으로 범죄현상을 실증적으로 탐구하여 범죄방지대책을 수립하려고 노력하였다.

(1) 롬브로조(C. Lombroso, 1835~1909)의 이론

롬브로조는 범죄인류학의 선구자이자 생물학적 범죄원인연구의 개척자로서, 범죄학의 아버지라고 불리고 있다. 그는 1876년 「범죄인론」에서 생래적 범죄성과 신체적 특징과의 관계에 주목하여 범죄원인과 방지대책을 제시하였다.

① **범죄원인론**

㉠ 생래적 범죄자의 정의

롬브로조는 선천적으로 타고난 범죄적 유전자에 의해 범죄를 저지르는 유형을 '생래적 범죄자(선천적 범죄자)'라고 정의하였다.[35] 이들은 원래 생물학적으로(태어날 때부터) 원시적인 형질을 가지고 태어났기 때문에, 그 신체적 특징은 격세유전[36]에 의

35) 체자레 롬브로조 원저, M. 깁슨, N. H. 레프트 편역, 이경재 옮김, 「범죄인의 탄생」, 서울:법문사, 2010, pp.73~77. 롬브로조는 생래적 범죄자의 정신적·신체적 변화는 많은 점에서 원시인에 유사한 것으로서 격세유전에 의하여 원시선조의 야성이 후대에 나타난다고 보았다.

36) 격세유전은 한 생물계통에서 우연히 또는 교잡(交雜: 계통·품종·성질이 다른 암수의 교배)후에 선

해 야만적인 기형을 하고 있다고 주장하였다.[37)]

㉡ 생래적 범죄자설의 주요 내용

롬브로조의 생래적 범죄자설은 범죄통계학과 골상학[38)], 그리고 다윈의 '종의 기원'과 같은 진화론[39)] 등에 영향을 받아 집대성 한 것이라고 볼 수 있다.

㉮ 생래적 범죄자설은 3가지 가설로 이루어져 있다.

첫째, 범죄자는 태어날 때부터 범죄를 저지르도록 운명되어졌고, 인류학 상의 돌연변이, 즉 범죄인류이다(범죄인류학파). 둘째, 범죄자라는 신체적 혹은 정신적 특징을 갖고 있어 이것으로 일반인과 식별할 수 있다. 셋째, 범죄인은 야만인으로 되돌아가거나 퇴화된 자들이라고 주장하였다. 그는 초기에 생래성 범죄자는 전체 범죄자(롬브로조는 모든 범죄자를 태어날 때부터 범죄자라고 생각하지 않았다)의 60%에서 70%정도라고 주장했으나, 후에 35%~40% 수정하였다.[40)]

조와 비슷한 형질이 몇 세대 후에 나타나는 현상을 말한다. 오늘날은 「격세유전」이란 말은 사용하지 않고 돌연변이를 한 것이 우연히 선조의 형태와 일치한 것이라고 생각하거나, 교잡의 결과 유전자가 바뀌어 선조의 형질을 발현하는 유전자의 재편성이 이루어진 것이라고 생각한다.

37) Howard Becker, Outsiders: Studies in the Sociology of DeViance, New York:Free press, 1963, p.21.

38) 롬브로조가 주장한 생래적 범죄자의 특성을 본다면, 범죄통계학과 골상학에서 상당한 영향을 받았음을 알 수 있다. 통계학적 측면에서 본다면, 그는 383명의 사형수 두개골·66명의 남자 범죄자의 해부학적 조사·832명의 당시 범죄자의 신체측정·868명의 군인 및 90명의 정신질환자의 특징에 관한 조사와 병행하여 전기고통 측정기에 의한 고통의 정도·맥박계에 의한 감정의 상황 등을 측정하였다. 그리고 이러한 범죄자의 개별 데이터를 집계한 후 통계적인 수치에 의해 스스로의 가설을 세워, 범죄자는 선천적으로 신체적·정신적 특징이 존재한다는 결론을 내렸다. 한편 골상학적 측면에서 보면, 그는 당시 유명한 강도 빌레라를 해부하면서 빌레라의 두개골 중에서 원인류(猿人類)가 가지고 있는 중앙후두부가 있음을 발견한 이후, 383명의 사형수 두개골 등을 조사하기도 하였다. 따라서 롬브로조의 생래적 범죄자설은 범죄통계학과 골상학의 두 가지 연구 성과를 집대성한 것이라고 볼 수 있다.

39) 롬브로조가 생래적 범죄자설의 가설 내용 중 "범죄자가 진화이전의 유인원으로 돌아가거나 퇴화된 존재"라는 발상은 다윈의 '종의 기원'의 진화론을 기본으로 하고 있다.

40) 롬브로조는 초기의 생래적 범죄자의 비율을 60%~70% 정도라고 주장하였으나, 902년에 발간된 저서 「범죄의 원인과 대책」에서는 35%~40%로 그의 주장을 수정하였다.

㉯ 롬브로조는 후기에 이르러 제자인 페리의 영향으로 기후·강우량·법제도·정부구조·교회조직 등 환경적 요인에도 관심을 가져, 다원적 관점(유전적·사회적·문화적 요인)에서 범죄를 설명하려고도 하였다.

㉢ 생래적 범죄자의 특징

㉮ 롬브로조는 의학상의 실증적 방법을 형법에 응용하여 범죄인을 생물학적·인류학적으로 연구하던 과정 중 1870년 당시 유명한 강도범 빌레라(Vilella)의 시체를 해부하면서 그 두개골 중에서 원인류(유인원류)가 가지고 있는 중앙후두부가 있음을 발견하게 되고,[41] 그것이 동기가 되어 그 후 383개의 사형수 두개골과 수형자들의 신체적·정신적 특징에 관한 조사를 진행하였다. 그 결과 1876년에 범죄학 사상 저명한 「범죄인론」을 통하여 일정한 신체적 특징을 가진 자는 선천적으로 범죄인이 될 숙명을 가졌다는 생래적 범죄자설을 주장하였다.

㉯ 그가 주장한 생래적 범죄자의 신체적·정신적 특징은 다음과 같다.

생래적 범죄자의 특징

신체적 특성	정신적 특성	비고
① 작은 뇌, ② 두개골의 이상(두꺼운 두개골), ③ 좁은 이마, ④ 큰 턱, ⑤ 큰 귀, ⑥ 비정상적인 치아배열, ⑦ 매부리코와 납작코, ⑧ 긴팔, ⑨ 왼손잡이, ⑩ 문신 등	① 도덕감각결여, ② 잔인성, ③ 충동성, ④ 저지능, ⑤ 고통의 둔감, ⑥ 태만 등	범죄자는 원시적 초기형태를 보여주는 신체적 특징들이 있는데, 이러한 특징 등은 범죄성과 연결되고 있으며 이런 특징들이 최소한 5개 이상이면 생래적 범죄인으로 보아야 한다고 주장하였다.

41) 진계호·이존걸 공저, 앞의 책, p.52.

② **범죄대책론**

그는 범죄인을 6분법[42)]으로 분류하여 행위자 유형을 기초로 한 범죄 방지대책을 주장하였다. 이와 같은 분류는 형벌을 개별화하기 위한 분류라고 할 수 있다.

㉠ 생래적 범죄자

롬브로조의 형벌관은 철저한 「사회방위와 범죄자 개선」을 목적으로 하였다. 그러나 「생래적 범죄자」에 대해서는 필연적으로 범죄를 행하게 되어 그 행위를 방지하는 것은 불가능하다고 보았다. 따라서 이들에 대해서는 사형이나 종신구금을 하여야 한다고 주장하였다.

㉡ 격정범·우발범

격정범이나 우발범에 대하여는 단기자 유형보다 벌금형을, 소년이나 노인은 감옥보다는 형무농원이나 감화학교에 수용해야 한다는 형벌의 개별화를 제시하였다.

㉢ 기회범

여성범죄의 대부분은 기회범이며(극소수는 남성보다 잔인), 매춘의 범죄성을 인정하였다. 그리고 여성의 전형적인 특질이 부족한 소수의 여성집단은 신체의 특성이나 감정적인 면에서 범죄적 또는 비범죄적 남성과 유사하다는 「남성성 가설」을 주장하였다.

③ **공헌과 비판**

롬브로조는 범죄의 원인으로서 「소질」의 중요성을 밝히는데 지대한 공헌을 하였다. 반면, 「소질」에만 중점을 둔 일원적 범죄원인론[43)]은 후에 다원적 범죄원인론을 주장하는 많은 학자들에게 비판의 대상이 되었다. 특히 롬브로조는 생래적 범죄자(선척적 범죄자)의 전형적인

42) 롬브로조는 범죄인을 1)생래적 범죄인, 2)정신병 범죄인, 3)격정범죄인, 4)기회범죄인, 5)관습(상습)범죄인, 6)잠재적 범죄인으로 분류하였다.

43) 일원적 범죄원인론은 범죄의 원인을 소질 또는 환경적 여러 요인 중에서 어느 한 가지에 역점을 두고 설명하는 입장을 가리키는 것이다. 반면 다원적 원인론은 다수관련요인들의 복합관계로서 그 원인을 설명하고, 그 요인들의 상호관련관계를 분석해서 그 원인관계를 더 정밀히 해명하는 것을 중요 임무로 생각하는 입장을 가리킨다.

특징의 하나로 「문신」을 포함하였는데, 왜 '문신'이 생래적 범죄인에 포함되었는지 혼란스럽다고 비판을 받기도 하였다.

(2) 페리(E. Ferri, 1856~1929)의 이론

롬브로조의 생래성 범죄자설은 여러 가지 수정을 거쳐가면서 그의 문하인 이탈리아의 페리와 가로팔로에 의하여 진행되어 범죄인류학으로서 발전을 이루었다.

① **범죄원인론**

페리는 범죄인류학파에 속하면서도 초기 「범죄사회학파」로 범죄의 사회적 원인을 중시하였다. 그는 칼·막스의 유물론·H·스펜서의 사회관·다윈의 진화론·롬브로조의 범죄원인론을 결합하여 「범죄사회학」을 저술하고 스스로 실증학파라고 주장하였다.

㉠ 페리는 범죄의 원인을 ㉮ 인류학적 요인(나이·성별·도박·신체 및 정신적 상태), ㉯ 물리적 요인(기후·계절 등의 자연환경), ㉰ 사회적 요인(인구밀도·관습·종교·정부조직·경제적 조건 등)으로 구분하였고, 그중 중요한 것은 사회적 요소라고 하였다.

㉡ 범죄포화의 법칙

페리는 일정한 인류학적(개인적)·물리적(자연환경)·사회적 요소(인구밀도·관습 등)가 작동하는 사회에서는 그에 상응하는 일정량의 범죄가 발생하는 것은 정상이며, 그 수가 증감할 수 없다는 「범죄포화의 법칙」을 주장하였다. 따라서 특정한 사회에 있어서의 범죄예방의 조직이나 형사정책은 무의미하며, 범죄방지를 위해서는 범죄를 발생하게 하는 원인인 사회를 변경하는 방법 밖에는 없다고 역설하였다.

㉢ 범죄과포화의 법칙

그는 개인적·물리적·사회적으로 예외조건의 발생에 따라 기본적이고 전형적인 범죄(살인·강도·절도 등)에 수반하여, 반사적이고 부수적인 여타 범죄(명예훼손죄·장물범죄·위증죄·공무집행방해죄) 등의 범죄가 발생한다는 「범죄과포화의 법칙」을 주장하였다.

② **범죄대책론**

㉠ 페리는 범죄원인에 대하여 롬브로조와는 달리 범죄인류학적 요인에 한정하지 않고 물리적 요인(자연환경)·사회적 요인(인구밀도·관습·경제조건 등)에 의하여도 발생한다고 보아, 그 근원을 제거해야 한다고 주장하였다. 따라서 페리가 범죄인류학파에 속하면서도 초기의 범죄사회학파로 불리는 이유가 여기에 있다.

㉡ 롬브로조는 범죄인류학적 입장에서 범죄인을 분류하였다. 그러나 페리는 롬브로조가 생물학적 범죄원인에 집중한 나머지 범죄인의 사회적 영향을 무시한다고 비판하고, 범죄사회학적 요인을 고려하여 범죄인을 5분법[44)]으로 분류하였다. 그는 범죄인 중 '기회범죄인'을 가장 중시하였다.

㉢ 롬브로조는 일반예방효과를 중시하였는데 반해, 페리는 형벌은 「범죄자의 재사회」를 목표로 하는 특별예방을 강조하였다.

㉣ 그는 형벌에 대신하여 형사제제를 보안처분 내지 사회방위처분으로 일원화한 이탈리아 형법초안[45)]을 기초하였다.

㉤ 형벌대용물 사상

그는 형벌을 통한 직접적인 반작용보다는 사회정책을 통한 범죄의 충동을 방지하고 이를 없앨 형벌에 대한 대체수단이 필요하다고 하여, 「형벌대용물 사상(혹은 범죄대용물 사상)」을 주장하였다.

㉥ 형벌의 한계성

인간행위는 환경에 의해 영향을 받을 수밖에 없다는 「결정론」을 취하여 도덕적 책임(고전주의)을 부정하고, 사회적 책임론(실증

44) 페리는 범죄인을 1)생래적 범죄인, 2)정신병 범죄인, 3)격정범죄인, 4)기회범죄인(우발범죄인), 5)관습(상습)범죄인으로 분류하였고, 그 중 대다수의 범죄자가 기회범이라고 하여 '기회범죄인'을 가장 중시하였다.

45) 페리는 1921년에 이탈리아 형법초안, 일명 페리초안을 기초한 바 있다. 여기서 "형사책임 및 형벌 없는 형법전"의 제정을 통해 범죄자의 위험성에 대응하는 보안처분 내지 사회방위처분으로 일원화(일원주의) 할 것을 제안하였다.

주의)을 제기하였다. 따라서 범죄대책으로 형벌보다는 사회정책이 채택되어야 한다고 주장하며, 형벌의 한계성을 지적하였다.

(3) 가로팔로(R. Garofalo, 1852~1934)의 이론

가로팔로는 1885년 「범죄학」에서 자유의지 및 도의적 책임론을 부정하고, 결정론적 입장에서 사회적 진화론과 적자생존의 원칙을 강조하였다.

① **범죄원인론**

㉠ 가로팔로는 범죄의 원인으로서 인류학적 요소 중 사회심리학적 측면을 중시하여, 롬브로조와는 달리 신체적 비정상이 아니라 「정신적 비정상」에 관심을 갖고 연구하였고, 그 결과 범죄행위는 심리적 혹은 도덕적 변종에 의한 것이라고 주장하였다.

㉡ 그는 생물학적 요소에서 사회심리학적 요소를 덧붙여 범죄인을 자연범과 법정범으로 구분하고, 양자에 대응하는 각각의 범죄방지 대책을 제안하였다.

② **범죄대책론**

㉠ 자연범
정상인들은 모두 이타적인 정서를 기본적으로 가지고 있는 반면, 범죄인들은 이타심이 결여되어 있기 때문에 저항감 없이 범죄를 실천한다고 보았다. 따라서 자연범에게는 어떠한 사회제도나 정책도 효과가 없기 때문에, 사회격리 중심의 범죄방지대책을 수립하여야 한다고 주장하였다(예컨대, 살인자는 사형, 폭력범죄자에게는 무기한의 유형제도 적용).

㉡ 법정범
법정범에 대하여는 정기구금제도의 필요성을 인정하는 한편, 과실범은 처벌하지 말 것을 주장하였다.[46)]

46) 정영석·신양균, 앞의 책, pp.39~40.

2. 초기 실증주의 학파(이탈리아학파)의 공헌과 비판

1) 공헌

(1) 초기실증주의 학파는 고전주의학파와는 달리 범죄학을 과학적 학문으로 정립하는데 지대한 공헌을 하였고, 특히 이탈리아학파는 과학적 연구방법을 범죄학에 도입한 최초의 실증주의 범죄학파라고 볼 수 있다.

(2) 초기실증주의 학파들은 범죄(고전주의)에서 범죄인(실증주의)에게로 관심의 초점을 전환시켰다는 점에서(범죄인의 소질을 중시), 그 의미 또한 크다고 하겠다.

(3) 초기 고전학파는 「범죄」에 대한 적절한 처벌에 초점을 둔 반면(억제이론), 초기 실증주의학파, 특히 이탈리아학파는 「범죄자의 유형」에 따라 각각 처우의 방법(처벌과 개선)을 달리하는 「형벌의 개별화」에 주안점을 두었다. 그 결과 현대 형벌에 있어서 교화개선 철학의 기초를 마련하는 계기를 만들었다.

2) 비판

(1) 롬브로조의 연구는 오늘날 과학적 사실이라기보다는 하나의 역사적인 호기심으로 받아들여지고 있다. 그것은 그의 연구가 통제집단을 설정하지 않고 상호비교를 하였기에 방법론상의 오류를 범하였고 있다는 점 때문이다.

(2) 또한 그가(롬브로조) 생각하기에는 유전되는 것으로 믿었던 많은 인자들이 실제로는 유전적으로 결정되는 것이 아니며, 그가 제시한 많은 생물학적 특징들은 음식과 환경에 의해서도 야기될 수 있다는 점을 간과하고 있다고 지적받고 있다.[47]

(3) 초기 실증주의학파, 특히 이탈리아학파(범죄인류학파)의 주장은 인류

47) Larry J. Siegel. Criminology. Boston:Cengage Learning. 2017. p.135.

학적·사회심리학적·사회학적 입장이 혼합되어 통일성이 없다는 점 또한 비판의 대상이 되고 있다.

(4) 오늘날의 범죄학적 관점에서 볼 때, 이탈리아학파(범죄인류학파)가 주장하는 범죄인의 유형(롬브로조의 6분설·페리의 5분설 등)들은 현실과는 부합하지 않다는 비판을 받고 있기도 하다.

3) 초기 범죄사회학적 실증주의

유럽의 경우 1700~1800년대 중반까지 계속된 산업혁명으로 인해 농경사회에서 산업사회로 급격하게 전이되면서 범죄문제 등 많은 사회문제가 발생하게 되었고, 그 결과 초기 범죄사회학적 실증주의가 탄생하게 되는 계기가 되었다.

(1) 범죄통계학파(제도학파)

범죄발생의 지리적 요인을 탐구하기 시작한 것은 19세기 전반 게리와 케틀레의 범죄통계학에서 그 기원점을 찾을 수 있다.

① **게리(A. M. Guerry, 1802~1866)**

프랑스의 게리는 사법대신을 지낸 법률가로, '범죄지리학파'의 창시자로 불리고 있다. 그는 1825년부터 1830년까지의 통계를 이용하여 다양한 사회적 요소, 특히 경제적 조건에 따른 범죄율을 지도상에 명암으로 표시한 범죄생태지도를 작성·분석(여러 사회적 현상과 범죄와의 관계)하여, 1833년 「도덕통계분석」[48]을 발표하였다. 그가 저술한 「도덕통계분석」은 범죄통계를 사용하고 지표를 충분하게 사용한 대작으로 과학적 범죄학의 시초라고 평가받고 있을 뿐만 아니라,[49] 그 후 시카고학파에 커다란 영향을 주는 등 범죄통계의 발전

---

48) 1833년 게리가 발표한 「도덕통계분석」의 핵심적인 내용은 프랑스의 범죄통계를 분석한 결과 25~30세에 범죄율이 가장 높다는 점과 빈곤이 범죄에 미치는 영향은 크지 않다는 점 등을 밝혀내고, 범죄발생의 가장 중요한 원인은 국민의 비도덕화가 문제라고 보았다. 따라서 지식교육보다는 성격형성적 도덕교육을 통해서 범죄를 경감시켜야한다고 주장하였다.

49) Terrence Morris, The Criminal Area, New York:Routledge. 1957. pp.42-53.

에 많은 기여를 하였다.

② **케틀레(A. Quételet, 1796~1874)**

케틀레는 벨기에의 천문학·통계학·사회학·과학적 범죄연구의 선구자로서 '근대 통계학의 아버지'로 평가받고 있다. 그는 1835년에 「인간과 능력개발에 대하여」를 집필함으로써 근대통계학을 성립시켰고, 1836년 「사회물리학에 관한 논문」에서 게리의 통계적 수법을 정밀화하여 모든 사회현상을 '대수(大數)의 법칙'으로 파악하였다. 즉, 인간의 능력을 수적(數的)[50]으로 표현하는 평균인 개념을 구상하고 이를 범죄발생정도와 연관 지었다. 그 후 「사회체계, 1848」, 「사회물리학, 1869」을 발표하고, 1853년 최초로 국제통계학회를 조직하면서 통계학 연구에 매진하였다. 그리고 1874년(78세) 사망하기까지 인류학 분야에 통계학을 도입하여 생물통계학(범죄통계학)을 개척하는 등 근대통계학을 확립시켰다. 그의 주요 연구내용을 요약하면 다음과 같다.

㉠ 범죄항상설

그는 「인간과 능력개발에 대하여」를 발표하면서, 도덕현상이나 범죄현상 같은 무질서해 보이는 사회현상에 있어서도 일종의 규칙성이 있다고 주장하였다. 따라서 '범죄는 일정사회에서 항상적 법칙을 갖고 반복 된다'고 하면서, 감옥이나 처형장의 비용을 정확히 산정할 수 있다고 역설하였다.

㉡ 범죄의 사회적 요인

케틀레는 특히 범죄의 사회적 요인에 대하여 강조하였는데,

첫째, 1835년 「인간과 능력개발에 대하여」라는 저서에서 기후·연령분포·계절 등 사회환경적 요인들이 범죄발생과 함수관계에 있다는 것을 밝힘으로써, 범죄가 사회환경적 요인에 의해 유발된다고 주장하였다.

50) 그는 인간특질측정이 정규분포 확률곡선에 따라 그 값 주위로 나타나는 중간 값을 기준으로 '보통사람'의 개념을 나타내어 「평균인」의 개념을 도입하였다.

둘째, 1836년 발표한 “사회물리학에 관한 논문”에서 범죄를 개별적이 아닌 집단현상이라 보고 “범죄를 예비(준비)하는 것은 사회이며, 범죄자는 그것을 실천하는 수단(도구)에 불과하다”고 하여 사회적 범죄원인론(범죄는 사회환경적 요인에 의해 유발됨)을 주장하였다.

셋째, 범죄는 사회의 필연적 산물임을 강조하면서도, 한편으로는 생물학적 요인(범죄성 유전)도 중시하였다.

㉢ 온도 법칙설
대인범죄는 유럽의 남부에 더 많고, 절도죄 등 재산범은 북부(특히 추운계절)에 많다고 하는 온도 법칙설을 제창하였다.

㉣ 케틀레의 주장은 이후 프랑스·영국·독일 등 유럽각국에 계승되어 지도학파의 탄생을 낳게 하였으며, 범죄발생에 있어 범죄자 개인뿐만 아니라 집단현상으로서의 범죄문제에 관심을 갖는 계기를 제공하였다.

4) 프랑스의 범죄사회학파

이탈리아 실증학파가 소질에 주된 범인성을 인정하여 인류학적 고찰을 중시한 반면, 프랑스학파는 케틀레에 의한 대량적 범죄관찰을 기초로 하면서 범죄를 사회병리현상으로 파악하여 환경을 중심으로 한 범인성 연구에 주력하였다.

프랑스학파는 두 가지 방향으로 나뉘어져 전개되었는데, 하나는 19세기말 라까사뉴를 정점으로 한 「리용환경학파」[51]이고, 또 하나는 뒤르켐을 중심으로 한 「프랑스 사회학파」이다.

51) 리용학파라는 말은 프랑스 범죄사회학파의 시조라고 할 수 있는 라까사뉴가 당시 리용대학의 법의학교수로 재직한데서 유래된 명칭으로, 이탈리아의 범죄인류학파에 대항해 등장한 것이다.

(1) 라까샤뉴(A. Lacassagne, 1843-1924)

라까샤뉴는 원래 이탈리아의 범죄인류학파에 속하고 있었다. 그러나 로마에서 열린 제1회 국제범죄인류학회에서 강력하게 롬브로조의 이론을 비판한 후, 1885년 이후 결별하고 「범죄사회학」을 주도하게 되었다.

① **범죄의 원인**

㉠ 롬브로조의 생물학적 결정론을 반대하면서 사회환경, 특히 그중에서 경제적 사정을 중시하여 곡물가격과 재산범죄에 대한 실증적 연구를 한 결과, 「빈곤」이 범죄의 원인이 된다고 주장하였다.[52)]

㉡ 그는 프랑스 범죄사회학의 주도자로 "사회는 범죄의 배양토이고 범죄자는 미생물에 해당한다. 이 미생물은 번식에 적당한 배양토를 찾아 낼 때까지는 단지 범죄의 하나의 요소에 불과할 뿐이다. 따라서 벌해야 할 것은 사회이지 범죄자가 아니다"는 유명한 말을 하였고, 범죄문제를 개인의 문제가 아니라 사회적 문제로 인식하였다.[53)] 즉, 범죄원인은 사회와 환경에 있다는 점을 강조하였다.

② **범죄대책**

㉠ 그는 「사형과 범죄」라는 저서를 통해 사형은 해당국가의 인도적 문제와 감정·철학 등에 따라 허용될 수 있다고 하였다.

㉡ 리용학파는 범죄대책으로 「사회환경 개선」[54)]을 제창하였는데, 이러한 점 등은 후에 사회주의 범죄학파가 출현하는 단초를 제공하였다.

52) 라까사뉴는 실제로 프랑스의 통계자료를 이용하여 곡물가격과 재산범죄의 관계를 연구한 결과, 물가의 앙등과 실업의 증대가 범죄의 증가를 가속시킨다고 하였다.
53) 김형중 외, 범죄학, 그린 2015, pp.215-216.
54) 리용학파가 주장한 「사회환경」 개선에는 자본주의 경제를 변혁시켜 사회주의를 수립하자는 취지가 포함되어 있다.

(2) 타르드(L. G. Tarde, 1843~1904)

① 범죄의 원인

㉠ 프랑스 환경학파의 한 사람인 타르드는 마르크스적 세계관에 입각하여 자본주의 경제체제의 모순과 범죄의 상관관계를 연구하였다. 그는 「비교형사학」[55]에서 "범죄인을 제외한 모든 사람에게 죄가 있다"고 하여 극단적 환경결정론을 주장하였다.

㉡ 타르드는 사회심리학 입장에서 개인의 특성과 사회와의 접촉과정을 분석하여 「모방의 법칙」이라는 가설로 범죄현상을 설명하였다.

모방의 법칙은 크게 세 가지 원리에 의하여 작용한다고 하였다.

첫째, 「거리의 법칙」으로서, 모방성의 강도는 사람과 사람간의 거리에 반비례하여 밀접한 심리적 접촉이 있으면 모방하기 쉽다. 즉, 거리가 가까울수록 강하게 모방작용이 행하여지며, 이 경우의 거리는 기하학적 의미뿐 아니라 심리학적 의미의 거리를 포함한다.

둘째, 「방향의 법칙(위에서 아래로의 법칙)」으로, 모방은 사회적 지위가 우월한 자를 중심으로, 우위자로부터 저위자로 행하여진다. 예컨대, 범죄는 사회의 "상층계급에서 하층계급"으로, 또는 "수도에서 지방으로" 등의 모방현상이 나타난다.

셋째, 「삽입의 법칙(무한진행의 법칙」으로서, 모방은 모방 → 유행 → 관습의 형태로 발전되어 나간다.

㉢ 타르드는 그의 저서에서 "범죄행위는 사회적 성장·생활과정에서의 모방의 결과로 일어나는 것"이라고 보았다. 따라서 "모든 사회현상이 모방이듯, 범죄행위도 또한 모방으로 이루어진다"고 주장하였다.

55) 타르드는 「비교형사학」이라는 저서에서 실증적 연구를 통하여 롬브로조의 「생래적 범죄인론」을 비판하는 한편, 이에 대응하여 범죄를 사회적 산물로 보고 집단책임의 개념을 제시하였다.

② **공헌과 비판**

㉠ 공헌

㉮ 그의 주장은 범죄행위를 생물학적 결함이나 심리적 기능장애로 설명하는 입장을 극복하고 정상행위와 마찬가지로 학습의 결과라는 사실을 최초로 지적했다는 점에서 매우 중요한 공헌을 하였다.

㉯ 모든 현상은 모방의 결과라고 생각하고, "사회는 곧 모방"이라고 주장한 이론은 미국의 범죄사회학 이론의 출발점이 된 학습이론에 결정적인 기초를 제공하였다.

㉰ 그는 도시의 경우 재산범죄, 농촌은 인신범죄의 특징을 가지고 있다고 주장하며, 도시 직업인의 범죄개념을 제시하였다.

㉡ 비판

㉮ 봉거(Bonger)는 타르드의 「범죄모방설」에 대하여 경제의 영향과 같은 특별한 사회적 동기를 무시한 이론이라고 비판하였다.

㉯ 뒤르켐(Durkheim)은 새로운 사회현상에 대해서는 모방으로 설명하기 어렵다고 타르드의 주장을 비판하였다.[56] 예컨대, 농촌에서 일어난 새로운 범죄를 도시지역에서 모방하는 경우, 이를 모방의 법칙으로 설명하는 데는 한계가 있음을 지적하였다.

㉰ 그의 주장은 생물학의 업적인 유전법칙이나 사회적 도태이론을 간과하였을 뿐만 아니라, 학습과정에 대한 설명이 불충분하다는 점도 비판의 대상이 되고 있다.

(3) 뒤르켐(E. Durkheim, 1858~1917)

뒤르켐은 프랑스를 대표하는 사회학자로서 「범죄정상설」, 「자살론」, 「아

56) 임상곤, 「공안교정학의 이해」, 서울:백산출판사, 2003, p.31.

노미이론」 등을 주장하였다.

① **범죄원인**

뒤르켐은 사회적 규범 해체의 원인을 이기주의와 아노미(anomie)로 파악하고, 이러한 사회문화 구조상의 모순이 사회적 통합력의 저하·이기주의 또는 도덕적 권위(아노미)의 훼손으로 이어져 범죄로 연결될 수 있다고 주장하였다.[57)]

㉠ 이기주의

이기주의는 개인이 사회로부터 독립적이며 비교적 자유롭고 사회와 통합되어 있지 않아, 사회에 의해 규제를 거의 받지 않는 사회와 개인 간의 관계를 의미한다.

㉡ 아노미(anomie)

㉮ 아노미 개념은 뒤르켐이 최초로 사용한 용어이다. 아노미란 인간의 생래적인 끝없는 욕망을 사회의 규범이나 도덕으로서 제대로 통제하지 못하는 상태가 되면, 사회적·도덕적 권위가 훼손되어 사회구성원들이 '자신의 삶을 지도할 수 있는 기준(지향적인 삶의 기준)'을 상실한 무규범 상태를 말한다. 예컨대, 전쟁·경제공황·기아와 같은 자연적 재해 또는 인간이 자초한 재난 등과 같은 사회적 위기 시에는 사회행동 규범이 작동하지 않는 무규범 사회가 될 수 있다. 따라서 인간의 욕망과 욕구를 통제할 수 있는 규범이 없게 된다. 그 결과 범죄가 행동대안으로 선택될 가능성이 높고, 아노미는 성공적으로 일어날 수 있다고 보았다.[58)]

㉯ 뒤르켐 이론은 그 후 미국의 범죄사회학파의 아노미이론에 기초를 제공하는 등 미국에서 전개된 사회학적 범죄원인론 전개에 중요한 영향을 끼쳤다.

57) 박상기·손동권·이순래, 형사정책 한국형사정책연구원, 2016, p.89.
58) Larry J. Siegel. Criminology. Wadsworth, a division of Thnmpson Learning. Inc. 8th(ed). 2003. p.192.

② **범죄정상설**

범죄란 모든 사회에서 나타나는 것으로 병리현상이 아니라 정상적인 현상이라고 주장하였다. 즉, 범죄를 사회의 구조적 모순에서 자연적으로 발생하는 정상적이고 불가피한 현상으로 보았다.[59)]

③ **범죄필요설**

그는 전통적 행동양식에서 벗어나는 어느 정도까지의 범죄행위는 사회의 진보를 위해 필요하다고 보았다. 이러한 뒤르켐의 주장(범죄정상설, 범죄필요설)들은 케틀레의 「범죄항상설」과 페리의 「범죄포화의 법칙」과 유사한 점이 있다. 그러나 뒤르켐의 이론은 이들의 이론에 한발 더 나아가 범죄는 사회의 규범유지를 강화시켜주는 필수적이고 유익한 기능을 한다고 주장하였다(범죄기능설).

④ **자살론**

㉠ 뒤르켐은 자살론(1897년)에서 경제적 호황기 때나 불경기 때나 모두 자살율이 일정하게 증가하는 사실을 지적하면서, 이를 빈곤·실업 등에 원인을 돌려 설명하는 방식을 비판하였다. 그는 「자살론」에서 아노미이론을 전개하면서 사회구조적 모순을 지적하였다. 즉, 유럽사회의 자살율이 급격히 증가하는 것은 산업화되는 과정에서 급격한 정치·경제·기술적 사회변동으로 사회통합이 약화됨으로써 이기적 자살이 증가하였기 때문이라고 주장하였다.

㉡ 뒤르켐은 사회통합 및 규제와 관련하여 자살을 4가지로 분류하였다.[60)]

59) 뒤르켐의 범죄정상설은 범죄가 도덕적으로 정당하다고 보는 「범죄정당설」을 의미하는 것은 아니다. 따라서 집단 감정을 침해하는 것을 본질로 하는 범죄에 대해서는 강력한 대처를 주장하였다.
60) 김형중, 범죄학, 그린출판사, 2013, p. 212.

구분	내용	비고
아노미적 자살	급격한 사회변동으로 인한 기존 규범력이 상실되거나 혼란할 때 자살한다.	뒤르켐은 자살의 문제에 대한 사회학적 접근을 통해 사회구조가 가지는 모순을 지적하였다.
이기주의적 자살	사회통합의 약화로 인해 자신의 욕망에 따라 발생한다(예컨대, 입시실패나 연예인 등의 자살).	
이타주의적 자살	사회통합이 강화된 곳에서 집단의 존속을 위해 발생한다(예컨대, 자살특공대).	
숙명적 자살	사회의 외적인 권위, 즉 과도한 규제력으로부터 발생한다(예컨대, 고대의 순장).	

⑤ 공헌과 비판

㉠ 뒤르켐의 이론은 그 후 미국의 범죄학(범죄사회학)에 개화하여 쇼(Clifford Shaw)와 맥케이(Henry Mckay)의 「사회해체이론」· 머튼(R. K. Merton)의 「아노미이론(긴장이론)」· 허쉬(Travis Hirschi)의 「사회통제이론」 등으로 계승되었다.

㉮ 시카고학파(쇼와 맥케이)의 사회해체이론은 산업화 과정에서의 사회해체에 따른 사회통제의 약화가 일탈행위의 원인(범죄발생의 원인)이라고 보았다. 이 이론은 뒤르켐의 이론을 그대로 수용한 것으로 볼 수 있으나, 뒤르켐이 산업화와 사회전체의 측면을 강조하였다면, 사회해체이론은 도시화와 지역공동체의 측면을 강조하였다는 점에서 차이가 있다.

㉯ 뒤르켐의 아노미 개념을 미국사회의 조건에 부합되도록 체계화한 것이 머튼(R. K. Merton)의 아노미이론이다. 머튼은 문화적으로 정의되는(통용되는) 목표(문학적 목표)와 이를 달성할 수 있는 수단(제도적 수단)간의 불일치가 범죄를 유발시킨다고 보았다. 뒤르켐의 아노미이론을 사회구조적 접근에서는 「긴장이론」이라고도 부른다.

㉰ 허쉬(Hirschi)는 뒤르켐의 견해를 수용하여 사회통제이론을 전개하였으나, 뒤르켐의 아노미개념과는 반대로 규범준수행위가 정상적이고 규범위반행위가 비정상적이라 보았다. 따라

서 범죄는 개인의 사회에 대한 유대가 약해지거나 끊어졌을 때 발생한다고 주장하였다.

㉡ 비판

그는 범죄문제를 사회학적 시각에서 바라본 당시의 대표적인 학자였다. 그는 범죄가 사회적 문제로 일어나는 것임을 강조하였으나, 이에 대응할 수 있는 사회정책을 제시하지 못했다는 점에서 비판을 받기도 하였다.

5) 독일의 사회학파(독일학파)

독일학파는 독일의 리스트(Liszt)를 중심으로 사회학적 이론을 전개한 일련의 학파를 지칭하는데, 범죄원인에 대하여 소질적 요인(인격적 요인)과 환경적 요인을 모두 중시하였다. 이 학파는 1950년대 이후 미국의 실용주의 범죄학의 영향을 받아 경험과학이라는 독자적 지위를 확보하고 매우 다양한 형태로 전개되었다.

(1) 리스트(F. V. Liszt, 1851~1919)

프란츠 폰 리스트는 독일 사회학파의 대표자로 「범죄사회학」과 「범죄생물학」을 통합하여 「범죄학」이라 지칭하고, 이것과 형법학을 포괄하는 「전형법학(全刑法學)」 사상을 확립하였다. 1888년에는 하멜(Hamel)·프린스(Prins) 등과 함께 국제형사학회를 창설하였다.

① 범죄원인론

㉠ 그는 범죄원인에 대하여 소질적(인격적)요인과 환경적 요인을 모두 고려하는 다원적 범죄원인론을 제시하면서도, 사회적 원인(환경)을 더 중시하였다.

㉡ 1882년 마르부르크강령이라고 불리우는 "형법에 있어서의 목적관념"이란 획기적인 논문을 발표하였다. 그의 목적형 사상[61]은

61) 목적형 사상이란 "형벌의 목적은 범죄자가 다시 범죄를 저지르지 않게 하기 위한 것이다." 즉, 범죄자의 재사회가 형벌의 목적이자 근거가 된다는 사상이다. 이는 "형벌은 범죄자가 범죄를 저질렀

많은 국가의 형법에 영향을 주었다.

㉮ 형벌의 목적은 응보가 아니라 범죄인을 개선·교육하여 그 범죄인이 장차 범죄를 저지르지 않도록 예방하는데 목적이 있다고 보고(특별예방주의)[62], 형벌 그 자체와 목적을 상대적으로 이해하였다.

㉯ 그는 고전주의의 행위중심의 철학을 비판하고 "처벌될 것은 행위가 아니고 행위자"라는 「행위자」 중심의 형벌을 주장하여, 행위자의 반사회적 성격을 형벌의 기초로 삼았다(성격책임론). 따라서 그는 행위자의 반사회적 태도 또는 위험성 중심의 처우를 주장하여 「주관주의적 입장」을 취하였다.

㉰ 형법은 "범죄인의 마그나카르타(대헌장)"라고 하여 인권을 중시하였고, 형법은 "형사정책의 넘을 수 없는 한계"[63]라고 지적하였다.

② 범죄대책론

㉠ 범죄인 분류

그는 형벌의 개별화(형벌을 범죄인에 따라 부과)를 주장하고, 범죄인에 따라 ㉮ 개선이 가능한 부류, ㉯ 개선이 필요가 없는 부류(우발범죄자·기회범죄자), ㉰ 개선이 불가능한 부류로 나누어 ㉮에게는 교화, ㉯에게는 간단한 조치에 의한 경고, ㉰에게는 사회로부터 완전한 격리(사형·무기징역 등)를 시켜야 한다고 주장하였다.

㉡ 범죄대책

그는 범죄대책으로 부정기형의 채택·단기자유형의 폐지·집행유

기 때문에 부과하는 것"이라고 주장하는 「응보형사상」과 대립한다. 그러나 리스트가 목적형 사상을 주장하긴 했지만, 응보형 사상을 완전히 배척한 것은 아니다 라는 점에 유념하여야 한다.

62) 리스트는 형벌을 단순히 범죄자에 대한 응보라 보지 않고, 범죄자가 미래에 다시 범죄를 저지르지 않기 위한 수단, 즉 범죄자를 재사회화 시키기 위한 수단이라고 보았다.

63) 그는 형사정책의 중요성을 강조하였다. 그러나 형법의 보장적 기능이 형사정책을 제한하고 있기 때문에, 형사정책은 민주법치국가에서 요구되는 규범적 한계 내에서 이루어져야 한다고 주장하였다.

예·벌금형·강제노역의 인정·소년범에 대한 특별처우 등을 주장하였다.

(2) 아샤펜부르크(Aschaffenburg, 1866~1944)

① **범죄원인과 범죄인 분류**

아샤펜부르크는 범죄의 원인을 「일반적 원인」[64]과 「개인적 원인」[65]으로 나누었고, 이를 기초로 범죄인을 7가지 유형으로 분류하였다.

② **범죄대책**

그는 범죄대책론으로 예방책·형벌대책·재판대책·소년범 및 정신병질자 등으로 세분화하고, 리스트의 사상을 보다 구체화하였다.

(3) 엑스너(F. Exner)

① 독일의 범죄학은 그 후 엑스너와 메츠거(E. Mezger)[66] 등에 의하여 계승·발전되었다. 엑스너는 아샤펜부르그와 오스트리아학파인 렌츠(Adolf Lenz)의 범죄학 체계에 자신의 형법학 지식과 통계적 수치를 통하여 사회현상으로서의 범죄를 설명하였다.

② 그는 1903년 「범죄와 그 대책」이라는 근대적인 형사정책 교과서를 저술하였고, 1912년에는 「범죄과학연구소」를 그라츠대학 내에 설립하여 많은 업적을 남겼다.

6) 오스트리아 범죄학파

오스트리아학파는 독일의 영향을 받으면서도 독자적인 범죄학 영역을 개척하였는데, 그 대표자로는 그로스(Hans Gross)와 렌츠(Adolf Lenz) 등을 들 수 있다.

64) 그는 「일반적 원인」으로 계절·장소·인종·종교·농촌과 도시·직업·알코올·배움·도박·영화·미신·경제상태·공황 등을 거론하였다.

65) 「개인적 원인」으로는 혈통·생육환경·교양·연령·배우자·신체 및 정신적 특징 등을 제시하였다.

66) 에드문트 메츠거는 독일의 형법학자로서 독일의 통설적 정통파 이론의 대표자였다. 그는 객관적 위법성의 이론과 구성요건론을 결부시킴과 동시에 주관적 위법요소의 이론을 확립하였다.

(1) 그로스(Hans Gross, 1847~1915)

그로스는 리스트의 사상을 계승·발전시켰다. 그로스는 「범죄과학」 또는 「범죄수사학」이라는 학문을 통해 범죄수사에 필요한 모든 지식을 연구대상으로 삼았다는 평가를 받고 있다. 특히 그의 연구는 수법수사에 큰 영향을 미쳤다.

「수법수사」

수법수사는 범죄자가 동일한 수법을 반복하는데 착안하여 무형자료인 수법(手法)을 활용하는 수사기법을 말한다. 수법수사는 한스 그로스(H. Gross)가 학문적으로 이론화하였다. 수법범죄의 특징으로는 반복성과 잔존성(범죄수법은 반드시 그 현장에 남기 마련이다)을 들 수 있는데, 오늘날 수법수사는 강력범이나 지능범죄 수사 등에 많이 활용되고 있다.

(2) 렌츠(A. Lenz)

① 렌츠는 그로스의 후계자로서 1927년 「범죄생물학원론」을 통해 범죄인류학과 범죄심리학을 통합하였고, 「범죄생물학회」[67]를 창립하였다.

② 그는 "범죄는 환경의 영향 하에서 인격의 발로이며, 선천적·후천적·정신적·신체적 잠재원인이 현실화된 것이다"라는 점을 강조하였다.

(3) 실릭(Ernst Seelig, 1895~1955)

에른스트 실릭은 범죄학의 인접분야에 대한 광범위한 지식을 토대로 범죄와 형벌의 현상을 규명하려고 노력하였다. 그는 「범죄학 교과서」에서 범죄의 원인과 대책은 물론 「수사학」의 문제점까지도 언급함으로써, 오스트리아 범죄학의 대변지(代辯紙)라고 불리워지기도 하였다.[68]

67) 1927년 렌츠가 설립한 「범죄생물학회」는 제1차 세계대전 전후에도 메츠거, 실릭(E. Seelig) 등에 의하여 계속 이어졌다.

68) 정영석·신양균, 앞의 책, p.46; 김용준, 앞의 책, p.35 참조.

7) 사회주의학파

(1) 범죄원인

사회주의학파는 1890년대에 등장하였다. 사회주의학파는 범죄의 원인을 사유재산제·자유경쟁·이윤추구 등을 원칙으로 하는 자본주의 경제체제의 여러 가지 모순에서 기인한다고 주장하였다. 따라서 사회주의가 실현되면 범죄는 근절될 것이라고 주장하였다.

(2) 대표적인 학자

이들은 「범죄의 사회성」 보다는 「사회의 범죄성」을 중시하였다. 대표적인 학자로는 봉거·반칸 등을 들 수 있다.

① **봉거(Bonger, 1871~1941)**

20세기 초에 봉거(Willem Bonger)는 마르크스주의 개념을 범죄연구에 적용하였다.[69] 그는 자본주의는 이타주의를 희생시키면서 이기주의를 발전시킨다. 따라서 자본주의가 촉진한 이기주의는 '범죄적 사고'를 만드는 것이라고 인식하였다.[70]

② **반칸(Van kan) 등**

반칸은 빈곤을 결정적인 원인으로 보고 경제적 조건을 절대적으로 평가하였다.

8) 미국의 범죄사회학파

(1) 유럽의 범죄사회학은 미국에 건너가 개화하기 시작하였는데, 처음에 미국의 범죄학은 사회학의 하나의 분과(分科)로서 출발하였다. 이후 1895년경부터 사회학에서의 일탈이론으로 범죄학에 대한 연구가 이루어지기 시작하여 파멜리(M. F. Parmelee)와 길린(J. Gillin) 등을 거

69) Bonger, W (1916) Criminality and Economic Conditions, Boston: Little, Brown.
70) Bonger, W (1969) Criminality and Economic Conditions, Bloomington: Indiana University Press.

쳐 1920년대는 대규모적 범죄사회학적 연구가 차례로 발표되었다. 특히 제2차 세계대전 후의 세계범죄학의 연구추세는 미국의 실용주의적 이론에 의하여 주도되고 있다.

(2) 현대 미국의 범죄사회학은 「사회구조적 접근」, 「사회과정적 접근」, 「사회갈등적 접근」 등으로 대별해 볼 수 있다.

3. 후기 실증주의 학파

후기 실증주의 학파의 범죄이론은 초기 실증주의 학파와 마찬가지로 과학주의의 영향을 크게 받았다. 후기 실증주의 학파의 범죄이론은 생물학적 범죄이론(범죄생물학), 심리학적 범죄이론, 사회학적 범죄이론으로 대별(大別)해 볼 수 있다. 여기서는 개요만을 기술하였고, 구체적인 이론(내용) 등은 별도의 장(章)을 마련하여 설명하였다.

1) 생물학적 범죄원인론(범죄생물학)

(1) 범죄생물학의 정의

범죄생물학이란 범죄자는 생물학적으로 결정되어 있다는 전제하에 범죄행동의 요인과 메커니즘을 유전학·체형·생리학의 지식을 응용해가면서 설명하는 학문이다. 범죄생물학은 ① 범죄자의 체형 및 생리의 연구, ② 범죄의 유전연구 등으로 구분해 볼 수 있다.

(2) 변천과정

① 범죄인류학에서 초기 「범죄생물학」으로 전이

㉠ 초기 실증주의 범죄인류학파(이탈리아학파)는 롬브로조가 창설하여 페리와 가로팔로 등에 전수되었고, 이들은 고전학파와 대비하여 자신들을 이탈리아학파 또는 범죄인류학파로 명명했다. 고전학파가 범죄와 형벌에 초점을 맞추었다면, 범죄인류학파는

범죄인 유형에 초점을 맞추었다. 이러한 초기 실증주의 학파의 진화론적 사고에 바탕을 둔 범죄이론은 20세기에 들어와 「범죄생물학」으로 한층 발전하였다. 그러나 「초기 생물학적 범죄원인론」은 방법론상의 결함과 그로 인한 타당성의 문제 등으로 20세기 중반에 미국의 사회학자들로부터 배척을 받기에 이르렀다.[71)]

㉡ 현대의 생물학적 범죄원인론

㉮ 현대의 생물학적 범죄원인론이 다시 고개를 들게 된 것은 1970년대 초 윌슨(Edmund. O. Wilson)이 「사회생물학」을 출간한 이후부터이다. 이들은 롬브로조식의 단순한 생물학적 범죄원인을 대부분 부정하고, 생물학적 요인과 환경적 요인을 연결시켜 범죄현상을 연구하기 시작했다는 점에서 초기의 생물학적 접근과는 차이가 있다.

㉯ 현대의 생물학적 이론은 생물화학적 이론(음식이나 호르몬 등의 생화학적 불균형 등)·유전학적 접근(유전자와 지능·진화 등)·신경생리학적 접근(중추신경조직·자율신경조직) 등으로 연구주제가 이동하고 있다.

2) 심리학적 원인론(심리학적 범죄이론)

심리학적 범죄이론은 범죄자의 행동과 정신과정의 과학이다. 따라서 심리학적 범죄학은 개인의 범죄행동, 즉 범죄행동이 어떻게 획득·유발·유지되며 변화되는가에 집중한다.[72)] 심리학적 범죄이론으로는 정신분석학 이론·애착이론·정신장애이론·인성이론·지능이론 등이 있다.

71) 김형중, 경찰학 각론, 청목출판사, 2014 p.29; 김형중, 범죄학, 그린출판사, 2013, p. 221.
72) Bartol, Curt R./Bartol, Anne M. 저, 범죄심리교재 편찬회 역, 범죄심리학 청목출판사, 2015, p. 30.

3) 범죄사회학(사회학적 범죄이론)

사회학적 범죄이론은 거시적 차원에서 범죄원인을 분석하는 (1) 사회구조적 이론(사회해체이론·아노미이론·하위문화이론), (2) 미시적 차원에서 범죄원인을 분석하는 사회과정적 이론(사회학습이론·사회통제이론·사회반응이론[73]), 사회갈등이론(급진범죄학 혹은 비판범죄학)등으로 구분할 수 있다.

4. 후기 실증주의 학파 범죄이론의 공헌과 비판

후기 실증주의 학파의 범죄이론들은 각기 범죄학 발전에 공헌한 바가 적지 않으나, 그에 대한 비판도 만만치 않다. 따라서 그에 대한 각각의 공헌과 비판에 대한 내용은 별도의 범죄원인론 장(章)에서 후술하였음을 밝혀둔다.

73) 사회반응이론(낙인이론)을 사회구조적 이론에서 다룰 것인가 아니면 사회과정적 이론에 포함시킬 것인가에 대해서는 견해의 대립이 있다. 낙인이론은 일정부분 거시적 관점이 설명되고 있으나(비행행위자에 대한 형사사법시스템의 부정적 반응), 핵심적인 내용은 낙인이 찍힌 한 개인의 범죄지향적 태도형성과정에 중점을 두고 있기 때문에 본서에서는 사회과정적 범죄이론에 포함시켜 기술하였음을 밝혀둔다.

제3장

범죄학이론

제1절 생물학적 범죄원인론
제2절 심리학적 원인론
제3절 범죄사회학(사회발전이론)
제4절 갈등론적 범죄이론(비판범죄학)

CHAPTER

03 범죄학이론

제1절 생물학적 범죄원인론

Ⅰ. 초기 실증주의 학파(범죄인류학파)

1. 개요

초기의 범죄연구의 발달과정결정론적 실증주의자(롬브로조·페리·가로팔로 등) 즉, 범죄에 관한 생물학적 이론은 범죄의 원인을 범죄자의 신체적 구성에 초점을 맞추어 찾으려고 하였다. 이들은 일부 범행을 선택하는 자들이야 말로 생물학적으로 결함이 있고, 열등한 사람들이라고 믿었다. 또한 이들의 신체적 열등성은 비범죄자와는 구별되는 어떠한 신체적 특성을 갖고 있다고 보았다. 초기의 생물학적 범죄원인론을 대표하는 롬브로조의 생래적 범죄자설은 그 후에도 많은 연구자에 의해 계승되어 범죄인류학으로 발전했다. 범죄인류학은 영국의 C. 고링 등에 의해서 여러 차례 비판을 받았으나, 20세기에 들어와 「범죄생물학」으로 한층 발전했다. 따라서 생물학적 범죄원인론은 롬브로조의 생래적 범죄자설을 시발점으로 하여 범죄인류학(페리·가로팔로) → 초기 범죄생물학적 원인론 → 현대의 생물학적 범죄원인론으로의 발전과정을 거치게 된다.

2. 롬브로조의 학설의 비판과 승계

롬브로조는 「범죄인」이라는 저서에서 범죄자는 인류학상의 돌연변이 즉, 인류학의 입장에서 「범죄인류」라고 지칭하였는데, 과연 「범죄인류」라는 것이 존재하는가라는 비판이 제기되었다. 그리고 소질에만 중점을 둔 일원론적 범죄원인론에 대하여도 그 후 많은 학자들의 비판에 부딪히게 되었다. 특히 그 중에서도 영국의 고링(C. Goring)은 롬브로조의 이론에 대하여 과학적 검증을 통하여 반론을 제기하였고, 프랑스 환경학파 라까사뉴와 타르드 등도 이에 동조하였다. 그 결과 롬브로조의 학설을 뿌리채 흔드는 계기가 되었다.[1)]

1) 고링의 롬브로조에 대한 비판

(1) 영국의 교정의사(矯正醫師)인 고링은 1913년 「영국의 수형자(The English Convict)」라는 저서에서 12년간 누범자 3,000명과 일반인을 대조 연구한 결과, 범죄자에게 특유한 정형성은 존재하지 않는다고 지적하였다. 따라서 롬브로조가 "범죄자는 일반인과 다른 형태학적 특징을 갖고 외형적으로 식별이 가능하다"는 주장에 반론을 제기하였다. 그러나 고링은 범죄자들은 체격이 왜소하고 지능이 모자라며, 도덕적으로 결여되어 있다고 지적하고 통계 결과에 예외를 인정하였다. 그리고 이것들은 유전에 의한 것이라고 보았다.

(2) 고링은 롬브로조의 이론을 반박하는데 열중한 나머지 자신의 조사결과에서 롬브로조의 이론을 지지하는 부분을 간과했다는 비난을 받는다. 왜냐하면 고링도 롬브로조처럼 범죄성이 유전에 의해 전수된다고 보았기 때문에, 롬브로조와 기본적인 입장에서는 큰 차이가 없다. 따라서 고링도 큰 틀에서 보면 범죄인류학의 기초를 가지고 있다고 볼 수 있겠다.

---

1) Larry J. Siegel, Criminology 2nd(ed.), st, Paul, MN: West Publishing Company, 1986, p.148).

2) 신롬브로조학파

미국 하버드 대학의 인류학 교수인 후튼(E. Hooton)은 고링의 견해에 대하여 재비판을 가하였는데, 이를 신롬브로조학파 혹은 New 롬브로조라 불리기도 한다. 그는 12년간에 걸쳐 인류학적(골상학적)조사 연구를 바탕으로 발표한 「범죄와 인간」이라는 저서에서 롬브로조 이론을 지지하였다.[2] 그리고 범죄의 결정적인 요인에 대한 해답은 우생학, 즉 재생산에 대하여 사회적 통제를 어떻게 할 것인가에 놓여 있다고 주장하였다.

Ⅱ. 신체생리적 조건에 관련된 범죄이론 (범죄인류학에서 범죄생물학으로)

1. 체형과 범죄

1) 크레치머의 체격형 이론

범죄성과 신체를 연결시켜 범죄자는 특정한 범죄행위에 민감하고, 독특한 체형을 보여준다고 주장하는 체형학파가 있다. 후기 실증주의 학파에 속한 학자 중에 인간의 체형을 범죄와 관련시킨 학자로는 크레치머(Ernest Kretschmer)와 셸던(William Sheldon) 등이 있는데, 이들 역시 범죄자에 대한 생물학적 결정주의자들이다.

체형을 범죄와 관련시킨 최초의 학자는 독일의 정신의학자인 크레치머이다. 그는 「신체구조와 성격, 1921」에서 일정한 체격형은 그와 병존하는 성격을 나타내며, 또 그에 상응하는 정신병질이 존재한다고 하였다.

2) 후튼은 재소자 14,000명과 일반인 3,000명의 신체적 특징을 비교한 후 범죄자는 좁은 이마·비스듬한 어깨·얇은 입술·문신등과 같은 특징이 흔히 나타난다는 사실을 발견하고 일반인과 의미 있는 차이가 난다고 보았다. 따라서 후튼은 신체적 열등성이 정신적 열등성과 관련성이 있고, 이러한 열등성은 환경적 요인보다는 유전에서 기인할 가능성이 크다고 주장하였다. (Hooton, EA (1939) The American: An Anthropological Study, Cambridge, Mass: Harvard University Press P.306)

(1) 체형의 분류

크레치머는 범죄자의 체형을 세장형(키가 크고 마른체형)·근육형(근육질이 잘 발달된 체형)·비만형(키가 작고 뚱뚱한 체형)의 3가지로 분류하였다. 그리고 체형에 따라서 세장형은 사기·절도 및 누범에 많고, 근육형은 폭력적 재산범·풍속범·폭력 등 신체상의 범죄를 행하는 경우가 많으며, 비만형은 횡령·사기를 많이 범하나 범죄가 적고 기회적·우발적 범죄가 많다고 보았다.

(2) 체형과 정신병질

세장형은 정신분열증, 투사형은 간질, 비만형은 조울증과 관련성이 있다고 주장하였다. 따라서 인간의 체형이 정신병질을 결정한다고 보았다.[3]

2) 셸던의 체형이론

셸던(Sheldon)은 체형이 범죄의 유형과 확실하게 관련이 있다는 이론을 제시하였다.

(1) 체형의 분류

셸던은 크레치머의 시도를 토대로 체형과 비행을 연계시켜 인간의 신체유형을 내배엽형·중배엽형·외배엽형의 세 가지로 구분하였다.[4] 내배엽형은 비

3) Ernest Kretschmer, *Physique and Character, trans.* W. J. H. Spart, London: Keegan, Paul, Trench, Trubner, 1927 참조.

4) 〈배엽〉이란 무엇인가? 〈정자〉와 〈난자〉가 만나서 수정을 하여 《수정란》 이 되면, 그때부터 여러 단계를 거쳐서 《세포분열》 을 거듭한 결과 나타나는 《3개의 세포층》 을 만난다. 이런 3개의 세포층을 〈내배엽〉, 〈중배엽〉, 〈외배엽〉이라고 하고, 각각의 배엽에서 일정한 기관이 만들어진다. 예컨대, 내배엽은 가장 안쪽의 세포층이므로 〈소화기관 등 내장기관이 만들어지고〉, 중배엽은 중간에 위치한 〈세포층〉이므로 연골, 뼈, 근육, 지방, 섬유조직 등이 만들어진다. 외배엽은 가장 바깥층의 세포층이므로 〈피부, 뇌, 유방, 땀샘 등〉이 만들어진다. 이것을 바탕으로 〈미국의 셸던〉은 《체격형이론》 을 주장하였다. 사람의 체질구조는 출생 전에 어느 정도 결정이 되고 6살이 되면 결정된다. 〈내배엽〉은 《내장긴장형》 이라 칭하며, 내장이 발달하기 때문에 살이 찌고 사지가 짧다(비만형). 중배엽은 《신체긴장형》 이라 하여 《근육의 발달》 을 의미하고, 〈외배엽〉은 《두뇌긴장형》 이라 하여, 신체 표면에 있는 감각기관 즉 《신경계통》 이 발달하여 〈홀쭉하고 허약한 체질〉이다.

만형에, 중배엽은 근육형에, 외배엽형은 세장형에 각각 상응하는 체형이다.

① 내배엽 우월형은 대체로 소화기관이 크게 발달하고, 전신부위가 부드럽고 둥근 편이며 외향적인 사람이다.

② 중배엽 우월형은 잘 발달된 근육과 운동선수적인 외모, 그리고 활동적이고 공격적이다.

③ 외배엽 우월형은 마르고 예민하고 비사회적이며, 다른 유형보다 지능적이라고 가정하였다.

(2) 체격형과 기질형과의 관계

셸던은 체격형과 기질형이 정확히 일치함을 논증하면서 생물학(체격형)과 심리학(기질형)은 통합이 가능하다고 보았다. 즉, 내배엽은 심리학(기질형)으로 볼 때 〈내장긴장형〉이라고 칭하며 대체로 소화기관이 크게 발달하고(비만형), 중배엽은 〈신체긴장형〉이라고 하여 근육의 발달을 의미하며(근육형), 외배엽은 〈두뇌긴장형〉이라고 하여 신경계통이 발달하여 홀쭉하고 허약한 체질로 구분하였다. 그리고 각자의 기질유형은 신체유형과 매우 밀접한 관련이 있다고 보았다.

크레치머와 셸던의 인간의 체형구분[5)]

크레치머		셸던		특징	범죄형태
체형	정신병질	체격형	기질형 (긴장부분)		
비만형	조울증	내배엽 우월형	내장 긴장형	비만형은 전신부위가 부드럽고 둥근 편이며 살이 찐 편. 기질적으로는 낙관적이고 부드러우며 온순하나 외향적이며 사교적임	횡령과 사기를 많이 범하나 대체로 범죄가 적고 기회적·우발적 범죄가 많음

5) 이윤호, 범죄학, 박영사, 2007, pp.212~222; 김형만 외 공역, 범죄학개론, 청목출판사, 2008, pp.80~81의 내용을 참고하여 필자가 재작성한 것임.

크레치머		셸던		특징	범죄형태
체형	정신병질	체격형	기질형(긴장부분)		
투사형(강건형)	간질	중배엽 우월형	신체 긴장형	투사형은 근육골격기관이 우세하고, 동체가 굵고 손목과 손이 큼. 기질적으로는 활동적이며 용감·공격적이며, 모험심이 강함. 또한 권력을 쓰려하고 지배하려는 경향이 있음.	범죄가 가장 많으며, 폭력적 재산범·풍속범·폭력 등 신체상의 범죄를 행하는 경우가 많음
세장형(쇠약형)	정신분열증	외배엽 우월형	두뇌 긴장형	세장형은 여위고, 섬세한 몸짓이며, 골격은 작고 긴 편. 기질적으로는 억제적이고 내향적이며, 사교를 피하고 신체의 불편을 호소하는 편임	좀도둑이나 횡령 및 누범에 많음

2. 크레치머와 셸던의 체형학 이론의 한계

크레치머와 셸던의 체형과 범죄와의 관계에 대한 이론은 논리적 부적절성과 경험적 타당성의 결여, 그리고 사회적 요인의 결합작용을 무시했다는 비판을 받고 있다.

1) 범죄행위와 체형의 관계가 분명치 못하다는 것이다. 예컨대, 왜 모든 근육형(신체긴장형)의 사람이 범죄를 범하지 않는지, 또는 모든 범죄자가 근육형(신체긴장형)의 사람이 아닌지를 알 수 없다는 점이다.

2) 비행자나 범죄자의 표본으로서 형사사법체제 밖의 범죄자가 충분한 정도로 추출되지 못하고 있다는 점 또한 비판의 대상이 되고 있다.[6)]

3) 비행과 체형이 설사 관계가 있더라도 사회적 환경을 무시한 채 오로지 내적인 특성에만 의한다고 볼 수 없기 때문에, 비행과 체형의 관계는 설득력이 부족하다는 비판을 받고 있다.[7)]

6) 셸던은 남자 비행소년 200명과 일반학생 200명의 평가 결과를 비교하였는데, 비행소년 중 중배엽형(근육형)의 비율이 더 높고, 외배엽(세장형)의 비율이 더 낮다고 발표하였다.

1) 글루에크(Glueck)부부의 체형이론

(1) 균형형(제4의 체격형) 제시

글루에크 부부는 범죄와 비행의 원인관계를 비행소년 500명과 일반소년 500명을 비교 연구하여 「소년비행의 해명」이라는 책을 발간하였다. 그들은 비행의 원인을 규명하기 위하여 4가지 요소(문화사회적 요소·육체적 요소·지적 요소·기질적 요소)를 가지고 어떤 요소가 비행과 관계있는지를 조사하면서, 셀던의 3가지 체격형에 제4의 체격형인 균형형(균형된 체격형)을 추가하였다.

(2) 연구결과

① 이들은 비행소년은 체격적으로 근육형(중배형 우월성, 신체긴장형)이 많고, 기질적으로도 보통 소년과 차이점이 있다고 지적하였다. 특히 비행자가 되는 근육형 중에는 가족집단 내에서의 오락결핍과 오락시설의 미비 등과 같은 사회문화적 요인들이 비행과 관계가 있음을 밝혀냈다.

② 이들은 체형과 범죄성의 관계를 중배엽〉외배엽〉균형형〉내배엽 순으로 범죄성향을 띠고 있다고 보았다. 그러나 「체격형」만으로 비행행위를 정확히 설명할 수는 없고 다른 요소들과 더불어 비행에 관계가 있다고 결론짓고 있다.

(3) 글루에크 부부의 체형이론의 한계

① 그들이 사용한 비행자 표본이 교정기관에 구금된 비행자들로부터 추출되었기 때문에, 이들 외에 비행을 저질렀으나 형사사법기관에 의하여 조치되지 않은 비행자들까지 대표하는 것은 아니다.

---

7) James B. Wilson & R. Hernstein, Crime and Human Nature, Newyork: Simon & Schuster, 1985, p.31.

② 표본을 어떻게 체격형에 따라 분류했는지가 분명치 않고, 젊은 사람들을 대상으로 체격을 분류하는 일은 힘들고 불분명하다는 비판을 면치 못하고 있다.[8)]

2) 코르테(Cortes)의 체형이론

코르테(Juan Cortes)는 셸던이 거론한 체형과 기질 특성과의 관계를 중점적으로 분석하여 체형과 기질 특성은 매우 상관성이 높다는 것을 검증하였다. 그는 종전의 이론들이 대부분 신체적 특징에 한정하여 연구하였기 때문에, 왜 중배엽의 체형(근육형)이 범죄를 저지를 가능성이 높은가에 대해서는 충분히 설명하지 못하고 있다고 보았다. 이런 이유 등으로 그는 체형에 따른 정신적 성향을 고려하여 체형과 범죄발생과의 인과관계를 보다 정교하게 발전시켰다.

(1) 체형과 기질 특성과의 관계

① 내배엽의 체형은 내장긴장장으로서 몸가짐이 부드럽고 온순하며,
② 중배엽은 정신기질이 신체긴장형으로서 활동적이고 공격적이고,
③ 외배엽은 두뇌긴장형으로서 내향적이며 비사교적 성향을 보이는 것으로 평가하였다.[9)]

따라서 코르테는 일반소년에 비해서 비행소년들이 신체적으로 근육형이 더 많고 기질적으로 더 원기왕성하고 공격적이며, 성취동기나 욕구가 더 강하다고 결론지었다. 그리고 이러한 결론은 범죄자에게도 마찬가지로 적용될 수 있다고 주장하였다.[10)]

---

8) 김보환, 범죄생물학, 동국대학교출판부, 2004, p.89.
9) 코르테는 70명의 시설수용 비행소년과 시설에 수용되지 않은 30명의 비행소년 등 100명의 비행소년과 전과기록이 없는 100명의 사립고교생을 대상으로 정밀한 측정에 의하여 체형을 구분하였다. 그 결과 57%의 비행소년에게서 중배엽의 특성이 나타났고, 일반소년에서는 19%만이 중배엽의 특성을 보였다고 주장하였다.
10) Cortes, JB and Gatti, FM (1972) Delinquency and Crime: A Biopsychosocial Approach, New York: Seminar Press. P.348

(2) 코르테의 체형이론의 한계

① 비비행집단(전과기록이 없는 집단)의 표본은 사립고등학교인 상류계층에 속하는 집단에서 추출한 반면, 대부분의 비행집단은 주로 하류계층에 속하는 집단에서 추출했다는 점이고,

② 연구대상으로 삼은 인원이 너무 적고, 정신적 기질여부(정신적 성향)[11]를 대상자들에게 스스로 기술하도록 함으로써 연구의 객관성을 떨어뜨렸다는 부분도 문제점으로 지적되고 있다.

3) 체형이론에 대한 종합적인 평가

체형이론은 일면 그 타당성을 인정받고 있기도 하지만, 연구방법론적 차원에서 다음과 같은 오류점들이 지적되고 있다. 첫째, 글루에크 부부의 연구를 제외하고는 대부분의 연구가 결과를 일반화하기에는 너무 적은 규모의 표본을 사용하고 있을 뿐만 아니라, 비행적 표본을 재소자들 중에서 추출하여 이중적 오류를 범하고 있다는 점이고, 둘째, 왜 특별한 육체적 특성을 가진 사람이 모두 범죄자가 안 되는지, 또는 그 반대의 경우를 제대로 설명하지 못하고 있다는 점 등이 문제점으로 지적되고 있다. 따라서 집단적 차원에서는 몰라도 개인적 차원에서는 예측적 가치가 적은 것으로 평가되고 있기도 하다.

3. 유전이론(유전과 범죄)

범죄의 원인이 유전이냐 환경이냐, 즉 본성(nature)이냐 양육(nurture)이냐의 논쟁은 지금까지도 이어져오고 있다. 인간행위에 대한 유전적 설명은 아이들이 외모나 성격 등에서 그들의 부모를 닮는다는 사실에서부터 시작할

11) 코르테는 체형과 기질 간에 관계가 있는지를 검증하기 위하여 체형이 뚜렷하게 나타나는 소년들 중 73%에게 세 가지 기질의 유형을 제시한 후 본인에게 맞는 것을 고르게 하였다는 점에서, 연구의 객관성을 떨어뜨렸다는 지적을 받기도 하였다(박상기·손동권·이순래, 형사정책, 한국형사정책연구원, 2016, PP.101).

수 있다. 유전과 범죄에 대한 대표적인 연구로는 1) 범죄자가계연구, 2) 쌍생아연구, 3) 입양아연구 등을 들 수 있다.

1) 범죄자 가계(家系)의 연구

범죄자의 가계연구라 함은 범죄자나 그 이외의 사회적 일탈자가 많이 나오는 가계(家系)를 조사하여 가계 내에 의한 유전과 범죄와의 관계를 밝히려는 연구를 말한다.

이러한 연구는 범죄자만이 아닌 천재·정신장애인 등도 연구대상에 포함해 가계연구 혹은 계보연구라 불리워왔다.

(1) 덕데일(R. L. Dugdale)의 쥬크(Juke)가(家) 연구

고전적인 가계연구는 19세기에 덕데일이 한 가족의 범죄와 역사를 연구하고 「쥬크가족, Juke Family」이라는 책을 출간하면서부터 시작되었다. 쥬크가의 연구는 덕데일이 1874년 뉴욕의 울스터 카운티(Ulster County)의 교도소를 방문한 후 서로 다른 성을 사용하고 있지만, 동일한 가문인 쥬크 가계에 속한 6명의 재소자를 대상으로 조사한 것이다. 그 중 7대 총 709명에 대한 조사 끝에 매춘부 174명(24.5%)·음주벽자 131명(18.5%)·그리고 중범죄자 77명(10.8%)·정신병자 64명(8.6%) 등이 발견되었다. 그리고 이들의 행동은 일반적으로 탐욕성·책임감 결여·의지박약·노동기피·잔인성 등에 기인하는 것으로 분석되었다. 덕데일은 결론적으로 그들에게는 유전조건(나쁜피)이 큰 역할을 했다고 보았고, 범죄는 유전과 관계가 있다고 주장하였다.[12] 이 조사결과는 당시 학회에서 큰 반향을 불러일으켜 범죄인류학의 신봉자들에게 많은 힘을 실어주었다.

(2) 고다드(H.H.Goddard)의 칼리카크(Kallikak)가(家) 연구

① 고다드의 칼리카크 가계연구는 고다드 자신이 운영하던 뉴저지의 심

12) Richard Dagdale, The Jukes: A study in crime, Pauperism and Heredity(1877); A. H. Estabrook, The Jukes in 1915(1916).

신미약아동 보호교육기관에 입소해 있던 8살 소녀(데보라 칼리카크)의 가계를 소급하여 조사한 것이다. 그녀의 조상이었던 마틴 칼리카크는 미국 남북전쟁당시에 출전 중 정신박약여인과 결합하여 사생아 아들 하나를 낳았다. 그들 480여명의 후손 중에는 정신박약자 143명, 성적 비정상자 32명, 알코올 중독자 24명, 간질병환자 3명, 조사자(早死者) 82명, 범죄자 3명, 성매매영업자 8명 등이었고, 정상인은 단지 4명에 불과하였다. 반면, 전쟁 후 마틴 칼리카크는 청교도인 여성(퀘이커 교도)과 정식 결혼을 통해 태어난 후손 490명 중에는 정신박약자는 한명도 없었고, 그 중 알코올 중독자 2명, 종교적광신자 1명 등이 발견된 외는 모두 정상인으로 생활했고, 의사·법관·변호사·대학교수 등 사회적 지위가 높은 자도 다수 있었다. 따라서 칼리카크가계의 혈통의 흐름을 보면 정신박약아 후손의 계통은 매춘부·알코올 중독자·간질병환자·범죄자 등이 다수 있었으나, 정상 여성과 결혼하여 생긴 후손의 경우에는 극히 소수를 제외하고는 모두 정상적이면서도 성공적인 삶을 사는 것으로 나타났다.

② 이러한 연구결과를 기초로 고다드는 정신박약의 유전성을 지적하였다. 그러나 범죄성이 유전되는 것은 아니고 정신박약자는 지능이 낮기 때문에 잠재적 범죄자라고 가정하였다.[13] 따라서 범죄자가 되고 안 되는 것은 기질과 환경에 의해 결정된다고 주장하였다. 즉, 고다드는 정신박약이 유일한 범죄의 원인이라고 주장하지는 않았지만, 범죄자의 50%는 정신적 결함이 있다고 하여 정신박약에 의한 저지능이 범죄행위의 중요한 결정요인임을 암시하였다.

(3) 범죄자가계의 연구에 대한 평가

범죄자가계 연구는 초기에는 설득력이 있는 것으로 평가되어 유전부인(遺傳負因:유발되기 쉬운 나쁜조건)을 가진 사람을 생산하지 못하게 하는 등의 조치가 필요하다는 견해가 제기되기도 하였다. 그러나 이러한 연구들에 대하여,

13) H. H. Goddard, The Kallikak Family(1912).

① 후손의 배우자로부터의 영향을 무시하였고, 동세대의 진행과정에서 일어날 수 있는 환경적 요인을 고려하지 못하였다는 점,

② 부모의 범죄친화적 특질이 직접 유전되는 것인지, 아니면 범죄친화적인 부모의 교육결함으로 인하여 자녀의 비행이 유도되는 것인지 불분명하다는 점,

③ 표본의 수가 너무 적을 뿐만 아니라 특정한 사례의 결과이므로, 일반화에는 한계가 있고 과학적인 기초가 부족하다는 비판이 제기되었다. 그럼에도 불구하고 이러한 가계연구는 유전소질의 중요성을 증명하는 유력한 자료가 된다고 보고 있다.

2) 쌍생아 연구

(1) 쌍생아 연구의 가설

일란성 쌍생아는 유전자가 100% 일치하고, 이란성 쌍생아는 생물학적으로 두 부모가 동일한 경우의 형제자매들처럼 50% 동일한 유전자를 공유한다.[14] 20세기 초 시작된 쌍생아 연구는 일란성 쌍생아와 이란성 쌍생아의 범죄 일치율을 비교함으로써, 범죄행위에 대한 유전적 영향을 정확하게 밝힐 수 있다는 가정에서 시작되었다. 만약 유전이 범죄행위를 결정한다면 또는 범죄행위에 대하여 유전이 환경보다 더 큰 영향을 미친다면, 범죄행위에 있어서 유사성은 일란성 쌍생아가 높아야 하는 논리가 성립된다.

(2) 랑게(Johannes Lange)의 연구

① 쌍생아 연구를 범죄생물학에 도입하여 체계화하고 획기적인 연구결과를 발표한 학자는 1930년대 독일의 랑게(Lange)이다.
랑게는 독일의 몇몇 교도소에 수용되어 있던 30쌍의 성인 남성 쌍생아를 표본으로 삼았는데, 그 중 13쌍은 일란성 쌍생아였고, 17쌍은 이란성 쌍생아였다. 조사결과 쌍생아 간의 범죄성의 일치율이 77%

14) 김재민, 앞의 책, P.104.

(일란성 쌍생아 13쌍 중 11쌍)대 12%(이란성 쌍생아 17쌍 중 2쌍)로 나타나, 범죄성에 관한 일란성 쌍생아의 유사성은 이란성 쌍생아에 비하여 6.4배 높은 것이었다. 따라서 그는 일란성 쌍생아의 유사성을 통해서 범죄는 유전된다는 결론을 도출하였다.

② 그는 1929년에 「운명으로서의 범죄」라는 저서를 남기면서 '범죄란 개인이 타고난 유전적 소질에 의해 저질러지는 것'으로 이해하였다.

(3) 1930년대 이후의 연구

① 1930년대 이후 쌍생아의 범인성에 관한 연구가 세계적으로 이루어졌는데, 이러한 연구에는 「크란츠(H. Kranz, 1936)의 쌍생아 연구」· 「로사노프(A. J. Rosanoff, 1932)의 쌍생아 연구」· 「뉴만(H. H. Newman, 1937)의 쌍생아연구」 등을 들 수 있다. 그러나 이러한 연구들에 대하여는 표본의 크기, 일란성 쌍생아와 이란성 쌍생아의 범죄성의 불일치[15] 등이 문제점으로 지적되고 있기도 하지만, 특히 환경이 행위에 미치는 영향을 고려하지 않고 있다는 점이 제일 큰 문제로 부각되었다. 그것은 쌍생아의 성장과정에서 환경적 유사성을 완전히 배제하기가 어렵다는 점 때문이다.[16]

② 덴마크의 크리스티안센(K. O. Christiansen, 1968)

㉠ 크리스티안센은 덴마크에서 1880년에서 1910년 사이에 태어난 쌍생아 6,000쌍이 얼마나 많은 범죄나 비행기록을 갖고 있는지를 알아보기 위해 공식기록을 조사하였다.

㉡ 그 결과 전체 쌍생아 가운데 범죄자가 있는 67쌍의 일란성 쌍생아의 경우 24건, 즉 38.5%의 일치율을 보인 반면, 114쌍의 이란성 쌍생아 중에는 14쌍만이 범죄일치율을 보였다. 따라서 불일

15) 「크란츠의 쌍생아 연구」에서는 일란성 쌍생아의 범죄성의 일치율이 66%인데 비하여 이란성 쌍생아의 일치율은 54%로 나타나고 있고, 「로사노프의 쌍생아연구」에서는 일란성 쌍생아가 이란성 쌍생아보다 범죄성의 일치율이 거의 3배정도 높은 것으로 나타났다.

16) 일란성 쌍생아의 경우에는 한쪽이 범죄를 저질렀다면 다른 한쪽도 범죄를 저질러야 하는데, 다른 한쪽이 범죄를 저지르지 않는 불일치가 있다는 점 때문이다. 만일 유전적 소질이 범죄유발을 결정짓는 요소라면, 일란성 쌍생아들에게서는 불일치현상을 발생하지 말아야 한다.

치율이 이처럼 높은 것은 결국 유전적 소질만 가지고는 범죄현상을 충분히 설명 할 수 없다는 한계를 보여준 것이었다. 그러나 이러한 비판론에도 불구하고 쌍생아연구는 유전소질의 역할이 환경보다 더욱 결정적 의미를 갖는다는 결론을 도출하기에 충분한 자료가 된다고 보는 것이 통설적인 견해이다.

㉢ 최근 쌍생아연구에는 일란성 쌍생아의 심리·행동면에 있어 왜 이렇게까지 다른 점이 많은가에 의구심을 가지기 시작하면서 쌍생아 연구의 전제가 되는 가설, 즉 일란성 쌍생아 → 유전요소의 동일성 → 범죄의 일치가설이 그 뿌리부터 흔들리게 되었다. 그 결과 범죄학 영역에서는 쌍생아연구가 더 이상 진행되지 않는 대신 「입양아 연구」로 진행되었고, 한편으로는 유전학이 발전함에 따라 염색체의 이상에 착안한 연구가 주목을 받기 시작하였다.

3) 입양아 연구(Adoption Study)

가계연구와 쌍생아연구 이후에, 범죄와 유전과의 관계를 연구한 또 다른 형태의 방법은 입양아 연구이다. 입양아 연구는 입양된 아이의 행동을 그들의 생물학적인 아버지의 행동과 비교해 보는 것이다. 즉, 어릴 적에 입양한 아이의 행동이 아이를 기른 양부모의 행동보다는 이전에 한 번도 만나본 적이 없는 생물학적인 부모의 범죄행동에 보다 가깝게 행동한다면, 그것은 아이의 행동이 환경적이 요인들에 의해 형성되기보다는 범죄성의 경향이 유전된다는 사실을 뒷받침해주는 것이라고 본다. 반면, 양부가 범죄자였던 경우에 입양아가 범죄자가 되는 확률이 높다면, 범죄에 대한 환경의 영향을 뒷받침해 주는 것으로 보고 이를 통하여 범죄의 유전성을 입증하고자 하였다.

1) 슐싱어(F. Schulsinger)의 연구

1970년대 초 입양아연구를 통하여 범죄의 유전성을 밝히고자 한 최초의 학자는 슐싱어(F. Schulsinger)이다. 슐싱어는 충동적인 행동의 정신 환자

와 같은 정신적인 결함이 혈연관계를 통하여 전수된다고 하였다.[17)]

2) 크로우(R. R. Crowe,1972)의 연구

크로우는 어머니가 범죄자였던 아이들이 타인에게 입양 후의 범죄로 인한 투옥여부, 즉 범죄성을 측정하여 유전적 요소와 범죄성이 어느 정도 관계가 있음을 제시하였다.[18)]

3) 허칭스와 메드닉의 연구

허칭스와 메드닉(Barry Hutchings & S. A. Mednick, 1977)은

(1) 생물학적 아버지(생부)와 입양한 아버지(양부)를 범죄전과가 있는가에 따라 구분한 다음, 코펜하겐에서 태어나 입양된 남자 아이들(1927~1941년 사이)을 대상으로 소년의 범죄전과를 조사했다. 연구결과 범죄일치율의 차이는 생부·양부가 범죄전과자〉생부만 범죄전과자〉양부만 범죄전과자〉생부·양부 모두 비범죄자 순이었다. 따라서 범죄기록을 가진 생부에게서 태어난 아이가 범죄기록을 가진 양부에게 입양될 경우가 미래 범행가능성이 가장 높고, 그 중에서도 생부모의 범죄성이 양부의 범죄성보다 더 크게 후손에게 영향을 미치는 것으로 나타났다. 이러한 사실은 유전적 요인과 범죄성 사이에 상관성이 있음을 강하게 시사하고 있다.[19)]

---

17) 슐싱어는 어렸을 때 입양된 57명의 정신질환자들과 이들과 연령, 성별, 입양당시의 나이, 양부모의 생활수준이 같지만 정신질환이 없는 입양아들을 표본으로 추출하였다. 그 결과 알코올 중독, 범죄경험 등의 문제가 있는 혈연관계의 비율이 정신질환 입양아들 중에서는 14.4%나 되었으나, 반면 정상적인 입양아들 중에서는 6.7%밖에 되지 않았다고 주장하였다.

18) 크로우는 미국 아이오와주에서 1930년대와 1940년대에 1명 내지 그 이상의 아이들을 입양시킨 후에 중범자로 투옥된 여자집단과 아이를 타인에게 입양시켰으나 투옥되지 않은 여자집단의 입양된 후손들을 비교하여 범죄성여부를 측정하였다. 표본의 크기는 집단별로 각각 37명이었고, 실험집단에는 52명의 입양된 아이들을 추출하였다. 그 결과 투옥된 여자집단의 후손들의 15.3%(52명 중 8명)가 범죄로 체포된 경험이 있었고, 그 중 7명이 유죄가 확정되었다. 반면 투옥되지 않은 여자집단의 아이들은 단지 3%(52명 중 2명)만이 한번 씩 체포되었고 1명만이 유죄가 확정되었으나, 아무도 투옥되지는 않았다고 주장하였다.

19) Sarnoff A. Mednick, William F. Gabrielli, Jr. and Barry Hutchings, "Genetic Influences in Criminal Behavior: Evidence From an Adoption", Science, 1984, 224: 891~894.

(2) 반면, 이들은 범죄를 단순히 유전적 소질로만 보지 않고 생부와 양부가 모두 범죄자였을 때에 입양아들이 범죄를 저지른 비율이 가장 높았다는 점을 감안해야 한다고 역설하면서, 범죄는 유전적 요인과 환경의 상호작용으로 유발된다고 보았다.

4) 유전과 범죄연구에 대한 평가

유전과 범죄와의 연구결과를 보면 개개인에게 있어 범죄성의 형성여부는 유전소질의 역할이 상당히 크게 작용하고 있는 것만은 틀림없으나, 그렇다고 유전에 의해 전적으로 결정된다는 것은 아니고, 환경과의 상호작용도 무시하지 못한다는 점을 시사해주고 있다. 문제는 유전소질과 환경과의 상호관계를 인정하는 경우에도 어느 쪽이 더 중요성이 있는가이다. 이에 대하여 태판(P. Tappan)은 환경의 역할을 아무리 강조하더라도 유전소질이 제공하는 일정한 한계의 범위를 넘는 것은 불가능하고, 언제나 그 유전소질이 설정하는 범위 내에서 행해진다고 주장하고 있기도 하다.[20)]

4. 성염색체 구성의 이상(異常)과 범죄이론

1900년대 초반에 체형이론 등의 범죄생물학적 연구가 그 한계를 노출하면서 예전의 연구방법 대신 세포유전학 연구가 주목을 받기 시작하였는데, 염색체 이상의 연구가 그것이다.

1) 염색체와 염색체 이상

(1) 염색체

정상인의 세포는 23쌍의 염색체를 갖고 있는데, 23쌍 중의 한 쌍이 인간의 성(性)을 결정한다. 여성의 성염색체는 통상 2개가 동시에 크기 때문에 X X 염색체라고 부르는 반면, 남성의 성염색체는 통상 2개중 1개가 작기 때문에 X Y 염색체라 불리고 있다.

20) P. Tappan, Crime, Justice and Correction(1960), pp.102~104.

(2) 염색체 이상

염색체에 관한 연구가 활발하게 진행된 것은 20세기 중반 이후부터인데, 어떤 사람은 세포분열의 이상으로 인하여 두 개 이상의 성염색체가 존재하는 것이 밝혀졌다. 성염색체 이상 돌연변이로는 터너증후군(X염색체 결실)[21]·슈퍼남자 증후군(XYY)·클라인펠터 증후군(XXY)·트리플엑스(XXX)[22]등이 있으나, 이중 범죄학상 문제가 된 것은 슈퍼남자 증후군(XYY)과 클라인펠터 증후군(XXY)이다.

2) 유형

(1) XYY(초남성형, Super Male)범죄인에 관한 연구

XYY는 Y염색체의 수가 증가하는 경우로 1961년 샌드버그(Sandberg)에 의해 처음 발견되었다.[23] 1962년에 제이콥스와 스트롱 등 몇몇 학자들은 「스코틀랜드」에 있는 「카스테어즈」 국립정신병원의 「중감금실」에 송치되어 온 피수용자 315명에 대하여 염색체 연구를 진행하여 저능자 병동에 수용된 196명 중에서 7명의 XXY염색체 이상자, 그리고 정신병자 병동에서 2명의 염색체 이상자를 발견하여(총 9명), 그 연구결과를 발표함으로써 XYY형과 범죄와의 관련성이 일약 주목을 받기 시작하였다. 그 이후 XYY형에 관한 연구 논문이 각 학술지에서 연이어 발표되면서, 하나의 연구붐을 일으키게 되었다.[24]

---

21) 터너 증후군(X염색체 결실)은 체형은 여자이지만 사춘기 때 2차 성장이 나타나지 않아 불임이며, 키가 작고 목이 굵다.

22) XXX, 즉 트리플X는 X염색체가 3개인 여성으로 「초여성」이라고 한다. 초여성 증후군을 가진 여성은 보통 키가 크고, 지능이 약간 낮은데(일반인보다 IQ 15정도 낮음)특히 언어구사능력이 떨어져서 대인관계에 미숙함을 드러내는 것이 특징이다. 월경불순이나 무월경을 초래하여 불임을 야기하기도 한다. 여성 1,000명당 1명꼴로 전 세계 여성의 0.14%가 초여성 증후군 환자로 보고 있다.

23) Sandberg, Koepf, Ishihara and Hauschka, "An XYY Human Male," *Lancet*, 2, 1961, p.448.

24) P. Jacobs, et. al., "Aggressive Behavior, Mental Subnormality and the XYY Male," Nature, 1965, pp.228~1351.

3

① **XYY형에 의한 범죄사건**

XYY성염색체 이상과 관련하여 관심이 증폭되기 시작한 것은 미국과 프랑스 등지에서 XYY인에 의해 몇 가지 중대범죄사건이 발생하면서 부터였다.

㉠ 1967년 미국 시카고의 간호사 기숙사를 침입하여 8명의 간호학생을 한명씩 딴 방으로 끌고 가 가학적인 방법으로 살해한 사건이 발생하였다. 범인은 스펙(Richard Speck, 25세)이라는 자로 XYY형 염색체를 보유하고 있다는 사실이 언론에 크게 보도되었다. 그러나 기소 후 조사자들이 그의 염색체 구조를 조사한 결과, 스펙은 실제로 XYY염색체를 갖고 있지 않았던 것으로 판명되었다.

㉡ 1968년 프랑스 파리에서 휴공(Daniel Hugon)이라는 자가 나이 많은 매춘부를 잔인하게 살인하였는데, 휴공 역시 XYY였다. 이때 처음으로 감경문제가 거론되었고, 휴공은 7년형으로 감경되는 혜택을 받게 되었다.[25)] 이와 비슷한 사례가 서독·오스트레일리아·미국 등지에서 발생하였으나, 이들 나라에서는 범행시에 정신병상태에 있었던 것이 증명되지 않는 한, 단순히 XYY라는 사실만 가지고는 형이 감경될 수 없다고 판결하였다.

② **XYY형의 특징**[26)]

연구결과 XYY형들은 다음과 같은 신체·생리·성격상의 특징을 갖고 있는 것으로 나타났다.

㉠ XYY형은 유별나게 키가 크다는 것이 대표적인 특징이다(장신, 6피트이상).[27)]

㉡ XYY형은 지능이 낮은 편이고, 대개 IQ 80~95정도의 저지능이

25) 이에 대하여 FOX는 법원이 휴공에게 판결을 내리는데 있어서 XYY 성염체이상이 형(刑)을 경감케 하는 요인으로 고려하였는지는 확실치 않다고 하였다.(Fox, R.G.(1971). The XXY offender:A modern myth? Journal of Criminal Law, Criminology, and Police Science,62, 59-73).
26) 신진규, 범죄학 겸 형사정책, 범문사, 1982,p.146.
27) Casey, M (1966) 'Sex chromosomal abnormalities in two state hospitals for patients requiring special security', Nature, 5 February: 641-3.

다. 그러나 간혹 지능이 높은 사람도 있다.

㉢ XYY형은 남보다 일찍 얼굴 전체나 심한 경우에는 목 뒤까지 여드름이 가득 차게 되고, 성인(成人)이 되어서는 여드름자국이 심하게 나타난다. 또한 성적으로 조숙하고 일찍이 이 방면에 눈을 뜨는 편이다.

㉣ XYY형은 생식기의 안팎에 이상이 있고, 이빨의 색깔과 모양이 고르지 못한 경우가 많다.

㉤ XYY형은 뇌파측정에서 간질환자의 뇌파와 유사한 이상파를 나타내는 경우가 많다.

㉥ XYY형의 범죄행위는 대개 공격성과 기학성을 지니고 있으나, 반드시 그렇지만은 않고 행동유형이 다양하다.

㉦ XYY형은 전통적인 교정교화 방법으로는 교정이 거의 불가능하다. 아무리 때리고 매질해도 그때뿐이고, 이런 것으로는 소용이 없다.

㉧ XYY성염색체가 유전되는가에 대하여 미국의 범죄생물학자 「몬테규」는 「아마도 아닐 것이다」라고 그 유전성을 부인하였다.

③ XYY범죄인과 범죄와의 관련성

XYY범죄인에 대한 대책론으로는 적극론과 신중론이 제기되었다.

㉠ 적극론자는 XYY범죄인에 대해서는 특수한 형사처분과 특수한 예방조치를 해야 된다고 주장하였다. 이들은 XYY범죄인을 일종의 생래성범죄인(生來性犯罪人)으로 보았다.

㉡ 신중론자들은 모든 XYY인이 범죄자가 되는 것은 아니라고 지적하면서, 무조건 장기구금의 보안처분을 과하게 할 정도로 확정적인 것이 못 된다고 주장하고 있다.

㉢ XYY증후군이 범죄를 야기하는 역할을 한다고 하더라도 그 영향력은 미미하다는 조사결과가 발표되었다. 따라서 XYY염색체를

갖고 있는 자가 범죄자 중에도 반드시 많은 것은 아니라는 점은 범죄와의 관련성 자체에도 의문을 품게 되었다. 그 결과 1970년대 후반부터 XYY염색체 연구는 급속히 식어갔고, 오늘날 생물학적 설명을 주장하는 이론가들조차도 XYY이론은 과학적으로 타당하지 않은 것으로 평가하고 있다.

④ **비판**

㉠ 염색체 이상을 통한 연구 역시 신체형태이론에 가해진 것과 같은 비판을 받고 있다. 헌터(Huter)는 XYY형 남성이 비정상적으로 크기 때문에 섬뜩한 이미지를 주고, 그러한 이미지는 법원이나 정신병학자들이 일반시민을 보호하기 위하여 그들을 시설에 수용토록 하는 것을 촉진한다고 하였다.[28)]

㉡ 염색체 이상에 관련된 이론 등은 상당히 많은 논의를 유발하였다. 그러나 이러한 이론들은 전체 인구의 극히 일부분에만 적용될 수 있기 때문에, 범죄를 설명하는데 있어서 그 가치가 매우 제한적이라는 점을 들 수 있다.[29)]

㉢ XYY성염색체와 관련하여 여러 문제점과 비판이 있음에도 불구하고, 이러한 연구들은 오늘날 유전에 의한 범죄성향 연구를 넘어 생물학적 범죄원인론에 새로운 활력을 불어넣은 것으로 평가되고 있다.

(2) XXY 성염색체(여성적 남성)

① **클라인펠터 증후군(Klinefelter Syndrome)**

1942년 미국의 클라인펠터에 의해 처음 보고 되었다. 클라인펠터 증후군은 남자이면서 여성적 특징을 나타내는 X염색체의 수가 증가하는 경우로써, 여성적인 외모와 행동을 보인다.

28) Hunter, H(1966), YY Chormosomes and Klinefelter's Sydrome, The Lancer,1:984.
29) 김형만, 이동원 공역, 범죄학개론, 청목출판사, 2012, pp. 87-88.

② **신체적·정신적 특징**

㉠ XXY형은 저지능·정신적 미숙·고환의 왜소·무정자증·여성형 유방·성범죄·방화·절도죄 등의 범죄성, 그리고 정상남자에 비해 불안감이 많다.

㉡ XXY형은 복종적이며, 이성보다는 동성에게 성적인 매력을 느껴 동성연애자가 될 가능성이 증가한다고 본다.

Ⅲ. 생화학적 조건이론(범죄의 생화학적 연구)

유전자 범죄연구(가계·쌍생아·입양아 연구), XYY성염색체 이상 연구 이후 범죄의 생물학적 요인을 찾는 연구는 1960년대에 급속히 쇠퇴하였다. 그러나 1980년대에 들어서면서 사회생물학의 대두를 배경으로 다시 각광을 받기 시작하였다. 최근의 신범죄생물학에는 과거의 범죄요인 탐구에 사용되었던 유전적 방법은 강구되지 않고, 대신에 생화학이나 신경생리학의 기법이 새롭게 활용되고 있다.

1. 의의

인간의 신체가 그 기능을 수행하기 위해서는 혈액과 각종 화학적 물질의 공급이 요구된다. 생화학물이라 함은 인간의 내분비선[30)]에서 생성되는 단백질·비타민·호르몬 등과 같은 각종 분비물을 의미한다. 따라서 생화학(生化學)이란 이러한 생체내의 각종 화학적 물질의 구성 상태와 기능 및 변화의 원인을 밝히는 것을 목적으로 하는 학문분야를 말한다.

30) 인체 내에서는 두 가지 종류의 분비작용이 행해진다. 그 하나는 외분비이고, 다른 하나는 내분비이다. 외분비란 땀· 소화액의 분비처럼 일정물질이 체외로 분비되는 것을 가리키고, 내분비란 체내에서 체내에로 분비되는 경우를 말한다. 범죄와 관련지어 주목받는 것은 내분비계에 관한 연구이다.

2. 생화학과 범죄유형

범죄문제와 관련성을 갖고 연구하는 생화학적 학자들은 이미 선천적으로 결정된 유전적 요소 외에 음식이나 주변 환경에 의해 형성된 생물학적 조건들이 반사회적 행동에 영향을 준다고 보고 있다.

생물학적 조건을 형성하는 요소들로는 1) 성호르몬, 2) 영양과 범죄(비타민·저혈당증·알레르기)등을 들 수 있다.

1) 성호르몬과 범죄

20세기 중반부터 과학기술의 비약적인 발전으로 생화학 연구분야가 급속히 진행되고 있고, 이와 관련하여 범죄와 성호르몬의 관계가 주목을 받고 있다.

(1) 남성호르몬과 공격성과의 관계

① 남성호르몬

인간은 성별에 관계없이 모든 태아기는 수정 후 잠시 동안은 여성의 특질만을 보유한다. 그러나 4~5개월이 경과하면 Y염색체를 갖는 태아에 고환이 형성된다. 여기에서 안드로겐이라 불리는 남성호르몬이 분비되기 시작해 급속히 남성으로 성분화가 진행된다. 안드로겐(남성호르몬)에는 테스토스테론·안드로스테론·레히드로에피등이 있다. 최근의 많은 실증적 연구들은 인간의 공격성과 성호르몬 간에 관계가 있음을 밝히고 있다.

② 테스토스테론과 공격성

테스토스테론은 남성의 2차 성장(예컨대, 음부의 성장·수염 발육·변성 등)을 발현시키고 근육의 발육을 돕는다. 테스토스테론은 남성호르몬(안드로겐)중의 하나로서, 자강작용이 강한 남성호르몬으로 공격성과의 관련성이 있다고 지적되고 있다.

㉠ 윌슨(James Q. Wilson)은 남성은 호르몬과 생화학적 요인의 작

용으로 생물학적으로 여성보다 공격적이고 범죄율도 높으나, 반면 남성 호르몬인 「테스토스테론」 수치는 나이가 들면서 떨어지고, 점점 폭력범죄율이 감소한다고 주장하였다.[31]

ㄴ 한편, 호르몬과 범죄행동과의 상관성에 대해서 부정적인 견해를 밝히는 학자들도 적지 않다.[32] 그러나 최근의 연구에는 이 테스토스테론의 수준과 공격성·충동성 및 반사회성 사이에 밀접한 관련이 있다는 견해가 대두되고 있다.

(2) 테스토스테론의 실증적 연구

① 테스토스테론의 동물실험

공격성에 있어서 남성호르몬의 역할은 동물실험을 통해서 잘 알려져 오고 있다.

「케이반」은 1982년 원숭이에 대한 실험연구결과, 원숭이 사회내의 지위 변동은 테스토스테론의 수치변화와 밀접한 관련이 있다고 주장하였다. 즉, 두목 원숭이는 다른 원숭이보다 테스토스테론의 수치가 높다고 하였다.

② 인간의 공격성과 테스토스테론과의 연구(사람에 관한 연구)

㉠ 폭력범죄와 테스토스테론

㉮ 자극적인 상황하에서의 다량의 「테스토스테론」이 분비되는 남성들은 폭력이나 공격에 의존하기 쉽거나,[33] 남성들의 높

---

31) James Q. Wilson, The Moral Sense(New York: Free Press, 1993), pp.25~35.

32) Richard J. Udry는 남성호르몬이 성적활동의 증가에는 영향을 미치지만, 다른 행위유형에는 큰 영향을 미치지 않는다고 보았다(Richard J. Udry, "Biological Predisposition and Social Control in Adolescent Sexual Behavior," American Sociological Review53, 1988, pp.709~722). Anthony Walsh는 남성호르몬과 범죄와의 관계는 「테스토스테론」 수치와는 무관한 폭력하위문화와의 접촉과 같은 사회환경적 요소들의 영향에 의한 결과일 수도 있다고 주장하였다(Anthony Walsh, "Biosocial Criminology: Introduction and Integration(Cincinnati, OH: Anderson, Publishing, 2002), p.192.

33) Katherine S. Williams, Criminology, 5th edition(New York: Published in the United States by Oxford University press Inc., 2004), p.149.

은 수준의 테스토스테론이 살인과 같은 폭력범죄에 연관이 될 수 있다고 연구 결과가 보고 된 바도 있다.[34)]

㉯ 크레츠와 로즈(Kreuz & Rose)는 남성재소자들을 표본으로 한 연구에서 난폭한 재소자들과 다른 재소자들을 비교했을 때 난폭한 재소자들의 테스토스테론 수치가 높다고 하였다.[35)] 반면 라다(Rada, 1983)는 테스토스테론의 수치를 가지고 난폭한 범죄자와 그렇지 않은 범죄자를 구별할 수 없다고 주장하였다. 즉, 연구결과들이 항상 일치되는 것은 아니었다고 결론지었다.

㉰ 메드닉과 그의 동료들은 남성 성범죄자를 치료하기 위하여 테스토스테론의 수치를 감소시키는 약을 사용하기도 하였다. 그러면서도 한편으론 장기적인 부작용이 문제될 수 있다고 경고하기도 하였다.

㉱ 과거 수년 동안 과학기술의 진보 발전에도 불구하고, 호르몬과 폭력간의 연결 관계는 거의 불확실하며 결론을 내리지 못한 상태에 있다.[36)]

③ 성호르몬과 범죄연구의 평가

성호르몬의 이상이 범죄를 야기시키는지는 현재까지 명확하게 증명되지는 않고 있다. 그러나 테스토스테론을 시작으로 한 성호르몬과 인간의 공격성 간에는 무언가 연관성이 있다는 견해가 강하다. 오늘날, 외국뿐 아니라 우리나라에서도 성범죄자들에 대하여 약물에 의한 화학적 거세[37)]가 시행되고 있다. 뿐만 아니라 성범죄자의

34) Dabbs, J. M. jr., Riad, J. K.,& Chance, S. E.(2201). Testosterone and ruthless homicide. Personality and Individual Differences, 31, 599-603.

35) L. E. Kreuz and R. M. Rose, “Assessment of Aggressive Behavior and Plasma Testosterone in a Young Criminal Population, ”Psychosomatic Medicine, 1972, 34:321~332.

36) Ramirez, J. M.(2003).Hormones and aggression in childhood and adolescence. Aggression and Violent Behavior, 8, 621-644.

37) 화학적 거세라 함은 성욕과 성충동을 일으키는 남성호르몬인 「테스토스테론」을 약물투여로 없애는 방법이다. 주로 전립선암치료제로도 쓰이는 루프론, 졸라젝스 등으로 처방한다. 이 약품들은 뇌하수체에서 나오는 성선(性腺, 생식샘)자극호르몬의 활동을 차단해서 남성호르몬인 테스토스테론을

성욕을 감소시키기 위해 여성호르몬인 에스트로겐이나 프로게스테론 등의 투여가 이루어지고 있기도 하다. 이런 맥락에서 본다면 남성호르몬과 범죄가 전혀 무관하지만은 않은 것으로 사료된다.

2) 영양과 범죄

음식과 독소섭취도 환경적으로 유도되는 행위의 생물학적 요인들 중 하나라고 볼 수 있다. 새로운 범죄생물학에서는 내분비 장애(성호르몬 등)와 범죄에 관심을 기울이고 있을 뿐만 아니라, 동시에 외인적 요소(外因的要素)중의 하나인 영양(榮養)에도 주목하고 있다. 즉, 영양이 과연 범죄에 영향을 미치는가 하는 점인데, 오늘날 생화학의 눈부신 발전을 배경으로 부적절한 영양의 섭취가 범죄에 주는 영향에 대해서도 실증적으로 많은 연구가 진행되고 있다.[38)]

(1) 비타민 결핍과 미네랄 과부족에 의한 범죄

사람이 정상적으로 필요한 양 이하의 음식물을 섭취하게 되면 당연히 비타민이 부족하게 된다. 이때부터 몸의 각 부분들은 비정상적인 방식으로 작용하게 되는데, 그 중에서도 특히 두뇌의 활동에 상당한 지장[39)]을 초래하게

억제하게 된다. 우리나라에서는 화학적 거세와 관련하여 2011. 7월 「성폭력범죄자의 성충동약물치료에 관한 법률」이 제정되었다. 그리고 처음으로 화학적 거세 대상자는 아동 4명을 성폭행한 성도착증 환자 박모(45세)씨이다(2012. 7. 21. 치료감호심의위원회에서 성충동 약물치료명령을 결정). 반면 외국의 경우 미국에서는 1996년 캘리포니아에서 화학적 거세를 처음 도입하였고, 덴마크는 1929년에 외과적 거세(물리적 거세)까지도 합법화하고 있다.

38) 1980년경부터 영양과 범죄에 관한 연구가 동물과 인간으로 나누어 실시되었다. 첫째, 동물에 관해서는 고양이나 생쥐의 연구가 있다. 조리된 식품을 먹은 고양이는 어떤 병이 생기기 쉽고 학습능력과 사회적 사회작용의 저하가 나타났고, 또 정제된 식품을 먹은 쥐는 대부분 폭력수단에 의존하게 되는 것이 밝혀졌다. 둘째, 인간에 대한 실험으로 1986년 미국의 「순세일러」는 6개의 시설에 수용된 비행소년 3,399명을 대상으로 섭식과 반사회적 행동의 상관관계에 대해 조사를 하였다. 즉, 이들 3,399명에게 인공식품첨가물이나 정제당(精製糖)의 함유량이 많은 식품의 섭취량을 12개월 감소시켰다. 그 결과 식사 개선 후는 식사개선 전 12월간에 비교해 반사회적 행동이 21% 감소하였고, 자살기도가 대폭 감소한 것으로 나타났다고 보고 하였다(김상균, 앞의 책, pp.194-195).

39) 영양소의 결핍은 기억력 감퇴나 집중력 저하·정서불안·공포감 등의 부작용을 낳는다. 그리고 이런 증상들이 심한 경우 극도의 불안감이나 공격적 성향의 강화 등으로 인해 범죄를 저지를 수가 있다고 보고 있다.

된다.

영양소의 결핍은 크게 비타민 결핍과 비타민 의존에 의한 결핍으로 나누어 볼 수 있다.

① **비타민 결핍과 범죄의 관련성**

비타민 결핍은 필요한 영양소를 함유한 음식을 충분히 소비하지 못하는 경우를 말한다. 즉, 비타민 의존에 의한 결핍은 유전적 조건으로 인하여 정상적인 최소 요구치 이상으로 이들 영양소를 필요로 하는 경우인데, 이를 비타민 의존이라고 한다. 최근 체내 비타민양과 범죄의 관련성이 지적되고 있는데, 일반적으로 비타민 B의 결핍증은 범죄성을 높인다고 추측되고 있다.

㉠ 티아민(비타민B1) 결핍증은 집중력저하·신경기능저하·현기증·불안·두통·피로·이상안구운동·정신착란·기억장애 등을 일으킬 수 있다.

㉡ 니아신(비타민 B3) 결핍증은 우울증·불면·두통·노이로제 등을 유발시켜, 선악의 식별 능력을 잃게 만들고 반윤리적인 행동을 일으킬 하나의 요인으로 작용할 가능성이 많다. 반면, 지나치게 활동적인 젊은이의 주요원인은 B3의 의존에 의한 것으로 밝혀지고 있기도 하다.

② **미네랄 부족과 과다에 의한 범죄**

미네랄은 비타민이 부족할 때 비타민의 역할까지도 수행할 수 있을 정도로 인간에게 있어서 매우 중요한 영양소이다. 따라서 어떤 미네랄의 부족이나 과다에 의한 중독은 우울증·광증·기억상실·비정상적인 성욕 등과 같은 문제를 야기 시킨다고 보고 있다. 미네랄의 종류로는 납·마그네슘·칼슘·구리와 아연 등을 들 수 있다.

㉠ 최근 납의 체내의 함유량과 범죄와는 관계성이 있다고 지적되고 있다. 납 중독증에 의한 학습능력 저하는 널리 인정되고 있고, 또 과도한 납 섭취는 자립심·끈기 그리고 공격적 행동의 한 요인이 된다는 연구결과도 나오고 있다.[40)]

납은 장난감·연료·필기도구 및 식품에 접촉될 수 있는 제품을 포함하여 다양한 여러 제품에서 발견되지만, 그 이외에도 물이나 토양 또는 공기 중에 있는 납은 일반대중의 폭 넓은 주의가 요구되는 환경적 재앙이다.

㉡ 마그네슘의 부족

마그네슘은 에너지를 이용하고 신경과 근육기능을 유지하는데 필요한 영양성분이다. 인체의 마그네슘의 부족은 섭취량이 적은 경우에도 생길 수가 있고, 또 식사에서 섭취된 산(酸)이 체내 마그네슘 농도를 저하시키는 경우에도 생긴다. 산을 많이 포함한 식품으로는 「탄산음료」 등을 들 수 있다.

㉢ 우리 체내의 미네랄 이상 문제를 균형 잡힌 식사를 하지 못하는 것이 유일한 원인으로 보는 것은 잘못된 생각이다. 그 이외에도 대기·수질·토질 등의 오염에 의한 공기·음료수·어패류·농작물 등에 다양한 유해 중금속들이 인체 속으로 들어오게 됨으로써 환경오염이 간접적으로 인간의 범죄행위의 원인이 되기도 한다.[41]

(2) 영양과 범죄에 관한 실증적 연구(비타민과 미네랄에 관한 연구)

① Stephen Schoenthaler는 뉴욕의 803개 공립학교를 대상으로 비타민과 미네랄을 많이 함유하고 있는 식사개선을 통한 연구를 실시하였다.[42] 그 결과 학생들의 성적이 16% 향상된 사실을 발견하였고, 교정기관의 수형자들을 대상으로 한 유사실험에서도 식사개선 이후 폭력행동이 48% 감소한 사실을 발견하였다.

40) Uric Neisser et al., "Intelligence: Knows and Unknowns," American Psychologist 51, 1996, pp.77~101.

41) C. Hawley and R. E. Buckley, "Food Dyes and Hyperkinetic Children," Academy Therapy,o, 1974, pp.27~32.

42) Stephen Schoenthaler, Intelligence, Academic Performance, and Brain Function(California State University, Stanislaus, 2000, pp.170~188).

② 최근에 체중감량과 관련된 문제 중에서 가장 많이 연구되고 있는 것은 비타민 그리고 미네랄의 결핍과 범죄와의 연관성이다.

(3) 저혈당증과 범죄

1980년대 연구는 부분적으로 과도한 당의 섭취로 야기되는 저혈당증이 폭력과 관련성이 있다고 주장되었다. 그러나 이 연관성을 지지하는 대부분의 연구에서 타당성을 의심할만한 이유가 제시되면서, 당과 폭력 사이의 관련성에 대한 결론을 내기 위해서는 그 이전에 이에 대한 타당한 방법론적 연구가 더 많이 이루어져야 한다는 주장들이 제기되고 있다.

① **의의**

정상인의 혈당은 약 70~150mg/dL로 일정하게 유지되어 우리 몸의 각 부분에 보내지는 에너지의 주요 공급원이 된다. 저혈당증은 혈액 중 포도당의 양이 통상 뇌가 기능하는데 필요로 하는 것보다 낮아지는 증세를 말한다. 따라서 뇌의 활동에 필요한 포도당이 제대로 공급되지 않는 저혈당 증세가 있을 때에는 반사회적 행동이 촉발된다고 보고 있다.

② **저혈당증의 증세**

저혈당증 하에 있는 사람의 기본적인 행동특징은 「현저한 공격성」·흥분성·격정성·의지력 및 도덕 감정의 결손 등이 지적되고 있다. 저혈당증의 증세로는 불안·착란·식은 땀·구토·두통·의식장애 등이 생기며, 중간정도의 저혈당증인 경우 기억상실이나 무의식 행동이 돌출된다.

㉠ 반응성 저혈당증

저혈당증 하에서의 범죄의 대표적 특성은 「공격성」이다. 특히 폭력성 범죄와 관련하여 가장 주목받는 것은 저혈당증에서도 반응성 저혈당증이다.

반응성 저혈당증이란 인슐린의 과다 분비와 함께 발생하는 혈액 내 포도당의 농도가 비정상적으로 저하되는 현상을 말하는데,

대표적인 사건으로 「트윙키 항변」을 들 수 있다.

㉡ 트윙키 항변(Twinky defense)

미국의 경찰관 출신인 전 샌프란시스코시 평의원인 화이트가 시장과 시의원을 살해했다 하여 제1급 살인죄로 기소되었다. 당시 피고인측 변호인은 피고인이 스낵과자를 비롯해 컵케이크·캔디 등을 과다섭취 했기 때문에 당분과다로 뇌의 화학적 균형이 무너져 정신에 장애를 줬다고 주장하면서, 심신허약에 의한 책임의 경감을 요구했다. 1978년 캘리포니아 주의 재판부는 변호인측의 주장을 인정하여 모살죄(謀殺罪)보다 약한 고살죄(故殺罪)을 적용해 7년 8개월이라는 징역형을 선고했다. 이 항변은 당시 미국에서 인기 있던 스낵과자 이름을 따 「트윙키 항변」이라 불리었다. 「트윙키 항변」은 사건의 사회성이나 의외의 소송전개 때문에 큰 화제가 되었던 사건이었다.

(4) 영양과 범죄연구의 평가

① 미개척 분야

화학적 불균형의 원인은 유전적일 수도 있고, 음식물섭취일 수도 있다. 그렇기 때문에 영양소의 결핍이나 과잉 그리고 음식물에 의한 불균형이 범죄의 직접적인 원인이라고 단정 짓기는 어렵다. 따라서 영양과 범죄와의 관련성여부는 아직까지도 미규명된 영역이라 할 수 있으며, 앞으로 보다 정밀한 연구와 체계가 이루어져야 할 것이다.

② 비판

영양과 범죄와의 관계에 대한 연구는 첫째, 영양불량이 범죄나 비행에 어느 정도 영향을 주는가라는 점이 규명되지 않고 있고, 둘째, 영양의 개선이 범죄방지나 재범방지에 미치는 영향도 불명확하고, 셋째, 영양과 범죄의 관련성에 대해 전반적이고 세밀한 연구가 실시되어 있지 않아, 통계학적으로 정밀함이 부족하다는 비판을 받고 있다.

Ⅳ. 혈액형과 범죄

혈액형의 차이와 범죄성과의 관계는 서양에서는 거의 신뢰하지 않고 있으며, 범죄학에서도 거의 잘 다루지 않고 있다. 동양의 경우, 특히 일본에서는 1971년 노미 마사히코의 「혈액형 인간학」이 처음으로 출간되었는데, 이를 토대로 해서 혈액형과 범죄성관의 연구가 주로 이루어졌다. 대표적인 학자가 이시바시 부지이다.

1. 노미 마사히코의 「혈액형 인간학」에 대한 논의

1) 「혈액형 인간학」의 정의[43)]

1971년 일본의 노미 마사히코가 처음으로 「혈액형 인간학」을 출간 하였다. 노미 마사히코는 「혈액형 인간학」을 "ABO항원체 반응에 의해서 구분하는 혈액형에 따라 나누어 볼 수 있는 사람들의 성격과 기질을 다루는 분야"라고 정의하였다. 그의 「혈액형 인간학」은 부부이외에도 친구·연인·부모·자식·직장동료·상사와 부하·영업담당자와 거래처 담당자의 관계 등 모든 인간관계에서 나타난다고 그 당위성을 역설하였다.

2) 「혈액형 인간학」의 문제점

노미 마사히코의 「혈액형 인간학」[44)]이 하나의 학문이라면, 논문게재나 여타 전문가들과 합동으로 연구하거나 논의한 기록 등이 존재하여야 함에도 불구하고 그러하지 못하다는 점이 문제점으로 지적되고 있기도 하다.

43) 「혈액형 인간학」의 실질적인 창시자인 노미 마사히코는 1925년 중국에서 태어나 도쿄대학 법학부를 중퇴하고 방송작가로 활동하다가, 우생학 관련 수업을 듣던 그의 누나에게 영향을 받아 이후 독자적인 연구를 시작했다. 그의 연구결과는 아들 노미 도시타가가 이어 받았는데, 아들 또한 니혼대학 사학과를 졸업하고 출판사와 신문사에 일하다가 아버지의 부름으로 「혈액형 인간형」 연구에 참여하게 되었다. 우리나라 국립중앙도서관에 혈액형이 들어가는 단행본 108권 중 34권이 이들 부자에 의해 쓰여진 것이다.

44) 能見正比古著, 장진영 역, 혈액형인간학, 동서고금, 1999, p.243.

그의 모든 기록물은 자신이 독자적으로 조작해 낸 통계자료들을 이용하여 혼자 쓴 단행본·신문·잡지·기고 등에 나타난 것뿐이다. 이런 한계점에도 불구하고 최근에 「혈액형 인간학」은 대중적 저서와 잡지·신문·심리·범죄수사·디자인·체육학과 등 다양한 학술연구에도 그의 저서의 내용(ABO혈액형별 인간학)을 토대로 하여 다수의 논문들이 발표되었고, 21세기 들어서는 그 수가 늘어가고 있다는 점은 아이러니컬한 일이라고 볼 수밖에 없는 현상이다.

3) 혈액형 유형학과 연구경향

혈액형 유형학을 연구하는 학자들은 '한 개인의 성격은 여러 가지 유전적 특성 및 환경적 효과가 복합적으로 작용해 결정되는 것이며, 혈액형에 의한 성격유형학은 검증되지 못한 것이다'라고 하여 확대·해석을 경계하고 있다. 다만, 혈액형과 성격이 무관하다는 기존의 연구들을 재분석해 본 결과, 일부 연관성이 있다는 해석이 가능하다고 조심스럽게 진단하고 있다. 따라서 혈액형과 성격유형에 관한 추가 연구가 필요하다고 보고 있다.[45]

2. 혈액형과 성격

1) ABO혈액형(O·A·B·AB형)

ABO혈액형(O·A·B·AB형)은 1901년 독일의 병리학자 란트슈타이너가 처음 발견한 이래 계속 세밀한 분석이 행하여지고 있다. 문제는 혈액형이 성격과 관계가 있는가 하는 것인데, 특히 일본의 경우에는 관련 책 뿐만 아니라 혈액형에 관련된 프로그램이 방영되는 등 혈액형 열풍이 대단하다.[46] 그러나 "혈액형이 성격과 관계가 있느냐" 라는 질문과 관련하여 과연 과학적인 근거가 있는 것일까 하는 점에 대해서는 현재까지 과학적으로 증명된 적이 없다. 다만 1983년 세계적으로 유명한 과학 전문지 'Nature誌'에 흥미로운

45) 세계일보, O형 외향적, A형 논리적, B형 감성적, 2007, 9. 21일자.
46) 권석운, 란트슈타이너가 들려주는 혈액형 이야기, 자음과 모음, 2005, p.136.

논문이 실린 적이 있었다. 영국인 헌혈자 1만 명을 대상으로 혈액형과 사회적·경제적 위치에 대해 분석한 논문이었는데, 상류층의 사람들에게 가장 많은 혈액형은 A형이었고, 가장 적은 혈액형은 O형이었다는 충격적인 내용을 담고 있었다.[47] 이에 대해 많은 반대 의견들이 제시되었다. 만약 정말로 혈액형이 개인의 능력을 반영하는 것이 사실이라면, 혈액형으로 사람 자체를 평가하는 바람직하지 않은 일이 발생할 수도 있다는 것이다. 즉, 인간은 다양한 생김새와 능력을 가지고 있고 그 다양성은 서로가 존중해 주어야 하는데, 혈액형이라는 '딱지'를 붙이고 서로 선입관을 가지고 볼 수 있다는 문제에 봉착하게 될 것이라는 이유 때문이었다.

2) 노미 마사히코의 「혈액형 인간학」의 내용(혈액형의 기본기질)[48]

(1) O형의 기본기질

혈액형이 O형인 사람은 다음과 같은 것을 기질상의 특징으로 한다.

① 장식·가식 없이 자연그대로 살아가기를 좋아한다고 한다. 즉, 생명적이며 생물로서 본성 그대로 뛰려는 경향이 강하다.

② 목적의식이 뚜렷하여 그것을 향한 직진성이 농후하다. 그 결과 승부의식이 강하고, 특수분야의 전문가로 발전할 가능성이 크다.

③ 동지의식이 왕성하여 동지규합에 관심이 많고, 적과 동지의 구별의식이 뚜렷하다. 혼자 있을 때에는 크게 겸손하나 집단을 이루어 활동할 때에는 왕성한 능력을 발휘한다.

④ 개성에 대한 주장이 크고 독립심이 왕성하여 비교적 활동적이다.

⑤ 한 가지 주의·신념을 지키고 거기에 매달리고 고집하는 경향이며, 그것의 절대성을 구하는 경향이 있다(교조주의 경향).

⑥ 감정표현이 강하고 충동적이나, 나중까지 남기지는 않는다.

47) 권석운, 위의 책, pp.136~137.
48) 노미 마사히코, 혈액형 인간학, 信和出版社, 1976.

(2) A형의 기본기질

혈액형이 A형인 자는 다음과 같은 것을 기본기질로 한다.

① 완고한 사고방식의 사람으로 조직화·체계화에 관심을 갖고, 그 조직체계에서 벗어나는 것을 싫어한다. 그 결과 변화를 싫어하는 경향이 있다. 즉, 칼로 두부를 자르듯 뚜렷이 분류하는 기질이다.

② 고독과 육체적 고통을 견디는 힘이 강하며, 금욕주의적 경향이 강하다. 감정표현을 누르는 편이나, 그 감정은 나중까지 간다. 그리고 몸을 아끼지 않고 일에 열중하고 노력하는 형이다.

③ 주의 사람들에 대한 관심이 깊고 세심한 편이다. 그 결과 모범적으로 행동하는 경향이고, 외인접대에 정중한 편(철저한 예의주의)이다.

④ 집단에 대한 귀속성이 강하고 습속·규범을 존중하는 경향이며, 일정한 사명감에서 사는 것을 그 특징으로 한다. 그리고 매우 자기희생적이다.

(3) B형의 기본기질

혈액형이 B형인 사람은 다음과 같은 것을 기본기질로 한다.

① 일정한 틀에 매이기를 싫어하고(비구속성), 그때그때의 상황에 맞추어 즉흥적으로 일에 대처하려는 경향이 있다. 한마디로 기분파이다. 그 결과 상황에의 대응성은 신속하며, 착상과 함께 행동하므로 '부주의의 명수'라 할 정도로 실수를 잘한다.

② 일정한 틀에 매이지 않는 경향 때문에 발랄한 착상과 아이디어 개발에 능하고(아이디어맨 기질), 항상 다방면으로 관심을 기울인다. 그래서 복수(複數)의 인생을 산다고 표현한다. 그 때문에 다소 덜렁덜렁하는 기질이다.

③ 약하고 우쭐대지 않으며, 상하차별을 하지 않는다. 그리고 꾸밈없이 솔직 담백하게 자기의사를 표현하는 편이다.

④ 새로운 개발에 흥미가 있고, 일단 흥미를 갖기 시작한 것에는 열중하

는 경향이다. 그 결과 B형은 일하는 보람으로 산다는 경우가 많다.

⑤ 인정에 약하고 슬픈 일에 먼저 운다. 이야기할 때에는 결론부터 앞세워서하고 설명을 뒤에 하는 경향이 있다.

(4) AB형의 기본기질

AB형은 A형과 B형의 혼합이고 다음과 같은 특이기질이 있다.

① 합리주의 기질이다. 그래서 사물에 대한 비판성이 왕성하고 분석적이다. 따라서 언제나 일의 타당성 여부를 따지고 그에 따라 행동하는 기질이다. 그 결과 계획적이기 때문에 비즈니스맨으로는 적격이다.

② 이들은 현실을 초월하는 가공의 세계를 그리는 경향이 있다(공상성). 그 결과 AB형 중에 공상과학소설(SF소설) 작가가 많다.

③ 이들은 세상에 대한 이화감(異和感)을 늘 느낀다. 따라서 그 마음에 불신감이 있기 때문에, 자기의 본심을 잘 털어 놓지 않는다.

④ 자기 스스로의 목적을 설정하기보다는 다른 사람의 것에 따르는 편이며, 주체적 사상보다 타에 추종하는 경향을 갖고 있다.

⑤ 끈기가 부족하다. 특히 경제생활이 불안해지면 심약해진다.

(5) 혈액형의 이중성

인간은 누구나 4가지 혈액형별 기본기질을 각각 갖고 있고, 또 혈액형별로 각각의 개인차가 있기 때문에 한 마디로 그 경계선을 확정지을 수는 없다고 보아야 한다. 예컨대, B형기질의 특징이 뚜렷한 사람이 있는가 하면, 그렇지 않은 사람 등 차이가 있는 것이 그것이다. 혈액형별 4가지 기본기질 중 모든 삶의 기질의 중심부에는 O형 기질이 잠재하고, 그 외곽에 A·B·AB형 등의 기질이 있거나 없는 2중성을 지니고 있다. 따라서 사람들에게 기본적으로 누구에게나 O형 기질이 다소간 있는 가운데, 그 각각의 특성을 나타낸다고 봐야 할 것이다.[49)]

3. 혈액형별 범죄성향과 대책론

혈액형과 범죄성의 관계는 「체격형과 범죄와의 상관관계」와 마찬가지로, 직접적인 관계성을 찾을만한 경험적 증거도 없고 이론적 근거도 없는 것이 사실이다. 다만 혈액형에 따른 기질이 「범죄의 특성」과 어떤 관계가 있는가에 대하여, 일본의 이시바지 부지 교수가 신사교도소 수형자 467명과 불량아 수용소의 소년 33명 계 500명을 대상으로 범죄자의 혈액형별 조사 연구(1929년)를 하였다. 그리고 그 결과를 토대로 범죄예방과 교정방안을 제시하였다.

1) 범죄율 순서

일반인구와의 비교에서 가장 높은 비율을 나타내는 것은 O형이고, 그 다음은 AB형. 그 다음의 A형은 일반인구보다 크게 낮은 편이고, 마지막이 B형이다. 즉, 범죄율은 O형>AB형>A형>B형 순이었다.

2) 죄종별 비교

(1) O형은 폭력·도박 등에 특히 높은 비율을 보였는데, 그 이유는 적극성과 왕성한 경쟁의식 때문이다. O형의 범죄 가담률이 상대적으로 높은 것은 충동적이고 목적 직진성(直進性)에 기인한다고 판단되는데, 그 이유는 저돌성기질 때문이라고 보았다.

(2) A형은 사기·문서위조·절도에서 특히 높은 비율을 보였고, 폭력·도박은 크게 낮은 편이다. A형의 범죄 가담률이 상대적으로 낮은 것은 수범성 경향이 반영된 결과이다. 범죄에 가담하는 경우 주변인과의 의리감 때문이다.

(3) B형은 사기·횡령·문서위조죄 등에서 다소 높으나, 뚜렷한 경향이 없다. B형이 범죄에 가담할 때에는 원한감 때문이다.

49) 신진규, 앞의 책, p.161.

(4) AB형은 절도에서 비교적 높고 도박에서 크게 낮은 편이다. AB형이 절도에서 특히 높은 비율을 나타내는 것은 경제생활이 불안정하면 심약해지기 때문이고, 도박에서 낮은 비율은 합리성기질 때문이다. 범죄에 가담하는 경우 공포감에 쫓기어 그렇게 된다고 한다.

4. 효율적 예방과 교정의 방안

「혈액형 인간학」에서는 각각의 혈액형 사람들에 대하여 아래와 같이 효율적 예방과 교정방안을 다음과 같이 제시하고 있다.

1) O형은 평소 교양을 철저히 하여 그 목적 추구와 방향이 악·위법의 방향이 아니고, 선·준법 방향으로 이끌면 효과가 있다는 것이다. 그 이유는 O형은 선 아니면 악으로의 경향성이 뚜렷하다. 따라서 그 어느 것의 한 가지를 잡으면 직진하는 경향이 있어, 범죄적일 때에는 계속 그러한 행위를 반복할 우려가 있기 때문이다. 따라서 교도소의 교정교화 정책에 O형이 주목받는 이유가 여기에 있다.

2) A형은 마음을 터놓고 교제할 수 있는 사람을 갖게 함이 유리하다. 범죄자가 된 경우 너무 엄격한 힐난보다는 이해심으로 재출발 할 것을 권하면 좋은 성과를 얻을 것이다. 이들에게 과도한 엄격함은 오히려 절망감만 낳게 한다.

3) B형에게는 규범의식을 늘 환기시켜, 위반행위가 없도록 하여야 한다. 그리고 일정한 흥미·관심물을 발견하도록 하여 그것에 열성을 쏟도록 하면 예방과 교정에 유리하다.

4) AB형은 범죄란 생각보다는 계산상 불리하고 손해 보는 경우가 더 많다는 것을 잘 인식시켜, 합리적 판단으로 범죄를 회피하도록 할 것이 요구된다. 따라서 곤궁한 생활여건에 특히 약하기 때문에, 그 조건을 개선하여 주는 것이 필요하다.

Ⅴ. 신경생리학과 범죄

1. 신경생리학의 의의

1) 과거에는 살아있는 인간의 뇌와 신경을 연구하는 것이 한계가 있었으나. 최근 신경생리학은 과학기술의 진보로 급속한 발전을 이루고 있다. 신경생리학이란 뇌 또는 척추 등의 중추신경과 신체 각 부위에 분포한 미세신경의 움직임을 생리학적으로 연구하는 학문 분야이다. 즉, 뇌와 관련된 신경시스템과 중추신경계가 인간행동에 어떠한 영향을 미치는가를 연구하는 것이다.

2) 두뇌손상은 환경적으로 유도되는 행위의 생물학적 요인들 중의 하나로서, 최근에 뇌손상과 범죄 그리고 반사회적 행위와의 연관성에 관한 연구가 활발히 진행되고 있다.

2. 뇌의 구조와 기능

1) 개념

중추신경계로서의 뇌는 다른 신체기관들과 마찬가지로 수많은 신경세포로 구성되고 있으며, 인간의 경우 그것은 약 200억 개로 계산된다.

(1) 뇌는 크게 상뇌와 하뇌로 나누고, 상뇌는 보통 「대뇌」라 한다.
하뇌는 다시 소뇌와 뇌간으로 나누어진다.

(2) 인간에게 특히 중요한 의미를 갖는 것은 상뇌, 즉 대뇌이다. 인간의 경우 그것은 전 뇌 중량의 95%이상을 점유한다. 이것은 인간의 고등신경작용으로 합리적 정신생활을 하게하는 원인이 된다. 새·짐승 등 하등동물의 경우는 이 부분의 발달이 극히 부진하다. 즉, 인간의 뇌라고 하는 대뇌피질(cortex)은 언어·사고·그리고 학습 등 인간만이 할 수 있는 복잡한 행위를 가능하게 한다. 따라서 분노·공격적인 태도, 그리고 성적 욕망을 통제한다.

(3) 뇌(대뇌피질)는 좌반구와 우반구로 나누어진다.

① 좌반구는 신체의 오른쪽 부분을 통제하고, 우반구는 그와 반대로 왼쪽 부분을 통제한다. 따라서 좌반구는 언어능력과 관련이 있으며, 여성은 좌반구가 남성에 비해 더 발달되어 있기 때문에 언어기능이 남성보다 더 우수하다.

② 우반구는 시각과 공간지각능력과 관계가 있다. 남성은 오른쪽 뇌가 더 잘 발달되어 있어 과학이나 수학과 같이 공간지각능력에서 여성보다 더 우수하다고 보고 있다.[50)]

3. 뇌와 범죄와의 상관성 연구

신경생리학 중 범죄와 관련되는 대표적인 것으로는 뇌장애(뇌손상)·간질·알코올과 범죄 등을 들 수 있다.

1) 뇌장애

뇌장애로는 두뇌외상에 의한 뇌손상·뇌종양·뇌동맥경화와 혈액순환장애 등을 들 수 있다.

(1) 두뇌외상에 의한 뇌손상과 범죄

① 두뇌외상이란 두부(頭部)의 외상으로 인하여 뇌가 손상 받는 경우를 말하며, 뇌상으로는 유아기의 낙상·교통사고 등에 의한 외상(뇌진탕 등) 등 여러 가지를 들 수 있다.

② 뇌외상인 경우에 아동은 발육장애가 있게 되고, 성인은 그 직후 또는 상당기간이 경과한 후에 각종 성격변화의 현상이 수반된다. 성격변화의 경우 그 기본특징은 「돌발성」을 띠는 것이며, 이 돌발성은 차츰 심해져 간다. 그 밖에 무감정상태·다변성(말을 많이 함) 등의 현상이 보이고, 심하면 바보와 같이 된다.[51)]

50) 전돈수, 앞의 책, p.125.

2) 뇌종양과 범죄[52)]

(1) 뇌종양이란 두개골 내에 생기는 모든 종양(뇌 및 뇌 주변 구조물에서 발생하는 모든 종양포함)을 말한다. 즉, 뇌나 뇌 주변 구조물에 각종의 균 또는 기생충이 침입하여 발생하는 질환으로, 소아의 경우에는 소뇌에, 성인의 경우에는 대뇌에서 많이 발생한다.

(2) 뇌종양인 경우에는 두통·경련·현기증 등을 느끼고, 성격변화를 일으킨다. 특히 전두엽[53)] 뇌종양일 때에는 성격변화가 현저하게 나타나는데, 무의도식하고 지내거나 격정성을 띠어 반사회적 행동을 하게 된다.

「전두엽(이마엽)의 위치」

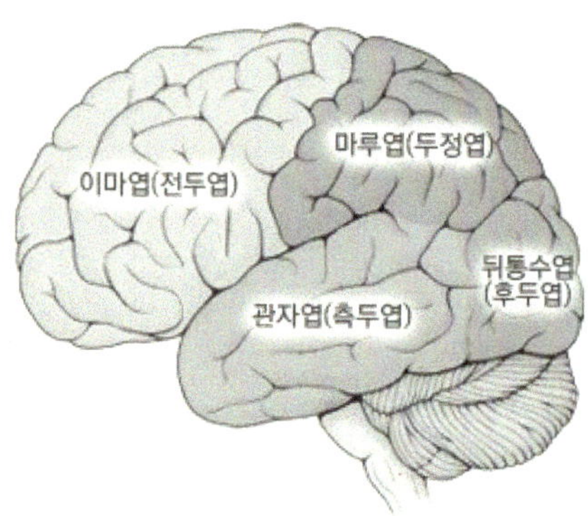

(3) 뇌종양과 히트만 살인사건
뇌와 관련된 범죄의 연구는 1968년 히트만(Charles Whitman)살인사건이 단초가 되었다. 1968년 미국 텍사스에서 히트만은 아내와 모친 그리고 14명의 다른 사람들을 살해하고 24명에게 부상을 입혔는데, 경찰에 의해 사살된 후 부검결과 그의 뇌 속에 악성종양이 발견되었다.

51) 신진규, 앞의 책, p.171.
52) 신진규, 앞의 책, p.171.
53) 전두엽(이마엽)은 머리 안에 위치하며 대뇌반구의 앞에 있는 부분으로, 기억력·사고력 등을 주관하고 다른 연합영역으로부터 들어오는 정보를 조정하고 행동을 조절하는 기관이다.

이 사건 이후 신경생리적 손상과 인간행동의 관계에 대한 연구가 활발하게 진행되었고, 뇌기능의 손상과 공격적 행동 사이에는 상당한 관련성이 있다는 연구결과들이 나왔다. 즉, 뇌의 손상과 공격적 행동의 관계는 아주 어릴 때 형성되고, 태어나면서 중증의 신경생리적 결함에 의해 고통을 받는 어린이는 나중에 커서 범죄자가 될 가능성이 아주 높다고 보고 있다.[54)]

3) 뇌동맥경화와 혈액순환장애(퇴행 및 노쇠)

연령의 증가로 퇴행기 또는 노쇠기에 이르면 동맥경화와 혈액장애 그리고 심한 경우에는 여러 가지 정신기능의 장애가 일어난다. 건망증과 판단력상실이 보통의 예이나, 때로는 감정적으로 격분하기 쉽고 환각 또는 환상에 빠져 각종 범죄를 저지르는 수가 있다. 특히 성적인 측면에서 어린 소녀에게 강제추행을 범하는 경우가 자주 발생된다.

4) 간질과 범죄

중앙신경계통과 관련하여 주목해야 될 것이 간질이다. 간질이라 함은 가장 흔한 만성신경질환으로 발작이 되풀이 되어 경련을 일으키고, 의식장애를 일으키는 증상이 되풀이 되는 뇌질환이다. 간질은 평균적으로 전 인구의 0.3~1.5% 정도이고, 간질환자의 90%가 20세 이전에 발생한다. 성별로는 여자가 남자보다 2배 정도 많은 것으로 알려지고 있다.

(1) 간질과 범인성

① 간질과 범인성과의 관계인정

㉠ 롬브로조는 간질을 격세유전이나 도덕적 정신이상에 비교할만한 범죄성의 원인이라고 보았다. 따라서 간질병적인 성격이 모든 생래적 범죄자에게 있다고 주장하였다.[55)] 즉, 롬브로조는 범죄

54) Rita Shaushnessy, "Psychopharmacotherapy of Neuropsychiatric Annals 25, 1995, pp.634-640.

의 원인으로 격세유전과 도덕적 정신이상 외에 간질을 추가하였다. 따라서 간질환자 중에서 큰 턱·돌출된 광대뼈·후두부 중앙 함몰 등의 특징 등은 비정상적인 생래적 범죄인 유형에서 찾아볼 수 있는 것들이라고 하였다.

㉡ 롬브로조 이후 1970년대 까지는 일시적으로 간질이 폭력적이고 통제 불능의 상태일 수도 있기 때문에, 간질과 폭력 간에는 관계가 있다고 보았다. 그러나 최근에는 폭력과 일반적인 간질 간에는 관련성이 그리 많지 않다고 보는 것이 일반적인 경향이다.[56)]

(2) 간질과 '범인성'과의 관계부인

간질발작 도중 폭력의 발생은 거의 희박하기 때문에 간질발작과 폭력행동 사이에는 상관성이 없다는 견해가 유력하게 제기되고 있다.[57)] 이 견해에 의하면 짧은 격분상태 속에서 발생하는 공격시 환자는 통제력이 없기 때문에 가구를 파괴하는 등의 폭력을 행사할 가능성은 있으나, 육체적 상태로 볼 때 범죄행동으로 이어지지 않는다고 보고 있다. 따라서 연구자들은 발작과 공격 및 폭력 간에 관계가 있다면, 그것은 극히 드물다고 결론을 내리고 있다.[58)]

---

55) 롬브로조는 간질과 생래적 범죄성의 연관성과 관련하여 방랑벽·몽유병(도덕적 정신이상자처럼 간질환자도 몽유병 증세를 자주 보임)·자살성향·문신 등에서 범죄성·도덕적 정신이상, 그리고 간질이 서로 깊은 관계를 가지고 있다고 주장 하였다(체자레 롬브로조 원저, M.깁슨, N.H. 레프터 번역, 이정재 옮김, 앞의 책, pp.292~296).

56) Bartol CurtR. Channel M. Bartol, Criminal Behavior, Pearson Education, Inc., Upper Saddle River, New Jersey, 2008, p.183; 간질의 증상으로서 발작과 폭력의 연관성은 정상인 대조군에 비하여 간질환자들이 더 공격적이라는 증거는 확인되지 않고 있지만, 측두엽 (대뇌 반구의 양쪽 측면, 관자놀이부근) 간질 환자의 경우 거친 성격이나 폭력, 반사회적 성격들이 지적되고 있기도 하다(민성길, 최신정신의학, 일조각, 2007. p.230).

57) Blumer, D.(1976). Epilepsy and violence, In D. J. Madden & J. R. Lion(Eds.), Rage·hate·assault·and other forms of violence. New York: Spectrum Publishing.

58) Marsh, L, & Krauss, G. L.(2000). Aggression and violence in patients with epilepsy. Epilepsy Behavior,1,160-168.

5) 왼손잡이와 범죄

(1) 롬브로조

롬브로조는 범죄자에 관한 실증연구 결과, 일반인들과 비교해 볼 때 범죄자들은 왼손잡이가 두 배나 많다고 지적했다. 왼손잡이[59]는 뇌의 오른쪽을 더 많이 쓴 탓이고, 반대로 오른손잡이는 뇌의 왼쪽을 더 많이 쓴 탓이다. 따라서 일반인들은 왼쪽 뇌로 생각하는 반면, 범죄자들은 오른쪽 뇌로 생각하기 때문이라는 것이다.[60] 여기서 롬브로조는 왼손잡이가 범죄자의 성격형성에 강한 영향을 미친다고 생각하였다.

(2) 최근의 연구

① **스탠리 코렌(Stanley Coren)의 연구**
롬브로조와 같은 지적은 최근 연구에서도 나타난다. 캐나다의 심리학자 스탠리 코렌은 왼손잡이가 오른손잡이보다 사회적 동조성이 부족하고 준법의식이 희박하다는 성격적 특징을 갖고 있고, 그런 특징이 범죄자 성격과 공통된다고 주장했다. 코렌은 출산 시에 조산이나 난산의 경우 왼손잡이가 되기 쉽고, 이런 점과 성격형성과의 상관관계를 지적하였다.[61]

② 한편, 현대사회는 모든 면에서 오른손잡이 지향으로 만들어져 있기 때문에 왼손잡이들은 그런 사회에 대한 반발이나 스트레스가 성격형성에 영향을 미친다는 가능성도 언급되고 있다. 이런 주장들은 역시 가설의 영역을 벗어나지 못하고 있으나, 좌우 뇌와 관련 있다는 점에서 연구의 가치가 있다.

---

59) 이탈리어로 'simistro'라는 말은 "불길하다(simister)"는 말과 "왼손잡이"라는 말을 모두 포함하고 있다. 사람들은 왼손잡이를 피하면서 "불길하다"라고 하는데, 이는 민간속담에서 전래되어 오는 구전내용 중의 하나이다.

60) 체자레 롬브로조는 원저, M.깁슨, N.H. 레프트 번역, 이정재 옮김, 앞의 책, p.243).

61) 1989년 스탠리 코렌은 "왼손잡이의 평균수명이 오른손잡이보다 9년이나 짧다"고 발표하여 전 세계적인 반향을 일으켰다. 그는 왼손잡이가 자동차사고를 당할 확률이 거의 두 배나 되며 도구를 사용하다가 부상하거나 작업 또는 운동 중에 다칠 확률도 훨씬 크다고 주장하기도 하였다.

Ⅵ. 알코올 과음 및 중독과 범죄

1. 개설

알코올은 환경적으로 유도되는 행위의 생물학적 요인들 중의 하나이다.

알코올과 폭력행위 사이에는 생물학적·심리사회적·사회적·문화적·경제적 관계가 가능하다. 특히 폭력과 알코올 남용 사이에는 생물학적 연관성이 있는 것만은 틀림이 없으나, 이러한 관계의 이유에 대해서는 아직 명확히 밝혀지지 않았다.

1) 의의와 기능

(1) 알코올의 의의

술(에틸알코올)은 'CH_3CH_2OH'라는 화학구조를 갖는 일종의 환각작용을 하는 물질이다. 이러한 에틸알코올은 중추신경계에 영향을 주어 지각장애·사고장애·행동장애·의식장애·기억장애 등을 유발시키고, 한편으로는 진정제로 작용하여 두뇌 중추신경계의 기능을 억제하기도 한다.

(2) 기능

알코올의 가장 큰 효과는 자극성이다. 알코올은 긴장과 억제를 감소시켜 기쁘게, 흥분되게, 관대하게 만드는 반면, 어떤 사람에게는 난폭한 행동을 저지르도록 하는 원인을 제공하기도 한다. 특히 많은 양의 알코올 섭취는 운동조정·신체균형·발성·그리고 시력을 손상시키기도 한다. 이처럼 음주의 결과는 단순한 기분전환으로부터 심각한 범죄에 이르기까지 그 정도에 따라 긍정적 효과의 순기능과 부정적 효과의 역기능 모두를 포함하는 양면성을 지니고 있다.

(3) 알코올이 공격적인 행동을 유발시키는 이유

① 알코올은 저혈당증과 관련이 있으며 세로토닌과[62] 같은 신경전달물질에 영향을 미쳐서 행동장애를 가져온다는 설과, 또 하나는 뇌의 어느 한 부분의 손상이 술에 대한 내성을 갖게 한다는 설이 있다.

② 인간의 뇌는 종종 컴퓨터에 비유되기도 하지만, 컴퓨터와 몇 가지 측면에서 중요한 차이가 있다. 무엇보다 먼저 뇌의 85%는 물로 채워져 있으며, 각 부분의 뇌는 전선줄이 아니라 액체로 연결되어 있다. 그러므로 뇌의 상태는 영양·공해·마약이나 술 등과 같이 밖으로부터 입력되는 생화학물질에 의해 민감하게 반응하고 영향을 많이 받게 된다.

2. 알코올의 과음과 범죄

알코올(술)의 과음 또는 알코올 중독은 (1) 알코올이 당사자 개인에게 끼치는 경우, 즉 알코올이 직접 음주자에게 작용하여 명정상태(酩酊狀態)하에서 범죄를 범하는 경우, (2) 술이 가정에 끼치는 영향, 즉 음주가 음주자 자신과 그 가족에 대하여 간접적으로 작용하여 가족들의 궁핍화·가정생활의 파탄·갈등의 유발 등으로 본인 및 가족원의 범죄성을 조장하는 경우, (3) 술이 자손에게 끼치는 영향, 즉 음주가 음주자의 자손에 대하여 생물학적으로 좋지 않은 영향을 주어 그 때문에 자손이 범죄를 행하는 경우 등을 들 수 있다.[63]

1) 알코올 일시 과음과 범죄에 관한 연구

알코올의 일시 과음은 그 자체로서 특수한 정신장애상태(명정상태)를 낳게 하고, 이로 인하여 여러 가지 범죄를 자행하게 된다.

62) 세로토닌은 뇌의 사상하부(셋째 뇌실의 바깥벽과 바닥을 이루는 사이 뇌의 아랫부분) 중추에 존재하는 신경전달물질로 기능하는 화학물질 중의 하나로써, 식욕과 기분을 조절하고 수면·기억·학습과 관련된 많은 부분에 관여를 한다.

63) 정영석·신양균, 앞의 책, 1963,P.125;김용준, 앞의 책, pp.242-245.

(1) 미국

알코올은 범죄의 주된 원인이라는 견해가 미국 사회에는 뿌리 깊게 내려져 있다. 예컨대, 인구의 50% 이상은 알코올이 폭력범죄의 주된 요인이라고 확신하고 있다는 조사보고가 있다.[64] 이러한 일반적 신념은 알코올이 공격적 행동을 촉진하거나 비공격적 행동을 억제하지 못하도록 한다는 것을 전제로 한다. 그렇다고 하더라도 알코올이 바로 폭행을 유발한다는 것을 의미하지는 않는다. 원래 공격적·폭력적·반사회적 성향을 가진 사람이 알코올의 영향 하에서 이러한 성향이 발현될 가능성이 높다고 보고 있다.[65]

(2) 영국

영국의 스콧트 박사는 총 범죄의 70%는 '알코올의 영향 하에 범해지는데, 알코올은 범죄원인에 있어 다른 모든 원인을 능가하는 것'이라고 주장하고도 있다.[66]

2) 알코올의 일시 과음과 범죄의 특징

(1) 명정범죄

알코올이 당사자 개인에게 끼치는 영향은 신체적 결함과 범죄와의 관계에서 문제시 된다. 알코올의 일시 과음에 의한 정신장애의 경우를 주취 또는 명정상태라고 부르고, 이러한 상태에서 범죄를 저지르는 경우를 명정범죄(酩酊犯罪)라고 한다.

(2) 명정범죄의 특징

① 급성알코올 중독 상태는 주량 또는 음주자에 따라 개인차는 있으

64) Critchlow, B.(1986). The powers of john Barleycorn: Beliefs about the effects of alcohol on social behavior. American Psychologist, 41, 751-764.
65) Curt R. Bartol & Anme M. Bartol 공저, 장석헌·이창한 공역, 범죄심리학, 2010, pp.544-555.
66) G. M. Scott, "Alcoholism and Criminal Behavior,"in L. Radzinowicz and T Turner, eds, Mental Abnormality and Crime(1944), p.167.

나, 일반적으로 음주를 하면 주의가 산만하고, 판단력이 흐려지며, 자제력이 감소한다.

한편 피로감이 없어지기 때문에, 충동적·폭발적으로 행동하거나 망각증상이 발생하는 특징이 있다. 명정상태에서는 격정범죄·충동범죄·과실범이 많다.

② 명정범죄와 관련하여 주취(酒醉) 또는 명정상태가 심하여 심신상실 또는 심신미약의 상태에 이르고, 이 때 범죄행위를 한 경우에는 형사책임이 흔히 감면(減免)되는 경우도 있다. 그러나 그러한 상태의 유발가능성을 사전에 인식하고 자초(自招)한 때에는 '원인에 있어 자유로운 행위' 로서 그 결과에 의해 처벌할 수 있도록 현행 형법은 규정하고 있다(형법 제10조3항).

3. 알코올 중독과 범죄

알코올 음용은 음주자 자신과 그 가족에 대하여 간접적으로 영향을 끼칠 뿐 아니라, 특히 만성 알코올 중독은 그 폐해가 더욱 심대하다고 볼 수 있다.

1) 의의

알코올 중독이란 알코올의 장기 상습 음용으로 인하여 그 절제가 불가능하고, 동시에 정신·신체 면에 심대한 장애가 수반하게 되는 경우를 말한다. 따라서 이 단계가 되면 내성(耐性)·퇴행 등 신체적 의존현상과 심리적 의존현상을 나타낸다.[67] 그러나 음주자 중에는 수십 년간 다량의 음주를 계속해도 중독자가 되지 않는 경우도 있다. 이 때문에 알코올 중독자가 되는데는 상당한 소질이 있어야 한다고 말할 수도 있다.

2) 롬브로조의 견해

롬브로조는 알코올과 관련하여 다음과 같은 점에서 「범죄의 주된 원인」이

67) 정영석. 신양균, 앞의 책, P.128.

된다고 보았다.

(1) 알코올은 폭력을 억제하는 힘을 느슨하게 하며, (2) 알코올은 범죄자들이 모여 범죄를 모의(공범)하는 술집에서 발생하고, (3) 알코올은 유전한다고 하였다. 이처럼 롬브로조는 저서 「범죄인」 제4판에서 정신이상 범죄인의 개념을 새로 정의하면서, 알코올 중독성 범죄인을 새로 추가하였다. 그러면서 현대사회에서 술이 생산되고 소비되기 때문에, 알코올 중독성 범죄인 집단이 증가할 것이라고 예측하기고 하였다.[68]

3) 옐리네크의 알코올 중독 4단계

옐리네크(E. M Jellineck)는 알코올 중독자가 되는 과정을 4단계로 나누고 있는데,[69] 이는 알코올 중독자가 되는 일반적인 과정을 설명한 것이다. 문제는 알코올 중독자가 되면 간접적인 범죄촉진작용으로 실직·가정의 빈곤화·인간관계의 복잡화 등으로 본인 및 가족 그리고 주변사람 사람들의 범죄 및 범죄성을 유발시키는 원인을 제공하는데 있다.

(1) 징후기

① 첫 단계는 징후기로 사회관계 속에서 긴장을 해소하려고 주기적으로 술을 마시고 싶은 욕구가 일어나는 시기이다.

② 이 시기는 긴장을 음주 이외의 방법으로 해소할 수 없어 결국에 연일 음주를 하고, 그 양을 늘리는 단계로 보통 6개월에서 2년 정도 지속된다.

(2) 전구기(前驅期)

① 이 단계는 알코올은 이제 기호품이 아니라 하나의 약품으로 이용되고, 남몰래 2~3배(杯)씩 강술을 먹고 끊임없이 술 생각에 빠진다.

---

68) 체자레 롬브로조 원저, M.깁슨, N.H. 레프트 편역, 이경재 옮김, 앞의 책. p.448.

69) E. M. Jelllinek, "Phases of Alcohol Addiction",in G. D. Shean(ed), Studies in Abnormal Behavior, 1971, pp.86-88: 송광섭, 형사정책, 유스티니아누스, 1998, p.202 이하.

② 이 시기는 숨어서 술을 마시거나 알코올 확보 욕구·과음·알코올 관련 조언의 회피·전날 주취 중에 한 일을 기억하지 못하는 알코올 건망증도 시작된다.

(3) 위험기

① 이 시기는 결정적 중독단계로서 술의 통제력을 잃고 한번 술을 먹기 시작하면 계속 마시게 되고 양(量)을 조정 못한다. 그리고 음주에 대한 변명술을 익히고 명예의 손실에 대한 보상으로 허세적 거동과 언사를 행하며 공격성을 띠게 된다. 이 공격성은 죄의식을 일으켜 지속적 회한(悔恨)에 빠지게 되고, 여기서 다시 음주의 동기를 찾는다.

② 이러한 과정을 거치면서 친구와 직장을 잃게 되고 모든 관심이 술에만 집중되어 술의 노예가 되고, 완전히 술꾼이 되어 규칙적인 아침술을 시작한다.

(4) 만성기

① 이 단계는 만성알코올 중독단계로서 술이 생활의 대부분을 차지하며 계속 주취상태에 있다. 이 시기는 윤리적 판단이 쇠퇴하고 사고능력이 장애를 받는다.

② 음주는 주로 자기보다 낮은 계층의 사람하고만 하고 알코올 내성(耐性)의 저하로 불안과 떨림으로 고통을 받게 되며, 간단한 동작도 알코올 없이는 할 수 없게 된다. 이때쯤에 10%쯤은 알코올 정신병자가 된다.

4. 알코올과 유전

1) 알코올과 유전에 관한 논의

알코올 중독은 가계를 통하여 유전되는가? 이에 대하여 종래 많은 학자들이 연구해 왔으나, 아직 충분한 해명을 얻지 못하고 있다. 그러나 범죄자의 양친 가운데 상습자가 많이 발견되기 때문에, 양친의 음주벽이 그 자손에게 영향을 남긴다는 주장이 계속적으로 제기되어 왔다.

2) 글루에크 부부의 연구

1950년대 글루에크(Glueck) 부부의 연구결과에 따르면,[70] 비행소년의 경우에는 부(父)의 음주벽이 62.8%, 모(母)의 음주벽이 23%로 나타났다. 반면, 비행소년이 아닌 경우에는 부(父)39%, 모(母)7%로 나타난다고 하면서, 이러한 사실을 뒷받침하였다.

3) 굿윈(Goodwin)의 연구

1973년 굿윈은 어렸을 때에 양자로 가서 비알코올 중독자 부모에 의해서 양육된 알코올 중독자 부모를 가진 아동들에 대하여 연구하였다. 그 결과, 20대 후반경에 이르러 이들은 생물학적 부모가 알코올 중독자가 아닌 입양된 아동들의 통제집단보다도 거의 두 배나 더 많은 알코올 문제를 갖고 있었다고 주장하였다.

4) 알코올 중독과 유전여부

(1) 위의 연구 결과들에 의하면 양친의 음주벽이 그 자손에 대해 유해한 결과를 미친다는 점은 쉽게 예측할 수 있지만, 이것만으로 양친의 음주벽이 자손의 범죄적 성격을 결정한다고 보기는 어렵다.[71] 왜냐하면 습관

70) S. Glueck & E. T. Glueck, Unraveling Juvenile Delinquency, 1950, p.101.
71) 정영석. 신영균, 앞의 책, pp.129-130.

적인 음주자나 알코올 중독자의 자손은 유년기부터 열악한 환경에 처해지기 쉽기 때문에 음주자의 자손이 범죄인으로 되는 경우에도 그것이 가정환경에 의한 것인지, 아니면 유전에 기인한 것인지 판별하기가 곤란하기 때문이다. 따라서 알코올 중독이 가계를 통하여 유전되는가에 대한 명제는 아직 명확한 과학적인 해답을 얻지 못하고 있으며, 오히려 부정적인 경향으로 기울어져 가고 있는 듯하다. 그것은 알코올 중독자의 자손이 유전적으로 알코올 중독자가 된다는 과학적 해명이 없기 때문이다.

(2) 결론적으로 알코올 중독자의 자손에게 다시 음주 경향이 나타난다고 하더라도 그것은 음주벽 자체의 유전이라고 결정지을 수는 없다. 그보다는 오히려 부모의 음주로 인한 가정환경·음주와 싸움, 그리고 폭력만 보고 자란 교육환경 하에서 무분별한 행위·비도덕적 정서 등 그 주변을 둘러싼 개인 환경적 요인도 무시할 수 없다고 보아야 한다.

5. 알코올 중독과 문제점

알코올이 뇌와 행동에 미치는 영향은 심대하다. 따라서 알코올 중독은 아래와 같은 문제점들을 파생 시킨다.

1) 알코올의 직접적 범죄촉진작용

(1) 알코올은 기억상실 증세와 판단장애를 가져올 뿐 아니라, 근육운동에 심한 문제를 일으킬 수 있다.

(2) 뇌에도 손상을 주어서 신경기능에 장애를 일으킬 수 있다.

(3) 임산부가 술을 남용하면 태아는 심각한 뇌의 손상을 입을 수 있다.

(4) 알코올 중독자가 되면 협동감정·억제력 약화·폭발성 또는 충동성이 증가되어 각종 범죄에 쉽게 빠지게 된다.

(5) 알코올 중독자가 되면 환각·망상·의처증 등으로 대인범죄를 범하기도

한다. 따라서 치안방해·걸식·부랑아·노숙자의 예가 많고, 절도 등이 증가하여 각종 범죄와의 친근성을 더해간다. 이 경우가 알코올 중독이 직접적으로 범죄측면에 작용하는 요인이다.

2) 알코올의 간접적 범죄 촉진작용

알코올의 중독은 직접적 범죄촉진 이외에 간접적으로 가정의 불화·뇌손상·태아손상 등 유전소질의 악화를 일으켜, 범죄행위를 유발하는 원인이 되기도 한다.

Ⅶ. 마약과 범죄

1. 개설

약물은 알코올과 마찬가지로 환경적으로 유도되는 행위(폭력 등)의 생물학적 요인들 중의 하나이다.

1) 마약류의 정의

(1) 세계보건기구(WHO)의 정의

마약류란 "약물사용을 하지 않을 정도로 욕구가 강해지며(의존성), 사용약물의 양이 증가하는 현상이 있고(내성), 이를 중단할 경우 신체적으로 고통과 부작용이 있으며(금단현상), 개인에게 한정되지 않고 사회에 해(사회유해성)를 끼치는 약물을 말한다"고 정의하고 있다.

(2) 우리나라 수사상 마약류의 정의

우리나라 수사상 마약이란 "인체의 중추신경계에 작용하여 장기간 사용하면, 사용자가 의존성·금단증상을 체험하게 되는 약물 또는 물질로 마약류관리에 관한 법률상 마약·대마·향정신성의약품"을 뜻한다고 정의하고 있다.[72] 그러나 마약 이외에도 치료에 맞지 않거나 치료와 관계없이 지속적 또는 주기적으로 지나치게 약을 사용하는 약물남용도 범죄학에서는 중요한 문제가 된다.

2) 마약류와 범죄문제

(1) 각종 마약류의 일시 또는 상습복용에 의한 약물중독

각종 마약류의 일시 또는 상습복용에 의한 약물중독은 알코올 중독과 같이 직접 그 개인에게 정신병적 이상심리상태를 유발하여 각종 범죄를 자행하게 할 뿐 아니라, 간접적으로 인격의 근본적 황폐화와 더불어 가족 그리고 주변사람들에게도 범죄성을 조장하는 원인이 된다.

(2) 각종 마약류와 폭력성과의 관계[73]

폭력과 생물학적으로 연관성을 가질지 모르는 마약류로는 아편·암페타민·코카인·환각제 등이 있다.

72) 과거 마약법, 대마관리법, 향정신의약품관리법 등으로 규제대상이 분할되어 있던 것이 2000년 7월 1일자로 「마약류관리에관한법률」로 통합되어 시행 중이다. 주의해야할 것은 마약과 향정신성의약품은 개념상 차이가 있다는 점에 주목해야 한다. 현재 국내법상 〈마약류〉에 해당하는 향정신성 의약품(이하 향정)에는 정신과 영역에서 지난 반세기 동안 폭넓게 사용되어 온 아티반, 발륨, 자낙스와 같은 항불안제, 소아의 주의력결핍과잉행동장애에 많이 사용되는 베칠페니데이트 등은 다소의 심리적 의존성 및 남용 가능성은 있으나, 이들 양의 사용에 대해서는 엄청난 경험이 축적되어 전혀 문제가 없다는 사실 등을 간과하고 있다. 문제는 이 향정이라는 큰 영역 속에 국내와 일본, 중국 등지에서 마약의 대명사로 쓰이는 메스암페타민(소위 필로폰 혹은 히로뽕)그리고 엑스터시 등이 포함되어 있어 일반인들이 잘 못 인식된 부분들이 있다. 따라서 마약=필로폰=향정 또는 향정=마약 이라는 단순논리는 잘못된 인식이다. 마약은 일단 시작하면 어느 누구도 끝을 장담할 수 없는 무서운 파괴력을 가지고 있는 반면, 정신과 약물은 마약과 같은 신체적 금단 및 의존성, 내성, 환각효과에 대해 안전하다고 볼 수 있으나, 다만 일부 환각작용은 있다. 예컨대, '마약먹고 성형수술', '공부 잘하는 약이 마약?'등 최근 언론에 보도된 마약의 기사는 실상은 각각 자낙스, 스틸녹스, 아티반, 메칠페니데이트로 마약이 아닌 마약류인 향정약품이다. 따라서 마약과 향정개념에 대한 잘못된 인식과 올바른 이해가 필요하다 하겠다(조선일보, 「편집자에게」 국립부곡병원 의료부장·정신과전문의 권도훈, 2009. 9. 6 참조).

73) THOMAS J. BERNARD JEFFREY B. Snipes Alexander L. Gerould 지음, 이순래·이성식·박정선·김성언·박철현·김상원·박성민·류준혁 공역, Vold의 이론범죄학, 그린출판사, 2012,pp.86-87.

① 아편이나 코카인 사용 등이 폭력행위에 생물학적 영향을 미치는지에 대한 직접적인 증거는 없으나, 아편 투여를 중지하는 경우와 크랙(코카인계열)이 도심에서의 폭력과 관련이 있다는 증거는 확실하다.[74)]

② 향정신의약품의 일종인 암페타민(필로폰 등)과 펜시클리딘을 장기간 남용한다면 공격적인 행위가 증가 될 수 있으나, 이것은 이미 폭력적 성향을 가지고 있을 때만 적용된다.[75)] 이와 유사하게 환각제인 LSD사용 역시 이미 폭력적 성향을 가지고 있는 사람이 사용할 경우, 폭력적 행위를 증가시킨다고 보고 있다.[76)]

3) 마약류의 관련사범 국제조직화와 신종마약류의 등장

(1) 국제범죄조직화와 유통경로의 다양성

① 국제적으로는 마약류 생산량 증가에 따른 마약류 유통 경로가 다양해졌고, 이미 국제범죄조직의 마약류 범죄개입으로 마약조직은 지능화·국제화·조직화 된지가 오래이다.

반면, 국내적으로는 필로폰의 경우, 중국[77)]·필리핀·말레이시아에

74) Alfred S. Friedman, "substance use/abuse as a predictor to illegal and violent behavior: a review of relevant literature," aggression and violent behavior 3 (1998).

75) Friedman, op,cit.

76) Jovan Rajs, "Anabolic Androgenic Steriods and Behavioural Patterns Among Violent ofelnders," Journal of Forensic Psychiatry 8 (1997):299-310.

77) 2009년 9월부터 2011년 11월까지 부산 조폭 유태파 고문 김모(56)가 중국 조폭(흑사회)랴오닝파 조선족 조폭 정모(35)로부터 필로폰을 넘겨받아 어선으로 가장한 선박의 선장실에 몰래 실어 부산항으로 들여왔다. 이를 부산조폭 유태파의 밀수·판매총책인 또 다른 김모씨는 이 필로폰을 칠성파·동대문파·청량리파·신상사파 등 전국에 10여개 폭력조직원들에게 넘겨 유통시켰다. 이 건과 관련되어 유통된 필로폰 5.95kg(1회 투약분 0.03g, 소매가격 거래시가 10만원)은 약 20만명 가량이 동시에 투약할 수 있는 분량으로 약 198억 상당이었다. 우리나라 수사당국이 파악하고 있는 북한 마약의 유통루트는 크게 두 가지인데, 하나는 북한과 마주한 중국 동북3성(랴오닝·지린·헤이룽장)을 경유하는 루트로써, 이 사건은 「흑사회」로 불리는 중국 조폭들이 개입된 것이다. 또 하나의 루트는 배편으로 호주·필리핀·일본 등 제 3국으로 '직수출'하는 방식으로 분량이 무려 수백kg에 달하며, 필로폰 국제 암거래가격을 급락시키는 요소로 작용하기도 한다. 북한산 필로폰은 순도가 높아 국제시장에서 비싼 값을 받는 것으로 알려지고 있다. 문제는 마약과 관련하여 전국적 규모의 조직폭력배가 이권이 큰 마약 유통에 본격적으로 가담하고 있다는 사실이다(조선일보, '북한산 필

서 국제 소포·항공기·여객선·탑승객 수화물 등에 은닉하여 반입되고 있는 실정이다.

② 엑스터시(MDMA) 등은 동남아시아·미국·유럽지역의 관광객·유학생 입국 시 밀반입되고 있고, 근래에는 러미나·S정·중국산 '살 빼는 약'·스파이스(신종대마) 등이 지속적으로 국내로 유입되고 있다.

(2) 마약류사범의 증가

마약중독은 중요한 범인성요인으로 지목할 수 있다. 최근에는 의사·간호사·유흥업소 종사자·대중교통 운전기사·가정주부·사원·청소년 등 투약사범이 사회 전 계층으로 확산되고 있다.

2. 마약의 분류

마약류는 크게 마약·향정신의약품·대마로 나눌 수 있으며, 이를 도표화하면 다음과 같다.

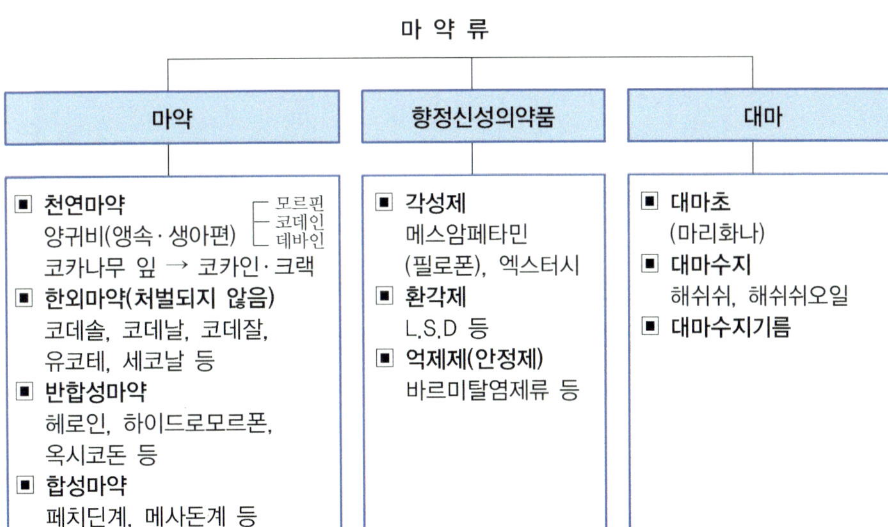

로폰'대량 국내 들여와 한·중 조폭 손잡고 20만명분 뿌려, 2011. 2. 7일자 사회면).

1) 마약

(1) 천연마약

천연마약은 양귀비(앵속)·아편·코카엽, 그리고 앵속·코카엽에서 추출되는 모든 알칼로이드 중 대통령령으로 정한 것을 말한다.

알칼로이드

알칼로이드는 질소화합물로서 식물체 속에서는 대부분 산(酸)과 결합하여 염(鹽)을 형성한다. 알칼로이드는 양귀비과·가지과 등의 식물에 많이 존재하며, 알칼리성 반응을 나타내는 쓴 맛으로 일반적으로 유독하고 강한 생리작용과 약리작용을 가지며 약재로 널리 쓰인다.

① 양귀비 제제계열

양귀비 → 생아편 → 모르핀 → 헤로인(반합성마약)

㉠ 양귀비(앵속)

양귀비는 6~7월에 꽃이 피고(아열대 기후, 동남아일대), 양귀비 열매(앵속)에 아편 성분이 가장 많이 함유되어 있다. 생아편은 앵속의 열매에 많이 들어있는 알칼로이드 성분을 추출하여 건조시킨 것으로써, 암갈색 또는 검은색을 띤다.

㉡ 생아편

생아편은 강력한 중추신경억제제로 강한 마취효과가 있다. 그리고 모르핀은 생아편을 화학적으로 처리하여 얻는데, 헤로인의 원료로 사용된다.

㉢ 모르핀

모르핀 아편보다 효력이 강하고 설사약으로 가장 강력한 진통제이며, 외과수술시 마취제로 사용된다. 모르핀은 분말·캡슐·앰플형태로 제조되나, 일반인은 주로 앰플형태의 모르핀을 정맥 주사하여 남용한다.

㉣ 효과와 부작용
양귀비 제제계열(아편·모르핀·헤로인)은 일종의 진통제로서 빈번하게 사용된다. 그러나 의존성·내성이 생기고 충분한 양을 사용하지 못하거나 중단할 경우, 불안감·감정적 우울증·신경쇠약·복통과 같은 심한 금단현상을 일으킨다.

② **코카나무잎 계열**

코카나무잎 → 코카인 → 크랙

㉠ 코카인
코카인은 코카엽(잎)에서 추출된 알칼로이드를 농축 결정시킨 천연마약이다. 미국을 비롯한 많은 나라에서 치과나 이비인후과에서 코수술 등 성형에 널리 사용되고 있다. 주로 코로 흡입하며, 간혹 정맥(혈관)주사로도 사용한다. 코카인은 강력한 흥분제로서 고도의 정신적 의존성(예컨대, 쾌락적 흥분, 환각제 경험 등)과 황홀감에 대한 내성이 생기는데, 물리적 중독보다 심리적으로 중독되는 것이 더 유해하다. 즉, 심리적 금단증상[78]이 올 수 있다. 이러한 코카인은 장기간 지속적으로 복용하거나 한꺼번에 다량으로 복용하는 경우, 불면증·무력증·극단적 불안감·편집증 등 정신병 증상을 야기시킬 수도 있다.[79]

㉡ 크랙
크랙(crack)은 코카인에 베이킹파우더를 섞어 단단하게 만들어 담배형태로 피우는데, 때로는 주사로 주입하거나 코로 흡입하는

78) 기분이 들 떠 있다가 가라앉으면 우울함에 빠지게 되는데, 이 경우 더 많은 코카인 밖에는 해결책이 없다.
79) Larry J. Siegel, Criminology(2nd ed), St.Paul, MN:West Publishing company, 1986, p.418.

경우도 있다.[80)]

크랙은 1980년대 이후 널리 사용되고 있는데, 이처럼 대중화 된 것은 가격이 저렴하여 즉각적인 효과를 느낄 수 있기 때문이다. 미국 흑인들이 많이 이용하며, 그 효과는 코카인과 같다.

(2) 한외(限外)마약

① 일반약품에 마약성분을 미세하게 혼합한 약물로 신체적·정신적 의존성을 일으킬 염려가 없어 감기약 등으로 판매되는 합법의약품이다. 약국에 시판중인 주요 한외마약으로는 인산코데인정·진고데스정 등 다수가 있다,

② 한외마약인 경우에 판매 허용량 등은 "마약류관리에관한법률시행규칙"에서 규정하고 있다.

(3) 반합성마약

① 반합성마약 중 대표적인 것이 헤로인(Heroin)이다. 헤로인은 여러 종류의 양귀비의 씨앗으로부터 추출된 모르핀을 원료로 하여 초산으로 화학합성 시켜 아세틸화 한 것이다. 헤로인은 통상 순백색·우유색·암갈색 중 순백색이 가장 순도가 높고 효과가 뛰어나며, 저급품은 빙초산 냄새가 난다.

② 헤로인은 주사로 투입할 수도 있고, 담배처럼 피워서 흡입하거나 코로 흡입하는 방법이 있다. 그 효과는 모르핀보다 독성이 10배 이상 강하고 신체적 의존성과 금단현상이 매우 강하다. 과다복용 시 호흡곤란·경련·혼수상태를 겪거나 때로는 죽음에 이를 수 있다.

80) 일부 연구에 의하면 연기로 흡입하거나 주사로 주입하는 사람이 코로 흡입하는 사람보다 위험성이 더 큰 것으로 알려지고 있다. 예컨대, 연기로 흡입하는 사람은 기침, 급한 호흡, 가슴통증 등을 포함한 호흡기 문제로 고통을 받을 수 있으며, 특히 공격적인 망상적 행위를 유발할 수 있다고 보고 있다(National Institute on Drug Abuse, Cocaine Abuse and Addiction, May 1999; Infofax: Crack and Cocaine, October 2001).

(4) 합성마약

① 합성마약은 모르핀과 유사한 효과를 갖는 진통제 개발의 필요성이 대두함에 따라 화학적으로 합성한 마약이다. 천연마약과 같이 의존성은 강하지 않으나, 내성·의존성·금단증상을 유발시킨다.

② 합성마약의 종류로는 페치딘계와 메사돈계[81]가 있다. 페치딘계는 모르핀과 비슷한 전형적인 마약이며, 진통·환각작용이 강하다. 반면, 메사돈계는 암환자와 기타환자의 치료제로 사용된다.

2) 향정신성의약품

향정신성의약품이라 함은 인간의 중추신경계에 작용하는 것으로, 이를 오용 또는 남용할 경우 인체에 현저한 위해가 있는 물질로 대통령령이 정하는 것을 말한다. 향정신성 의약품은 각성제·환각제·억제제로 분류할 수 있다.

(1) 각성제

각성제(흥분제)는 중추신경계에 작용하여 각종 흥분효과를 가져오며, 이에는 메스암페타민(필로폰 또는 히로뽕)과 암페타민류가 있다. 신체적 효과로는 호흡·심장박동·혈압 증가 기타 식욕부진·동공이 풀리는 현상이 생긴다. 반면, 정신적 효과로는 피로감을 감소시켜주거나 정신을 맑게 해주어 모든 종류의 운동성 및 정신활동이 증가하며 다행감과 함께 기분이 증진된다. 그러나 같은 효과를 내기 위하여 복용량이 증가하는 내성을 보이며, 금단현상을 수반한다.

① 메스암페타민(필로폰 또는 히로뽕)

㉠ 1897년 독일에서 합성되어 1932년 의학계에서 비만증·우울증·

81) 페치딘계는 국내에서 주로 의사나 간호사들이 환자들에게 투입하는 약물을 빼돌려서 자신들에게 투여하다가 적발된 사례가 있다. 메사돈계는 1963년에 국내의 16개 제약업체가 해열, 진통제 주사제에 합성마약인 메사돈을 섞어 판매한 "메사돈 파동"이 있었는데, 국립과학수사연구소에 의해 적발된 사건이었다.

피로감 등 치료제로 사용하였으나, 부작용 등으로 즉시 금지되었다. 1932년 일본군에서 다시 사용되기 시작하여, 1942년 태평양전쟁 당시 가미가제 특공대(신풍특공대), 그리고 군수산업노동자에게 사용되었다.

㉡ 우리나라에서는 1970년 부산에서 최초 필로폰이 제작·밀매되기도 하였다. 1990년도 이전까지는 원료를 구입하여 제조 후 일본 등지로 밀반출 또는 국내 공급하였으나, 단속이 강화되면서 중국 등지에서 제조 후 밀반입 등으로 유통되고 있다. 최근에는 중국에서 들여오는 필로폰 중 북한산도 다수 있다.

㉢ 메스암페타민은 정맥혈관주사가 가장 효과적이나 주사흔적이 남는다. 그 이외에도 커피·우유 등 음료수에 섞어서 음용하거나, 필로폰을 종이 위에 놓은 후 빨대를 이용하여 코로 흡입하기도 한다. 투약자는 약물이 처음 주입되면 짧지만 매우 강한 황홀감(rush현상)을 느낀다. 그러나 약효가 떨어지면 정맥주사 등을 갈망하게 되고 Run[82]상태에 빠지게 된다.

㉣ 필로폰의 복용결과는 편집증이 강해지고 행동을 반복해서 하며 말이 많아진다. 상습적으로 복용하는 경우는 폭력적 행위·불안·혼돈·불면증 그리고 자살이나 살인도 초래할 수 있는 환청·환시· 망상 등도 나타난다.

② **암페타민류**

MDMA(ADAM, 도리도리)·YABA등과 같은 신종마약류 등 수십여 종이 있으며, 약효는 히로뽕과 비슷하다.

(2) 환각제

환각제는 감각·사고·자아인식·감정의 변화를 일으킬 수 있는 약물을 지칭한다. 즉, 강한 환각작용을 일으키는 것으로 실제로는 없는 것을 보거나 듣기도 한다. 국내에서 밀조되는 환각제는 거의 없고, 주로 주한 외국 군사

82) 계속 맞고 싶고, 황홀한 기분상태가 지속되는 것을 말한다.

기지를 통하여 밀수입한 것이 유출되고 있다.

① L.S.D(lysergic acid diethyamide)

㉠ 환각제류의 대표적인 것은 L.S.D로서, 환각제 중 가장 강력한 효과를 나타낸다. L.S.D는 곡물의 곰팡이나 보리 맥각에서 추출한 물질을 인공 합성시켜 만든 것으로 무색·무취·무미하다. 극소량으로 효과가 강력하게 나타나기 때문에 미량을 각설탕·과자·빵 등에 첨가시켜 먹거나, 우편·종이 등의 표면에 묻혔다가 뜯어서 입에 넣는 방법으로 복용한다.

㉡ L.S.D는 때로 환각을 불러일으키기도 하고, 때로는 정신병적 행동을 야기시킨다.[83] L.S.D는 내성이나 의존현상은 있지만 금단현상은 일으키지 않는다고 알려져 있으나, 일부 남용자들은 실제로 사용하지 않았는데도 환각현상을 경험하는 '플래시백 현상'[84]을 일으키기도 한다.

㉢ L.S.D. 이용으로 사망 등의 발생확률은 거의 없으나, 망상·환상·환각 등의 결과가 일어날 수 있다. 특히 현실과 다른 강력한 시각적 환상과 환각이 LSD관련 문제로 지적되고 있다.[85]

② **메스카린과 페이오트 캑터스**

㉠ 메스카린

미국의 텍사스나 멕시코 북부 등지에서 자라는 페이요트 선인장 등에서 추출하여 합성한 향정신의약품이다.

㉡ 페이요트 캑터스

미국·멕시코 국경 등지에서 자생하는 선인장(페이요트)에서 추

83) Little, op, cit., p.184.

84) 환각제 남용자가 환각제 복용을 중단하였음에도 불구하고 복용 당시 경험하였던 환각상태를 다시 경험하게 되는 현상을 말한다. '플래시백 현상'은 약물을 중단한지 일주일 만에 또는 수년 후에도 나타날 수 있고 지속시간 또한 수초에서 수 시간까지 일정치 않다.

85) LSD복용량이 많아지면 시각적 이미지가 현실의 왜곡으로 나타날 수 있는 강력한 시각적 환상이나 생각이 자유롭게 떠돌아다니거나 꿈처럼 되고, 자신의 신체가 다른 사람과 합쳐진다는 인식을 하게 되는 강력한 환각현상이 나타나기도 한다.

출한 메스카린(Mes-caline)을 합성해서 만든 것으로, 분말이나 액상의 형태이다. 과량복용시 환각작용과 혼수상태를 가져온다.

③ **사일로사이빈**

남미에서 자생하는 '사일로사이빈'이라고 부르는 검고 작은 버섯에서 추출한 알칼로이드를 제재화 한 것이다. 복용시 L.S.D와 유사한 환각작용을 야기하고, 4~5시간 후에 탈진하여 우울증이 동반하면서 환각에서 깨어난다.

(3) 억제제

억제제(안정제)는 흥분제류와는 반대로 기분을 가라앉혀 준다. 억제제는 특정부위를 억제하여 진통효과를 나타내게 하거나 수면을 유도하는 신경안정제를 말한다. 흥분자제 및 긴장의 완화와 수면촉진 등의 효과를 지니나, 과다복용시 혼수 및 사망에까지 이른다.

① **바르비탈염제류**

㉠ 신경안정제의 대표적인 약물이며, 흔히 수면제로 알려지고 있다. 알코올 냄새 없이 만취한 모습으로 비틀거리는 경우 바르비탈 남용자 가능성이 있다. 바르비탈염제류는 막대한 양이 합법적으로 생산되고 있고, 엄청나게 많은 양을 약국을 돌아다니면서 살 수 있다.

㉡ 바르비탈염제류는 알코올과 섞어서 과다복용할 경우, 치명적으로 생명에 위험을 줄 수 있다.
10대 젊은이들이 들뜬 기분 또는 괴로움을 얻기 위해 치료수준보다 훨씬 많은 양을 복용시 중독이 된다.

② **벤조다이아제핀제제**

㉠ 벤조다이아제핀제제는 전세계를 통해 가장 흔히 처방되는 약물중의 하나이다. 주로 진정제로 사용되며, 투여시 흥분자제 및 긴장의 완화와 수면촉진 등 효과를 가져온다.

ⓛ 최근 벤조다이아제핀제제 계열 중 신경안정제인 「로라제팜」은 구입이 용이하여 마취강도·강간·그리고 재력가를 상대로 한 사기골프·사기도박 등에 사용되는 등 악용되는 사례가 늘고 있다.

(4) 주요 신종마약류

신종 향정신성의약품(신종마약류)으로는 엑스터시·야바·러미라·GHB·프로포폴 등이 있다.

① 엑스터시(MDMA, Ecstasy)

㉠ 1949년 독일에서 식욕감퇴제로 개발된 것으로 기분이 좋아지는 약·포옹마약(hug drug)·클럽마약(Club drug)·도리도리 등으로 지칭된다. 메스암페타민보다 가격이 싸면서 환각작용은 3배나 강한 것으로 알려지고 있다. 네덜란드·동유럽·멕시코·미국 등에서 많이 유통된다.

ⓛ MDMA는 주로 알약으로 삼키는 것이 보통이나 때로는 부셔서 코로 흡입하거나 주사를 이용할 수도 있다. 복용자는 나이트클럽·테크노바·파티방 등에서 머리를 특징적으로 좌우로 흔들거나 막대사탕을 물고 있거나, 물을 자주 마시는 등의 행동을 보인다.

㉢ 육체적 증상으로는 신체적 접촉 욕구가 강하게 나타나고 무의식적으로 이를 꽉 물거나, 구역질·빠른 눈 움직임·오한이나 땀을 흘린다. 엑스터시는 순환기 질환이나 심장질환이 있는 사람에게는 특히 위험하다.

② 야바(YABA)

㉠ 야바는 종래에 야마(Yahmah : 원기나는 약)로 불리어졌으나, 최근 필로폰에 대한 경계심에서 야바(YABA : 미치게 하는 약)로 호칭되고 있다. 야바는 필로폰 효과보다 더욱 강력한 각성제로 알려지고 있다.

ⓛ 야바는 태국 등 동남아 지역에서 주로 생산되어 유흥업소 종사

자·육체노동자·운전기사 등을 중심으로 급속히 확산되고 있다.

③ **덱스트로메트로판(일명 러미라)**

㉠ 진해거담제로서 의사의 처방전에 의하여 약국에서 구입이 가능하다. 강한 중추신경 억제성 진해작용이 있으나, 의존성과 독성은 없어 코데인 대용으로 널리 시판되고 있다.

㉡ 러미라는 청소년들이 소주에 타서 마시기도 하는데, 이를 '정글 쥬스'라고도 한다. 과다 복용 시에는 횡설수설하고, 정신장애·호흡억제·혼수상태에서 사망에 이르는 경우도 있다.

④ **GHB(물뽕)**

㉠ 무색무취로써 짠맛이 나는 액체로 소다수 등의 음료에 타서 복용하며, '물 같은 히로뽕'이라는 뜻에서 '물뽕'이라고도 불린다. 미국이나 유럽 등지에서는 성범죄용으로 악용되어 '데이트 강간 약물(Date rape drug)'이라고도 불린다. 특히 GHB는 스스로 복용하기 보다는 다른 사람에게 복용시키는데, 이는 환각상태를 이용해 성폭행 등의 범죄를 저지르기 위한 것이다.

㉡ 근육강화 호르몬 분비효과가 있고, 15분 후에 효과가 나타나며 이후 3시간 동안 지속된다. 이를 사용하면 행복감·안정 및 성욕의 증가 등이 나타난다.

㉢ 음료나 술에 섞어 무색투명한 형태로 남용되고 있어 일반인들에게는 마약류로 식별하기 어렵고, 특히 24시간 이내에 인체에서 빠져나가기 때문에 사후 추적이 불가능하다.

㉣ GHB를 사용하면 현기증·진정작용·두통·구토증상이 나타난다. 특히 알코올에 타서 마시면 그 효과가 상승하여 의식불명을 초래하기도 한다. 과다 복용 시에는 뇌사·사망에까지 이를 수 있다.

⑤ **프로포폴**

㉠ 흔히 수면마취제라고 불리는 정맥마취제로서 수술시 전신 마취의

유도·유지 또는 인공호흡중인 중환자의 진정을 위해 쓰이고, 수면내시경 등을 할 때에도 사용된다.

㉡ 일명 '우유주사'등으로 불리는데, 환각제 대용으로 오남용되어 사회적으로 문제가 되고 있다. 프로포폴은 정신적 의존성(중독성)을 유발하므로, 2011년부터 「향정신성의약품」으로 지정하여 관리하고 있다.

사례

1) 연예인들은 프로포폴을 소위 '포폴'로 부르고 있으며, 그 효과는 "밤새 촬영을 반복적으로 하다보면 불안감과 불면증에 시달리는 경우가 있는데, 포폴을 맞으면 30분만 자도 3일을 잔 것처럼 몸이 개운해진다"고 한다. 그러나 이를 지속적으로 맞으면 몸은 그만큼 망가질 수밖에 없다. 특히 프로포폴은 적정용량과 치명용량간의 범위가 좁고 개인별 적정용량이 다른데다 중독성이 높아 무분별하게 투여할 경우, 저혈압이나 호흡곤란으로 사망에 이르게 된다. 프로포폴 중독자는 "마치 좀비처럼 걸어 다닌 듯하다"고 표현되기도 한다.

2) 프로포폴 남용이 사회 문제를 일으키고 있다. 프로포폴 맛에 중독된 사람들이 범죄를 저지르면서까지 맞거나, 마약류지정 이후에도 일부에서 피로해소제라는 이름으로 본래 사용 목적 이외 용도로 사용되고 있다. 최근 발생한 산부인과 의사 시신 유기 사건에서도 피해 여성은 평소 의사 김모씨를 통해 프로포폴을 맞아왔다.[86)]
현재 병·의원에서 프로포폴을 쓰면 사용량과 재고량 등을 철저히 기록해야 한다. 이를 어기면 마약관리법 위반이다. 하지만 프로포폴 관리가 허술하고, 쓰고 남은 것을 빼돌리는 방식으로 포로포폴이 유출되고 있다. 국내 프로포폴 생산액은 2009년 173억 원, 2010년 131억 원, 마약류로 지정된 2011년에는 170억 원이다. 의학적으로 프로포폴은 양날의 칼이다. 수면 유도가 1~2분 정도로 빠르고, 진통 효과가 뛰어나며, 약물 주입을 끊으면 환자가 수면 상태에서 빠르게 회복된다. 이 때문에 수면 내시경이나 전신마취가 필요 없는 '외래수술'에서 널리 쓰인다. 하지만 프로포폴이

86) 조선일보, 2012, 9.14일자.

과다 투여되거나 민감 체질인 경우, 호흡과 혈압이 급속히 떨어져 위험할 수 있다. 지난 2000년 이후 국립과학수사연구원에 의해 프로포폴 관련 사망으로 확인된 사례는 36건. 그 중 16건은 의료 시술 중 프로포폴을 맞은 환자가 사망한 경우다. 나머지 20명은 자살에 이용하거나, 투여자가 투여하다가 죽음을 맞았다. 이 중 대다수(75%)는 프로포폴을 접하기 쉬운 의사·간호사 등 병원 관련 종사자였다. 사망자 3명은 비(非)의료인으로, 음성적인 유통경로로 프로포폴을 구해 맞다가 사망한 것으로 나타났다.[87)]

⑥ **스파이스(스컹크)**

스파이스(또는 스컹크)는 신종 마약의 화학구조 일부를 변형한 합성대마를 말한다. 합성대마는 액체 형태로 환각 효과가 일반 대마의 5배에 달한다.[88)] 원래 의약품으로 사용하지만 담뱃잎 등에 뿌려 흡입하는 방식의 마약으로 악용되고 있다. 우리나라에서는 2009년부터 마약류로 지정되어 있다.

3) 대마

대마의 주 정신작용물질은 THC[89)]로 대마초에 함유된 성분중 마취·환각작용을 유발하는 성분을 가지고 있다.

(1) 의의

① 대마는 대마초와 그 수지를 원료로 하여 제조된 일체의 제품을 말한다. 대마초는 일명 '마리화나' 혹은 '해피 스모크'라고 불리며, 대마의 잎을 말려서 담배형식 또는 파이프에 넣어서 피운다.

② 대마초는 국내의 경우 법으로 강력하게 규제되는 물질이며, 최근 의료용으로만 부분적으로 허용하고 있다.

87) 조선일보, 2012, 9.16일자.
88) 중앙일보, 7000명분 신종마약(스파이스 변종)팔려던 주한미국 이병, 2012. 7. 20. 사회면.
89) 대마의 주 정신작용물질은 THC로 대마초 중 약1%정도 함유되어 있다. THC는 대마초에 함유된 성분 중 마취· 환각작용을 유발하는 성분인데, THC를 많이 함유할수록 인체에 미치는 해가 크다.

(2) 종류

대마는 대마초·대마수지(해쉬쉬)·대마수지 기름으로 가공되어 유통·거래된다.

① **대마초**

㉠ 대마초는 합법적으로 재배하는 삼에서 불법으로 채취하는 것으로, 국내에서도 야생 대마초를 손쉽고 저렴하게 구할 수 있다.[90]

㉡ 대마초(마리화나)는 일반적으로 중독성이 없으며 내성이나 물리적 의존성을 야기시키지 않는다는 설도 있으나, 장기적으로 빈번하게 사용하면 뇌손상이나 유전적 이상 등의 생리적 조건을 야기 시킬 수 있다.[91]

② **대마수지(해쉬쉬)**

대마수지는 성숙한 대마의 정상 꽃대 부분의 수지성 분비물을 알코올로 침몰시켜 채취하거나, 또는 가마솥에서 고와서 건조 또는 농축한 제품으로 마리화나보다 10배가량 효과가 높다.

③ 대마수지기름

대마수지기름(해쉬쉬 미네랄 오일)은 대마수지를 농축 또는 건조하지 않고 정제된 수지를 병이나 캔 속에 넣어두고 기름형 그대로 사용하는 것을 말한다. 대마수지 기름도 마리화나보다 10배 이상 다행감(황홀감)을 느끼게 해준다.

---

90) 대마흡연처벌은 합헌(조선일보, 2010, 12.13일자)
대마를 피웠다가 유죄판결을 받은 정모 씨가 마약류관리에관한법률조항(제3조, 제61조)은 위헌이라고 낸 헌법소원사건에서, 2010. 12. 12일 헌법재판소는 대마흡연을 범죄로 보고 형사처벌하도록 규정한 법률조항은 합헌(合憲)이라고 판시하였다

91) Craig B. Little, Deviance & Control: Theory, Research, and Social Policy, Itasca, IL: F.E. Peacock Publishers Inc., 1989. pp.184-185.

3. 약물남용의 원인

1) 약물남용원인에 대한 이론 모델

왜 특정한 사람이 약물을 남용하는가에 대하여는 여러 가지 이론모델들이 동원되고 있는데, 크게 「범죄심리학적 이론」과 「사회학적 이론」으로 나누어 볼 수 있다.

(1) 범죄심리학적 관점

범죄심리학적 이론모델(예컨대, 정신분석학·행태이론 등)들은 약물남용에 대하여 다루고 있기는 하지만, 그들의 이론은 최초 원인을 설명하기보다는 약물남용자가 약물을 계속해서 남용하는 이유를 설명하는데 더 가까운 것으로 평가되고 있다. 즉, 대부분의 이론이 왜 사람들이 약물을 남용하는가라는 물음에 대하여 약물남용자가 인성장애 혹은 정신이상에 의한 탈출수단으로 약물에 호소하는 정신적 결함자로 보고 있다. 예컨대, 필로폰을 남용하여 무력감을 극복하려고 한다는 것이나, 코카인을 복용하여 분노로부터 해방되려고 한다는 것이다.[92]

(2) 사회학적 관점

사회학적 관점은 대부분의 약물남용자들이 정상적인 비남용자와는 크게 다른 점이 없다고 보고 있다. 따라서 범죄심리학적 관점을 거부하고 약물남용을 「사회구조」와 「사회과정」의 산물이라고 주장한다.

① **사회구조이론 모델**

사회구조이론으로는 사회구조가 그 구성원들에게 주는 「긴장감」에 중점을 두는 긴장이론(아노미이론), 그리고 인간이 가지는 일탈가능성을 통제하기 위한 사회적 메카니즘의 약화에 중점을 두는 「사회통제이론」 등을 들 수 있다.

92) 이윤호, 앞의 책, pp.151-152.

② **사회과정이론 모델**

사회학습이론적 관점에서 본 약물남용은 차별적 접촉이론·행태주의 이론·모방이론·그리고 하위문화이론을 통합하여 설명하려고 한다. 예컨대, 약물남용집단과의 접촉을 통해서 약물남용을 학습하고, 약물남용을 긍정적으로 규정하는 집단과의 상호작용을 통해서 약물남용의 부정적인 반응보다 긍정적인 면을 많이 접하게 되어 약물남용자가 되기 쉽다는 것이다.

4. 마약류의 합법화에 대한 논의

1) 개설

마약복용도 매매춘과 마찬가지로 합법화시켜야 한다는 주장이 유럽이나 미국에서 제기되고 있다. 그러나 마약이 합법화 되어야 하는가에 대해서는 신중하게 결정되어야 한다. 왜냐하면 마약을 불법으로 만드는 것은 사람들의 기본적인 권리를 제한하는 측면이 있는 반면, 한편으로는 누구든지 행복을 추구할 권리가 있다는 점을 간과해서는 안 된다는 점이다. 이러한 두 가지 측면에서 살펴볼 때 대부분의 국가는 공공복지를 가장 중요한 가치로 간주하기 때문에, 그 자유가 다른 사람에게 해를 가할 경우에는 제한이 될 수 밖에 없다.

2) 마약류의 합법화에 대한 이유

마약을 합법화시키자는 여러 가지 이유가 있으나, 그 이유 중에서 첫 번째로, 공공복지의 관점에서 마약의 합법화 문제가 논의되어야 한다. 예컨대, 네덜란드[93]는 1976년부터 마약을 합법화하였고 그리고 마약범죄를 줄이고,

93) 네덜란드의 경우 마약을 사는 방법이 공식화 되어 있어,
① 자신이 중독자이고 마약이 필요하다는 것을 국가에 신고하고
② 국가의 허가에 따라 가까운 약국이나 국가에서 마약을 싼값에 지급해주기 때문에, 개인들끼리 마약거래를 하기보다는 국가에 신고하는 것이 훨씬 좋은 방법이라는 공감대가 형성되어 있다.

불법마약시장을 제거해나가는데 계속해서 성공하고 있다. 그 이유는 마약사용자나 비사용자 모두 마약에 대한 정확한 인식을 가지고 있기 때문이다. 마약사용자들은 마약을 구입하는 것과 마약을 복용하는 것에 대한 규율에 잘 순응한다. 게다가 비사용자들 역시 마약사용자들의 자유를 존중해준다. 이러한 네덜란드의 사회적 문화는 공공복지와 일치하기 때문에, 큰 사회적 문제없이 마약을 합법화하고 있다. 그러나 마약에 대한 사회적 인식과 요구를 가지지 못한 국가들은 마약을 불법화시켜야 하는 것이 타당하다. 왜냐하면 만약 이러한 국가들이 마약에 대한 정확한 인식이 없는 사람과 마약을 필요로 하지 않는 일반적인 사람들에게까지 합법화시키는 경우, 합법화된 마약을 일반적인 사람들마저 복용하게 되거나 마약을 불법으로 거래할 수 있는 기회를 조장하게 된다. 따라서 마약을 합법화시키는 것은 마약사용자와 비사용자간의 문제 등 여러 가지 사회적인 문제를 야기할 수 있다.

둘째, 마약합법화를 주장하는 이들은 마약류가 법적으로 제한되기 때문에 희소가치가 생겨 고가가 된다고 보고 있다. 그 결과 이러한 마약을 구하는데 필요한 돈을 만들기 위해 범죄를 저지르는 경우가 많다는 것이다. 따라서 마약을 합법화시키면 마약제품에 대하여 훨씬 더 양호한 고품질 통제를 가할 수 있게 해주며, 결과적으로 전체 마약 해악 감소에 있어서 막대한 비용절감을 가져온다고 보고 있다. 따라서 마약사용자 및 전체 사회에 대한 건강보호에 보다 더 치중할 수 있는 여력을 가져다준다는 점을 강조한다.[94)]

셋째, 마약 비범죄화론은 마약사범에 대해 감옥형 대신 벌금으로 대신토록하며, 전과기록을 남기지 않도록 할 것을 요구한다. 세계적으로 진보정치 측에서는 마약 합법화 방안보다는 비범죄화 방안을 더 선호하는 추세이다.

94) 최근 마약에 대한 세계정세의 동향은 마약 자유화론인데, 여기서 다시 마약 합법화론과 마약 비범죄화론으로 대별된다. 후안 마누엘 산토스 콜롬비아 대통령이 마약 범죄를 줄이기 위한 해결책으로 마약 합법화를 고려할 수 있다는 입장을 밝혔다. 산토스 대통령은 최근 효과적인 결과를 얻을 수 있는 방법에 무조건 반대하지 않는다면서 마약 합법화 역시 논의해볼 수 있는 하나의 대안이라고 말했다. 남미지역에서는 세사르 가비리아 콜롬비아 전 대통령, 에르네스토 세디요 전 멕시코 대통령, 페르난도 카르도소 전 브라질 대통령 등 주요 지도자들이 마약 조직의 자금줄을 끊고 마약 관련 범죄를 뿌리 뽑기 위한 방법으로 마약 합법화를 지지한 바 있다(국민일보 쿠키뉴스, 콜롬비아"범죄근절위해 마약합법화 고려할 수도", 2011. 2. 14).

Ⅷ. 여성과 범죄

1. 개설

1) 여성범죄의 양질적 변화

범죄는 날로 증가하고 있고, 그 중 여성범죄와 노인범죄가 늘어나고 있는 것이 전 세계적으로 공통된 추세이다. 범죄학적 측면에서 볼 때 범죄와 관계되는 거의 모든 변수 중에서 가장 일관적인 관계를 보여주는 것이 성별(性別)이다. 따라서 일반적으로 공식통계상 모든 범죄행위에 있어서 남성이 여성보다 높은 범죄율을 보여주고 있고, 여성범죄의 비율이 남성범죄보다 더 낮기 때문에 간단하게 치부해버릴 수도 있다. 그러나 현대산업사회가 다양화·기능화·개방화·개별화됨에 따라 여성범죄가 많이 발생하게 되었고, 질적으로는 범죄의 태양(態樣)과 수법이 남성화되어 가고 있다는 것이 문제점으로 지적되고 있다. 이러한 현실을 가속화시키는 요인은 꾸준한 경제성장과 서양문물의 도입으로 인하여 전통적인 윤리의식의 붕괴와 가치관의 변화 등에서 그 원인을 찾아 볼 수 있다.[95] 여성범죄는 남성범죄와 대립되는 개념이며, 남성범죄와는 상이한 여러 가지 범죄유발요인과 특성을 갖고 있다. 따라서 남성범죄와 다른 독자적인 범죄의 예방과 대책마련이 필요하다.

2) 여성범죄율의 증가이유

왜 여성범죄가 증가하고 있을까?

이에 대하여 1960년대 중반까지 범죄학자들은 대부분 범죄율의 성별 차이를 사회화 과정에서 찾았다.[96] 전통적으로 여성들은 어릴 때부터 가정과 사회로부터 더 엄격하게 감시되고 사회적 성공을 위한 경쟁이 장려되지 못했다. 더군다나 여성 차별적 사회화는 미국사회보다 한국 사회에서 더 극심하였다고 볼 수 있다. 따라서 유교사상의 남성권위주의 문화의 영향으로 가부

95) 한휘전, '여성범죄에 관한 연구', 조선대학교 대학원 박사학위논문, 1993. p.2.
96) 조철옥, 현대범죄학, 대영문화사, 2008, p.43.

장적 문화 속에서 양보와 순종의 미덕, 그리고 공격적인 행동이나 반사회적 행동들을 멀리해야 한다는 도덕적 가치관이 형성되었다고 볼 수 있다. 그 결과 전체 범죄가운데 여성이 행한 범죄가 차지하는 비율은 남성의 그것에 비하여 현저하게 낮았다. 그러나 1970년대 이후 여성운동의 성장과 그로 인한 여성 활동은 사회적·경제적으로 지위가 상승하면서 성별 간 범죄율의 상대적인 격차는 줄어들었다.

이와 같이 남녀 간의 범죄성의 간격이 변화하는 이유는 여성의 성역할과 자아개념(Self-concept) 그리고 여성운동의 결과로 상당히 좁혀진 것으로 지적되고 있기도 하다.[97)]

이런 맥락에서 보면 근래에 여성들의 사회·경제적 지위가 상승하고 여성해방주의 관점에 따른 여성단체의 활동의 영향으로 남녀 평등주의적 효과가 분명히 나타나고 있다고 볼 수 있으며, 또한 미래에 더욱 심화될 것으로 예측된다.

2. 여성범죄의 원인과 특징

1) 여성범죄의 원인

남성과 여성은 신체적 특징, 그리고 정신적으로도 차이가 있고 사회생활의 역할이나 지위도 차이가 있기 때문에, 이러한 차이로 인하여 범죄에 있어서도 차별성을 보여주고 있다. 여성범죄에 관한 대표적인 이론들은 다음과 같다.

97) Freda Adler, Sisters in crime, New York: Mcgraw-Hill Book Company, 1975, pp.19~20; 여성자신이 남성에 의해서만 저질러지던 행위를 할 수 있고, 특히 여성운동의 영향을 많이 받게 된 젊은 여성일수록 더욱 자신을 무엇이든 할 수 있는 존재로 생각하기 쉽다는 것이다. 따라서 ① 체포된 여성의 증가가 더 높고, ② 기타 범죄보다 강력 범죄로 체포된 여성의 증가가 더 높고, ③ 강력 범죄로 체포된 여성의 증가율 중 하나가 여성이 재산범죄에도 관여되어있다는 것 등을 이유로 여성범죄가 남성범죄와 닮아가는 것으로 보일 수 있다는 주장도 있으나(G. W. Noblit and J. M. Burcart, "Woman and crime:1960~1970", social science Quarterly, 1976, 56:651~657; 이윤호, 앞의 책, p44. 재인용), 이러한 주장은 많은 비판의 대상이 되고 있기도 하다.

(1) 롬브로조의 연구(Cesare Lombroso, 1896~1897)

① 여성범죄 연구의 선구자

'근대 범죄학의 아버지'라고 부르는 체자레 롬브로조는 범죄학뿐만 아니라 여성범죄에 관한 연구에서도 선구자라고 할 수 있다. 다만 여성범죄성에 관한 그의 연구는 방법론과 연구 성과에 있어서 많은 비판을 받고 있고, 현재로서는 그의 견해를 따르는 사람은 찾기가 어렵다고 볼 수 있다.

② 롬브로조의 「여성범죄인」

㉠ 롬브로조는 그의 저서 「여성범죄인」[98]에서 생물학적 방법에 의해 연구를 진행하였다. 그는 여성범죄성을 두개골이나 얼굴의 특징과 같이 격세유전에 의해 개인에게 생기는 생래적 성벽으로 보았으며, 이러한 인간에게는 자손을 만들지 못하게 함으로써 범죄를 방지할 수 있다고 보았다.

㉡ 롬브로조는 여성범죄인과 매춘부에 대하여 아래와 같이 기술하였다.

첫째, 남성범죄자들과 마찬가지로 이들은 여성정신이상자보다 키가 크고, 정상 여성보다 키가 작으며 몸무게가 덜 나간다고 보았다(단, 매춘부는 예외임).

둘째, 여성범죄자는 진화론으로 보면 퇴화된 존재로 동물에 가까운 존재이고, 또 형태학적으로 보면 보통 여성에 비해 남성에 가까운 특징을 가지고 있다(남성성 가설).[99] 롬브로조가 주장하는 남성성 가설은 튀어나온 턱·곱게 곱실거리는 머리카락·드문드문 난 턱수염·검은 피부·뾰족한 두개골·지나치게 발달한 턱

98) 「여성범죄인」(Criminal Woman, the prostitute, and the normal woman. 2004)을 발간하기 전까지는 영어로 된 롬브로조의 저서가 거의 없었다. 「여성범죄인」은 롬브로조 생존 시 영어로 번역된 첫 번째 범죄학 문헌이었고, 이는 그의 사상을 영미권으로 알린 수단이 되었다.

99) Cesare Lombroso, The Female offender, New York: Appleton Publisher, 1920, pp.51~52). 남성성 가설에서 주장하는 특징들은 모두 사체해부를 통하여 얻은 결과라고 롬브로조는 기술하고 있다.

·움푹 들어간 이마· 돌출된 귀·남녀구분 어려움·약한 근력 등의 특징을 가지고 있다고 언급하였다.[100)]

셋째, 롬브로조는 여성본질의 제1의 특징으로 여성의 생리적 수동성을, 제2의 특징으로 여성의 환경 적응성의 양호함과 생존능력의 우수성을, 제3의 특징으로 여성의 비도덕성을 들고 있다. 따라서 여성은 신체적·정신적으로 수동적이나, 한편으로는 냉혹하고 계산이 빠른 부도덕한 생물이라고 보았다.[101)]

넷째, 여성범죄자는 자신이 직접 범죄를 실행하는 것 외에 남편이나 정부를 끌어들여 범죄를 저지르는 경우도 가끔 있다. 이러한 경우 여성은 대체로 자백하지는 않으나, 때로는 극히 간단하게 고백해 버리기도 한다. 그 이유는 여성이 비밀을 지킬 수 없는 특성 때문이라고 보았다.[102)]

다섯째, 여성범죄자는 범죄인류학상 신체적 특징을 가지고 있는 경우가 남성범죄자보다 높다. 즉 생래적 범죄자의 경우가 많다. 그리고 롬브로조는 여성범죄자는 이처럼 정상인과 다른 것만이 아니라, 일반 여성과도 다른 특이한 존재인 괴물(monster)이라고 까지 역설하였다.[103)]

㉢ 결론적으로 롬브로조는 여성범죄자는 선천적으로 잠재적인 소질을 갖고 있으며, 여성범죄가 적은 것은 단지 겉으로 보기에만 그럴 뿐이다. 그러나 실제로 여성이 저지르는 매춘을 고려한다면 남성범죄를 훨씬 능가한다고 보았다.

---

100) 체자레 롬브로조 원저, 이경재 옮김, 앞의 책, p.80.

101) 김용준, 앞의 책, p.184; 김상균, 앞의 책, p.150.

102) C. Lombroso and W. Frreo, The Female offender, 1900, p.183.

103) 롬브로조는 범죄자의 인체측정과 골상에 관한 결론을 요약하면서 롬브로조는 남자들의 특징들을 요약하는데 대부분 할애했지만, 다만 여성범죄자인 경우에는 남성적인 외모이며, 동공이 팽창해 있지만, 머리가 세거나 대머리인 경우는 드물다고 언급하고 있다(체자레 롬브로조 원저, M. 깁슨, N.H. 래프터 편역, 이경재 옮김, 앞의 책, p.14: 김상균, 앞의 책, p.150.

(2) 토마스의 연구(Thomas, W. I, 1907)

① 1907년의 「성과 사회」

시카고학파의 토마스는 1907년 「성과 사회」라는 저서에서 롬브로조와 같이 여성은 진화과정에 있어서 남성보다 한참 뒤떨어져 있기 때문에, 생존능력에 있어서 떨어진다고 보았다. 뿐만 아니라 여성은 하층인류이고 남성과 비교하여 현명함이 부족하다고 하였다.

② 1923년의 「부적응 소녀」

㉠ 토마스는 1923년 「부적응 소녀」에서 여자의 성비행과 관련하여 중간층 계급에 속하는 여성은 어떻게든 자기의 자연적 욕구를 승화하고, 준법적 행동을 취하고, 자기의 여성스러움을 자본으로 생각하여 중요하게 여긴다고 주장하였다. 따라서 중간층 계급에 속하는 여성은 범죄를 거의 범하지 않은 반면, 하층계급에 속하는 여성은 그렇지 않다고 하였다.

㉡ 소녀비행의 시작은 항상 오락 때문에, 모험을 찾아서, 아름다운 의복이 탐나서, 아름답다고 인정받고 싶어서, 남과는 달리 뛰어나고 싶어서, 사회에서의 자유를 찾아서 라는 충동에 의한 경우가 많다고 보았다.[104)]

㉢ 남성은 개인적 욕망을 승화하는 능력이 있으나, 여성은 감정적인 이유로 합리적인 판단을 할 능력이 결여되어 있다, 따라서 여성이 열등하고 또한 정의 관념이 부족한 것은 정신생활에 있어서 질투와 관련이 있다고 보았다.

(3) 프로이트의 연구(S. Freud, S, 1933)

① 인체의 구조는 운명이다

프로이트는 "인체의 구조는 운명이다"라는 말로 표현하였는데, 이는 여성의 본질에 대해서 명확하게 생물학적 가설에 그 기초를 두

104) W. I. Thomas, The unadjusted girl(New York: Harper and row), 1923, p.109.

고 있다는 것을 의미한다.[105)] 프로이트는 여성을 해부학적으로 열등하다고 보고, 여성은 아내가 되고, 어머니가 되어야 하게끔 운명 지어졌다 라고 하고 있다. 즉 "아내가 되고 어머니가 되는 것은 열등한 운명이고, 이 열등성의 근거로서는 여성의 생식기가 남성의 생식기보다도 열등함에 의한다고 보았다.[106)]

② **남성과 여성의 2분법론**

남성은 행동적인 반면 여성은 무기력하다는 2분법을 취하면서, 여성은 감정적이기 때문에 합리적인 판단을 하는 능력이 결여되어 있다고 하였다. 따라서 여성 범죄자는 남성적이려고 시도하는 여성이라고 보는 것이 당연한 것이고, 공격적이며 반항적인 태도에 의해 무언가를 성취하려는 것은 페니스 선망의 표현이라고 언급하고 있다.

(4) 폴락의 연구(Pollak, 1950)

폴락(Otto Pollak)은 그의 저서 「여성의 범죄론, 1950년」[107)]에서 여성범죄는 은폐성을 기본특징으로 하기 때문에 범죄통계표상에 잘 나타나지는 않지만, 그 범죄적 성향 자체는 남성에 별로 못지않다고 설명하고 있다.

① **여성범죄의 특징**

폴락은 여성범죄는 다음과 같은 특징을 갖고 있다고 하였다.

첫째, 여성이 비밀리에 범죄를 잘 범하는 것은 실은 여성의 은폐성을 특징으로 하고 있기 때문이다. 따라서 여성범죄가 남성의 그것보다 비율이 낮은 것은 위와 같은 성격으로 인하여 통계상에 잘 나타나지 않을 뿐이지, 범죄적 성향은 남성에 못지않다고 하였다(범죄통계의 문제점).[108)] 즉, 여성범죄의 경우에는 암수범죄의 문제가

105) 藤本哲也, 「범죄학강의」, 東京: 八千代出版, 1978, p.81.

106) 프로이트는 일반적으로 여성은 남자의 성기를 갖고 있지 않은 것에 항상 열등감을 가지고 있다고 보았다. 특히 여성범죄자는 엄마로서나 아내로서의 역할에 만족하지 못하고 신경증·부적응 혹은 성적 부적응의 상태를 보이는데, 그들의 행동원인은 건전한 여성적 태도를 갖추지 못하고 남성이 되기를 바란다고 보았다.

107) Sutherland and Cressey, Principles of Criminology, 1955, pp.139-142.

108) Otto Pollak, The Criminology of Woman, Philadelphia, PA:University of Pennsylvania

크게 작용하고 있다는 점을 들고 있다.[109]

둘째, 폴락은 형사사법제도에 의한 「기사도 정신가설」을 들고 있다. 즉 현존하는 남녀의 범죄 간에 보이는 불평등의 현저한 원인 중 하나는 「기사도 정신」에 의한 것이며, 그것은 남성의 여성에 대한 일반적인 보호적 태도의 표현 때문이라고 보았다. 일반적으로 남성은 여성을 비난하는 것을 싫어한다. 따라서 경찰이 여성을 체포하고, 검사는 여성을 기소하는 것을, 그리고 판사는 여성에게 유죄를 인정하여 형벌시설에 송치하는 것에 소극적이라고 보았다.[110]

셋째, 여성범죄의 대부분은 우발적이거나 상황적 범죄이며, 배후에서의 공범으로 가담하는 경우가 많다. 따라서 여성범죄의 배후에는 남성이 있고, 그 남성이 진정한 원인제공자이고 여성은 어쩔 수 없이 범죄에 내몰린 경우가 적지 않다. 그러기 때문에 죄질에 있어서도 공격적인 범죄가 적은 편이라고 보고 있다.

넷째, 여성범죄는 아동·남편·가족·애인 등 자신과 밀접한 관계에 있는 사람을 대상으로 하는 경우가 많다. 예컨대, 여성의 경우에 살인(존속살인 등)이 많은 편인데, 이는 남녀 간의 애정갈등이나 가정 내의 불화 등의 주원인이므로 격정범의 형태로 이루어진다.

다섯째, 여성범죄자의 범죄수법은 독살·학대 등 주로 비폭력적인 방법이 사용되는데, 격정범을 제외하고는 여성에 의한 살인은 독살 등에 의한 경우가 많다고 강조하고 있다.[111]

여섯째, 여성범죄자들은 주로 소규모적인 범행(사기·절도 등)을 반복해서 자주 범하는 것을 특징으로 한다.

일곱째, 여성은 생래적으로 뻔뻔하고 영리하고 교활하며, 감정적으로 복수심도 강해 그 범죄성에 있어 남성에 뒤지지 않는다. 즉, 여성은 생물학적으로 사기성이 강하다고 보았다.

---

press, 1950.

109) 여성범죄자의 암수문제는 통계상의 문제로만 돌릴 수 없는 측면을 가지고 있고, 암수범죄를 고려하더라도 여성범죄율이 남성의 경우보다 훨씬 낮다는 점은 부정할 수 없는 현상이다. 뿐만 아니라 여성범죄가 기소유예율이나 집행유예 또는 선고유예의 비율이 높은 것도 여성범죄의 질적 특징(죄질이나 위험성이 경미하다)에 따른 것으로 보아야 한다(정영석·신양균, 앞의 책, p.114.).

110) 김용준, 앞의 책, p.196.

111) 이윤호, 앞의 책, p.47.

② 폴락은 여성범죄자들은 위에 기술한 특징으로 인하여 범죄수사권밖에 놓이기 일쑤이고 그 때문에 범죄자로 검거되는 일이 드물며, 또한 남성의 「기사도 정신」에 의해 범죄통계표상의 수치가 감소되는 경향도 있다. 그러나 그 범인성 자체는 반드시 낙관할 성질이 못 된다는 것을 강조하고 있다.

(5) 종래 여성범죄연구에 대한 페미니스트 범죄학의 비판적 시각

롬브로조 → 토마스 → 프로이트에 이르기까지의 여성범죄 연구에 대한 흐름은 생물학적인 접근으로부터 시작하여 심리학적인 접근으로까지의 변천을 보이고 있다. 그러나 그 저류에 있는 것은 역시 여성천시 혹은 여성열등감 등의 관념을 전제로 하고 있다. 뿐만 아니라 사회학적 방법이 지배한 1950년대 미국의 폴락도 여성범죄 연구와 관련하여 범죄생물학적 발상에서 벗어나지 못하고 이데올로기적이고, 경험적인 연구에 그치고 있다. 더구나 이들의 연구에는 매춘이나 성 비행을 여성범죄의 원형으로 보고 있어, 이점에서도 여성에 대한 편견이 보이고 있다. 이런 롬브로조 이래 일련의 여성범죄 연구와 관련하여, 페미니스트 범죄학자들은 그들의 연구는 여성에 대한 편견을 기초로 한 것으로서 여성을 차별한 것이라고 격렬하게 비판하였다.

① 페미니스트 범죄학

㉠ 개설

전통적인 범죄학이론은 대개 남성의 범죄행동을 중심으로 논의되었다. 그리고 설령 여성범죄를 설명하였다 하더라도 몇몇 이론은 단순한 것이었고, 또한 고정관념화 된 이미지에 의존했다는 주장이 제기되고 있다. 따라서 전통적 범죄학이 가지고 있는 이런 문제점 등이 지적되면서, 1960년대 이후 현대적 의미의 페미니즘(feminism)이 급속한 발전을 이루게 되었다.

페미니즘이란 무엇인가. 이에 대하여 통일된 정의는 없으나 일반적으로 성차별에 대한 시정을 요구하는 여성해방사상이나 운동으로 이해되고 있다. 예컨대, 남녀평등권 또는 여권신장운동 등을 말한다. 따라서 페미니즘은 기본적으로 '남자와 동일한 평등'을 지향한다. 페미니스트 범죄학파는 넓게 자유주의 페미니즘·급진적 페미니즘·마르크스 페미니즘·사회주의 페미니즘으로 대별해 볼 수 있다.

㉡ 자유주의 페미니즘

자유주의 페미니즘은 19세기 후반부터 20세기 초에 걸쳐 영국·미국· 프랑스 등 서유럽 근대사회를 중심으로 일어났는데,[112] 기본적으로 계몽주의적 입장을 취하고 있다. 즉, 여성이 남성에 비해 열등하다는 것은 교육을 못 받아서 열등하기 때문이라고 보았다. 이런 문제점에 대하여 교육기회의 추구에서부터 시작하여 참정권·선거권의 확대 등의 운동이 자유주의적 페미니즘의 대표적인 예라고 할 수 있다. 따라서 자유주의 페미니즘은 기본적으로 기존의 사회구조 틀 내에서 여성의 문제에 관심을 집중하고 여성의 권리와 기회를 증진시킴과 동시에, 여성의 역할을 바꾸는데 영향을 미쳤다.[113]

㉢ 급진적 페미니즘

㉮ 급진적 페미니즘은 '가부장제'[114]를 중심개념으로 한다. 이들은 법적·정치적 구조와 사회·문화적 제도가 여성 억압의 한 원인일 뿐만 아니라, 생물학적인 성(性)이 여성의 정체감과 억압의 주된 원인으로 보았다. 따라서 여성해방은 출산·양육 등의 여성역할에 대한 근본적인 변혁을 통해 이루어질 수 있다고 주장하였다.

112) 페미니스트 범죄학의 선구자적인 업적은 크라민의 논문 '여성범죄의 원인론-관련문헌의 해부'등이 있고, 전통적인 범죄학이론이 가진 많은 문제점들을 지적한 문헌은 1975년 프레다 애들러(Freda Adler)의 '범죄를 저지른 자매들 : 새로운 여성범죄자의 등장'의 저서를 들 수 있다(Freda Adler, Sisters in Crime: The Rise of the Female Criminal(New York: McGraw Hill, 1975). 이러한 초기의 페미니스트 문헌들은 전통적인 범죄학의 틈새를 메우고 과거의 왜곡된 것들을 수정했기 때문에, 이들을 자유주의적 페미니즘으로 불리기도 한다.

113) 이순래·이성식·박정선·박철현·김상원·박성민·류준혁 공역, Vold의 이론범죄학, 그린, 2012. p.401.

114) 가부장제는 원래 막스 웨버(Marx weber)와 같은 사회학자가 봉건제 하에서의 사회관계를 설명하기 위해 사용한 것이다.

㈏ 1970년 케이트 밀레트(Kate Millett)는 「성(性)의 정치학」에서 가부장제는 모든 사회에서 지배의 가장 근본적인 형태라고 보고, 성 정체성을 토대로 남성은 가족처럼 사적(私的)인 상호작용에서 여성을 지배하는 경향이 있다는 것이다.[115)] 따라서 이들은 부권제도(父權制度)나 여성경시의 문제는 남성이 여성의 성(性)에 대한 침해행위 또는 통제로 보고, 이런 성 침해나 성적통제를 완전히 소멸해야 한다고 주장한다.

㉣ 마르크스주의 페미니즘

㉮ 마르크스주의 페미니즘은 여성의 억압과 종속은 계급의 불평등에서 기인하고, 이러한 계급 불평등을 양산하는 자본주의 체제가 여성의 사회적·경제적 불평등의 원인이라고 본다.

㈏ 여성에 대한 억압은 자본주의 사회에서 이윤증대를 위한 생산수단을 점유하고 있는 남성들이 여성의 노동을 착취함으로써 가중된다고 보고 있다(예컨대, 노동계급의 여성들이 일터에서 받는 억압과 가정 내에서의 무보수 가사노동 등). 따라서 마르크스 페미니즘은 자본주의 체제의 붕괴와 함께 국가가 가사노동을 완전히 떠맡을 때 여성의 억압과 종속이 근절될 수 있다고 하였다.

㈐ 마르크스주의 페미니즘은 자유주의적 페미니즘들이 구조자체는 바꾸지 아니하고 교육·평등의 기회, 그리고 중산층에만 집착하는 공적(정치적)영역에서의 평등만을 추구했다고 비판을 가하면서, 사적인 영역(가정폭력문제 등)에도 국가가 개입해야 한다고 주장하였다.

㈑ 결론적으로 마르크스주의 페미니즘은 전통적 마르크스주의와 결합시켜, 남성지배의 근원은 남성의 재산소유와 경제적 생산수단에 대한 통제에 있다고 보았다. 즉, 성적불평등의 근간에 사회계급이 존재하는 것을 강조하였다.

115) 이순래·이성식·박철현 외 공역, 앞의 책, p.403.

㉤ 사회주의 페미니즘

㉮ 사회주의 페미니즘은 여성은 신체적 생존을 위해서(예컨대, 출산·임신·육아 등) 남성에게 더 의존하게 되고, 이런 이유 등으로 남성은 집 밖에서 일하고 여성은 집안에서 일하는 노동의 성 분업을 가져오게 된다는 것이다. 이런 것들이 결국 남성의 지배와 통제의 기본적 토대가 형성된다고 보았다.

㉯ 사회주의 페미니즘은 여성과 남성이 평등하기 위한 핵심은 여성이 생산수단을 갖는 것 보다는, 여성이 몸과 재생산기능에 통제력을 가지면 더 큰 사회에서 올바른 방향으로 나아갈 수 있다고 주장한다. 결론적으로 이들의 주장은 성적 차별이나 성적탄압은 자본주의 사회의 특징이므로, 전혀 다른 사회구조를 만들어야 극복할 수 있다는 견해를 피력하고 있다.

② 페미니스트 범죄학파의 공헌과 한계

㉠ 공헌

전통적인 범죄학은 여성범죄의 원인을 생물학적 요인이나 사회학적 요인에서 찾으려고 하였다. 반면, 페미니스트 범죄학은 종래의 범죄학의 사고변화를 요구하여 남성적인 편견이 있었다는 사실에 대한 반성을 촉구하고 있다는 점에서 그 공헌도를 인정할 수 있다.

㉡ 비판

페미니스트 범죄학은 '이론이라기보다 하나의 관점을 제시하는데 불과한 것이 아닌가'라는 비판도 제기되고 있다. 따라서 이러한 문제점이나 한계를 어떻게 극복하느냐 하는 것이 이후의 과제로 남아있다고 볼 수 있겠다.[116)]

116) 김상균, 앞의 책, p.162.

2) 여성범죄의 특징

20세기 전반 범죄학이론은 여성이 남성에 비해 덜 자주, 덜 심각한 범죄를 저지르기 때문에, 여성범죄자는 남성에 비해 더 심각한 생물학적·심리학적 문제점을 가진다고 가정하였다. 20세기 중반까지의 사회학적 이론(예컨대, 머튼의 긴장이론·서덜랜드의 차별적 접촉이론·낙인이론 등)들은 여성의 범죄에 대하여 아무것도 설명하지 못했고, 거의 개인적 병리학에 초점을 맞춘 채로 남아 있는 상태였다.[117] 그러나 여성범죄를 하나의 완전한 실체로 보고 여성의 사회적 상황차원의 맥락에서 보게 된 것은 페미니즘이 등장한 이후부터였다.[118]

(1) 재산범과 여성범죄

재산범죄의 종별과 범행의 동기 그리고 생활배경 등을 살펴보면 남녀에 따른 차이는 어느 정도 있다. 예컨대 절도·사기 등은 여성 특유의 동기이고, 대부분 물질적인 욕구를 충족하기 위한 이욕범죄(利欲犯罪)가 상당한 비중을 차지하고 있다. 다만 횡령에 있어서는 경제적 곤궁상태는 극히 적으며, 가족도 배우자도 없는 고독한 여성도 극소수라는 점을 들 수 있다. 따라서 이러한 모든 면을 살펴보면 순간적으로 욕망에 의한 범죄가 많다고 볼 수 있다.[119]

(2) 폭력범과 여성범죄

일반적으로 폭력은 남성이 저지른다고 보는 것이 일반적인 시각이나, 최근에 와서는 여성폭력사건이 새로운 양상으로 등장하고 있다. 특히 여성폭

117) Peggy C. Giordano and Stephen A. Cernkonich, "Gender and Antisocial Behavior," in David M. Stoff, James Breiling, and Jack D. Maser, eds., Handbook of Antisocial Behavior (New York: John Wileym 1997), pp.496~510.

118) 이순래·이성식·박정선·김성언·박철현 외 공역, 앞의 책, p.408.

119) 예컨대, 최근에 여성들이 차지하는 재산범죄 중에서 백화점이나 슈퍼마켓 등에서 슬쩍 훔치는 들치기 수법의 절도가 가장 높은 비율을 차지하고 있는 것은 그 단적인 예라고 볼 수 있다. 이는 지금까지 대면방식(對面方式)으로 상품을 구매하는 대신 직접 본인의 손으로 상품을 고르는 시스템으로 전환되면서, 절도라는 의식 내지는 저항감이 희박해져서 이와 같은 범죄현상을 낳게 된 것이 아닌가 생각되어진다.

력범죄의 대표적인 것이 살인과 가정 내 폭력 등을 들 수 있다. 여성의 경우에 살인(존속살인) 등이 많은 편인데, 이와 같은 범행은 애정갈등이나 가정불화 등의 주원인이며 격정범의 형태로 나타나는 경우가 많다.

(3) 생리현상과 여성범죄

「여성범죄」와 「생리의 관계성」에 대해서는 오래전부터 연구되어 왔으나, 이것이 맞는가, 틀리는가에 대해서는 증명된 사실은 없다. 여성특유의 생리기간이란 월경초기, 월경, 임신·출산, 폐경기 등을 말한다. 이러한 시기에는 내분비선의 평형장애에 빠지고 정동성(情動性)의 부조화가 인정되기 때문에 범죄에 빠질 위험도 비교적 쉽다고 한다. 특히 그 중에서도 종래 범죄와의 관계에서 가장 문제시 된 것이 월경이었다.

① 월경과 범죄에 관한 연구

㉠ 롬브로조

월경과 범죄의 관계에 대해서 여성은 월경 전과 월경 기간 중에 폭력범죄를 일으키는 경향이 있다고 하는 가설은 롬브로조의 사고(思考)에서 나온 것이라고 할 수 있다. 롬브로조는 여성범죄인과 일반여성의 경우, 월경이 시작되는 평균 연령은 범죄자인 경우 14세이고, 일반인인 경우에는 15세~16세 사이라고 하였다. 그러나 롬브로조는 월경에 관하여 구체적으로 설명하지는 않았고, 다만 그의 저서인 「여성범죄인」에서 사춘기가 일찍 시작된다는 것은 여성범죄인이나 매춘부의 경우 성욕과다의 한 증거라고 주장했다.[120)]

㉡ 볼덴베르크

독일의 「볼덴베르크」는 월경 중에 흔히 볼 수 있는 정신현상으로 정신혼란·감정자극·불화·질투·충동성 등을 지적하였다. 그리고 이러한 현상은 월경 직전에서 1일 사이에 가장 현저하다고 보았다.

---

120) 체자레 롬브로조 원저, M. 깁슨, N.J.래프터 편역, 이경재 옮김, 앞의 책, p.274.

㉢ 휴브너

휴브너(Hubner)는 분만시의 정신 상태를 조사하고 생리적인 것과 병적인 것으로 나누고, 생리적인 것 중에는 다시 쇠약상태(실신에까지 이른다)와 흥분상태가 있고, 병적인 것 중에는 기억장애·몽롱상태·그 밖에 정신병상태로 구분된다고 하였다. 따라서 이러한 분만시의 흥분상태나 병적 정신상태가 범죄와 연결될 수 있음에 주의해야 한다고 말했다.[121)]

㉣ 위와 같은 연구결과에도 불구하고 생리현상과 범죄성의 관계는 일반적으로 생리자체가 직접적으로 범죄행동을 낳는 것은 아니고, 다만 생리에 의한 심리적 균형의 혼란이 사람에 따라서 일정한 영향을 줄 가능성은 인정되고 있다.

② 생리적 현상과 범죄와의 관계

생리적 현상과 범죄와의 관계를 ㉠ 생리전증후군, ㉡ 월경직전과 월경개시, ㉢ 분만, ㉣ 폐경기로 세분하여 살펴보면 다음과 같다.

㉠ 생리전증후군

㉮ 여성은 생리시에 여성호르몬인 에스트로겐의 과도한 분비로 인해 반사회적 행동이나 공격적 행동을 하게 된다는 견해가 오랫동안 제기되어 왔다. 이러한 조건은 생리전증후군(premenstrual syndrome 또는 PMS)[122)]과 연결되어 논의가 전개되었다.

㉯ 1971년 생리전증후군과 관련하여 영국의 달튼(Katharina Dalton)은 영국 여성들을 대상으로 월경과 반사회적 행동의 관련성을 조사한 결과, 영국 여성들은 생리 바로 직전 또는 생리기간에 자살이나 공격행동 그리고 그 외 반사회적 행동의 가능성이 높아진다고 지적했다.[123)]

121) 吉益脩夫, 犯罪學概論, 1958. p.61.
122) 생리전증후군(월경 전 증후군)이란 황체기(월경기의 후반부)동안에 일상적 활동을 방해할 정도의 신체적·정신적 및 행동 증상들이 나타나는 것을 말한다.
123) Katharina Dalton, The premenstrual Syndrome(Springfield, Ⅲ, : Chares C. Thomas),

㉰ 반면 일부에서는 생리전증후군(PMS)과 범죄와의 관계는 우연적이거나 공격행위에 대한 심리적·생리적 스트레스가 생리를 초래하는 것뿐이지, 생리가 범죄를 초래하는 것은 아니라는 반대 견해도 있다. 이처럼 PMS와 범죄의 관련성에 관하여 논쟁은 계속되고 있고, 최근에는 생리 3일부터 10일전까지 생기는 심신의 변화와 범죄와의 관련을 지적하는 연구가 많이 보고되고 있다.

㉱ 이러한 연구에도 불구하고 생리전증후군에 대한 확실한 원인은 알려져 있지 않지만, 생리주기에 따라서 분비되는 엔돌핀 불균형과 면역반응의 이상 등이 원인인 것으로 추측되고 있다. 심한 경우 자살충동이 강해지거나 도벽이 생기기도 하여 생리기간 중 절도 등의 범죄를 일으키기도 한다.

㉡ 월경직전과 월경개시

월경직전에서 월경개시에 걸쳐 특별한 소질의 부인은 월경 직전에서 최초의 1일 사이에 욕동(欲動)의 자극을 느끼는 정도에 비하여 저항력이 약하여, 백화점 같은 곳에서 진열품을 본 즉시 훔치는 경우 등이 있다. 따라서 월경시 범죄적 위험이 크다고 보고 있다.[124)]

㉢ 분만시

분만시에 주로 영아살해를 하는 경우가 있는데, 이것도 그때의 특수한 생리 심리적 현상과 관계된다고 본다. 대개 무경험한 젊은 여인이 타인의 도움 없이 분만할 경우, 분만의 고통에 따른 정신상태의 이상으로 이러한 일을 저지른다는 것이다.

㉣ 폐경기

폐경기에는 정서불안·불면증·불안감 등이 나타난다. 우리나라의 경우 여성범죄자 중 41~50세의 연령층이 가장 많은 것은 이러한 폐경기의 심리상태가 직접 또는 간접으로 작용한 결과라

1971, pp.12~150.

124) 신진규, 앞의 책, p.189.

고 보고 있는 견해도 있으나,[125] 구체적인 연구사례는 없다. 폐경기에는 특히 방화죄와 모욕죄가 많다고 보고 있다.

3) 여성범죄연구에 대한 비판

(1) 생물학적 접근방법에 의한 연구

① 롬브로조에서 현재에 이르기까지 여성 범죄에 관한 연구의 근저에는 일관되게 여성 멸시의 사상이 내포되어 있다. 롬브로조는 여성의 본질에 관한 특징으로 생리적 수동성·생존능력의 우수성·여성의 비도덕성, 즉 여성을 본래 냉정하고 타산적인 것으로 보았다. 이러한 여성관은 토마스의 연구에 있어서도 보이는데, 여성은 남성에게 성 충동을 일으키게 하는 자로서 개념화시켰고, 프로이트 연구에 있어서는 여성은 남성처럼 페니스가 없기 때문에 끊임없이 복수하려고 하는 악성인자(惡性因子)로서 표현하고 있다.
더 나아가 폴락은 여성은 태어나면서 교활하고 영리하며 사기성이 강하고 거짓말쟁이라고까지 표현하고 있다.

② 롬브로조를 그 대표자로 하는 생물학적 접근방법은 그 분석방법에는 차이가 있을지는 몰라도 토마스 → 프로이트 → 폴락 등 현대에 이르기까지 여성 멸시의 기본 이념이 내포되어 있다고 보아야 할 것이다.

4) 페미니스트 범죄학

(1) 페미니스트 범죄학은 롬브로조의 이래 일련의 여성범죄연구는 여성에 대한 편견을 기초로 한 것으로서 여성을 차별한 것이라고 격렬하게 비판하고 있기도 하다. 그러한 비판 이유 중의 하나는 이들의 연구에는 매춘이나 성 비행을 여성범죄의 원형으로 보고 있는 것도 여성에 대한 편견 중의 일부라고 보고 있기 때문이다.

125) 정영석·신양균, 앞의 책, p.119.

(2) 페미니스트의 범죄학에 대한 비판도 만만치 않다. 그 이유는 첫째, 「형사사법에 대한 차별적인 취급이 성별에 의한 것이라는 명확한 실증적 자료」를 제시한 점이 없다는 점이고,[126] 둘째, 그들이 주장하는 것은 이론이라기보다는 하나의 관점을 제시하는데 불과하다는 점을 그 이유로 들고 있다.

Ⅸ. 연령과 범죄

1. 개설

연령과 범죄와는 일정한 관련성이 있는가라는 명제에 대하여, 다른 범죄요인들보다 연령이 범죄와 관련성이 확실히 있다고 보는 것이 범죄학적 측면에서의 입장이다. 연령과 범죄와의 관계는 이미 19세기에 케틀레(Quételet)에 의하여 관심의 대상이 되었고, 그 후에도 바그너(A. Wagner), 마이어(Gorge Von Mayer), 뢰스너(Roesner)등에 의하여 그 상관관계가 지적되어 왔다.

2. 연령단계와 범죄

일반적으로 일정한 연령단계까지는 연령 자체가 인격의 발달 단계를 나타낼 뿐만 아니라, 그 사람을 둘러싸고 있는 환경도 나타나게 된다. 따라서 연령과 범죄문제는 개인의 신체적·정신적 변화와 사회적 변화 등 여러 조건들이 상호작용에 의하여 각 연령계층의 범죄성을 특징짓는다고 보고 있다.

허쉬(Hirschi)와 갓프레드슨(Gottfredson)은 “나이가 모든 면에서 범죄와 관련된다. 범죄에 대한 나이의 영향은 범죄에 대한 다른 어떤 인구학적인 상

126) 페미니스트 범죄학은 입법·사법·행정이 이제까지 남성에 의해 지배되었기 때문에, 형사사법의 모든 과정에 있어서도 역시 남성의 편견이 존재하고 있다는 것이다. 따라서 형사사법은 ‘남성에 의한 남성을 위한 남성의 형사법’이라고 주장하면서, 여성범죄자나 여성피해자를 보호하자는 주장도 남성지배를 위한 트릭에 불과하다고 혹평하고 있다.

관관계에도 구애받지 않는다"라고 주장하고 있다. 즉, 사회·경제적 지위·결혼관계·성별 등에 관계없이 젊은 사람이 나이든 사람보다 많은 범행을 한다는 것이다.

1) 청소년기(사춘기포함)

청소년기는 대개 14세부터 23세까지를 가리키는데, 최근에는 사춘기를 1~2년 빨리 잡기도 한다.

(1) 최고 범죄 연령

최고 범죄 연령이란 청소년들의 비행발생이 가장 높은 구성 비율(범죄수)을 차지하는 연령을 말한다.

일반적으로 각국의 통계에 의하면 최고 범죄율을 나타내고 있는 연령계층은 20~25세의 청소년기로 나타나고 있다. 그러나 최고 범죄 연령은 모든 조건에서 동일한 것이 아니고, 죄종·성별·장소·시간에 따라 변한다. 예컨대, 최고 범죄 연령은 성별에 따라서도 다르다. 일반적으로 여성은 남성보다 높은 편이나, 성(成)범죄·마약범·살인 등에서는 남성이 여성의 최고 범죄 연령기보다 높은 편이다.

(2) 사춘기 청소년들의 심리적 특징

사춘기에는 신체 각 부위의 비약적 성장·발전 이외에 정신심리생활에도 일대변화를 겪는다고 보는 것이 일반적이다.

① 사춘기 청소년들의 심리의 특징에 관한연구

㉠ 미국의 심리학자 홀(Granville S. Hall)은 그의 저서 「사춘기론」에서 이 시기의 청소년들을 심리학적으로 「질풍과 긴장의 시기」라고 규정하였다.

그는 이러한 심리적 특징이 결국 생리적 변화에 기인한다고 주장하고, 그 구체적인 면, 즉 심리적 특징을 아래와 같이 기술하였다.

㉮ 내적 전념과 공상, ㉯ 구상·환상·꿈이 많음, ㉰ 자기비판·회의·저주가 심함, ㉱ 개성과 과대한 주장, ㉲ 극도의 모방성, ㉳ 극적인 역할 또는 태도를 취하고자 함, ㉴ 어리석음·불합리성·변덕스러움, ㉵ 새로운 언어의식, ㉶ 친구우정과의 전념, ㉷ 에너지의 증감이 심하고 감정적·지적으로 유동이 심한 것 등이다.[127)]

ⓛ 범죄학자 엑스너(F. Exner)는 사춘기 심리의 특징으로 ㉮ 공상적인 체험욕, ㉯ 과대한 행동충동, ㉰ 자기현시욕, ㉱ 자아고양(自我高揚:스스로 정신이나 기분 따위를 북돋워서 높임), ㉲ 자주적 결정감, ㉳ 권력과 강제에의 반항감, ㉴ 내적불안, ㉵ 오만과 혈기, ㉶ 기분의 수시변화, ㉷ 성욕의 분방성등 열 가지를 지적하였다.[128)]

ⓒ 로우(Rowe)와 티틀(Tittle)은 청소년들이 성인보다는 보다 모험적이면서도 동시에 보다 자유롭게 일탈할 수 있으며, 직업과 가족에 대한 부담이 없는 등 관습적인 행동이 덜 개발되었다는 점을 들고 있다. 따라서 범죄로 체포되어도 잃을 것이 적고, 범죄의 결과를 충분히 이해할 만큼 성숙하지 못함 때문이라고 지적하고 있다.[129)]

ⓡ 위의 견해들을 종합해보면, 사춘기 심리란 「미성숙」이라는 한마디 단어로 정리할 수 있다.

㉮ 사춘기는 정신심리적으로 미성숙하기 때문에 주위의 영향에 민감하다. 따라서 쉽게 격정·반항하고 자포자기식의 행동을 잘 저지르기도 한다. 그리고 집단을 형성하는 가운데 그 욕구불만감을 해소하고자 하는 경향 등은 모두 「미숙성」을 잘 나타내는 것이라고 할 수 있다.

127) G.S. Hall, Adolescence: Its Psychology and its Relations to Physiology, Arthropo-logy, Sociology, Sex, Crime, Religion and Education(1904), 2. Volumes.
128) 신진규, 앞의 책, p.191.
129) A. R. Rowe and C. R. Tittle, "Life cycle changes and Criminal Propensity", Sociological Quarterly, 1977, 18: 223-236.

㉯ 사춘기의 심리 중 「반항성의 경향」은 범죄심리학적 측면에서 특히 주목할 만하다. 신체적으로 급성장함에 따라 어떤 자신감에 들뜨면서도 외부세계와의 접촉을 통해 욕구불만족과 갈등의식을 다방면으로 느끼게 되고, 일체의 권위와 강제규율에 저항(반항)하고자 하는 심리는 이 시기에 있어서 하나의 특징으로 상징된다. 따라서 자칫하면 이러한 반항심은 범죄와 비행의 한 원인이 될 수도 있다.[130] 그러나 「반항성」은 모든 청소년들에게 동일한 형태로 나타나는 것은 아니며, 그 반항강도(反抗强度) 또한 다르다. 따라서 특수한 소질을 가진 자에게는 강하게 나타나고, 그 때문에 범죄와 비행에 더 잘 가담하게 된다.[131]

2) 중장년기

우리나라의 경우 20~30대의 전유물로 여겨졌던 살인·강도 등 강력범죄는 물론이고, 폭행 등 폭력범죄의 주 연령층이 40~50대로 급속히 옮겨가고 있다. 이와 같은 양상은 경제위기에 따른 퇴직압박과 직장 내 스트레스, 그리고 직장과 가정 내 갈등이 복합적으로 맞물려 일어난 사회현상이라고 볼 수 있다. 그 결과 경제적 불안감이 중·장년층을 사회의 중심부에서 주변부로 내몰고 있다.[132] 따라서 이 같은 사회적 스트레스를 적절히 해소하지 못할 경우 폭력성으로 표출된 가능성이 높기 때문에, 이에 대한 구체적인 연구가 필요한 시점이다.

3) 퇴행기와 노년기

(1) 퇴행기

넓은 의미에서의 퇴행기는 갱년기를 포함하나, 협의로는 갱년기를 거쳐

130) 신진규, 앞의 책, pp.191-192.
131) 최진영 외, 심리학, 1971, p.79.
132) 세계일보, 범죄 주 연령층 중·장년으로, 청년층 줄고 4050은 늘어 경제난·고용불안...폭력표출, 2012.6.27. 경제면.

신체 각 부위의 퇴행현상이 보이는 55~65세[133) 사이를 가리킨다.

퇴행기는 노년기로 이행하는 전 단계의 과정이다.

① **퇴행기의 퇴행현상**

신체적으로 물질대사가 점점 감퇴하고, 재생능력과 조직의 수분이 감소되어가는 것을 특징으로 한다. 이러한 현상은 제일 먼저 뇌에 나타나기 시작하는데, 뇌의 중량이 현저히 작아지며 동맥경화도 점점 강해진다. 일반적으로 작업능력이 감퇴와 활발성 등이 줄어들고, 더불어 감정·의지의 노력도 약화된다.

② **퇴행기와 범죄**

㉠ 퇴행기로 접어들면서부터 전체적인 범죄량은 매우 적어진다. 50대에는 재산범죄(사기·횡령·배임 등)가, 60대에는 위조범죄와 성범죄(강제추행 등)가 가끔씩 나타난다.

③ **퇴행기 정신병**

㉠ 퇴행기에도 갱년기에서와 같이 여러 가지 정신병이 일어나기 쉽다. 퇴행기 정신병은 장년기로부터 노년기에 이행해 가는 시기에 볼 수 있는 정신장해로, 특히 여자에게 있어서는 갱년기에 해당한다.

㉡ 갱년기에 생리적 변화(폐경 등)를 수반하는 여성의 경우에는, 이 종류의 정신장해가 남자보다 일어나기 쉽다. 주된 증상으로는 우울증·자신감상실·신경쇠약·성욕감퇴 등의 심리적·생리적변화가 일어난다. 따라서 여성은 이 기간 중 흥분성· 감정자극성 등을 느껴 범죄성과 연결되기 쉽다.

133) 연령대에 대한 나이 숫자는 최근의 노인들의 장수문제와 관련하여 정확하지 않을 수도 있음을 밝혀둔다.

(2) 노년기

① 노년기의 현상

㉠ 노년기는 65세 이상의 연령기(의학적으로는 70세 이상을 가리킴)를 가리키며, 이 시기에는 기억력 감퇴를 가장 현저한 특징으로 한다.

㉡ 노년기에는 기억력 감퇴와 함께 신체 각 부위(시력·체력 등), 그리고 판단력의 감퇴·의지·감정방면의 쇠약 등 노쇠 현상이 나타난다. 주된 관심사는 사회에서 가정으로, 마지막에는 자기 자신의 문제로 집중된다.

② 노년기와 범죄

㉠ 노년기에는 범죄를 저지르는 일도 적어지고, 범죄의 위험도는 더욱 낮아진다. 그러나 이시기에 있어서는 쇠약감에 대한 불안감에서 쉽게 격노하고, 타인에 대해 모욕적 언사를 사용하여(모욕죄· 명예훼손 죄) 문제를 일으키는 경우가 적지 않다.

㉡ 노년기 범죄로는 사기·절도(좀도둑)와 강제추행(어린소녀)등을 행하는 경우가 적지 않은데, 이러한 배경에는 경제적 문제와 성욕처리가 그 저변에 깔려 있다고 볼 수 있다. 엑스너(Exner)는 이러한 노년기 범죄의 특징을 「약함에서의 범죄」로 규정하기도 하였다.

3. 연령과 범죄에 관한 이론

1) 롬브로조

롬브로조는 연령이 범죄에 미치는 영향은 범죄자와 정신이상자 사이에도 분명한 차이가 있다고 주장하면서, 대다수의 범죄자는 20대인 반면 정신이상자들은 대부분 30대라고 하였다. 즉, 대부분의 범죄자들은 사춘기가 시작될 무렵부터 범죄성향을 외부로 표출하는데, 조숙한 나이에 범죄를 범하는 성향이 나타나는 것은 정신이상과 다른 측면으로서 이는 범죄가 선천적임을 입증해 주는 것이라고 보고 있다.[134)]

2) 범죄생활곡선의 연구

범죄생활곡선에 관한 연구는 1920년대에 호체(A. Hoche)와 호프만(H. Hoffmann) 등에 의하여 생물학계에서 처음 시작하였으며, 범죄학에 도입하여 인간의 범죄성 분석에 이용하게 된 것은 그리 오래되지 않았다.

(1) 범죄생활곡선의 의의

범죄생활곡선이란 사람들이 범죄성을 발현하기 시작한 때로부터 그것이 소멸되기까지의 전 과정을 나타낸 곡선을 분석하여 시간의 경과에 따라 범죄성의 변화를 밝히려는 연구를 말한다. 일본의 요시마스 박사는 생활 곡선에 관한 그간의 연구결과를 「일반적 범죄생활곡선」과 「개인적 범죄생활곡선」으로 나누어 설명하였다.

(2) 요시마스의 범죄생활곡선

① 일반적 범죄생활곡선

일반적 범죄생활곡선은 범죄자 일반이나 특수 죄종의 범죄자 집단의 범죄생활곡선을 가리키는 것이다.

요시마스는 슈바브(G. Schwab)의 이론(누범자들의 연령과 체격형의 관계)을 채용하여, 어느 누범자집단의 범죄초발연령을 체격형별로 분석하고, 그 분석상태를 연령별로 나타내어 선으로 연결시켜 다음과 같이 주장하였다.

㉠ 세장형(細長型)과 투사형은 사춘기 때 최고정점을 이루었다가 갱년기 이후에 다시 한번 높은 정점을 이루고, 비만형은 갱년기(46~50세)때 최고 정점, 발육이상형은 사춘기 후기(18~24세)

134) 吉益脩夫(요시마스), 앞의 책, pp.81-84, 116-121.

에 최고절정을 이룬다.

㉡ 전체적으로 세장형과 투사형인 체격자는 사춘기에 더 위험하고, 비만형 체격자는 갱년기에 더 위험한 것으로 나타난다.

② **개인적 범죄생활곡선**

㉠ 의의

개인적 범죄생활곡선이란 범죄자(누범자) 개개인의 범죄성의 발현과정과 없어지는 과정을 개별적으로 추급하여, 그 경과상태를 곡선형으로 나타낸 것을 말한다.

㉡ 요시마스(吉益脩夫)는 몇 사람의 누범자에 대하여 추행조사(追行調査)를 하였다. 요시마스는 19세에 범죄성을 나타내기 시작하여 60세에 이르기까지 18회에 걸쳐 사기범 기록을 남긴 어느 누범자의 개인적 범죄생활곡선을, 또 46세에 처음으로 사기범죄를 시작했다가 6회에 걸쳐 동일 종류의 기록을 남긴 어느 지발성누범자(遲發性累犯者:늦게 범죄를 시작하여 누범이 된 자)의 개인적 범죄생활곡선을 표로 작성하였다. 그리고 이러한 범죄생활곡선을 각 연령기에 있어서의 신체생리조건과 사회생활환경을 서로 비교하여, 이를 토대로 발현원인(發現原因)과 예방교정책을 쉽게 규명할 수 있다고 주장하였다.

(3) 글루에크의 성숙이론

범죄생활곡선과 관련된 대표적인 연구로는 글루에크(Glueck) 부부의 성숙이론을 들 수 있다.

① **추행조사**

글루에크 부부는 남녀 각 500명의 출소자와 1,000명의 소년법원 경과자의 출소 후의 행상(行狀:하는 짓이나 태도)에 관한 실지적(實地的:실제의 처지나 경우)인 조사를 5년간 도합 15년간에 걸쳐 추행조사를 하였다.

② **연구결과**

㉠ 그들의 다수는 25~35세까지는 범죄행위를 반복하고, 그 연령기를 지나면 스스로 범죄생활을 중단한다는 사실을 발견하였다. 그리고 35세 이후에도 범죄행위를 계속하는 자는 정신상에 어떤 장애를 가진 자로 볼 수 있다고 주장하였다.

㉡ 문제는 왜 25세~35세의 연령기에 이르며 스스로 범죄행위를 중단하는 가이다. 그 이유는 결국 「성숙」이 이라는 개념으로 설명할 수 있다고 역설하였다. 즉, 25~35세의 연령기에 이르면 생리·심리·생화학적 여러 여건들이 일정 수준만큼 성숙하기 때문에 자제력을 갖게 되고, 그 「성숙」이 지연되면 그만큼 범죄성의 중단시기가 늦어진다고 보았다.[135)]

(4) 노쇠화 이론과 정착과정이론

성숙이론과 유사한 이론으로 나이가 들면 범죄가 감소한다는 노쇠화 이론과 정착과정이론을 들 수 있다.

① **노쇠화 이론**

시걸(J. Siegel)의 노쇠화 이론은 시설수용의 기간이 길어져 범행에 대한 동기와 기회가 줄어든다는 것을 핵심적인 내용으로 하는데, 이 이론은 형벌의 교화·개선기능보다는 사회방위기능을 강조하는 것이 특징이다.[136)]

② **정착과정이론**

렉클리스(Reckless)는 자신의 「정착과정이론」에서, 30대 이후에 범죄가 줄어드는 이유는 과거의 시설수용의 경험이 재범의 동기를 억제하여 재범을 일으키지 않기 때문이라고 주장하였다.[137)]

---

135) 신진규, 앞의 책, p.199.
136) Larry J. Siegel, Criminology(2nd ed), St. Paul, MN: West Publishing Company, 1986, p.85.
137) W. C. Reckless, The Crime problem(5th ed), Englewood Cliffs, NJ:Prentice-Hall, 1973, pp.81-82.

(5) 위기 이론

① **내용**

연령과 범죄의 관련성을 보다 상세히 설명하는 것으로 「위기이론」이 제시되고 있다. 인간은 어느 시기마다 발달과정을 거치면서 위기를 거치게 된다. 따라서 「위기」에 직면하였을 때에 이를 극복하지 못한 사람은 기본적인 사회적응 기능이 형성되지 않았기 때문에, 각종 문제적인 행동을 일으키게 된다는 것이 주요 핵심 내용이다. 예컨대, 유아기에 모친의 애정을 충분히 받지 못하거나, 청년기에 정신적 자립이나 가치관 등이 제대로 형성되지 못한 경우에는 반사회적 행동이나 범죄 등을 저지른다는 것이다.[138)]

② **공헌과 비판**

㉠ 위기이론은 생활경로의 각 단계마다 다른 범죄촉진요인과 직면하게 된다는 점을 적시하고 있다는 점에서 공감을 받고 있다.

㉡ 반면, 위기 때문에 범죄를 저지른 자와 위기상황에 있으면서 범죄를 저지르지 않은 자의 차이에 대한 충분한 설명이 미흡하다는 점이 비판의 대상이 되고 있기도 하다.

X. 생물학적 범죄이론에 대한 평가

대부분의 현대 범죄학자 사이에서는 범죄행위에 대한 생물학적 이론에 대하여 오랫동안 지속적 회의론이 존재해 왔다. 그 이유로는 측정방법에서의 문제점·자기중심적인 편견들·원시적인 이론 때문에 설득력 있는 시작을 하지 못했다는 점 등을 들 수 있다. 특히 범죄연구자들은 오랫동안 범죄자를 설명하기 위해 생물사회학적 요인을 고려하는 것은 주저해 왔다. 그것은 생물학적 이론들이 사회유지라는 명목 하에 혹은 권력유지의 목표를 위해, 사

138) 김상균, 앞의 책, p.271.

회적으로 영향력이 약한 특별한 집단에게 낙인을 찍고, 불임화 또는 우생학 정책과 같은 극악무도한 공공정책을 펼칠 수 있는 기반을 제공하였기 때문이었다.[139] 그럼에도 불구하고, 생물학적 범죄학이 형사사법체계에 지대한 영향을 미쳤다는 것을 부인할 수는 없다. 생물학적 범죄이론은 고전주의학파와는 달리 인간이 행동이 본질적으로 사전에 이미 결정된다는 것을 전제로 한다(결정론). 따라서 이 이론을 긍정적으로 받아들인다면 정신병에 의한 범죄행위는 형량감경의 요소로 작용할 것이고, 뇌손상(전두엽 손상 등)에 의한 행동장애라고 판정이 된다면 형벌보다는 치료적 접근을 하도록 사법적 결정을 내릴 가능성이 높다. 과거 생물학적 지향의 범죄학자와 사회학적 지향의 범죄학자들은 서로 자신의 의견만을 주장했고, 상대방의 의견에 대한 부분적 타당성마저 인정하지 않았다. 그러나 최근에는 상호작용적 측면을 연구하는 생물사회학적 이론의 필요성을 인정하기 시작하였다. 그 결과 범죄에 대한 최근의 생물사회학적 접근은 환경과 생물학적 요인이 함께 행위에 중요하게 영향을 미친다는 생각에 기반을 두고 있다.[140]

139) 진화론적 인간관에 토대를 둔 롬브로조의 격세유전설 혹은 생리적범죄인설은 훗날 2차세계대전을 일으켰던 독일의 나치당에게도 이용되어 열등한 인종의 학살을 정당화하는 구실을 제공하였다(김재민, 앞의 책, p.67; Srephen G. Tibbetts, Criminological Theory. London: Sage. 2018. pp.7-7).

140) THOMAS J. BERNARD JEFFREY B. Snipes AlEXANDERL. GEROULD 지음, 이순래·이성식·박정선·김성언·박철현·김상원·박성민·류준혁 공역, 앞의 책, p.90.

제2절 심리학적 원인론

Ⅰ. 개 설

범죄심리학적·정신의학적 요인에 관한 연구동향은 크게 1) 정신분석에 의한 범죄원인 연구(심층심리와 범죄연구), 2) 성격과 범죄연구, 3) 지능과 범죄연구, 4) 정신장애와 범죄연구 등으로 나누어 볼 수 있다.

Ⅱ. 정신분석에 의한 범죄원인 연구(심층심리와 범죄연구)

1. 지그문트 프로이트(Sigmund Freud, 1856-1939)의 정신분석학

심리학적 원인론이 범죄학의 한 원류가 된 것은 프로이트의 업적이라고 평가할 수 있다. 인간행동에 관한 정신분석적 이론의 원조는 비엔나의 정신과의사였던 지그문트 프로이트인데, 그의 이론들은 오늘날 심리학 이론의 중요한 부분을 차지하고 있다. 오늘날 그의 흐름을 따르는 사람들을 프로이트학파라고 부르고, 정통 프로이트학파의 입장을 다소 수정·변경한 것을 따르는 사람들을 신프로이트학파라고 한다. 지그문트 프로이트는 자신도 정신분석학의 주된 골격을 세우는데 있어 여러 가지 이론을 세웠다가 스스로 그것을 수정하고 심지어 폐기하기도 하였으며, 후기에 가면 학문적 입장이 변하기도 하였다. 따라서 프로이트는 자기의 관심이 어디에 있는가에 따라 시기별로 연구 분야를 달리하였다. 프로이트는 1) 1900~1914년까지의 기간에는 리비도에 의한 성적발달 과정과 오이디푸스 콤플렉스 등을 중심적으로 연구하였고, 2) 1914년부터 1939년까지의 기간에는 정신구조론에 중점을 두고 원초아(id), 자아(ego), 초자아(Superego)의 기능을 연구하였다.

1) 2가지 가정

프로이트의 정신분석학에서는 인간은 비합리적이고 결정론적(정신적 결정론)인 존재이며, 또 개인은 출생에서부터 경험한 무의식 속에 잠재되어 있는 심리·성적인 사건들에 의하여 결정되어 있는 존재로 본다.

(1) 정신적 결정론

인간의 정신활동은 목적이 있고, 과거의 경험에 의해 결정이 된다. 즉, 인간의 행동과 말, 그리고 생각은 어떤 내적인 원인에 의해 미리 결정이 된다고 가정하였다.

(2) 의식의 수준

사람의 정신세계는 의식·전의식·무의식의 세 가지 수준이 존재하는데, 무의식이 전반적인 생각을 차지한다고 보았다.

① 의식

㉠ 프로이트는 인간의 정신을 보통 빙산으로 많이 비유하였는데, 의식은 물표면에 떠있는 작은 부분으로, 빙산의 일각에 불과하다고 보았다. 의식은 자신이 주의를 기울이는 순간 곧 알아차릴 수 있는 세계, 즉 한 개인이 감각기관을 통해서 인식하는 모든 행위와 감정·경험들을 말한다(인간이 평소에 생각하고 느끼고 기억하는 모든 부분).

㉡ 의식은 현재 인식의 범위 내에 있는 것들로 대부분의 자아(ego: 현실의 원칙)가 이에 해당된다. 의식은 시간이 경과되거나 주위가 바뀌는 순간에 전의식이나 무의식 속으로 들어가 잠재된다고 하였다.

② **전의식**

전의식은 의식과 무의식 사이에 존재하는 정신세계로서, 마음속에서 무의식과 의식을 연결시키는 통로이다. 전의식은 의식의 부분은 아니지만 주의를 집중하면 의식으로 떠올릴 수 있는 생각이나 감정을 말하며, 자아의 영역에 포함된다.

③ **무의식**

㉠ 무의식은 인간마음의 70~80%를 차지하는 정신세계로, 인간의 사고와 행동을 전적으로 통제하는 보이지 않는 힘을 말한다.

㉡ 무의식은 개인이 자신의 힘으로는 의식으로 떠올릴 수 없는 생각이나 감정들을 포함하여 감각기관으로 인식할 수 없는 마음 깊은 곳에 감추어져 있는 정신세계로, 본능·열정·억압된 관념과 감정 등이 잠재되어 있다.

㉢ 프로이트는 모든 정신과정이 무의식으로부터 기원하기 때문에, 무의식을 가장 중요한 의식수준이라고 보았다. 따라서 출생부터 5세 이전에 다양한 경험들이 그 사람의 정신과 무의식에 영향을 준다고 하였다.

2) 성격의 발달단계

프로이트의 초기의 정신분석학은 리비도에 의한 성적발달 단계와 오이디푸스 콤플렉스에 주된 초점을 맞추었다.

(1) 리비도(Libido)

리비도는 인간의 열정과 욕망 그리고 행동을 일으키는 근원적인 힘을 말한다. 즉, 리비도는 성적 본능의 에너지를 말하며, 리비도가 집중적으로 모이는 신체부위를 성감대라고 하였다. 프로이트는 인간행동의 원동력은 본능(리비도)에 있고, 본능의 중심이 되는 성적 욕망이 인간 활동에 결정적인 역할을 한다고 강조하였다.

(2) 심리성적발달의 5단계

프로이트는 정신성욕의 발달에 따라서 구순기 → 항문기 → 남근기 → 잠복기 → 생식기의 5단계로 구분하였다. 이때 각 단계마다 유아가 추구하는 만족을 충분히 얻을 수 있어야 다음 단계로의 이행이 순조롭게 이루어진다. 만일 충분한 만족을 얻지 못해 욕구불만이 생기던가, 혹은 그 시기에 유아가 느낀 쾌감에 지나치게 몰두하게 되면, 둘 다 다음 단계로의 발달을 방해하는 고착현상을 나타나게 되고. 그 결과 각 단계마다 특징적인 성격유형이 형성된다고 하였다.

① 구강기(구순기)

㉠ 이 시기는 태어나면서부터 약 1세까지를 지칭하는데, 이 시기의 주된 성감대는 구강이다. 유아는 구강(입·혀·입술)을 통하여 젖을 빠는 것을 통하여 성적 쾌감을 경험하다가, 나중에는 젖을 물어뜯음으로써 쾌락을 느끼게 된다.

㉡ 만일 어린아이에게 젖을 빨아볼 기회가 주어지지 않으면 욕구불만이 생겨, 유아의 성격발달은 이 시기에 고착되어 버린다. 반면 젖을 너무 오래 먹거나 손가락 빨기에 탐닉하게 되는 경우에도 고착현상이 일어난다.

㉢ 어린아이에게 젖을 빨아볼 기회가 주어지지 않아 이것이 고착되면 성인기까지 그대로 지속되고, 이로 인해 탐식·의존성·피동성과 같은 바람직하지 못한 심리적 특성이 형성된다. 한편, 물어뜯는 시기에 고착되어 버리면 냉담하고 감정이 잘 상하는 성격이 형성된다.

② 항문기

1세 이후부터 약 3세까지를 항문기라 한다. 이 시기에는 배설물을 배출하거나 보류하고 있을 때 쾌감을 느낀다고 한다.

㉠ 생의 둘째 시기인 이 시기에는 일반적으로 대소변 가리기 훈련이 시작되는데, 이때 유아는 그의 본능적인 충동을 외부로부터

통제받는 경험을 하게 된다. 즉, 유아는 부모로부터 자신의 쾌감을 연기하는 훈련을 받게 된다.

㉡ 유아는 부모가 엄격하고 억압적으로 훈련하게 되면 성인이 된 뒤에도 고착현상이 일어난다. 이 시기에 고착된 결과로 형성되는 항문기적 성격은 완고하고 인색하며 잔인성이 있으며, 짜증을 잘 내는 경향을 갖는다. 화내면 물건을 부수거나 벌레날개나 발을 비틀어 뜯고, 자기를 방해하는 자는 할퀴거나 때리는 등 공격하기도 하고 동정심이나 부끄러움이 없다. 반면, 부모가 대변과 소변들을 적절하게 해주면 유아는 용변을 보는 전체 활동이 대단히 중요한 행위라는 것을 알게 되어, 성장해서 생산성과 창의성을 발달시킬 수 있는 바탕이 된다고 한다.

③ 남근기

남근기는 대략 3~5세까지 어린이에 해당하며, 이때의 아이들은 자신의 성기에 관심을 갖게 된다. 즉, 성감대가 항문으로부터 성기로 옮아간다. 프로이트는 이 남근기 동안에 나타나는 가장 중요한 국면은 남아가 오이디푸스 콤플렉스[141)]를 가지는 것이라고 했다.

㉠ 오이디푸스 콤플렉스(Oedipus Complex)

오이디푸스 콤플렉스라 함은 아이들이 이성의 부모에 대한 성적인 애정과 접근하려는 욕망을 느끼는 것을 말한다. 이 시기에 남아는 자기 어머니에게 성적으로 애착을 느끼게 되며, 아버지를 애정쟁탈의 경쟁자로 생각하여 질투나 적대감을 가지게 된다. 이것이 남자의 경우에는 오이디푸스 콤플렉스이며, 여자의 경우는 엘렉트라 콤플렉스(Electra Complex)이다.

㉮ 남아의 경우 어머니에게 강한 애착을 보이는 반면, 아버지에게 질투를 느끼고 아버지로부터 위협을 받고 있다고 생각한

141) 정신분석학에서는 complex를 '마음속의 내용물 속에 서로 꼬여 있는 억압된 생각과 욕구의 덩어리'라고 설명하기도 하고 '강박관념'이라고 하기도 한다. 그러나 어느 한 가지 의미에만 갇히지 않는 말이 complex다. 프로이트는 오이디푸스에 대한 고대 그리스 신화의 예를 들면서 자기 아버지와 어머니인 것을 모르고 아버지를 살해한 후 어머니와 결혼했다는 오이디푸스의 전설을 이론적 기반으로 삼아 오이디푸스 콤플렉스라는 개념을 제시하였다.

나머지 불안을 느끼기도 한다. 이러한 불안으로 인해 자연히 어머니를 가까이 하려는 의욕을 억압하고, 아버지에 대한 적개심도 억압하게 된다. 즉, 사내아이는 아버지에게 동일시하게 되어 아버지와 같이 훌륭한 사람이 되기 위해 노력하며, 아버지가 자신을 해치지 않은 것이라는 것을 알게 되면서 불안이 줄어든다. 또 아버지를 좋아하게 되면서 무의식적으로 어머니의 우정을 받을 수도 있다고 생각하게 된다.

㉯ 남아는 이러한 동일 과정을 통해서 아버지의 행동유형을 본받게 되고, 아버지와 같은 도덕 판단의 기준을 갖게 된다. 이렇게 동일시함으로써 초자아가 형성되기 시작한다.

㉡ 엘렉트라 콤플렉스(Electra Complex)
여아의 경우에는 자신들이 아버지나 오빠와 같은 성기를 가지고 있지 못하다는 것을 알고, 어머니가 자기 성기를 절제해 버린 것이라고 생각하고는 화가 나서 어머니에 대한 애정을 아버지에게 쏟기 시작한다. 그러나 아버지에게 매력을 느끼면서도 어머니와 동일시한다. 왜냐하면 어머니와 같이 되어야 아버지의 사랑을 받을 수 있을 것이라고 생각하기 때문이다. 어머니와 동일시하는 여자 아이들은 어머니의 가치체계를 그대로 받아들여 초자아가 형성된다.

㉢ 남근기적 성격의 형성
어린 아이가 어떤 원인으로 해서 이 단계에 고착하게 되면 남근기적 성격이 형성된다. 적극적인 남근기적인 성격은 과시적이고 거만하고 공격적이며 방종스러운 것이 특징인 반면, 소극적인 남근기적 성격은 오만하면서도 겸손하다고 한다.

④ **잠복기**

㉠ 잠복기는 대략 6세부터 시작하여 11세까지 지속된다. 오이디푸스 콤플렉스를 극복한 후에 아이는 일종의 평온한 시기라고 할 수 있는 잠복기에 들어간다. 프로이트는 이 시기의 아이는 성적욕구

가 철저히 억압되므로 위의 세 단계에서 가졌던 욕구들을 거의 모두 잊게 되고, 위험한 충동이나 환상이 잠재되어 버린다.

ⓛ 반면, 인지발달 연구의 선구자 피아제(Jean Piaget, 1986~1980)의 발달이론(발달과정의 4단계)에 따르면,[142] 이 시기는 세 번째 단계인 구체적 조작기에 해당하는 단계이다. 이 시기는 심리학적 발달 면에서는 잠복기로서 비교적 평온한 상태라고 하지만, 인지적 발달 면에서 볼 것 같으면 결코 소극적인 조용한 시기가 아니라 매우 활동적인 시기라고 본다. 이 시기의 아이들은 사고과정에 논리가 나타나기 시작하고, 시간과 수(數)의 개념을 파악하는 단계이다. 실제로 이 시기의 아이들은 운동이나 게임 그리고 지적 활동과 같은 사회적으로 용납되는 행동 에너지를 투여하게 된다.

⑤ 생식기(성기기)

㉠ 사춘기가 시작되면서 성적에너지는 다시 분출되어 이전 시기에 억압되었던 충동이 무의식에서 의식세계로 뚫고 들어오게 된다. 따라서 이 시기의 청년은 그러한 충동을 현실적으로 수행할 수 있는 능력을 갖추게 된다.

ⓛ 프로이트에 의하면 잠복기 이전에는 자기 자신의 신체에서 성적 쾌감을 추구하고 자기애착적인 경향을 보이는 데 반해, 사춘기에 접어들면 비로소 타인인 이성으로부터 성적 만족을 얻으려고 한다는 것이다.

ⓒ 생식기(성기기)까지 순조로운 발달을 성취한 사람은 타인에 대한 관심과 협동의 자세를 갖게 된다. 반면, 성공적으로 거쳐 나오지 못한 경우에는 권위에 대한 반항·비행·또는 이성에 대한 적응곤란이 일어나기도 한다.

142) 피아제는 아이에게는 선천적으로 정해져 있는 사고력 발달의 '시간표가 있다'는 「유전인식론」을 주장하면서, 발달과정의 4단계를 밝혔다. 즉, 아동이 인지적 성숙에 도달하는 과정을 1) 감각운동기(생후 2년 동안), 2) 형식적 조작기(2세부터 6~7세까지 지속), 3) 구체적 조작기(7세부터 11~12세까지 지속), 4) 형식적 조작기(12세에서 어른이 될 때가지 지속)의 4단계를 제시하였다.

3

3) 성격의 구조(성격의 구성)

프로이트는 인간의 성격구조를 의식구조(의식· 전의식· 무의식)와 같이 3단계(본능·자아·초자아)로 구분하여 설명하였다.

「성격의 구성」

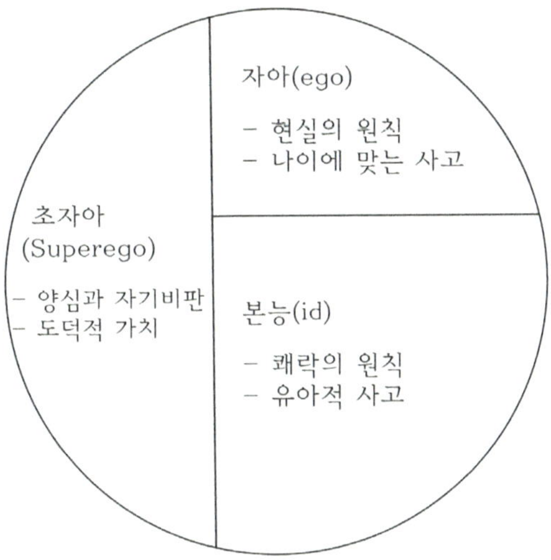

(1) 이드(id, 원초아)

① 정의

프로이트는 "이드(id)는 정신영역에서 가장 오래된 것이다. 출생 시 존재하며, 신체적으로 결정되는 것이다. 그러므로 그것은 본능적인 것이며 신체조직에 연원을 갖고 우리들의 정신생활에 있어 처음 나타나는 것이다"라고 정의하고 있다.[143] 따라서 이드(id)는 인간의 가장 원초적인 본능(원초아)을 말한다.

② 무의식적 개념

이드(id)는 성(性)이나 음식과 같이 모든 행동의 기초를 이루는 생물학적·심리학적 욕구, 그리고 충동자극을 대표하는 것으로 태어

143) S.Freud, An outline of Psychoanalysis, 1933, chapter 1.

날 때부터 존재하는 무의식적 개념이다. 그러기 때문에 이드(id)는 타인의 권리를 배려치 않고 즉각적인 만족을 요하는 쾌락만족의 원칙을 따른다.

(2) 에고(ego, 자아)

① 에고(ego)는 어린 시절에 개발되는 영역으로서 자신의 본능적 욕구들이 즉각적으로 충족되지 않을 수도 있다는 것을 배우기 시작할 때인 생의 초기에 발달된다.
에고(ego)는 각 개개인의 본능적 요구인 이드(id)에게 사회관습의 테두리 내에 남도록 행동을 안내하는 것을 도와준다. 그 결과로서 인성의 한 부분이 형성된다.

② 에고(ego)는 이드(id)의 욕구를 보상하는 합리적이고 온순한 특성의 인성부분으로서, 무엇이 사회적 표준에 부합하는 실제적 행동이 되는가를 고려하는 '현실주의 원칙'을 따른다. 따라서 에고(ego)는 「의식적 인성」으로서, 이드(id)의 욕구와 슈퍼에고(Superego)의 갈등을 조정하여 현실적이고 이성적인 균형을 유지하려는 역할을 담당한다.

(3) 슈퍼에고(Superego, 초자아)

① 정의

㉠ 슈퍼에고(Superego)는 양심과 자기비판(이상적 자아)으로 구성되며, 주로 인간이 교육을 통해서 얻은 「도덕적 가치기준」을 말한다. 따라서 초자아는 이성적인 것을 추구하고 쾌락보다는 완전함을 추구해 자아와 함께 행동을 통제하는 기능을 하며, 이를 통해 개인이 스스로 자신의 행동을 조절할 수 있게 한다.

㉡ F. 알렉산더의 견해
프로이트학파에서는 남자어린애의 초자아 형성과 관련하여, 주로 아버지의 역할이 중요하다는 점을 강조한다. 알렉산더는 "아

버지에 대한 두려움, 그로부터 사랑을 받고자 하는 마음, 아버지를 모델로 하려는 경향, 그와 같이 해서 그와 동일화되고자 하는 것, 이와 같은 동일화 과정이 초자아라는 내면의 정신인자(精神因子)를 생산하는 것이다"라고 초자아를 정의하고 있다.[144)]

4) 3자의 관계

(1) 인간의 3가지 성격 모두는 인간의 행동을 통제하는 기능을 한다. 이드(id)는 쾌락을 요구하기 때문에 욕망대로 하려고 하고, 슈퍼에고(Superego)는 이러한 욕구에 대한 죄의식을 느끼게 하며, 에고(ego)는 일종의 협상을 시도하여 인간에게 욕구충족을 위한 활동에 참여할 수 있게 한다. 따라서 이드(id)는 쾌락을 추구하고, 자아는 현실을 검증하고, 초자아는 완전을 추구한다.

(2) 프로이트는 인간심리를 구성하는 세 영역이 일정 범위를 넘지 않아야 하며, 그것이 지나칠 때 문제가 된다고 하였다.[145)]

① 인간은 항상 쾌락을 추구하는 경향이 강하기 때문에, 이드(본능)가 에고(자아)에 의해서 제대로 통제되지 않으면 여러 가지 문제가 발생할 수 있고, 반면, 이드(id)와 슈퍼에고(Superego)사이가 제대로 조절이 되지 않으면 정신이상이 발생할 수 있다고 보았다.

② 에고(자아)는 '현실주의 원칙'을 따른다. 따라서 에고(자아)는 슈퍼에고(초자아)사이에 교량역할을 하며, 두 가지 기능을 적절히 조절해준다. 고로 에고(자아)가 튼튼해야 인간의 욕구가 제대로 조절이 된다.

144) F. Alexonder and Staud, H., The Criminal, the Judge and the Public (2nd ed.,), 1956, p.44.
145) 프로이트는 지속적인 죄책감과 불안감 등의 강박관념으로 인해 과도하게 발달된 슈퍼에고(초자아)를 가지게 되면 범죄행동을 수행할 수 있다고 보았다.

2. 프로이트와 그 계승자들

1) 아들러(Alfred Adler, 1870~1937)

오스트리아의 정신의학자 알프레드 아들러는 1902년 오스트리아 빈에서 지그문트 프로이트가 주최하는 정신분석학회 '수요모임'[146]에 초대되는 것을 계기로(융 등과 함께 활동), 프로이트 초기의 제자 중 한 사람이 되었다. 그러나 1911년 프로이트와 학설상의 이견을 보여 결별한 후 「개인심리학」이라는 자신의 체계를 정립하는 등 심리학 발달에 지대한 공헌을 하였다.

(1) 그는 1912년 「신경질 성격에 대해서」를 발표해서 자신의 학설을 「개인심리학」이라고 이름 지었다. 그는 프로이트가 신경증의 원인으로서 성충동을 중시한 것에 대하여 반론을 제기하고, 성(性)적이 아닌 요소, 즉 자아의 욕구나 성격 경향이 「신경증」을 낳는다고 최초로 주장하였다. 따라서 프로이트가 과거에서 원인을 구하였다면, 그는 인간행동의 목적성을 중시하고 인간은 거의 실현 불가능한 목표를 추구해서 신경증적으로 된다고 생각했다.

(2) 아들러는 정신현상을 프로이트처럼 성적욕구와 과도하게 연결하는 것을 부정하고 '열등감과 그 극복'이라는 범주 안에서 설명하려고 하였다.

① 그는 인간의 행동과 발달을 결정하는 것은 인간 존재에 보편적인 열등감·무력감과 이를 보상 또는 극복하려는 「권력에의 의지」, 즉 열등감에 대한 보상욕구라고 생각하였다. 사람은 사회와 접촉했을 때 스스로 열등하다는 감정과 이것을 보상받으려는 의지를 가진다고 보았다. 그는 나폴레옹은 키가 작았기 때문에 위대해졌고, 색약(色弱: 색을 분별하는 능력이 정상인보다 부족한 증상)은 간혹 대(大)화가를 만들어 낸다는 '열등감 콤플렉스'라는 용어를 고안해 내기도 하였다.

② 그는 특히 가정환경이 불우하거나 신체적인 핸디캡을 갖고 있는

146) 이 '수요모임'은 훗날 '빈 정신분석학회'로 발전하였고, 아들러는 1910년 학회장이 되었다.

자는 강한 열등감을 갖게 되는 경우가 있고, 그 중에도 그것을 과도하게 보상받으려는 자가 있다. 이 과잉보상 욕구가 사람을 여러 가지 내적·외적 갈등에 빠지게 해 범죄나 비행을 야기시킨다고 주장하였다.

2) 융(Carl Gustav Jung, 1875~1961)

(1) 스위스의 정신의학자이자 심리학자인 융(Jung)은 프로이트의 심리학에 영향을 받았지만, 정신현상을 성욕에 귀착시켜 설명하는 프로이트의 이론에 반대하였다. 융은 리비도의 개념을 프로이트와는 달리 성적(性的)이 아닌 일반적인 에너지라고 보았기 때문에, 프로이트와 의견이 대립되어 정신분석학회를 탈퇴하였다. 그 이후 자신의 심리학(분석심리학이라고 일컬음)을 수립하는데 노력하여, 분석심리학이라는 새로운 체계를 정립하였다.

(2) '융(Jung)'은 아들러의 사상을 받아들여 인간의 유형을 '외향형'과 '내향형'으로 구분하였는데, 이러한 유형론은 심리학에 큰 공헌을 하였다고 볼 수 있다.

① 그는 모든 사람들에게는 외향적 기질과 내향적 기질을 동시에 갖고 있으며, 어느 한쪽이 우세한가에 따라 유형이 결정된다고 하였다.

② 외향적인 사람은 자신의 관심이 외부세계에 있다. 반면, 내향적인 사람은 그 관심이 내적인 세계를 지향하고 있다는 점에서 양자는 다르다. 따라서 외향적인 사람은 사교적·협조적·순응적·단결적인 성향이 강한 반면, 내향적인 사람은 내성적·소극적·순응적·회의적·폭력적인 충동 등의 성향이 강하다고 보았다.

3. 정신분석학(심층심리학)과 범죄연구의 평가

범죄원인에 대한 심리학적 분야는 프로이트를 시작으로 한 정신분석학이 상당한 기여를 하였고, 특히, 범죄심리학적 측면에서 정신분석학의 접근방법은 일반적인 범죄와 비행에 관련된 설명 등에서 많은 사람에게 지지를 받고 있다.

반면, 정신분석학에 의해 제시된 개념이나 이론은 추상적인 것이 많다는 것이 가장 큰 문제점으로 지적되고 있다. 예컨대, 프로이트가 제시한 '원초아·자아·초자아', 아들러의 '과잉보상', 융의 '외향성이나 내향성'등의 용어는 애매하고, 경험적으로 측정하기가 어렵다는 비판을 받고 있다.

Ⅲ. 인성이론(personality theory)

인성이론은 인격특성의 차이에서 범인성을 찾으려는 이론으로, 이에 의하면 범죄란 인간의 심리적 틀 내에 존재하는 저변의 갈등이 외부로 표출된 것으로 본다. 한편, 인성 발전은 현재의 생활경험에도 그 영향을 받지만 그 발생기원은 아동기에 있다고 주장한다. 따라서 특정한 인성적 특징이 그 사람의 일반적 외형뿐만 아니라 전반적인 행위를 특징짓는다고 보고 있다. 그러기 때문에 비행과 같은 부정적 결과는 비정상적인 인성적 특징에 의한 부정적 원인에 의해서 범죄가 유발된다고 가정한다.[147] 이러한 인성이론은 미국의 글루에크부부·영국의 아이젠크 등에 의해 금세기 중반에 범죄심리학의 이론 중의 하나로 그 위치를 구축하게 되었다.

1. 글루에크 부부

1) 비행소년 연구

범죄와 비행에 관한 고전적 연구로는 글루에크 부부가 행한 비행소년 연구를 들 수 있다. 글루에크 부부는 비행소년 500명과 일반소년 500명을 로르샤흐 테스트(Rorschach test: 로르샤흐검사)[148]와 정신의학적 면접에 의

147) Donald J. Shomaker, Theories of Delingquency, New York:Oxford University press, 1984.
148) 투사법은 추상적인 모양·그림·문장 등 자극재료를 활용하여 피조사자의 과제에 대한 자연스러운

해 양자를 비교 연구한 결과, 두 집단 간에는 중요한 인격특성의 차이가 있음을 발견하였다.

2) 반사회적 성격을 가진 소년의 성격특성

글루에크 부부는 조사결과 비행소년의 성격특성을 제시하였는데, ① 외향적이며 활발하고, ② 충동적이며 자제력이 약하고, ③ 적대적이고 화를 잘 내며, ④ 도전적이고, ⑤ 의심이 많고, ⑥ 파괴적인 성격 등 16가지였다.

이런 글루에크 부부의 주장에 따라, 그 후 범죄자의 성격특성을 식별하는 많은 연구가 진행되었다.

2. 아이젠크(Hans J. Eysenck, 1916~1997)의 인성이론

1) 개요

영국의 심리학자인 한스 아이젠크는 범죄와 성격에 관하여 외향성과 내향성 그리고 신경증적 경향성(정서불안정)등을 인성분석하여, 심리학의 중요한 기초이론을 구축하였다. 인간의 행위는 생물학적 요인과 사회적 요인의 양쪽에 의해 결정된다는 생물사회적인 관점이 그의 생각과 연구방향이었다. 범죄에 대한 대부분의 현대적인 이론과는 달리 아이젠크의 이론은 반사회적인 행동과 범죄행위에 관한 유전적인 경향과 소질(생물학적 요인)에 중점을 두고 있다.[149] 따라서 그는 사람의 인성이 유전적 요인에 의해 통제를 받고 있고, 이런 것들이 후대로 이어질 수 있다고 보았다.[150]

반응을 얻어 분석하는 것을 말하는데, 로르샤흐 테스트가 대표적인 검사이다.

149) Eysenck, H. J.(1996). Personality and crime: Where do we stand? Psychology, Crime & Law, 2, p.146.

150) 아이젠크는 "유전적 원인은 반사회적 행동과 범죄행동에 중요한 역할을 담당하고 있다. 이 단순한 사실은 이미 의심의 여지가 없다"고 주장하였다(Eysenck, H. J. & Gudjonsson, G. H. (1989). The causes and cures of criminality. New York: Plenum, p.7).

2) 반사회적 행동과 관련된 2가지 특성

아이젠크는 1964년 저서 「범죄자의 성격특성」에서 융의 외향성·내향성의 개념을 기초로 하였고, 한편 파블로프식 조건화(고전적 조건화)형성이론을 응용하였다.

「범죄와 조건형성」

범죄와 조건형성은 학습된다는 것을 전제로 한다. 전통적으로 심리학자들을 학습을 3가지 주요유형 즉, 1) 파블로프식 조건화(고전적 조건화), 2) 조작적 조건화(도구적 학습), 3) 사회적 학습으로 구분해 왔다.

1) 파블로프식 조건화(고전적 조건화)

(1) 파블로프식 조건화(고전적 조건화)는 자극과 반응사이의 자연적 생리관계를 이용하여 서로 관계가 없는 상이한 자극에 대해서 동일한 반응을 학습시킨 파블로프(Ivan Pavlov)의 유명한 실험을 근거로 하고 있다.

개에게 음식을 제공했을 때 타액을 흘린다는 것은 자연적 생리적 현상인데, 종을 치면서 음식을 주는 일을 반복하게 되면 「종소리」 라는 자극과 「타액」 을 흘리는 반응사이에 연관이 형성되어, 결국 종만 쳐도 개가 침을 흘린다는 것을 파블로프는 발견하였다. 여기서 음식물과 타액반응은 무조건 자극 또는 무조건 반응이라고 하고, 종소리를 듣고 타액을 흘렸을 때는 각각 조건자극 또는 조건반응이라고 하였다.

(2) 파블로프식 조건화에서는 동물이나 사람은 '강제된' 그 결과를 받아들일 수밖에 없다. 따라서 동물(개)의 경우 동물의 행동과 관계없이 벨이 울린 직후에 음식(고기)가 주어진다. 동물은 그것을(벨소리가 울리면 고기가 나온다) 예측하여 기다리고, 특별한 노력 없이도 타액이 나온다. 이 학습은 어떠한 보상이나 이득 때문이 아니라, 단지 벨과 사료(음식) 간의 연관 때문에 생기는 것이다.[151] 결론적으로 파블로프식 조건화 또는 고전적 조건화는 자극간의 연관에 의해 나타나며, 보

151) Bartol, Curt./Bartol, Anne M. 저, 범죄심리교재편찬회 역, 청목출판사, 2015, pp.135-136.

상이 없이도 일어난다는 것이 핵심내용이다.

(3) 아이젠크는 기본적으로 동일한 연속과정이 어린 시절에 일어나는데, 어린아이가 남을 때리면, 어머니는 아이를 혼낸다. 이 연속과정이 반복되면 때린다는 생각이 혼이 난다는 결과에 대한 두려움을 자극한다. 따라서 어린아이는 때리는 행동과 처벌을 연관시키며, 또한 때리는 행동과 그로인한 혐오적인 결과와의 이러한 연결은 그가 행동을 하지 않도록 단념시키는 결과를 가져온다고 보았다.[152]

2) 조작적 조건화(도구적 학습)

조작적 조건화는 행동주의 심리학의 이론으로, 어떤 반응에 대해 선택적으로 보상함으로써 그 반응이 일어날 확률을 증가시키거나 감소시키는 방법을 말한다. 여기서 선택적보상이란 강화와 벌을 의미한다. 조작적 조건화는 고전적 조건화와는 달리 학습자는 보상을 얻기 위해서, 또는 처벌을 피하기 위해서 환경에 대해 무언가를 해야만 하는 것(목표추구)을 강조한다.

예컨대, Ⓐ어린아이가 짜증을 부리는 경우, 아버지는 짜증을 억누르기 위해 Ⓐ에게 사탕을 하나 주고, 어머니는 Ⓐ에게 사탕을 주지 않는다는 것을 학습시킨다. 그 결과 어린이는 아버지 앞에서는 짜증을 부리고, 어머니 앞에서는 짜증을 부리지 않는다는 것(혹은 그 반대일 수도 있음)을 알게 된다.

3) 사회적 학습

사회적 학습은 개인 간의 상호관계를 통해 이루어지는 학습을 말한다. 즉, 타인과 접촉할 때 그 타인의 의도와는 관계없이 그 개인의 행동을 모방하여 자기의 행동을 수정하는 학습은 사회적 학습이다. 대표적인 이론으로는 서덜랜드(Edwin H. Sutherland)의 차별적 접촉이론 등을 들 수 있다.

아이젠크는 반사회적 인성과 관련되는 두 가지 특성으로 (1) 외향성과 내향성, (2) 신경증적 경향성(안정성과 불안정성)을 들고 있다.

152) 위의 책, p.137.

(1) 외향성과 내향성

외향적인 인성은 각성 수준이 낮아 자극을 추구하게 된다.

외향적인 사람은 내성적(내향성)인 사람처럼 효과적으로 비범죄 행위에 대한 학습을 하지 못한다. 따라서 외향성이 높은 사람은 더 빈번하게 범죄행위를 할 것이라고 기대한다. 이들은 사교적·낙관적·공격적·충동적 등의 특성을 가지고 있다. 반면, 내향적인 인성은 보다 조건화하기 쉬우며, 그렇기 때문에 사회의 규칙과 관습에 반하는 행동을 할 가능성이 적다.

(2) 신경증적 경향성(안정성과 불안전성)

아이젠크는 불안정성을 '신경증적 경향'이라고 부르기도 하였다. 신경증적 경향은 자율신경계가 강하고 빠르게 활동하기 때문에, 정서불안으로 불안정한 행동을 하기 쉽고 걱정이나 긴장을 많이 한다.

(3) 아이젠크는 신경증적 경향과 외향적 인성을 아울러 가진 자들은 효과적인 조건형성이 행해지지 않기 때문에, 양심을 키울 수 없고 충분히 사회화 되어 있지 않다. 따라서 자기 파괴적으로 행동할 수 있고, 이런 자기 파괴적인 행동은 범죄행위의 결정에 특히 강력한 동기가 될 수 있다고 보았다.[153)]

153) Hans Eysenck & M. W. Eysenck, Personality and Individual Differences, New York: Plenum, 1985.

아이젠크의 성격차원의 도해(신경증경향과 외향성)[154]

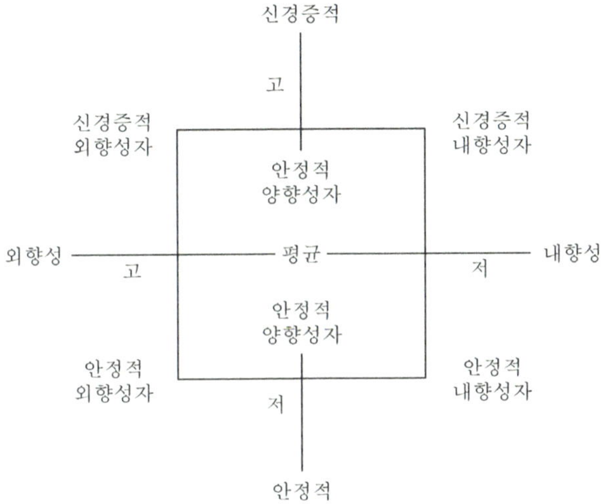

3) 아이젠크 이론에 대한 평가

(1) 아이젠크의 주장

아이젠크는 퍼스낼리티(personality, 성격)차원 각각은 유전적이라고 했다.[155] 아이젠크 이론의 핵심은 특정한 유형의 내향성자(내성적인 자)를 가진 개인은 다른 유형의 외향성자(외향적인 자)를 가진 개인보다 사회의 관습을 매우 쉽게 학습하거나 보다 쉽게 조건화 된다고 보았다. 따라서 반사회적 행동을 할 가능성은 적다고 보았다. 반면, 외향성과 신경증적 경향성과 관련하여 그는 생물학적 근원이 있다고 주장하면서,[156] 이들은 반사회적인 행동을 할 가능성이 높다고 보았다. 따라서 아이젠크는 범죄자 개인의 특성에 맞추어 유아기부터 적절한 교육을 통해 범죄예방을 하여야 하며, 범죄가 발생할 경우에도 범죄자의 특성에 적합한 개별적 처우가 필요하다고 주장하였다.

154) Bartol, Curt./Bartol, Anne M. 저, 범죄심리교재편찬회 역, 청목출판사, 2015, p.127 도표인용.
155) 김형만·이동원 공역, 앞의 책, p.127.
156) 앞의 책, p.127.

(2) 평가

아이젠크 이론에 대하여 리틀(Little, 1963)의 「소년원생들의 외향성정도와 신경증 정도의 측정」,[157] 호우기와 포레스트(Hoghughi and Forrest)의 「교도학교(비행소년을 선도하기 위한 학교) 학생들과 일반소년들의 신경증과 외향성 정도의 비교」,[158] 그리고 외향성·신경증 등과 비행소년과의 관계를 검증한 수많은 자기보고식 연구들이 있다.

1) 아이젠크 이론은 첫째, 반사회적 행동에서 유전의 역할에 대한 포괄적인 설명을 함으로써, 아직 이러한 시도로부터 배울 것이 아직 많이 남아 있다는 점이고, 둘째, 범죄학은 반사회적 행동에 있어 생물학적 요인의 존재를 무시할 수 없음에도 불구하고, 아이젠크는 범죄성을 설명하는 기본적인 것으로 고전적 조건화만을 강조하고 또 다른 학습형태와 인지과정을 무시하는 경향이 있었다. 따라서 이러한 경향은 그의 이론을 가장 손상시키는 약점이 되고 있다. 셋째, 조건형성이론의 개념도 현대의 심리학자들 간에 많은 논쟁을 일으키고 있다는 것도 문제점으로 지적된다.

2) 반면, 그의 이론은 범죄행동에 관한 일반적이며 보편적인 이론을 체계화하려고 시도한 소수의 연구 중의 하나이기 때문에, 독특하다는 평가를 받고 있다.[159]

3. 성격검사

1) 질문지법

질문지법은 질문이 기재된 용지에 해답을 써 그 해답을 분석하는 방법으로,

157) 리틀의 연구결과는 외향성에 있어서는 차이가 없었으며, 신경증에 있어서는 소년원생들의 점수가 약간 높게 나타났다(김형만·이동원 공역, 앞의 책, p.129).
158) 호우기와 포레스트의 연구결과는 교도학교 학생들의 신경증 정도가 더 높은 것으로 평가되었다. 따라서 이들은 교도학교 학생들이 사회적 조건화의 영향을 받기 쉽다고 판단하였다(앞의 책, p.129).
159) Bartol, Curt./Bartol, Anne M. 저, 범죄심리교재편찬회 역, 앞의 책, pp.141-142.

그 대표적인 것이 MMPI(Minesota Multiphastic Personality Inventory)와 워렌(M. Q. Warren)의 대인성숙도 검사(interpersonal maturity test)를 들 수 있다.

(1) 해서웨이와 맥킨리(Hathaway & Mckinley, 1940)

성격검사 중 과거 범죄와의 관련성에 많이 사용된 것은 MMPI이다.

MMPI는 1940년대 미국 미네소타대학의 심리학자인 해서웨이(Stark Hathaway)와 정신과 의사인 맥킨리(Jovian Mckinley)에 의해 정신의학분야와 일반의료 분야에서 환자들의 임상진단에 관한 정보를 제공해주려는 목적으로 개발된 도구로써, 최초 개발목적은 범죄인을 위한 인성검사 도구가 아니었다.

최근의 연구는 성격적·행동적 특성을 발견하려는 쪽으로 연구가 진행되고 있는데, 이 단계에서는 피검자를 보다 전체적으로 이해할 수 있도록 심리적 특성·행동·태도·증상 등을 기술하도록 하고 있다.

MMPI

MMPI는 미네소타 다면적 인성검사의 약자이다. MMPI는 한사람에 대하여 공격성·외향성·내향성·우울성 등 여러 가지 측면에서 보는 도구로써, 556문항의 설문조항으로 되어있다. MMPI 임상척도 10개 중 4번 척도인 정신병리적 일탈은 반항·가족관계 분열·충동성·학업이나 직업문제·범법행위·약물중독 등 반사회적 행동을 나타낸다고 보고 있다. MMPI는 오늘날 교도관이 재소자의 행위에 관한 합리적인 예측을 가능케 함으로써, 재소자를 보안수준이나 교정프로그램에 따라 합리적으로 배정하는데 공헌하였다.

(2) 왈도(G. Waldo)와 디니츠(S. Dinitz)

왈도와 디니츠는 MMPI를 이용해 범죄자의 성격프로그램을 조사해본 결과, 범죄자들은 일반인에 비해 정신 병리적 일탈경향이 강한 것이 특징이라고 하였다. 이러한 MMPI의 객관적 인성검사의 방법은 특히 정신병적 편향

하위척도에 있어서 상당한 신빙성이 있는 것으로 알려지고 있다.

2) 워렌(M. Q. Warren)의 대인성숙도

(1) 다른 인성검사 방법으로 MMPI보다 더 정교한 청소년범죄자의 대인적 성숙도를 측정하는 I-level 검사가 있다. 이 I-level검사는 최근 청소년 비행자의 교정·교화시설에서 주로 이용되고 있다.

(2) 워렌은 인간관계의 성숙정도의 발전수준을 분석하여 비행청소년의 유형을 제시하였다. 성숙도 수준은 미성숙한 1단계에서부터 가장 성숙한 7단계까지로 나뉜다.[160)]

① 비행자는 비비행자보다 성숙하지 못하며, 이들 7가지 단계 중에서 가장 많은 공식적 비행자가 발견되는 단계는 2단계부터 4단계까지라고 가정한다.

② 2단계의 인성은 비사회적·공격적 그리고 폭력 지향적이며, 3단계는 비행집단의 규칙에 동조하는 성향이고, 4단계는 전형적인 신경과민과 정신이상의 성향을 갖는다고 한다. 따라서 이들 2단계부터 4단계에 속하는 비행소년들은 인간관계에서 미성숙할 뿐만 아니라, 동시에 공격적이고 수동적이며 신경질적이기 때문에 범죄에 이르게 된다는 것이다.

③ 워렌의 대인성숙도 검사는 비행소년들의 대인관계수준을 향상시켜주는 훈련에 중점을 둠으로써, 성숙이론의 타당성을 긍정하는 논리를 제공하였다.

---

160) M. Q. Warren, The case for Differential Treatment of Delinquents, in Harwin L. Voss(ed.), Society Delinquency and Delinquent Behavior, Boston MA: Little Brown, 1970, pp.419~428; T. Palmer, The Youth Authority's Community Treatment Project, Federal probation, 1974, 38; 3~14.

3) 투사법

(1) 투사법은 대상자로 하여금 그림이나 모형이 무엇을 대표하는가를 기술하거나 이야기해 줌으로써 그 그림이나 모형에 반응하도록 하는 것으로서, 로르샤흐 테스트가 대표적인 검사이다.

(2) 로르샤흐 테스트는 스위스의 정신과 의사인 헤르만 로르샤흐(H. Rorschach, 1921)가 개인의 성격을 다차원적으로 도움을 주기 위하여 창안한 심리검사방법이다. 로르샤흐 테스트법은 잉크방울을 접어 좌우대칭으로 번지게 만든 카드 10장으로 구성되어 있다. 검사를 받을 사람(피검자)에게 카드를 한 장씩 보여주고 그 그림이 무엇으로 보이는가를 물어본다. 여러 장의 카드를 연결된 이야기로 간주하는 반응을 보이는 사람은 세계를 통합적 또는 체계적으로 사유하는 경향이 강하다고 판정하고, 그림의 사소한 부분에 집착하는 사람은 강박적 경향이 있는 것으로 판정한다.

4. 인성이론에 대한 평가

인성이론은 범죄의 원인을 이해하고 범죄자의 특성을 파악하여 범죄자의 범죄적 인성을 교정하거나 치료하는데 중요한 역할을 해오고 있다. 그러나 인성이론은 첫째 표본이 무작위로 추출되지 않아서 그 대표성에 의문이 제기되고 있고, 또 다양한 인성과 범죄와의 관계에 영향을 미칠 수 있는 다른 변수에 대한 고려가 부족하다는 점 등이 지적되고 있다. 둘째, 범인성과 인성변수의 인과적 결과에 관련된 것으로 범죄행위가 특정 인성특징의 결과인지, 아니면 인성이 그 사람을 범죄에 개입하도록 유도한 것인지에 대한 증거가 아직도 밝혀지지 않았다는 점 등의 비판의 대상이 되고 있다.[161)]

161) 이윤호, 현대사회와 범죄, 다해. 2008, pp.69-70.

Ⅳ. 지능과 범죄

지능(Intelligence)은 다른 동물에게는 거의 흔적적으로만 인정될 뿐이다. 따라서 지능은 인간고유의 능력을 말한다. 인간을 가리켜 이성적(합리적)존재라 하는 것은 이 지능이 있기 때문이다. 이러한 지능은 각 개인에 따라 상당한 편차가 있으며, 그로 인하여 범죄성의 발현(發現)에도 상당한 차이가 있게 된다.[162] 인간의 지능을 측정할 수 있는 도구를 개발한 사람은 프랑스의 심리학자 알프레드 비네(Binet)와 파리공립학교의 의료관리인 사이먼(Théodore Simon)인데, 이러한 도구 개발은 지능상태와 범죄성 관계의 연구에 커다란 공헌을 하였다. 지능과 범죄와 관련된 주된 논쟁의 내용을 보면, '범죄자는 IQ(Intelligence Quotient)[163]가 낮은 것인가 아니면 지능이 낮은 것이 범죄의 원인인 것은 아닌가, 또 IQ는 유전에 의해서 결정되는가 아니면 교육에 의해서 결정되는가?' 등의 문제가 오래전부터 지적되고 논의되어왔다.

1. 초기(20세기 전반)의 실증적 연구

지능과 범죄성에 대한 초기이론은 범죄인 또는 투옥된 사람들은 정신적으로 열등하다는 가설 하에 진행되었다. 일반적으로 지능은 유전적인 성향이 강하다는데 대해서는 이론이 없다.[164] 대표적인 것으로 쌍생아연구를 들 수 있는데, 일란성 쌍생아 사이의 지능지수의 차이는 이란성 쌍생아 사이의 차이보다도 현저하게 적은 것으로 보고되고 있기도 하다.[165] 그 후 19세기 후반의 다윈(Charles Darwin)의 진화론이 발표되었고, 이러한 사상을 바탕으로

162) 신진규, 앞의 책, p.223.
163) 일반적인 지능조사방법에 의하면 IQ100을 기준으로 그 전후, 즉 IQ90~109사이를 보통으로 규정하고, 그 이상을 보통 하, IQ70~79를 경계성 저능, IQ69이하인 자를 정신박약자라고 한다. 이러한 지능지수 또는 IQ라 부르는 개념은 비네(Binet)의 지능검사척도를 바탕으로 1912년 심리학자 W. Stern에 의해 제안되었다.
164) 이존걸, "지능과 범죄에 관한 이론적 小考", 비교법학 제4집, p.2.
165) 지광준, 형사정책, 경인, 1998, p.184.

범죄문제에 적용한 사람이 롬브로조이다.[166] 뿐만 아니라 덕데일(Richard Dugdale)도 이 이론을 이용하여 쥬크가의 기계를 연구하여 「Jukes Family」이라는 책을 출간하였는데, 핵심적인 것은 범죄는 유전과 관계가 있다고 주장한 점이다. 아무튼 이러한 연구결과들이 발표되면서 범죄와 정신적 능력과의 관계를 조사하는 연구들이 활발하게 진행되었다.

1) 고다드의 연구

(1) 1914년 고다드(H. Goddard)는 16개의 교정시설에서 수형자의 지능을 측정한 결과 저능으로 분석된 범죄인의 비율은 28%에서 89%까지 이르는데, 중간연구에 의하면 범죄인의 70%가 저능인이었다. 따라서 대부분의 범죄인들은 저능이라고 결론지었다.[167] 또 고다드(H. H. Goddard)는 칼리카크(Kallikak)가계를 추적하여 범죄와 유전과의 연관성을 조사하였다. 그 결과 고다드는 '모든 범죄자는 저능이고 모든 저능인은 잠재적인 범죄자'라고 결론지었다.[168] 그리고 지능은 유전되기 때문에 범죄방지를 위해 단종을 제도화 할 것을 주장하기도 하였다.

(2) 그러나 이러한 고다드의 초기 견해는 1차대전 중에 응시병에게 실시된 지능검사의 결과들에 의해 고다드의 이론에 신빙성이 없다는 의심이 제기되었다.[169] 이런 이유 등으로 고다드는 1차대전이 끝난 직후에 인구의 1%만이 저능인이며, 저능은 교육에 의해서 교정될 수 있고 단종은 필요치 않다고 자신의 주장을 번복하였다.[170]

166) 롬브로조는 어떤 사람은 격세유전되어 초기진화단계로 퇴보할 수 있다는 논점을 원용하였다.

167) Henry. H. Goddard, Feeblemindedness: Its Causes and Consequences, Macmillan, New York, 1914; Amo, New York, 1972.

168) H. H. Goddard, The Kallikak Family, A Study in the Heredity of Feeble-Mindedness, Macmillan, New York, 1912; Gould, op.cit., p.103.

169) 피지능 검사자인 백인의 37%와 흑인의 89%가 저능이라고 판단되었다.

170) H. H. Goddard, "FeebleMindedness: A Question of Definition", Journal of Psycho-Asthenice 33, 1928, pp.33~225.

2) 글루에크 부부의 교도소 범죄자 IQ조사

글루에크 부부는 교도소 범죄자를 대상으로 IQ를 검사하였다. 그 결과 미국 흑인들은 백인들에 비해 평균적으로 15점 정도가 낮은 〈지능점수〉를 가지고 있다고 발표하였다. 따라서 일부 학자들은 이런 흑인들의 낮은 IQ가 범죄를 많이 저지르게 만드는 이유라고 설명하였다. 만약 〈유전〉에 의해서 IQ가 결정된다면 〈흑인〉은 태어나면서부터 〈백인〉에 비해서 열등하다는 것을 의미한다. 따라서 흑인들은 이런 결과를 〈인종차별의 주장〉이라고 비난하였다.

3) 서덜랜드(E. H. Sutherland)의 연구

(1) 서덜랜드는 1931년에 발표한 글에서, 그 이전에 발표된 350개의 범죄자의 지능에 관한 연구결과를 종합적으로 분석해 본 결과 범죄와 정신박약(저능)과의 관계는 「비교적 적은 것」임을 나타낸다고 주장하였다. 즉, 범죄와 정신박약자(저지능인)의 인과관계를 완곡하게 부정하였다. 그 이유로 첫째, 과거 20년간에 행해진 검사결과들은 서로 너무 큰 차이가 있는데, 이러한 차이는 검사자의 지능검사방법의 차이에 기인하는 것이고, 둘째, 일반사회내의 정신박약자(저능자)들에 대한 연구에서도 이들이 정상인보다 범죄를 더 많이 범하고 있다는 근거는 나타나지 않고 있고, 셋째, 검거·유죄판결·구금형선고 등 일련의 과정을 살펴보더라도 범죄자의 지능지수의 분포와 일반인의 그것은 매우 비슷하며, 넷째, 교도소 내에서 정상박약수형자의 징벌기록을 보아도 정상인의 그것과 비슷하다는 점 등을 들고 있다.

(2) 특히 여러 가지 연구에서 저지능과 깊은 상관관계가 있는 것으로 판명된 것은 성범죄와 방화범으로 나타나고 있다. 이 중 성범죄의 경우 저지능이 중요역할을 한다는 것은 서덜랜드의 종합분석에서도 지적되고 있으며, 독일에서의 조사연구[171]에서도 그것을 인정하고 있다.

---

171) 독일에서는 성범죄를 주 내용으로 하는 이른바 풍속범죄에서 저지능자의 출현율이 36.5%까지의 높은 율을 나타내는 경우도 많다고 한다(吉益脩夫, 앞의 책, 1958, pp.94~95).

(3) 오늘날에는 서덜랜드 등의 실증적 연구 등을 포함한 조사연구를 바탕으로 (범죄자들 중에서 정신박약자가 차지하는 비율이 낮은 것 등), 지능과 범죄와의 관련성 자체를 부정하고 있다. 따라서 오늘날 지능수준과 범죄와의 직접 관련성이 있다는 견해는 소수에 불과하다.

2. 최근의 연구경향

위에서 기술한 것처럼 범죄인들이 저지능인 이라는 견해는 더 이상 신빙성이 없다고 하더라도, 지능과 인종에 관한 논쟁에서 범죄인과 비행인의 IQ와 관련된 문제는 여전히 많은 논란이 되고 있다.

1) 지능과 유전성 논쟁(IQ 논쟁)[172)]

(1) 쇼클리(W. Shockley)과 젠센(A. R. Jensen)의 연구

① 쇼클리의 연구

IQ와 범죄와의 관계에 관한 연구가 다시 제기되기 시작한 것은 트랜지스터의 개발로 노벨물리학상을 수상한 바 있는 윌리암 쇼클리에 의해서였다. 그는 1961년 국립과학원에서 행한 연설에서 '흑백 인종 사이의 지능차이는 오로지 유전적 차이의 결과이며, 이러한 유전적 차이는 흑백 집단의 빈곤과 범죄율의 차이에서도 설명될 수 있다'고 주장하였다. 따라서 유전자는 지능과 관련되어 있고, 우수한 자손을 남기기 위해서는 지능이 높은 유전자를 정자은행에 제공해야 한다고 주장하여 큰 파문을 일으켰다. 이에 따라 「쇼클리 쇼크」라고 불리는 사회현상을 낳기도 하였다.

② 젠센의 연구

젠센(1969)은 쇼클리의 주장이 단지 추측하는데 머물렀던 많은 문제들에 관하여 "지능은 유전에 의해 거의 결정되고, 흑인의 지적 수준

172) IQ논쟁이란 「지능은 유전되는가」란 문제를 두고 벌어진 뜨거운 논쟁을 말한다.

이 낮은 것은 유전적인 요인에 의한 것이다"[173]라고 적극적으로 주장하면서 대대적인 논쟁을 불러일으켰다.

③ **지능의 유전성을 부인하는 견해**

지능의 유전성을 부정하는 학자들은 쇼클리나 젠센의 주장의 근거가 되는 데이터의 정확성에 의문을 제기하고 인종차별적 요소가 있음을 제기하였다. 그리고 그들을 우생주의자, 또는 인종차별주의자로 격렬하게 비판했다. '지능의 유전이 되는가'라는 문제는 오늘날에도 미국에서 계속되고 있다.

(2) 고던(Gordon)의 연구

① 로버트 고던(R. Gordon)은 IQ는 어떤 형태의 추상적 추리 내지는 문제해결능력을 측정하는 것이고, 이 능력은 대부분 유전된다고 가정하였다. 따라서 고던은 비행율의 차이가 IQ의 차이에 의해 가장 잘 설명된다고 하면서, 지능의 분포와 비행의 분포간의 일치를 주장하였다. 그는 일정한 수준의 IQ를 기준으로 그에 미달하는 소년은 모두 비행을 저지르고, 그 수준을 넘는 IQ를 가진 소년은 전혀 비행을 저지르지 않는다는 주장을 하였다. 그 근거로 필라델피아의 법원 기록 자료와 전국의 소년원 위탁 비율과 일치한다는 사실로서 검증하려 하였다.[174]

② 그는 각 인종의 범죄와 IQ관계를 조사하였는데, 지능 차이가 범죄를 예측하는데 중요한 준거가 되며, 인종에 의한 범죄율에 차이를 야기하는 근거가 된다고 주장하였다. 따라서 일본인·중국인·유대인들은 소수집단이고 일반적으로 경제상태가 낮음에도 불구하고 낮은 비행율을 유지해 왔으며, 이들 집단은 백인보다 IQ가 조금 더 높다고 하였다. 그리고 멕시코계 미국인들은 흑·백인과 비슷한 정도의 비행율과 IQ를 가지고 있다고 주장하였다.

173) A. R. Jensen, "How Much Can We Boost IQ and Scholastic Achievement?" Harvard Educational Review 39, 1969, pp.1~123.

174) 이존걸, 앞의 논문, p.12.

(3) 허쉬(Travis Hirschi)와 힌데랑(Michael Hindelang)의 연구

① 1980년대에 들어서면서 「지능과 범죄」에 대한 연구가 다시 활기를 띄게 되었다. 이러한 배경에는 「지능과 범죄」간에는 상관관계가 있으며, 지능이 낮은 것은 유색인종과 하류계층에 속한 백인 등을 전제로 한 것이었다. 특히 지능과 범죄연구의 부활은 허쉬와 힌데랑의 논문 「지능과 범죄 수정론자의 데뷔」에서 비롯되었다. 그들은 여기서 비행(非行)과 IQ와의 관계에 대하여 기존의 연구물들을 검토한 후 아래와 같은 사실들을 밝혀냈다.[175)]

첫째, 낮은 IQ는 공식적으로 인정된 범죄나 비행을 예측함에 있어서 적어도 사회계급이나 인종만큼이나 비범죄자 간에도 중요하며, 자진신고비행의 예측에 있어서도 중요한 변수로 작용한다는 것이었다. 즉, 비행은 인종과 사회계급 내에서 낮은 IQ가 지속적으로 관련되어 있다고 보았다.

둘째, IQ 검사는 선천적 능력을 측정한다고 그들은 믿었으며, IQ가 학업수행에 영향을 끼침으로써 비행에 영향을 끼친다고 하였다. 따라서 지능이 낮은 자는 소년기에 학교생활에 잘 적응 못해 낙제나 퇴학의 가능성이 높고, 학교생활에 대한 부적응과 비행이 성인 후의 범죄와 높은 관련성을 보인다고 주장하였다.

셋째, IQ 점수가 낮은 범죄자는 IQ 점수가 높은 범죄자보다 발각당할 가능성이 높으며, IQ 점수가 높은 범죄자나 비행소년들은 경찰이나 법원에서 관대한 처우를 받을 수 있을 것이라고 주장하였다.[176)] 그러면서 그들은 일반적으로 청소년을 포함해서 범죄자들의 지능지수는 평균 90 이하라고 주장하였다.[177)]

넷째, 일반적으로 IQ가 낮은 사람들의 반사회적 행위(예컨대, 거리의 범죄 등)는 IQ가 높은 사람들의 반사회적 행위(예컨대, 화이트칼라 범죄 등)보다 범죄로 정의되기가 훨씬 용이하고 엄격하게 기소될

175) Travis Hirschi and Micheal J. Hindelang, "Intelligence and Delinquency : A Revisionist," American Sociological Review 42, 1977, pp.582~583.
176) 홍성열, 범죄심리학, 학지사, 2000, p.196.
177) Hirschi and Hindelang, op.cit., pp.582~583.

수 있다고 주장하였다.

② 허쉬와 힌데랑의 주장은 1980년대를 맞이하여 여러 학자들에 의해 지지를 얻게 되었다.

(4) 윌슨(James Q. Wilson)과 헤른스타인(R. Herrnstein)의 연구

허쉬와 힌데랑의 주장과 관련하여 가장 주목을 끈 것은 윌슨과 헤른스타인이 출간한 「범죄와 인간의 본성」에 관한 내용이다. 그들은 지능이 낮은 것과 범죄와의 관련성을 지적하면서도, 지능이 낮은 것은 범죄와 관련하여 간접적인 원인 중 하나에 불과하다고 주장하였다. 따라서 지능이 낮은 것과 범죄를 관련짓는 것은 학교에서의 부적응이라는 다른 요인이 오히려 더 설명력이 있다는 견해를 피력하였다.[178)]

(5) 헤른스타인(R. Herrnstein)과 머레이(C. Marray)의 연구

① 근대 미국사회에서는 하층계급의 급속한 확산과 계급간 격차의 심화, 그리고 계급의 영속성을 우려하는 책이 미국에서 잇달아 출간되고 있다. 대표적인 것이 리퍼드 헤른스타인(R. J. Herrnstein)과 찰스 머레이(C. Murray)의 공저 「벨곡선-미국생활에서의 지능과 계급구조」, 필립 러시턴의 「인종진화 및 행동」, 시머 이초코프의 「미국에서의 지능의 쇠락」 등을 들 수 있다. 이들의 주장에 의하면 미국에서 아시아계의 IQ가 백인보다도 몇 점 높으며, 백인은 흑인보다 약 15점 높다는 수치까지 구체적으로 적시하고 있다. 따라서 이러한 격차는 인종 간의 유전적 인자에 원인이 있는 것으로 추정하고 있다.[179)]

② 1994년 헤른스타인과 머레이가 쓴 벨곡선에 의해 '지금까지 지능은 유전되는가' 라는 명제와 관련하여 지능의 유전성을 지지하는 견해가 다시 부상하고 있다.

178) 김상균, 앞의 책, p.230.
179) 동아일보, 美계층-인종 간 지능격차 심화, 1994. 10. 25자.

㉠ 1994년 헤른스타인과 머레이가 쓴 「벨곡선」은 156명을 대상으로 지능과 유전을 검증한 후 이 자료들을 통계처리하여 도표화로 나타내면, 종(벨)과 같은 모양이 된다고 하여 벨곡선이라고 부른다. 이 그래프 중에 지능이 낮은 자는 왼쪽으로 기울어진 선에 위치한다.

1994년 발간된 「벨커브」의 표지.
인종과 지능과의 상관관계에 대한 뜨거운 논쟁을 일으켰다.

「벨곡선」

㉡ 헤른스타인과 머레이는 위의 표지처럼 그래프의 벨형을 5가지로 분할해(최저지능·저지능·평균지능·고지능·최고지능), 좌사면은 제4계층(둔하다)과 제5계층(굉장히 둔하다) 2가지로 분류했다. 미국에서 이 두 계층에 포함되는 인구는 약 25%(6,250만)이고, 범죄자·노숙자·미혼모 등 많은 사회문제를 일으키는 사람은 지능지수가 낮은 25%에 의해서 일어난다고 주장했다.[180] 따라서

180) 김상균, 앞의 책, p.232; 인구학자인 대니얼 바이닝의 견해에 의하면 금세기초에 지능검사가 시작된 이래 미국의 평균 지능지수(IQ)는 약 5점이 낮아 졌으며, 대학입시위원회는 대학진학적성시험(SAT)의 점수가 1962년에 비해 1990년 언어분야에서 11%, 수학분야에서 5% 떨어졌다고 주장하고 있다(동아일보, 1994. 10. 25일자).

미국에서 총명하고 부유하고 교육받은 상층민과 비지능적이고 가난하고 교육받지 못한 하층민간의 간격이 위험할 정도로 양극화되고 있다고 지적하였다. 그들은 백인과 흑인의 지능지수는 평균 16포인트의 차이가 난다고 주장하면서, 양 집단의 지능 차는 유전에 기초한 것이라 보았다. 그 이유로 미국에서 일어나는 대부분의 사회문제가 흑인집단에서 발생하는 것은 지능의 차이로 설명이 가능하다고 보았다. 이러한 그들의 주장을 「저능화가설」이라고 부르며, 지능에 따라서 양극화현상은 더 심화된다고 보았다.

㉢ 결론적으로 이들의 주장은 지능은 현대사회를 살아가는데 매우 중요한 요소라는 점, 개인 간에는 지능의 편차가 크며 이는 주로 유전된다는 점, 그리고 교육을 통해 지능이 낮은 사람의 지능을 높이려고 하였던 시도는 대체로 실패하였다는 점 등을 지적하였다. 특히 가장 중요한 내용은 폭력이 미국인들의 전체 IQ 수준을 낮추는데 기능한다는 주장이었다.

㉣ 「저능화가설」의 검증

헤른스타인과 머레이의 「저능화가설」에 대하여 미국심리학회가 특별팀을 구성하여 검증한 결과 그들의 주장에는 문제가 있다는 결론을 내렸다.[181] 그럼에도 불구하고 헤른스타인과 머레이 등의 주장은 상류계층과 하층계급 간, 그리고 흑인과 백인 간 지능격차가 심화되는 근본적인 이유로 유전인자와 인종적 편차를 강조하였다는 점에서는 사회적 논란을 일으키기에 충분한 것이었다.

181) 그들의 주장이 옳으려면 시간이 지남에 따라 사회전체의 IQ수치가 낮아지고(저능화가설), 인종 및 계급 간 IQ점수 차가 더 벌어져야(양극화가설)한다. 그럼에도 불구하고 미국의 IQ점수는 1930년대 이래 조금씩 높아지고 있다는 점에서, 이들이 주장한 「저능화가설」과는 상반되는 것이었다. 이러한 IQ차이가 현저히 줄어들고 있는 이유는 학교교육과 흑인의 대학진학 증가와 관련된 교육상의 변화를 반영하고 있는 것으로 보고 있다.

3. 지능과 범죄연구에 대한 평가

1) 본성이론과 양육이론의 논쟁

지능수준과 범죄와 관련하여 과연 지능은 유전적인가, 아니면 후천적인가에 따라 본성이론과 양육이론으로 크게 대별되어 논의되어 오고 있다. 위에서 설명한 것처럼 초기의 이론은 대체로 지능이 유전되며 지능이 낮은 소년을 비행소년으로 지적하여 저지능과 범인성의 상관관계가 존재하는 것으로 이해하고 있다.[182] 반면, 양육이론에 따르면 지능이 부분적으로는 생물학적인 것이지만 주로 사회학적인 것으로 간주되고 있다. 따라서 저지능은 비행과 범죄행위를 자극하고 유발하는 환경(예컨대, 부모나·학교·동료 등)으로부터 초래되는 것이라고 보고 있다.[183] 위와 같은 두 견해의 대립 속에서도 새로운 이론가들은 환경적 요인의 영향을 무시하지는 않지만, 지능은 어디까지나 유전적 기초를 가지는 것으로 주장하고 있다. 그러나 백인가정에 입양된 흑인소년의 지능검사를 기초로 한 연구결과에 의하면, 지능에 대한 환경의 영향 또한 지대하다고 할 수 있다.[184]

2) 비판

오늘날 지능이 유전적인가 아니면 사회적인가의 논쟁은 없으나, 지능이 유전된다는 이론과 관련하여서는 몇 가지 의문점이 제기되고 있기도 하다. 첫째, 지능검사가 지능을 어떤 기준으로 측정되는지가 불명확하다는 점이다. 즉 전통적인 지능검사는 중상류층의 이상(理想)과 생각 및 문화를 중심으로 평가하기 때문에 범죄인구가 많은 하류계층의 사람들에게는 상당히 편견적이라는 것이다. 따라서 하류계층에는 낮은 지능지수가 많을 수밖에 없다는 점을 들고 있다. 둘째, 지능과 범죄의 관련성을 사회계급이나 인종의 문제를 배제하고 논할 수 있는 방법은 없는가 하는 점이다. 왜냐하면 미국의

182) C. Burt, "The Inheritance of mental ability." American Psychologist, 1958, pp.1~5.
183) Larry J. Siegel,. Criminology(2nd ed), st. Paul. MN: West Publishing co., 1986, p.173.
184) 이윤호, 앞의 책, p.259 참조.

경우 하류계급에 속한 사람이나 유색인종은 학교나 직장에서 적응력이 떨어지기 때문에 비행이나 범죄로 빠지는 측면을 무시하고 있는 것은 아닌가 하는 점이다. 이런 맥락에서 본다면 지능과 범죄와의 연구는 오늘날에도 우생학적 사상이 배후에 도사리고 있는 것은 아닌가 하는 의구심을 자아내게 하고 있다.

Ⅴ. 정신장애와 범죄

1. 정신장애의 정의와 DSM-Ⅴ(정신장애진단통계 매뉴얼)

1) 정의

정신장애가 범죄를 일으키는 하나의 요인이 된다는 생각은 오늘날까지도 범죄학적 측면에서 일관되게 주장되고 있다.

정신장애의 개념은 기이한, 극적인, 해로운 혹은 약간 이상한 행동 등 매우 광범위한 범위를 포함하고 있으며, 그것에 대한 분류는 미국의 정신장애진단통계 매뉴얼(DSM)에서 발행된다.

2) DSM-V(정신장애진단통계 매뉴얼)

(1) 미국 정신의학회에서 임명한 위원에 의해 편집된 DSM은 현재 5판(DSM-V)으로서, 임상의가 구체적인 정신장애를 정의하고 진단을 내릴 때의 안내서이다. DSM은 1952년 DSM-Ⅰ이 발행된 후 여러 차례 개정되어, 현재 다섯 번째 개정판인 DSM-Ⅴ가 2013년에 발행되었고, 현재 이용할 수 있는 가장 최신판이다. 미국에서 DSM은 진단명을 내리고 또한 제3자에 대하여 치료비를 청구하기 위한 필수적인 안내문이므로, 모든 정신건강 전문가에게 이용되고 있다.

(2) 정신장애란 무엇인가라는 개념은 이를 연구하는 학문적 관점에 따라서 다양한 의미를 포함하기 때문에, 일률적으로 정의하기에는 무리가 있다. 따라서 DSM-Ⅴ에서도 적절하게 바꿀만한 다른 용어를 찾지 못했기 때문에 「정신장애」라는 용어를 사용하고 있다. 정신장애는 정신질환과 정신지체로 구분할 수 있다.

① 정신질환
정신질환(mental illness)은 정상적인 일상생활을 영위하기 위한 개인의 능력을 실질적으로 방해하는 것으로, 전문가에 의해 판정을 받은 마음의 장애를 말한다. 따라서 정신질환은 사람에게 선택의 자유를 빼앗아 가지만, 아무리 심각한 장애가 있는 사람이라도 어느 정도 의사결정을 할 수 있는 능력을 가지고 있는 것을 말한다.[185] 즉, 정신질환이란 '과거에는 건강하였는데 나중에 병이 발생하여 나타난 상태'를 의미한다. 정신질환은 정신신경증(psychoneurosis)과 정신병(psychosis)으로 구분된다.

② 정신지체
정신지체는 유년기 또는 출생 당시에 나타나는 지적 능력의 결손을 의미한다.

3) 정신신경증과 범죄

정신신경증은 신경증적 장애(neurotic disorder)라고도 하는데, 불안의 증세[186]를 중심으로 외적 원인 또는 심인성원인에 의해서 신경증적 정신기제들이 작용하여 발현되는 것을 특징으로 한다. 신경증과 정신신경증은 그 구별이 모호하기 때문에, 이 용어들은 상호 교환적으로 사용하고 있다.

(1) 종류

신경증적 장애는 ① 불안장애(공포증·강박신경증), ② 신체형장애(신체화

185) Curt. R. Bartol & Anne M. Bartol 저, 장석헌·이창한 역, 범죄심리학, 청목출판사, 2010, p.202.

186) 「불안의 증세」라 함은 특정한 대상을 가지고 있지 않은 두려운 감정을 말한다.

장애와 전환장애 등), ③ 해리성장애(기억상실·일시적 기억상실상태·다중성장애)등 세 가지 주요한 범주로 구분되고 있다.

① 불안장애는 불안한 마음이 오랫동안 지속되는 것을 말하며, 이에는 공포증(고소공포증·폐쇄공포증·광장공포증[187])과 강박장애[188] 등이 포함되는 개념이다. 범죄학적으로 문제가 되는 것은 강박신경증 환자이다.

㉠ 강박장애는 어떤 생각이 계속 한 사람을 붙들고 있는 경우를 말한다. 이성적으로는 불합리한 것으로 판단하여 생각하지 않으려고 하지만 떨쳐버리지 못하고 괴로워하면 할수록 일정한 행동을 더욱 반복해서 하게 되고, 반복하지 않으려고 할수록 더욱 심하게 긴박감과 불안감에 휩싸이게 되는 정신적 장애를 말한다. 예컨대 자기 자신의 몸에 세균이 많다고 느껴 하루에도 수십 번씩 손을 닦아야 직성이 풀리는 경우나, 사람들과 악수하는 것을 꺼려하면서도 어쩔 수 없이 하는 경우 곧 바로 손을 씻는 행위 등은 강박장애이다. 이들이 위험시 되는 것은 특정상황이나 대상에 대해 강박관념을 가지고 여기에 집착한 강박행동을 계속한다는데 있다. 방화광·음주광 등에 강박신경증 환자가 많다고 보고 있다.

㉡ 강박신경증 환자 중 방화광의 원인적 뿌리는 성적장애와 소변장애(urinary malfunction)라는 견해도 있고, 성적흥분을 경험하기 위한 시도라는 주장도 있다. 따라서 성적흥분과 방화와의 관계는 매우 밀접한 것으로 알려지고 있다.

② 신체형장애

신체형장애는 보통 신체적인 증상은 아무것도 없으며 외견상 건강한 상태임에도 불구하고, 신체기능에 대하여 병적으로 염려하는 증상을 말한다. 일반적으로 「건강염려증」이라고 불려왔다. 불안장애 및 신체형장애는 지속하여 재발하지만 비교적 침착하고 조용하다. 이들의 장애는 안에서 심각한 문제를 일으키거나 타인을 불안하게

187) 광장공포증이라함은 개방된 공간에 대한 이상한 공포를 느끼는 정신적 장애이다.
188) 강박장애는 자신의 의지와는 상관없이 어떤 특정한 사고나 행동을 떨쳐버리지 못하는 장애이다.

만드는 것은 아니기 때문에, 범죄와의 관련성은 적다고 생각된다.

③ 해리성(解離性)장애

㉠ 의의

해리성정체성장애(dissociative identity disorder), 즉 다중성격은 한 사람 내면에 2가지 이상의 각기 다른 정체성을 지닌 성격이 존재하는 것을 말하며, 각각의 성격[189]이 교대로 반복해서 그 사람의 행동을 통제하는 증상을 말한다. 다중성격을 고유의 「정신장애」라고 처음으로 정한 것은 DSM-Ⅲ에서부터이고, 1994년 DSM-Ⅳ에서 「다중성격장애」라는 명칭을 해리성정체성장애로 그 명칭을 변경하였다.[190] 해리성정체성장애의 원인은 아직까지 확실치는 않으나, 유년시절에 받은 심한 학대경험이나 마음의 상처에서 도피하기 위해 새로운 성격 상태를 만들어 내는 것은 아닌가라고 추측하고 있다.

㉡ 다중성격장애와 범죄와의 관계

다중성격장애가 아동기 등의 성적 또는 신체적 학대, 그리고 외상 후 스트레스 등에 의해 형성된 경우에는 공격적 성향이 존재할 가능성이 있기 때문에, 범죄행위와 연결된 가능성이 높다고 보고 있다.

㉢ 다중성격장애자의 범죄행위와 형사면책

'다중성격장애자의 범죄행위가 형사면책 사유가 되는가'·이에 대하여 다중성격장애를 MPD항변(Multiple Personality Disorder defense)으로 활용하여 무죄선고를 받은 사례가 있는가 하면, 다중성격 증상이 확인되어도 책임능력이 인정되어 유죄판결을 받은 경우도 있다.

㉮ 1984년 3건의 남색(항문성교)과 소녀강간죄로 고소된 로드리게스는 재판(State V. Rodrigues)에서 다중성격장애에 근거하여 무죄가 되었다.

189) 각각의 성격은 성별·연령·성격·국적 등이 전혀 다른 존재인 경우도 있다.
190) American Psychiatric Association(ADA). Diagnostic and Statistical mannual of mental disorders(4th ed). Washington. DC: Author, 1994.

㉯ 3명의 여성을 강간한 빌 밀리건은 24명의 인격을 가졌다고 주장하여 정신이상 상태를 이유로 무죄석방 되었다.[191]

㉰ 언덕위의 교살자(Hillside strangler)로 알려진 연쇄살인범 케네스 비앙키(Kenneth Bianchi)는 1년간 적어도 12건의 살인을 저질렀다. 그럼에도 불구하고 그는 최면상태 중 '스티브'라는 인격으로 변화하여 살인을 한 것이기 때문에 살인을 한 것은 「스티브」이지, 비앙키 자신은 책임이 없다고 다중성격장애를 들어 항변하였다. 그러나 전문가 집단은 그를 사이코패스라고 결론지었다. 그 직후 비앙키는 사형을 피하기 위하여 그 죄에 대한 항변내용을 변경하기도 하였다.[192]

위와 같이 다중성격장애는 범죄책임의 면제조건으로 때때로 성공하기도 하지만, 부인되는 경우도 많다. 따라서 지금까지도 임상의학자들과 학자 사이에는 다중성격장애 혹은 DID(해리성정체성장애)가 실제 존재하는가에 대하여 첨예한 논쟁의 대상이 되고 있다. 이 부분에 대해서는 앞으로도 추가적인 연구가 필요하다.

4) 정신병과 범죄

(1) 의의

정신병이라함은 우선 '자아의 인격구조가 기본적으로 손상되고 주변의 현실상황에 대한 판단과 상호작용이 정상적으로 행해질 수 없어서 환상·환각·망상·의식혼탁 등을 경험하게 되며 유해한 행동을 행하기 쉬운 건강상태를 말하는 것'이라고 정의되고 있다.[193] 정신병환자는 현실과 환상을 구분하지 못할 뿐만 아니라, 실제 존재하지 않는 소리를 듣고 현실적으로 존재하지 않

191) Curt R. Bartol & Anne M. Bartol, op.cit., p.252.

192) Curt R. Bartol & Anne M. Bartol 공저, 장석헌·이창한 공역, 앞의 책, p.237. 케네스 비앙키는 젊고 매력적인 여성들을 강간하고 목 졸라 죽인 후 남의 눈에 띌 수 있도록 그 사체를 로스엔젤레스의 산비탈에 버렸다.

193) 신진규, 앞의 책, p.207.

는 사물을 보게 되는 것이 가장 큰 특징이다. 따라서 환각이나 망상에 지배되어 범죄를 저지르는 경우가 있다. 예컨대, 환각상태의 살인·환청에 의한 살인 등을 들 수 있다.

(2) 종류

정신병적 장애는 기질성 정신병(organic psychosis)과 기능성 정신병(functional psychosis)으로 구분된다.

① 기질성 정신병은 신체적병리가 증명된 경우로서 뇌의 장애나 신경계통의 이상 또는 사고로 인해 뇌가 손상되는 경우 등에 의해 발병한 상태를 의미하며, 정신장애로 보기는 어렵다.

② 기능성 정신병은 뇌의 장애와는 관계없이 심리적 요인에 의해서 정신적 장애를 갖는 정신병 형태를 말한다. 따라서 현재의 방법으로서는 아무런 기질성 병리를 증명해 낼 수 없는 경우이다. 기능성 정신병은 신체검사 상에도 이상소견이 없기 때문에, 심리적 증상에 의거하여 진단할 수밖에 없다. 따라서 정신병과 관련하여 보편적으로 논의되고 있는 것은 범죄와 상당한 관계가 있는 것으로 알려진 기능성 정신질병만을 범죄학적 측면에서 논의의 주요대상으로 삼고 있다.

(3) 정신장애의 범주

현재 범죄행위와 가장 관련 있는 정신장애의 범주로 ① 정신분열증, ② 편집증, ③ 기분장애(심각한 우울증), ④ 반사회적 성격장애 등을 들 수 있다. 이들 4가지의 장애는 폭력범죄·강력범죄·반사회적 행동과 관련될 가능성이 있으며, 범죄행위에 대하여 정신이상항변을 입증할 때 자주 논의된다.

① 정신분열증

㉠ 정신분열증의 증상

인간에게는 다양한 정신질환이 있다. 그리고 그 중 가장 심각하고 치료하기 어려우면서도 정상적인 눈으로 믿기 힘든 것이 정신분열증(Schizophrenia)이다. 사람들이 일반적으로 '미친 행동'과 결부시키는 정신장애를 말한다. 정신분열증은 사고의 장애·망상·환각·현실감의 괴리감·기이한 행동 등을 보이는 대표적인 정신병이다. 정신분열증은 대부분 사춘기를 전후하여 발병하지만 중년 이후에 생기는 만발형(晩發型)도 있다.

ⓛ 정신분열증의 특징

정신분열증 환자에게서 공통적으로 찾아볼 수 있는 특징으로는 다음과 같은 것들이 있다. 첫째, 논리적인 사고가 불가능한 것과 같은 사고의 장애이다. 즉, 사고과정(思考過程)에 있어서 정상적인 논리과정이 파탄되어 논리적 연결을 잃거나 토막토막으로 단절되며, 감정표현의 조화가 안 되고 기분과 생각 사이가 유리되어 일치되지 않는다.

그리고 감정이 둔화되며 양면(兩面)의 극단적인 감정을 동시에 가지게 된다. 환자는 병적인 자기 세계 속에 파묻혀서 외부와의 접촉을 차단하는 자폐적 증세를 띈다. 그리고 이런 기본적인 증상들이 복합되어 복잡한 증상이 생기고, 정상인이 도저히 상상할 수 없는 기묘한 사고와 행동 등의 증세를 보이게 된다.

둘째, 망상(delusion)은 명백히 잘못된 믿음인데도 그 믿음을 계속적으로 유지하며 그로 인해 비정상적인 사고와 행동을 유발하는 것을 의미한다. 예컨대 자신을 특정 유명인 중 한 사람으로 믿고 그에 따라 행동한다든가, 아니면 정보기관이나 외계인 등이 자신을 계속 감시하면서 괴롭히고 있다는 믿음으로 기이한 행동을 일삼는 것도 여기에 속한다.[194] 따라서 정신분열증 환자들은 대체적으로 자신들이 믿음에 대한 조절이나 통제를 할 수 있는 능력이 없다.

셋째, 환각(hallucination)과 환청이다. 환각은 정신분열증의 중요한 증상 중의 하나인데, 존재하지 않는 물리적 자극이 정말 존재하는 것처럼 느끼게 하는 증상이다. 반면, 환청은 정신분열증

194) 1994년 게임이론으로 노벨경제상을 받은 천재수학자 「존 내쉬」도 정신분열증 환자였는데, 그의 실제 삶에 자극적인 픽션을 가해 영화화 한 것이 「Beautiful mind」이다. 여기에서 그는 자기 자신이 국가정보기관의 암호분석요원이라는 망상증에 걸려 행동하는 것이 묘사되고 있다.

환자들이 가장 고통스러워하는 부분 중 하나인데, 어디선가 낯선 목소리가 계속 들려오기 때문이다. 또한 그 목소리가 들려주는 이야기는 달콤하거나 재미있는 이야기인 경우가 거의 없고, '너를 죽일거야', '그 녀석을 때려라' 등 기괴하거나 나쁜 행동을 부추기는 내용이 대부분이다. 정신분열증 환자가 간혹 매우 급작스런 반사회적 행동을 저지르는 이유도 바로 여기에 있다.

넷째, 비조직적 언어와 행동이다. 정신분열증 환자는 대화나 말을 할 때 하나의 주제를 유지하면서 그에 맞는 이야기를 하지 못하며 이 주제 저 주제로 급하게 옮겨 다니기 일쑤이다. 따라서 자신의 글이나 대화에서 모순되거나 황당한 전개가 자주 일어나며 의사소통에도 큰 어려움을 겪는다. 이러한 양상은 행동에도 그대로 일어나는데 공공장소에서 성적인 행동을 하거나, 점잖은 자리에서 어린아이와 같은 말투로 이야기하기도 하고 깔깔대며 박장대소하기도 한다. 이외에도 괴성·기이한 표정 등 상황과 맥락에 맞지 않는 행동들이 수반되는 증상을 말한다.

다섯째, 부적 증상(nagative symptom)을 보이는 정신분열증 환자도 있다. 이는 정서적으로 매우 무뎌지는 증상을 말하는 것으로 무감각·무관심·무표현 등 오히려 환각과는 반대로 세상의 변화나 자극에 대해 신체적·정서적 반응이 거의 없는 상태를 말한다.

㉢ 정신분열증의 유형

정신분열증의 행동유형은 다양하지만 DSM-Ⅴ에서는 ㉮ 해체형, ㉯ 긴장형, ㉰ 망상형, ㉱ 감별불능형, ㉲ 잔여형의 다섯 가지 유형을 제시하고 있다.

㉮ 해체형(disorganized type)

해체형은 부적절한 감정(변화가 적고 사리에 맞지 않음)이나 와해되고 해체된 사고경향이 있다. 관련 특징으로서 찡그린 얼굴·부자연스러운 행동·실재하지 않은 신체적 병의 호소·극도의 사회적 고립(외톨이), 그리고 다른 이상한 행동을 포함한다.[195]

㉯ 긴장형(Catatonic type)

이 유형은 근육이 마음대로 움직이는 심각한 운동장애로 인해 이상한 자세로 장시간 동안 움직이지 않기도 한다. 그리고 장기적인 침묵도 자주 볼 수 있고, 때로는 갑자기 째지는 소리를 지르거나 물건을 던진다거나 하는 등의 과다활동을 보이는 흥분상태가 된다.

㉰ 망상형(Paranoid type)

망상형은 정신분열증 중에서도 가장 많은 부분을 차지하고 있고, 또한 범죄와의 관계에서도 가장 중시되고 있는 유형이다. 이러한 망상적 정신분열증은 피해망상이나 과대망상으로 특징지어지는 것으로서, 망상 속에서 특정인에 대한 공격행위를 하는 것으로 알려지고 있다.[196] 예컨대, 1976년부터 1977년 사이에 잔인한 연쇄살인을 한 베르코비츠(David Berkowitz)는 이웃집의 개로부터 메시지를 받고 살인행동을 시작했다고 주장였는데, 이는 망상형 정신분열증의 한 예이다.[197]

㉱ 감별불능형(undifferentiated type)

이 유형은 환각·망상·와해된 언어, 또는 혼란스럽고 와해된 행동과 같은 활동적인 정신질환의 특성을 보인다. 특히 감별불능형은 이전의 어떤 범주로도 분류될 수 없는 정신질환의 징조를 보인다.

㉲ 잔여형(residual type)

잔여형은 적어도 한번은 정신분열증의 경험이 있었으나, 어느 정도 회복이 되었음에도 불구하고 여전히 일부 증상이 보이는 경우를 말한다. 예컨대 감정의 둔화, 혹은 비논리적인 사고를 나타낼지는 모르지만 다른 징후는 보이지 않는다.

195) Curt R. Bartol & Anne M. Bartol 공저, 장석헌·이창한 공역, 앞의책, p.207.
196) 김상균, 범죄심리학, 청목출판사, 2008, p.135.
197) Siegel Larryy., “Criminology,” Wadsworth, a Division of Thompson Learning, Inc., 2003, pp.155~156.

㉣ 정신분열증의 원인

오늘날까지 정신분열증의 원인이 무엇인가에 대하여 명확한 규명을 하는 것은 불가능하다고 보고 있다. 그러나 정신분열증의 원인이라고 추정되는 몇 가지 요인들이 제시되고 있기는 하다.

첫째, 유전적 요인을 들 수 있다. 대부분의 과거 연구들에서 보면 정신분열증의 상관정도가 친인척 관계가 가까울수록(가까운 촌수로 갈수록) 더 높은 것으로 나타나고 있다는 점이다. 예컨대, 일란성 쌍생아 중 어느 한 쪽에서 정신분열증이 발견되면 그 나머지 한 사람에게서 발견된 확률이 48%에 이른다고 한다.[198] 그러나 일란성 쌍생아라 할지라도 약 50%의 불일치율을 보이고 있는 점, 그리고 일란성 쌍생아가 출생 후부터 다른 부모에 의해서 양육을 받았을 경우에는 더욱 일치율이 줄어드는 것으로 보아 순전한 유전병으로 볼 수도 없다는 견해도 제기되고 있다. 또한 양부모 모두 정신분열증을 지니고 있으면 자식도 그럴 확률이 46%라는 보고서도 있다. 이는 결코 무시할 수 없는 상관관계지만, 그렇다고 해서 이러한 가족 연구결과들이 소위 '미친피'라든가 '정신질환이 잘 걸리는 집안' 등과 같은 식으로 곡해되어지는 것 또한 경계되어야 할 부분이다.

둘째, 감염 혹은 약물남용과 같은 요인이 정신분열증과 유사한 증상들을 유발시킨다고 보는 관점이다. 예컨대 환각제에 속하는 L.S.D (lysergic acid diethyamide)[199]나 펜시클리딘(Phencyclidine)[200]과 같은 약물을 과다 복용하거나 환경적으로 체내에 다량 들어오게 되면, 뇌의 신경시스템 손상이 유발된다. 특히 해마(hippocampus)[201]가 축소되고 대상회(cingulate gyrus, 뇌량 주변을 둘러싸고 있는 피질부위로 주위를 전환시키는 능력·인지적인 융통성과 적응력 등에 관련이 있음)에 걸친 광범위한 퇴화가 발생하면서 정신분열증적 증상들이 일어나는 경우가 다수 관찰되고 있기도 하다.

198) Gottesman, 1.1, Schizophrenia Genesis: The Origin of Madness. New York: Freedom. 1991.

199) 환각제류의 대표적인 것으로 환각제 중 가장 강력한 효과를 나타낸다. L.S.D는 때로 환각을 불러일으키기도 하고, 때로는 정신병적 행동을 야기시킨다.

200) 동물의 마취제로 불법환각제로도 쓰이며, angel dust라고도 한다.

201) 해마는 머릿속 관자엽의 안쪽에 있으며 장기기억과 공간개념, 감정적인 행동을 조절한다.

셋째, 정신분열증 환자들은 정상인들에 비해 뇌의 주요 부위들의 크기 비율이 불균형적이다. 일반적으로 정신분열증 환자들은 해마의 크기가 평균보다 작고, 단순한 운동의 반복과 관련 있는 기저핵(basal ganglia, 바닥핵)은 더 비대해지는 경향이 있다. 또한 고차원적이고 종합적 사고를 담당하는 전전두피질(prefrontal cortex)[202]의 활동이 비정상적인 경우가 많다. 그 이외에도 태아시기에 감염과 같은 여러 가지 이유로 이러한 불균형적인 발달이 일어나는 경우도 자주 있다. 그러나 중요한 것은 모든 정신분열증 환자들이 자신들의 뇌에서 이러한 양상을 보이는 것은 아니라는 것이다. 따라서 위에서 언급한 뇌 내에서의 비정상이 모든 정신분열증 환자에게서 보이는 현상은 아니며, 또한 정신분열증이 없는 사람들에게서도 이러한 뇌장애의 흔적을 찾아볼 수 있다는 점에 유의하여야 한다.

넷째, 이외에도 정신분열증의 원인과 관련해서 성장환경, 특히 양육을 받는 부모의 성격·호르몬·효소결핍과 대사장애로 인해서 체내의 이상물질이 많아진다는 연구, 그리고 정신분석을 주로 연구하는 학자들은 아이가 성장 도중에 겪은 부모 특히 어머니와의 관계·형제관계·이성관계에서 원인을 찾으려고 하는 등 다방면으로 연구되고 있으나, 아직까지 정설은 없다.

뇌의 구조

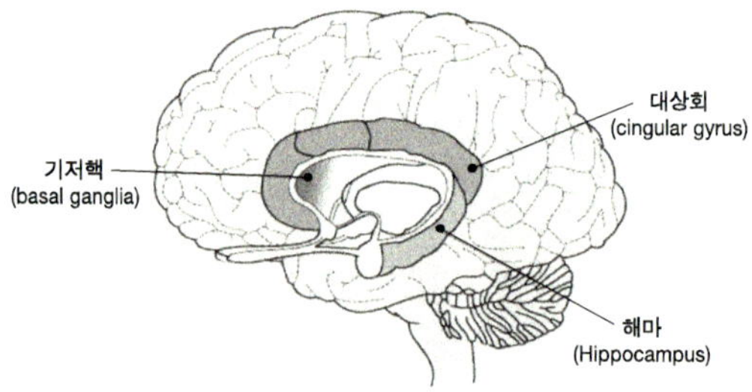

202) 전전두피질은 뇌의 전두엽 앞부분이며, 운동(motor)과 전운동(premotor)영역 앞에 위치한다. 이 뇌영역은 복잡한 인지행동·성격표현을 계획설정하며, 사회적 행동을 올바르게 변화시키는 것을 담당한다.

② 망상증(편집증)과 범죄

망상(delusion)은 병적으로 생긴 잘못된 판단이나 사고내용(思考內容)의 이상을 말한다. 사고내용은 비합리·비현실적이라는 점이 첫째 특색이고, 감정으로 뒷받침된 움직일 수 없는 주관적 확신을 가지고 고집하는 점이 둘째 특색이다. 문제는 망상은 그 잘못된 사고내용을 어떠한 합리적 논거로써 설득하여도 위에서 기술한 특색을 수정할 수 없다는 점을 들 수 있다.

㉠ 정의

망상장애(delusional disorder, 편집증이라고도 불림)는 하나 이상의 기이하지 않은 내용의 망상이 적어도 1개월간 지속하는 것이라고 정의되고 있다. 대개 그 망상은 단순하지만 괴이하지 않으며, 인격기능은 유지된 채 망상내용에 적절한 감정을 동반한다.

㉡ 종류

㉮ 피해망상

어떤 사람 또는 다수의 사람들이 자기에게 피해를 주거나 악의적으로 다루고 있다는 믿음을 말하며, 이에 대해 소송을 걸기도 하는데 이를 고소광이라 한다.

㉯ 과대망상

자신이 아주 위대한 인물(천재나 재림예수)이거나 특별한 능력(돈·권력)을 가졌다고 여기는 증상이다. 이런 증상은 자신의 열등감·패배감·불안감 등을 보상하기 위해 노력하다가 생기는 경우가 많다.

㉰ 질투형

정당한 이유 없이 배우자나 애인을 믿을 수 없다는 망상으로, 소위 의처증이나 의부증에 해당된다.

㉱ 애정망상

애정망상은 대개 유명인, 즉 유명 연예인과 사랑하는 관계라는 망상으로, 전화·편지·선물·방문·조사·미행을 하기도 한다.

㉤ 색정적 망상

망상증환자 중에 피해망상증이나 과대망상증은 범죄행동, 특히 폭력적인 범죄행동과 가장 관련성이 깊다. 피해형망상증은 누군가에 의해서 자신이 습격당한다고 생각하는 경우 그 대상자를 살해하거나 상처 입힐 가능성이 존재한다. 위와 같은 망상증상은 남녀 모든 연령층에서 발생할 수 있으며, 일시적이거나 간헐적일수도 있고 일생동안 지속될 수도 있다.

㉢ 망상증과 정신분열증의 구별

망상장애자인가, 아니면 정신분열증인가의 여부는 그 망상이 기이한가 그렇지 않은가에 의해 결정된다.

따라서 망상이 기이한지의 여부는 망상장애와 정신장애를 구분하는 매우 중요한 기준이 된다.

㉮ 예컨대 이웃이 때때로 스파이 활동을 한다거나, 누가 자기를 미행한다거나, 누가 자신의 개를 독살하려고 계획하고 있다고 하는 믿음을 가지는 경우이다. 이 경우는 실제 상황에서 일어남직한 상황이기 때문에, 기이한 망상이 아닌 것으로 간주된다.

㉯ 반면, 이웃사람이 나방으로 변장하여 창 밖에서 춤추고 있다고 하는 믿음의 경우는 정신분열증에서 특징적으로 보이는 기이한 망상이다.[203] 따라서 정신분열증이 아닌 망상증은 어떤 증거도 없는 허황된 생각이지만, 현실적으로 발생가능한 일이라는 점에서 기괴한 행동을 하는 정신분열증 망상증과는 다르다.

㉰ 망상증은 엄격히 말하며 정신병이라고 할 수 없다. 그러나 다른 사람들과의 관계에 영향을 미칠 수 있을 정도로 사물에 대한 객관성이나 합리성을 결여하고 있으므로, 정상적인 심리상태는 아니라고 보아야 한다.[204]

203) Curt R. Bartol & Anne M. Bartol 공저, 장석헌·이창한 공저, 앞의 책, p.208.
204) 조철옥, 현대범죄학, 대영문화사, 2008, p.141.

③ 기분장애(심각한 우울증)

㉠ 의의

우울장애(depressive disorder)는 의욕저하와 우울감을 주요 증상으로 하여 다양한 인지 및 정신 신체적 증상을 일으켜 일상기능의 저하를 가져오는 질환을 말한다. 우울증은 단일 질병이 아니라 여러 질병이나 상태에서 나타날 수 있는 현상이다.

㉡ 종류

㉮ 주요 우울장애

기분장애의 하나로서 양극성 장애에 대비하여 단극성 장애라고 부르며, 대체로 서서히 발생한다. 그 증상으로는 불면증·절망감·무가치관·피로감·식욕감퇴·빈번한 자살충동을 수반한다.

한편, 청소년의 경우에는 부정적이고 반사회적 행동 및 약물남용이 두드러진다. 또 적대적 반항장애·행동장애 등이 추가로 진단되고, 학업성취·가족관계·친구관계에 부정적인 영향을 미친다.

㉯ 양극성 우울증

조울증이라고도 하며, 기분장애의 대표적인 질환 중의 하나이다. 기분이 들뜨는 조증(mania: 기분이 들떠서 쉽게 흥분하는 상태가 1주일 이상 계속되는 증세)이 나타나기도 하고, 기분이 가라앉는 우울증이 나타나기도 한다는 의미에서 '양극성 장애'라고도 한다.

양극성 기분장애의 경우 조증 상태에는 지나친 행복감이나 낙천적 사고, 그리고 과도하게 상승된 자기 존중감으로 인한 과잉활동 등이 두드러지게 나타난다. 이 기간 동안에는 일시적으로 현실감각이 상실되어 자아도취에 따른 생각이나 행동이 나타나기도 하고, 심지어는 과대망상적 행동을 표출하기도 한다. 그리고 이러한 국면에서 우울 단계로 들어가면 일반적인 우울증 환자와 임상적으로 구분되지 않을 정도의 비슷한 상태로 빠져든다.

㉢ 원인

분명한 원인에 대해서는 아직 명확하지 않으나 다른 정신질환과 같이 다양한 생화학적·유전적, 그리고 환경적 요인이 우울증을 야기한다고 보고 있다.

첫째, 생화학적 요인이다. 최신의 뇌 영상 기기를 이용한 연구에서 우울증 환자의 뇌에 변화가 있다는 것에 대한 보고가 있다. 신경전달 물질이라 불리는 뇌 안의 감정 등의 뇌기능과 연결되어 있고, 이것이 우울증 발생에 역할을 하는 것으로 보고 있다. 호르몬 불균형도 하나의 원인이 될 수 있다.

둘째, 유전적 요인이다. 일부 연구에서는 우울증을 가진 가족 내에서 우울증이 더 잘 발생할 수 있다는 유전적 영향에서 그 원인을 찾으려고 하는 경향도 있다.

셋째, 환경적 요인이다. 자신을 둘러싸고 있는 환경도 우울증 발생에 영향을 줄 수 있다. 이런 환경적 요인은 삶에 있어서 대처하기 어려운 상황이 발생하는 경우, 예컨대 사랑하는 사람을 잃는 것·경제적 문제· 그리고 강한 스트레스를 받는 것 등을 들 수 있다.

㉣ 우울증과 범죄와의 관계

㉮ 범죄행동을 생기게 하는 우울증에 대한 연구는 아직 시작단계이다. 우울증의 가장 심각한 증상은 자살사고이다. 우울증 환자의 ⅔가 자살을 생각하고, 10~15%는 실제로 자살을 시행하기도 한다.

㉯ 특히 우울증은 청소년의 비행과 가장 관련성이 있는 것으로 보고 있다.[205] 우울증은 청소년들이 자신이 우울증이라는 것을 모르기 때문에, 그로인해 비행에 접근할 가능성이 증가할 수 있다. 따라서 기분이 가라앉거나 우울할 때 생활과 주위의 움직임에 대한 관심을 잃고, 자기 자신을 사회생활·학교·직

205) Teplin, L. (2000,October). Psychiatric disorders in youthful offenders. National Institute of Justice Journal, 30-32.

장으로부터 고립시켜버린다. 따라서 우울증도 역시 대량살인·학교에서의 총기사고·직장에서의 폭력 등의 상황을 만드는 것에 있어서 중요한 역할을 할 가능성이 있다.

④ 반사회적 성격장애

㉠ 정신병질자와 반사회적 성격장애의 용어구별

정신병질자에 대해서는 두 가지 상반되는 개념 규정방법이 있다.

㉮ 하나는 성격의 이상성(異常性)이 과도하여 병적(病的)이라 말할 수 있는 경우를 모두 포함해서 「정신병질자」라 하는 것이다. 이것은 유럽 대륙국가의 학자들이 일반적으로 취하는 입장이다. 이러한 정의방법(定義方法)으로는 슈나이더(Kurt Schneider)의 것이 유명하다. 그는 "그 이상성 때문에 본인 스스로가 괴로워하거나 사회가 괴로워하는 이상성격"을 정신병질이라고 정의하였다. 「슈나이더」의 표준적인 정신병질 10개 유형을 보면 다음과 같이 도표화 할 수 있다.

슈나이더의 정신병질 10분법

구 분	성격의 특징	범죄상관성
발양성(發揚性) 정신병질자	자신의 운명과 능력에 대한 과도한 낙관·경솔·불완전성·실현가능성이 없는 약속을 남발한다.	상습사기범이 되기 쉽고, 무전취식자로 돌아다니기도 하며 이때 자동차 같은 것을 닥치는 대로 훔쳐 돌아다닌다. 범죄자 특히 상습누범자 중에서 상당수 있는 것으로 본다.
우울성 정신병질자	염세적·회의적 인생관에 빠져 자책성 불평이 심하다. 이들은 항상 최악의 사태를 생각하고 과거를 후회하며 장래를 걱정하는 일로 소일한다.	이들은 적극적으로 범죄에 가담하지 않는 편이고 자살에 잘 빠진다. 그러나 어떤 강박증상으로 살상과 성범죄를 자행하는 경우가 간혹 있다.
의지박약성 정신병질자	모든 환경에 저항력이 약하고 우왕좌왕하며, 지능이 낮다. 인내심이나 저항력이 빈약한 것이 특징이다.	이들은 좋은 환경조건 아래에서는 아무런 일도 없이 온순하고 모범적으로 생활하나, 일단 나쁜 환경 속에서 범죄의 유혹에 직면하게 되면 쉽게 거기에 빠지고 그 후에는 헤어나지를 못 한다. 역시 상습누범자 중에 많고 윤락녀·알코올·마약중독자 중에 많다.

무정성(無情性)정신병질자	동정심·수치심·명예심·양심의 가책 등 인간의 고등감정이 결여되어 냉혹·잔인하다. 이들을 일컬어 배덕광(背德狂, moral insanity) 또는 「도덕적 백치·도덕적 박약자(moral imbecile)」라고도 한다. 영미에서는 「정신병질자」라고 하는 경우에는 주로 이 「배덕광병질인」을 가리킨다.	이들은 자기의 목적을 달성하기 위해서는 냉혹·잔인하게 이를 추진한다. 이들이야말로 「반사회적 인격자」로 규정할 수 있으며, 배덕광이라고 볼 수 있다. 범죄자 중 상습누범자 중에서 높은 비율을 나타내며 흉악범(토막살인·강도·강간)·가정파괴범·범죄단체조직원 등에서 무정성 정신병질자가 많다.
폭발성유형의 정신병질자	자극에 민감하고 병적흥분자라고도 한다. 사소한 자극에 대하여 병적으로 과도하게 격렬한 반응을 보이고, 앞뒤 가리지 않고 때리고 폭언한다.	살상·폭행·모욕·손괴 등 충동범죄의 대부분이 이에 해당하며, 충동적인 자살이나 자살행위도 할 수 있다.
기분이변성(氣分易變性) 정신병질자	기분의 동요가 심하여 예측할 수 없는 것이 특징이고, 그 결과 때로는 방랑하고 폭음하고 낭비를 일삼는다.	이들은 폭발성 병질자와 함께 간질병기질이 의심된다. 방화·도벽·음주광·상해범 중에서 상당수 나오는 것으로 보고 있다.
과장성 정신병질자	「허영성병질자」라고도 부르기도 하며, 자기를 사물의 중심으로 생각하는 등 자기를 실제 이상으로 높이 인식하는 성격자이다. 자신에의 주목 및 관심을 유발하고자 하며, 공상성허언을 일삼고 욕구좌절시 히스테리성 반응을 나타내어 주변 사람을 놀라게 한다.	기망적 성격에 따른 고등사기꾼과 구금된 수형자(흔히 꾀병) 중에서 흔히 보게 된다.
자신결핍성정신병질자	자기의 우월성을 나타내고자 하는 마음이 가득하나, 자기의 능력부족을 늘 의식하여 주변 사정에 민감하고 어떤 강박현상에 쫓기는 듯 하는 복잡한 신경의 소유자이다.	이들은 도덕성이 강해 범죄와의 관련성은 적으나, 강박관념으로 인해 살상·성범죄 등을 자행하는 수도 있다. 따라서 강박신경증에 잘 걸린다.
광신성 정신병질자	개인적·이념적 사항에 열중하여 그것을 외부에 대해 적극적으로 선전·주장하고, 그 소신에 따라서만 행동하는 강한 성격의 소유자이다. 정의감에 따라 소송을 즐기고 수형자가 되어서도 호소광(好訴狂)으로 말썽을 일으킨다.	종교적 광신자·정치적 확신범 중에서 그러한 예가 많다.
무력성 정신병질자	심신의 부조화상태를 늘 호소하면서 관심을 자기에만 돌리고, 동정을 바라는 성격자이며 신경질적이다.	범죄와의 관련성은 적다.

이상과 같이 「슈나이더」가 지적한 정신병질자 유형 가운데 범죄성과 적극적인 관련성을 갖는 것은 발양성·의지박약형·폭발

성·기분변이성·과장성·광신성·무정성의 7가지이고, 우울성·자신결핍성·무력성의 3가지는 소극적인 관계에 있다고 볼 수 있다.

㉯ 정신병질자의 또 하나의 개념은 그 개념의 범위를 극히 좁게 해석하여 「도덕적 광기, moral insanity」의 유형에 해당하는 것만을 「정신병질자」로 부르는데, 이것은 영미에서 일반적으로 통용되는 입장이다. 영미식의 「정신병질」 개념을 우리말로 번역할 때는 「반사회적 인격」이라는 말을 사용한다.[206] 오늘날 한국의 정신의료 현장에서는 진단명으로 「정신병질」이라는 용어 대신에 「반사회성 성격장애」라는 개념이 널리 쓰이고 있다.

㉡ 반사회적 성격장애의 정의

대부분의 임상의들은 반사회적 성격장애와 범죄적 사이코패스(Psychopath)를 구별하지 않고, 이들을 동의어로 생각하여 사용하고 있다.

㉮ 반사회적 성격장애(APD)의 본질적인 특징은 타인의 권리를 침해하는 행위를 지속적으로 행하는데, 해당 반사회적 성격장애자는 18세 이상으로 15세 이전에 품행장애의 몇몇 증상이 있어야 한다.

DSM-Ⅴ에서 기술한 개별 증상으로는 도둑질·싸움·무단결석·권위에 대한 저항과 같은 아동기의 징후들을 반사회적 성격장애의 특징에 포함시킨다.

㉯ 반사회적 성격장애자는 공감이 부족하고 냉담하며 빈정거리고 타인의 기분과 권리·고민을 경멸하는 경향이 있다. 또한 이들은 조숙하며 적극적인 성적 행동·과도한 음주, 그리고 마약사용과 같은 행동을 한다. 뿐만 아니라 가족·친구·이성에 대하여 친근하고 따뜻하며 신뢰 있는 관계를 유지할 능력이 부족하다.

206) 김성태 외 공저, 異常心理學, 1967, p.21이하 참조.

㉰ 그들은 인생의 대부분을 보통 교정시설에서 보내거나 가족에게 의존한 채 보낸다. 기타 침착성과 인내심이 결여되고, 세상에 대한 적대감을 가지고 있는 것 등이 특징이다.

㉱ DSM-Ⅴ기준에 의하면 반사회적 성격장애는 여성보다 남성에게 많고, 미국 남성의 3%, 여성의 1%가 이 범주에 포함된다고 보고 있다. DSM-Ⅴ는 반사회적 성격장애를 유전적인 관계가 있기 때문에 가계적으로 유전된다고 결론짓고 있다. 반면, 이와는 달리 반사회적 성격장애는 유전적인 것이 아니라 가족이 장애를 촉진하는 경제적·사회적 배경을 공유하기 때문에, 장애도 공유된다고 주장하는 견해도 있다.[207)]

㉢ 사이코패스(Psychopath)와 범죄

흔히 말하는 「사이코, psycho」는 확연히 다른 두 유형으로 구분된다. 반사회적 성격장애자(정신병질자)와 정신병자(psychotic)가 그것이다. 사이코패스는 반사회적 성격장애를 가진 사람과 다르다고 주장하는 학자도 있다. 그러나 두 가지 용어를 동의어로 받아들여지고, 호환적으로 사용되는 것이 일반적인 경향이다. 이 용어를 처음 사용한 사람은 1891년 독일의 심리학자 코흐였지만, 사이코패스 유형의 인물은 그 전부터 이미 존재했다.

㉮ 정의

첫째, 사이코패스는 다른 사람에게 비정상적으로 공격적이거나 심각하게 무책임한 행동을 하는 지속적인 성격장애 또는 정신적인 장애자이다. 따라서 이로 인해 잔인한 범죄행위를 범하여 다른 사람과 사회를 괴롭히는 「정신병질자」로 정의되어 지기도 한다.[208)] 따라서 전문용어로 사이코패스는 법적인 정신이상자는 아니다. 사이코패스는 무엇이 옳고 그른지 안다. 그들은 이성적이고 때로는 아주 똑똑하다. 어떤 경우 대단한 매력을 뿜어내기도 한다. 사실상 그들은 멀쩡해 보이기

207) Curt R. Bartol & Anne M. Bartol 공저, 장석헌·이창한 공역, 앞의 책, pp.210~211.
208) Siegel., op.cit., p.222.

때문에 더욱 위험하다. 그렇지만 그들의 쾌활한 성격은 위장에 불과하다.

둘째, 정신분석학자 허비 클렉클리(Herby Cleckley)가 고안한 유명한 개념, 즉 '정상인의 가면(masks of sanity)'을 쓴 그들은 심각하리만큼 불안한 사람들이라고 정의하기도 하였다.[209] 대표적인 연쇄살인범으로는 미국의 테드번디와 한국의 유영철 등을 들 수 있는데, 이러한 연쇄살인범들은 대부분 정신병자가 아닌 사이코패스다.

㈏ 사이코패스의 특징

사이코패스의 가장 큰 특징은 감정이입을 전혀 하지 못한다는 점이다. 사이코패스는 사랑도 할 수 없고, 남을 보살피지도 못하고, 자신이 아닌 다른 사람에게 미안한 감정을 품지도 못한다. 그들에게 타인은 자신의 욕망이나 이익을 얻기 위해 이용할 대상에 불과하다. 그리고 그들에게는 죄책감이나 양심의 가책이 없다. 따라서 보통 사람이라면 식은땀을 흘릴 법한 상황에서조차 뻔뻔하리만큼 태연하다. 예컨대, 유명한 연쇄살인범 제프리 다머는 피 흘리는 인질 한 명이 가까스로 거리로 도망쳐나갔을 때에도 경찰에게 청년을 자신이 보호하겠다고 차분히 말했다. 결국 다머는 청년을 자신의 소굴로 데려가 무참히 살해하였다.[210]

㈐ 사이코패스의 유형

사이코패스 분야에 관한 전문가인 로버트 헤어(Robert Hare)는 사이코패스를 1차적 사이코패스, 2차적 사이코패스[211], 사

209) 헤럴드 셰터 지음, 김진석 옮김, 연쇄살인범 파일, Human & Books, 2007, p.26.

210) 헤럴드 셰터 지음, 김진석 옮김, 위의 책. p.26.

211) 2차적 사이코패스는 심각한 정서적인 문제나 내적 갈등으로 인해 반사회적 혹은 폭력적인 행동을 일으킨다. 그들은 때때로 표출형의 신경증·신경증적 비행자·징후적인 사이코패스, 또는 단순히 정서장애 있는 범죄자 등으로 불린다. 대중적 오락매체가 가끔 2차적 사이코패스를 '사이코패스 살인범'이라고 묘사하고, 만나는 모든 사람을 무차별적으로 살해하는 사람으로 묘사하기도 한다(Curt R. Bartol & Anne M. Bartol 공저, 장석헌·이창한 공역, 앞의 책, p.433; 조철옥, 앞의 책, p.159).

회부적합형 사이코패스[212]의 세 가지 유형으로 분류하였다.

첫째, 로버트 헤어는 1차적 사이코패스만이 「진정한 사이코패스」이며, 이들이 곧 범죄적 사이코패스라고 주장한다. 범죄적 사이코패스는 사이코패스 중에 지속적이고 심각한 사회적 행동을 광범위하게 보여주는 사이코패스만을 의미한다.

그는 1차적 사이코패스는 일반인이나 다른 범죄자와 구별할 수 있는 특정 가능한 심리학적·정서적·인지적 그리고 생물학적 차이를 가지고 있다고 규정하고 있다. 1차적 사이코패스는 화산처럼 폭발하거나 폭력적이거나 극히 파괴적인 것이 아니라, 더 사교적이며 매력적이며 말솜씨가 아주 능수능란하다는 점을 그 특징으로 한다고 주장하였다.

둘째, 2차적 사이코패스와 사회부적합형 사이코패스는 일단의 범죄집단을 구성하는 반사회적인 사람들의 이질적인 집단을 의미한다. 따라서 엄격하게 말하면 2차적 사이코패스와 사회부적합형 사이코패스는 진정한 사이코패스 라고 볼 수 없다. 이런 맥락에서 본다면 많은 사이코패스들이 반드시 범죄적 사이코패스는 아니다 라는 점을 염두에 두어야 한다.

㉣ PCL-R(사이코패스 측정도구)

사이코패스의 진단척도로 활용되고 있는 PCL-R이라는 도구를 개발한 사람은 로버트 헤어(Robert D. Hare)이다. 현재 범죄적 사이코패스를 판정하기 위해 가장 많이 사용되는 척도는 22항목으로 된 사이코패스 체크리스트(PCL)와 20항목의 개정판 PCL-R이다. PCL(사이코패스 체크리스트)은 주로 크랙클리(Creckley)의 사이코패스 개념[213]을 기초로 하고 있

212) 제3의 집단인 사회부적합형 사이코패스는 비행집단이나 가족들이 추종하고 있는 그들의 하위문화로부터 학습한 공격적이고 반사회적 행동을 보여주는 자들을 말한다. 2차적 사이코패스와 3차적 사회적 부적합 사이코패스는 1차적 사이코패스의 행동패턴 그리고 배경과는 거의 유사성이 없기 때문에 이들을 「사이코패스」라고 부르는 것은 잘못 붙여진 것이다. 그러나 이들 두형의 사이코패스군은 재범률이 높기 때문에, 빈번하고도 부정확하게 잘못 지칭되고 표현되고 있기도 하다.

213) 크랙클리(Cleckley, 1976)는 '사이코패스의 자기중심성은 항상 나타나며 본질적으로 변하지 않는다'고 하였다. 크랙클리는 사이코패스를 1) 피상적인 매력과 좋은 지능, 2) 병적인 자기중심성, 3) 비진실성과 위선, 4) 교묘한 속임수, 5) 연민이나 죄책감 부족, 6) 동정심 결여, 7) 비인격적인

으며, 특히 남성수용자·용의자·정신병자의 집단 내에서 사이코패스를 식별하기 위해 설계되었다. 그리고 PCL-R은 오늘날 연구와 임상부문에서 가장 빈번하게 사용되는 사이코패스 측정도구이다. 이 척도는 자아평정·행동관찰·부모·가족·친구·체포기록·범죄적 사이코패스의 정서·대인관계, 그리고 사회적 이탈의 측면에 대해서 평가하는 것이다.

PCL-R은 40점 만점으로 점수가 높을수록(30점 이상) 사이코패스의 가능성이 높다. 연쇄살인범 유영철은 3번의 PCL-R 진단평가에서 모두 34점 이상의 높은 점수를 받아 사이코패스로 판정되었다.

2. 정신장애자의 책임능력판단에 관한 입법례

1) 개요

영미법계는 일반인의 상식과 정의감에 따라 책임능력 유무가 가려지는 배심제도를 채택하고 있다. 따라서 사실인정의 범주와 관련된 정신장애와 책임능력여부의 결정은 배심의 평결로 형사책임능력을 판단한다. 따라서 영미법계에서는 피고인이 행위당시 정신이상이었다면, 범의(犯意)라는 요건의 조각(阻却)이 가능하다. 따라서 정신이상자에 대한 책임과 처벌을 대신하여 정신병원에 수용하는 것을 원칙으로 한다. 영미에서는 이러한 정신이상을 이유로(Insanity defense) 형사책임능력 유무에 대하여 항변할 수 있다.[214)]

2) 정신이상항변(Insanity Defense)의 이론적 전개과정

(1) 맥노튼 법칙(M. Naughten Rules)

① 1843년 다니엘 맥노튼(Daniel M. Naughten)은 편집증으로 수년동안 고통을 받던 중 당시 집권당인 Tory당과 그 당수 로버트 필

성생활, 8) 충동성, 9) 망상 및 신경적 증상의 부재 등을 가진 자로 정의하였다.

214) 신관우, 앞의 논문, p.25.

(Robert Peel)경을 암살하려다가, 그의 비서인 에드워드 더몬(Edward Drummond)을 수상으로 오인하여 사살하였다. 모살죄로 기소된 맥노튼은 공판에서 망상에 의한 행위로 억제력을 행사할 수 없었다는 정신이상을 이유로 항변하였다. 이에 대하여 배심원은 수상을 암살하려는 사건임에도 불구하고, 무죄로 평결하여 무죄를 선고하였다. 그는 브로드무어(Broadmoore)정신병 치료시설에 위탁되었고, 22년 후에 사망할 때까지 그곳에서 치료를 받았다.

② 이러한 평결에 대하여 언론은 격렬하게 반대하였고,[215] 빅토리아 여왕은 귀족원에게 책임능력의 기준을 명확하게 하도록 명령하였다. 이에 귀족원은 정신이상에 관한 5가지 질문을 15인의 법관들에게 제출하였고, 판사들의 답변은 이 사건과 함께 보고서로 인쇄되어 '맥노튼 법칙(M. Naughten Rule)'으로 정립되었다.

(2) 저항불능의 충동 테스트(Irresistable Impulse Test)

① **영국의 경우**

저항불능의 충동 테스트는 행위자가 그 행위의 본질과 성질을 알고 그것이 사악하다는 인식을 하였어도, 저항불능 또는 제어불능의 충동으로 인해 그 행위를 조절할 수 없는 경우에 형사책임능력을 판단하는 기준이다. 영국의 법원은 '맥노튼 법칙'이 성립된 이후 형사책임능력을 판단하는데 있어서 '맥노튼 법칙'만을 적용하였고, 저항불능의 충동테스트를 원칙적으로 채용하지 않았다.

② **미국의 경우**

미국은 1851년에 연방과 대부분의 주(州) 법원에서 맥노튼 법칙을 채택하였다. 그러나 맥노튼 법칙(M. Naughten Rule)은 지적 인식능력만을 강조하고 의지적인 능력에 대한 검토가 미흡하여 정신장애의 모든 면을 포괄하기 곤란하다는 비판을 받아왔다. 따라서 이를 보완하기 위해 저항불능의 충동테스트가 1886년에 알라바마州

---

215) Insanity Defense Work Group, American Psychiatric Association Statement on the Insanity Defense, Am J Psychiatry 140, 1983, pp.681~688.

에 도입한 이래로 채택되었지만, 근래에 선호도는 감소하고 있다.[216)]

(3) 더램 법칙(Durham Rule)

① 미국의 콜롬비아 특별구에서는 1929년부터 「맥노튼 법칙」과 「저항불능의 충동테스트」를 함께 채용하여 형사책임능력을 판단하였다. 그러나 1954년 더램(Durham)사건의 재판결과[217)], 더램 법칙이 규칙으로 채택되었다.

② 맥노튼 법칙이 범죄의 정신적 요소인 옳고 그름을 인식했느냐에 초점을 맞추었다면, 더램 법칙은 범법행위의 원인이 정신질병이나 결함이라면 범죄자의 형사책임은 면제되어야 한다는 점을 핵심으로 한다. 즉, 정신장애로 인한 형사책임능력을 생물학적 요소로 판단하는 관대한 판단기준으로 볼 수 있다.

③ 이러한 더램 법칙은 1972년 부르너(Brawner)의 살인사건을 계기로 미국 법원에서 17년간 적용해온 이 규칙은 폐기되었고, 책임능력의 기준으로 미국법조협회가 제정한 모범형법전을 채택하게 되었다.

3) 브루너(Brawner) · 미국 모범형법전(Brawner Model Penal Code)

(1) 모범형법전에 의해 제안된 브루너규정은 정신이상을 결정하는 또 하나의 법률이었다. 모범형법전에서 정신장애의 판단에 해당하는 부분은 2개항[218)]으로 구성되어 있다. 첫째, 범행 당시 정신질환이나 결함으로 인하여 그 행위의 범죄성(사악성)을 식별하지 못하거나, 또는 자기행위를 법률요건에 따르게 하는 실질적 능력을 결여한 자는 당해 범죄행위에

---

216) 성경숙, 정신장애범죄자의 형사책임에 관한 연구, 성균관대학교 박사학위논문, 2009, pp.37~38.

217) 정신병으로 인해 강제입원의 병력이 있는 피고인 Monte Durham에 대하여 '정신과 의사가 Durham은 건강한 정신은 아니지만 옳고 그른 것에 대한 질문에는 정확히 대답하였다고 증언'하였다. 강도죄를 유죄로 인정한 원심을 파기하고, 그의 범법행위는 정신질병이나 정신결함의 산물인 것으로 고려되어 형사책임이 면제되었다.

218) 책임조각사유로서의 정신질환 또는 결함으로 인한 2개항목이다.

관하여 책임이 없다. 둘째, 본 조항에서 사용하고 있는 '정신질환이나 결함'이라는 용어는 단순하게 반복된 범죄행위나 기타 반사회적 행위가 명백한 '비정상성'을 포함하지는 않는다.

(2) 이 규정의 핵심은 지속적으로 사회적 미덕과 법을 위반하는 범죄적 사이코패스에게 정신이상 항변을 불허하기 위해 규정된 것이다. 따라서 사이코패스와 반사회적 성격장애를 가진 자들은 반사회적 성격장애자로 진단받았을 경우에도, 그들의 이상상태가 정신장애·정신질병 또는 결함이라고 주장할 수 없다.[219] 이러한 모범형법전의 기준은 용어의 불명확성과 질환이나 개념의 부정확성 등 비난적 의견에도 불구하고, 존 힝클리(John Hinckley) 사건 이전에 미국의 대부분의 州에서 채택되었다.[220]

4) 정신이상항변의 개정경향

(1) 정신이상항변에 대한 개정법령

1980년대까지 미국 대부분의 법원은 맥노튼·브루너·모범형법전 중 어느 하나를 채택하거나 다른 기준을 부분적으로 보완하여 사용하였다. 그러다가 1981년 존 힝클리(John Hinckley)사건[221]을 계기로 '정신장애의 항변'을 폐지하거나 개혁을 요구하는 여론이 형성되었고, 무죄항변제도에 대한 관심이 초점이 되었다. 이에 따라 의회는 1984년 정신이상항변에 대한 개정법령(Insanity Defense Reform Act of 1984)을 통과시켰다. 이 개혁법의 핵심은 연방법에 중요한 몇 가지 내용에 대한 수정을 가함으로써, 정신이상항변을 제한하였다는 점이다.

219) 조철옥, 앞의 책, p.129.
220) Michelle Migdal Gee, "Modern Status of Test of Criminal Responsibility-State Case", 9A.L.R.4th 526(1981).
221) 존 힝클리(John Hinckley)사건은 여배우에게 좋은 인상을 주기 위한 목적으로 레이건(Reagan)대통령을 암살하려다 미수에 그친 사건으로, 힝클리는 1982년 정신이상을 이유로 무죄평결을 받았다. 힝클리판결은 의회의 「정신이상 항변개혁법」에 결정적인 영향을 미쳤다.

(2) 내용

개정법령은 첫째, 정신병(insanity) 의 판단 기준을 엄격하게 적용하여 인지능력이 손상된 경우 '맥노튼 법칙(M. Naughten Rule)'만을 기준으로 하고, 둘째, 거증책임을 피고인에게 전환하는 것이다.[222] 셋째, 정신병(insanity)에 의한 무죄방면자의 석방 조건을 엄격하게 하고, 넷째, 정신병(insanity) 항변 자체를 폐지하는 것이다. 그러나 이 조항에 대해서는 네바다 州를 비롯한 소수의 州만이 채택하였다. 다섯째, 유죄이지만 정신질환(Guilty but Mentally Ⅲ: GBMⅠ)을 채택하는 것을 골자로 하고 있다. 이와 같이 정신이상항변에 대한 강한 비난이 높아지면서 미국의 몇몇 주들은 새로운 판결 대안인 'GBMⅠ'이라는 새로운 평결 방식을 도입하였다.

5) GBMⅠ(유죄이나 정신질환을 인정한 규칙)

(1) 'GBMⅠ'는 유죄판결을 해야 하는 것과 정신질환을 인정하는 것을 모두 만족시킬 수 있다는 이유에서, 전문가들의 비판을 받으면서도 절충적 타협을 하는데 편리한 평결로서 유력해지고 있다. 이 GBMⅠ는 1975년 미시간州가 이 대안을 최초로 채택하였으며, 1992년까지 다른 11개 州가 채택했다. 실제 'GBMⅠ' 평결은 존 힝클리의 무죄판결 후 가장 이상적인 정신이상항변 개정의 하나가 되었다.

(2) GBMⅠ는 정신장애의 항변으로 인정되어 왔던 「정신이상」과 「정신질환」을 구별하여 「정신이상」으로 판단되면 무죄로 하고, 「정신질환」으로 판단되면 유죄로서 일단 치료감호를 통한 치료를 한 후에 처벌을 받도록 하자는 것이다.[223] 이는 우리나라의 치료감호처분과 아주 유사하다고 볼 수 있다.

(3) 특히 이 GBMⅠ는 정신장애 상태에 있는 피고인의 제기가 있는 사건에

222) 다수의 州에서 정상(sanity)이라는 증명책임을 검사에게 부과하는 것이 아니라, 피고인 측에서 비정상(insanity)의 증명을 하도록 전환하여 정신병(insanity)에 의한 무죄평결은 제한하게 되었다.

223) Curt R. Bartol & Anne M. Bartol, op.cit., p.248.

서는 법원의 「중립적 입장」[224]의 판결을 하는 것을 가능하게 한다는 장점이 있다. 다만 문제가 되는 것은 GBM I 대안을 종종 유죄 인정거래에서 선택하는 사례가 있다는 점[225] 등에서, 그 효력에 의문이 제기되고 있기도 하다.

224) 범죄를 저지른 피고인은 배심원에게 평결로써 책임을 져야한다는 신념과 아울러 다른 한편으로는 피고인도 도움을 필요로 하고 있다는 신념을 절충시키는 것을 허용한다는 의미로 해석할 수 있다.

225) 피고인측 변호인은 재판에서 피고인의 인생을 거는 것보다는 이 선택사항을 받아들인다는 의사를 나타낼 가능성이 많다는 점 등을 들 수 있다.

3

제3절 범죄사회학(사회발전이론)

생물학적·심리학적 범죄이론들은 주로 범죄자의 개인적인 특성과 관련이 있는 요인들 중에서 범죄의 발생 원인을 찾으려고 한 반면, 범죄사회학은 사회구조나 과정의 측면에서 범죄행위를 설명하는 사회학적 관점이 투영되어 있다. 즉, 범죄사회학에서는 가정·친구집단·학교·빈곤과 불평·사회적 차별 등 사회적 환경이 범죄의 주된 원인으로 강조된다. 범죄사회학 이론은 크게 사회구조적 범죄이론·사회과정적 범죄이론·갈등론적 범죄이론으로 구분할 수 있다.

사회구조적 범죄이론은 사회를 전체적으로 보는 관점(거시적 관점)에서 사회구조가 범죄를 유발하는 요인을 갖고 있다고 보는 것이고, 사회과정적 범죄이론은 개인과 개인에 대한 관점에서 '왜 이 사람은 범죄인이 되었을까' 하는 미시적 관점에서 보는 것이다. 반면, 자본주의 사회체제가 사회 불평등과 계급 갈등의 요인이라고 보는 마르크스와 엥겔스의 이론은 범죄사회학의 중요한 이론적 기초가 되었고, 그 후 봉거·볼드 등에 의해 이들의 사상이 계승되어 갈등이론으로 체계화 되었다.

Ⅰ. 개설

1. 범죄사회학의 발전단계

1) 범죄사회학의 기초

범죄행위를 사회학적 관점에서 접근한 최초의 시도는 19세기에 실증주의적 사회학 연구방법을 활용하여 당시 사회의 주요 변화 양상을 연구한 케틀레(Adolphe Quételet)[226]와 뒤르켐(Émile Durkheim)[227] 등의 실증주의 사회학자들에 의해 이루어졌다.

2) 사회구조적 이론의 발달

(1) 사회구조적 접근법은 개인의 중요한 문제(예컨대, 범죄 등)를 사회구조적 원인(빈곤·실업·낮은 교육수준·인종주의 등)관 연결시켜 설명하려고 한다.[228] 따라서 사회구조적 이론들은 「범죄」를 사회가 갖는 특징의 결과물로 인식한다.
사회구조적 이론들은 거시적 이론들이다. 이러한 이론들은 미국 계층구조에서 하부 계층의 특징으로 여겨지는 더 높은 범죄비율을 설명하기 위해 특별히 고안된 것들이다.[229]

(2) 사회구조적 이론들은 1950년대와 1960년대까지 미국의 범죄사회학을 주도하였지만, 1970년 들어서면서 통제이론(사이크스와 마짜의 중화기술이론·허쉬의 사회유대이론 등)과 억제이론(현대의 억제이론)에 의해 전반적으로 대체되었다. 사회구조적 이론은 크게 「긴장이론」과 「사회해체이론」으로 나뉠 수 있다.

3) 사회과정이론의 발달

(1) 1930년대와 1940년대에 걸쳐 범죄행위를 사회적 과정으로 바라보는 범죄사회학 이론이 발달하게 되었다.
사회과정이론은 '개인이 어떻게 법 위반자가 되는지'를 설명하는데 주력한다. 따라서 사회구조적 이론들과는 달리 개인의 경험에 의한 사회작용 또는 과정을 강조하기 때문에, 거시이론으로부터 미시이론으로의

---

226) 케틀레(Adolphe Jacques Quételet)는 인구 밀도·성별·종교·빈곤 등을 포함하는 광범위한 인구학적 통계자료를 분석한 결과, 사회적 요인이 범죄성향에 영향을 미치는 주요 요인이라고 주장하였다.

227) 뒤르켐은 사회규범이 부재하거나, 두 가지 이상의 상반된 규범이 동시에 존재할 때 가치 혼란에 빠져 행동지침을 잃게 되는 '아노미(anomie)'상태에서 범죄나 일탈현상이 발생한다고 보았다.

228) Mills, C. W. The Power Elite, New York, NY:Oxford University Press, 1956.

229) Stephen Brown, Finn-Aage Esbensen, Gilbert Geis 공저, 황의갑 외 역, 범죄학, 그린출판사, 2015, p.304.

변화를 의미한다.

(2) 사회과정 이론을 대표하는 학자인 서덜랜드(Edwin Hardin Sutherland)는 "범죄행위는 개인적 특성이나 경제적 특성에서 비롯되는 것이 아니라, 특정한 문화환경 속의 개인에게 영향을 주는 「학습과정의 결과」"라고 주장하였다.

4) 갈등론적 범죄사회학의 발달

칼 마르크스(Karl Marx)와 프리드리히 엥겔스(Friedrich Engels)에 의해 제기된 사회체제와 범죄성 간의 상관성에 대한 논의는 빌럼 봉거(Willem Bonger)와 조지 볼드(George Vold) 등의 사회갈등론자들에게 많은 영향을 끼쳤다.

5) 현대 범죄사회학의 발달

위에 기술한 범죄사회학의 다양한 분파들은 현대 범죄사회학 발달에 지속적인 영향을 끼쳐 기존학파들의 관점을 견지하면서도, 현대의 사회적 상황이나 현실을 반영한 다양한 분파이론들로 분화되어 발달하였다.

(1) 케틀레와 뒤르켐의 실증주의 사회학 이론은 미국의 머튼(Rebert King Merton)의 아노미 이론 형성(긴장이론)에 많은 영향을 끼쳤고,

(2) 서덜랜드에 의해 제시된 차별적 접촉이론과는 달리, 다른 방식으로 범죄를 학습된 행위라고 설명하는 「차별강화이론학파」가 등장하였다. 차별강화이론학파의 대표적인 학자로는 로날드 애커스(Ronald Akers)와 로버트 버지스(Robert Burgess)등을 들 수 있다.
그리고 트래비스 허쉬(Travis Hirschi) 등을 필두로 하는 사회통제학파(혹은 사회유대이론)는 범죄행위를 사회적 유대약화와 연관시켜 이론을 전개하였다.

(3) 칼 마르크스 이론의 영향과 1960년대 후반 이후 반전운동·시민권 운동·여성운동 등 지배 계급에 대한 비판과 저항 분위기가 형성되었던 사

회적 배경 속에서 「비판범죄이론학파」가 형성되었다. 대표적인 학자로는 리차드 퀴니(Richard Quinney)와 이안 테일러(Ian Taylor) 등을 들 수 있다.

(4) 범죄행위를 낙인 효과로 설명하는 하워드 베커(Howard Bocker)와 에드윈 레머트(Edwin Lemert)등을 필두로 하는 「사회반응이론(낙인이론학파)」도 대두되었다.

(5) 최근에는 범죄피해자의 역할이나 생활양식이 범죄행위노출과 상관성이 있음을 주장하는 「범죄피해이론학파」, 그리고 범죄행위는 피해자가 범죄행위를 촉발하는 행위를 보일 때 발생되는 경향이 있다고 하는 「피해촉발이론학파」도 등장하였다.

2. 범죄사회학의 주요 연구영역

범죄사회학의 주요 연구 영역은 다음과 같다.

1) 범죄통계론

범죄 통계론은 범죄 행위의 실태나 경향을 측정하는 분야이다. 타당하고 신뢰할 만한 자료원이 없으면 범죄에 대한 기본적인 연구를 수행하고 이론 창출의 노력이 무의미하기 때문에, 범죄를 측정하기 위한 타당한 통계분석 방법의 개발과 적용이 요구된다.

2) 범죄원인론

범죄원인론은 범죄 발생의 원인이 무엇인지 탐구하는 분야이다. 즉, 범죄 행위가 발생하게 된 사회적 상황이나 요인 혹은 범죄행위 발생의 사회적 과정에 대해 연구하는 분야이다.

3) 범죄유형론

범죄유형론은 폭력 범죄·재산 범죄·공공질서 범죄[230)]·직접 범죄[231)]·기업범죄[232]·정치범죄[233]·조직범죄 등 특정 범죄유형과 패턴에 대해 연구하는 분야이다. 본서(本書)에서는 이에 대하여 별도의 장(章)을 두어 기술하였다.

4) 범죄통제론

범죄통제론은 범죄 현상을 억제하고 사회 규범에 동조하도록 만드는 범죄 통제의 메커니즘과 효과성·영향력 등을 연구하는 분야이다.

5) 범죄피해자론

범죄피해자론은 범죄 피해의 성질과 정도를 파악하고 범죄 피해의 가능성 증가 요인, 즉 범죄 피해자의 생활양식이나 행위, 범죄 피해의 상관관계 등에 대해 연구하는 분야이다.

Ⅱ. 사회구조적 이론

사회구조적 이론은 사회계층적 하류계층을 범죄의 일차적 원인으로 간주한다. 왜냐하면 하류계층에 속하는 사람들은 현대사회에서 요구되는 교육 등 성공을 위한 기회와 수단이 제한되거나 차단되기 때문에, 상류계층과 경쟁할 수 없는 박탈감 등으로 일탈할 수밖에 없게 된다고 보고 있다. 따라서 사회구조적 이론가들은 하류계층에 속하는 사람들이 폭력범죄나 파괴적인 범죄를 범하는 것은 경제적 빈곤과 불평등·사회적 차별이라는 사회구조적인 문제 때문이지, 개인의 생물학적·심리학적 특질의 원인이라는 주장에는 반대한

230) 공공질서범죄란 매춘·도박·마약 등과 같이 공동체의 질서의식을 깨뜨리는 행위로 규정되는 범죄를 말한다.
231) 직업범죄란 대체로 중산층에 속해 있는 직업인들이 직무 수행 과정에서 공금횡령·탈세·허위광고·암거래·담합 등 불법적인 행위를 저지른 경우를 말한다.
232) 기업범죄란 기업의 대표나 간부가 자신의 기업 이익을 위해 불법행위를 저지르는 범죄를 말한다.
233) 정치범죄란 반역·치안방해 등 기존 사회 질서를 위협하여 통제되지 않을 경우, 현존 정치체제에 심각한 해를 가할 수 있는 행위를 말한다.

다. 사회구조이론은 긴장이론·사회해체이론·범죄적 하위문화이론 등으로 대별해 볼 수 있다.

1. 긴장이론(아노미이론)

1) 뒤르켐의 아노미이론

아노미(anomie)개념은 프랑스의 뒤르켐(Émile Durkheim)이 최초로 사용한 용어이다. 뒤르켐에 따르면 사회의 행동규범이 붕괴되는 상황·경제공황·전쟁·기아와 같은 자연적 또는 인간이 자초한 재난 등과 같은 사회적 위기가 오면, 사회행동 규범이 작동하지 않는 무규범사회가 된다. 따라서 인간의 욕망과 욕구를 통제할 수 있는 규범이 없기 때문에 범죄가 행동 대안으로 선택될 가능성이 높고, 아노미는 성공적으로 일어날 수 있다고 보았다.[234)]

2) 머튼의 긴장이론

(1) 초기 프랑스 사회학자인 뒤르켐의 이론은 범죄와 일탈행위를 설명하는 긴장이론의 시발점이 되었고, 이러한 뒤르켐의 이론을 기초로 미국사회의 조건에 부합되도록 이론을 체계화한 것이 로버트 머튼(Robert Merton)이다. 이러한 머튼에 의한 뒤르켐 이론의 수정은 미국 문화 속에서 「긴장이론」[235)]을 통한 범죄이해의 토대를 마련하였고, 이후 리차드 클로워드(Richard Cloward)와 오린(Lloyd Ohlin) 등과 같은 긴장이론가들이 이를 더욱 확장시켰다.

---

234) Larry J. Siegel, *Criminology, Wadsworth, a division of Thompson Learning*, Inc. 8th(ed), 2003, p.192.

235) 여기에서 말하는 긴장은 개인 내부의 생리적 반응이 아닌 사회적 반응으로서 긴장이다. 구체적으로는 일정의 사회구조 중 생긴 사회적 압력(아노미·지위의 상승시도의 좌절·성공기회의 결여 등)에 의해 욕구불만이나 화가 생긴다. 사회구조적 접근에서는 이를 긴장이라 부른다(김상균, 앞의 책, p.84).

(2) 내용

① 머튼(R. K. Merton)은 물질적인 또는 사회적인 성공의 기회는 모든 사람들에게 공평하게 주어져 있지 않기 때문에, 사회적·경제적으로 합법적인 성공이 차단된 사람들은 사회에 대한 분노와 좌절 그리고 증오로 긴장상태에 빠지게 된다고 보았다. 따라서 이러한 긴장을 해소하기 위하여 약물사용이나 범죄행위와 같은 비합법적 수단을 통해서 그런 성공을 성취하려고 한다는 것이다. 머튼은 이런 상태를 뒤르켐의 아노미란 개념을 도입하여 적용하였는데, 이런 연유로 머튼의 긴장이론을 「아노미 이론」이라고 부르기도 한다.

② 머튼의 긴장이론에 있어서 중요한 전제는 누구나 부자가 될 수 있다는 바로 아메리칸 드림이었다. 그러나 그는 아메리칸 드림은 많은 사람들에게는 그림의 떡에 불과하므로 사람들로 하여금 좌절과 긴장을 느끼게 하고, 그 결과 성공을 위한 과도한 열망이 일탈행위를 촉진시킨다고 보았다.[236] 머튼이 주장하는 핵심적인 내용은 사회적으로 통용되는 목표와 이를 달성하는 수단간의 불일치가 범죄를 유발시킨다는 것이다. 즉, 미국사회는 성공을 위한 수단보다는 부의 획득이라는 성공의 목표를 지나치게 강조함으로써 이 둘 사이에 괴리가 발생하게 되고, 결국 아노미적 상황을 초래한다는 것이다.
그는 성공을 위한 문화적 목표(부자가 되는 것)를 달성하지 못할 때 발생하는 긴장을 해소할 수 있는 방법으로 동조형(순응형)·혁신형·의례형·은둔형·반항형(반역형)의 다섯 가지 개별형태를 제시하였다.[237]

236) J. Robert Lilly&Francis T. Cullen&Richard A. Ball 공저, 이순래·박철현·장안식 공역, 범죄학이론, 박영사, 2017, p.198.
237) Larry J. Siegel, Criminology, Boston:Cengage Learning. 2017. p.198.

머튼의 긴장이론에서의 개별적 적응의 방식[238)]

적응유형	문화적 목표	제도적 수단	특징
동조형(순응형)	+	+	정상인, 범죄관련성 없음
혁신형(개혁형)	+	−	전통적인 하류계층 범죄인, 범죄관련성 있음
의례형(예범형)	−	+	샐러리맨·관료집단, 범죄관련성 없음
은둔형(도피형)	−	−	알코올·마약중독자(이중실패자), 범죄관련성 있음
반항형(반역형)	±	±	진보적 정치범죄자·조직폭력배, 범죄관련성 있음

③ 머튼의 구조적 긴장에 대응하는 다섯 가지의 개별적 적응의 형태(방식)을 분석해보면 다음과 같고, 이 중에 범죄관련성이 높은 것은 혁신형·은둔형·반역형(반항형)이다.

첫째, 순응형(동조형)은 범죄행위의 관점에서 볼 때 큰 고려의 대상이 아니다. 순응형은 문화적 목표(성공)와 그를 달성하기 위해 마련된 제도화된 수단(합법적 수단)의 정당성을 믿고 순응하는 사람들이므로, 전혀 일탈하지 않을 것으로 본다.

둘째, 혁신형은 목표성취에 대한 강력한 동기는 있지만 합법적인 수단이 없기 때문에, 불법적인 수단으로 목표를 달성하려 한다. 즉, 목표는 포기하지 않지만 제도권 내의 방법을 밟지 않으려 한다. 예컨대, 화려한 생활을 하고 싶으나 돈이 부족할 때 돈을 얻기 위해 절도하거나, 시험에서 부정행위를 하는 학생들은 모두 목표를 달성하기 위해 불법적인 도구를 사용한다.

혁신형은 합법적인 방법으로 문화적인 목표를 성취할 수 없을 때 발생하는 구조적 스트레스에 나타나는 가장 보편적인 적응 형태이다. 이들은 범죄학적으로 가장 문제가 되는 사람들로서, 하류계층의 특징으로 본다.

셋째, 의례형은 혁신형의 반대 형태로 생각할 수 있다. 의례형 사람들은 규칙을 준수하지만, 전통적인 목표(부와 지위)를 추구하지는

238) 이윤호, 앞의 책, p.272; 김형만 외, 앞의 책, p.167; 김상균, 범죄심리학, 청목출판사, 2008, p.168; 김재민, 앞의 책, p.150을 참조하여 필자가 재작성한 것임.

않는다. 물론 이들도 부나 사회적 지위를 얻기 위한 노력은 하지만, 다른 유형의 사람들처럼 그 목표 성취에 집중하지 않는다. 공무원들이 이에 해당하며, 인생을 가장 '안전'하게 사는 방식이다.

넷째, 은둔형(도피형)은 추구하는 목표도 없고, 구조화된 수단을 따르지도 않는다. 이들은 성공이라는 목표와 이를 달성하기 위해서 치러야 할 수단적 비용 모두에게서 긴장을 경험한 탓에 이 두 가지 모두로부터 벗어나고자 한다. 그러기 때문에 은둔형은 자살·알콜중독·마약복용 등과 같은 사회적 일탈행위에 빠지는 되는 것이다.[239]

다섯째, 반항형(반역형)은 사회의 보편적 목표와 구조화된 합법적 수단을 모두 거부한다. 그러나 은둔형과는 다르게 보편적 목표나 수단을 자신들만의 새로운 목표와 수단으로 대체하려고 한다. 예컨대, 정당한 정치활동 대신에 체제 전복적이며 폭력적인 방법을 사용하는 정치적 개혁자들이 이러한 반항형(반역형)에 속한다.[240]

(3) 공헌과 비판

① 공헌

㉠ 긴장이론은 범죄를 이해하려는 가장 순수한 사회학적 접근방법 중의 하나이다. 긴장이론은 프랑스 뒤르켐의 아노미 개념에 뿌리를 두고 있지만, 실용적 가치를 얻게 된 것은 머튼(Merton)에 의해서였다. 긴장이론은 1960년대에 매우 인기를 얻었고, 또 많은 사회정책에 근거를 제공하였다. 그러나 이 이론을 바탕으로 한 사회정책은 크게 성공적이지는 못하였다.[241]

㉡ 긴장이론은 일탈을 사회구조적 측면에서 파악하여 하류계층의 높은 범죄율 설명에 도움을 주어 궁극적으로 사회적 측면에서의 범죄대책을 제시하였다는 점 등은 높게 평가받고 있다. 머튼은 특정한 사회구조가 개인을 범죄와 비행으로 몰아넣는 힘을 발생시킨다고 보았고, 이에 대하여 사회구조를 변화시키면 범죄와 비

239) 김재민, 앞의 책, p.151.
240) Stephen Brown, Finn-Aage Esbensen, Gilbert Geis 공저, 황의갑 외 역, 앞의 책, p.314.
241) Stephen Brown, Finn-Aage Esbensen, Gilbert Geis 공저, 황의갑 외 역, 앞의 책, p.321.

행이 사라진다고 보았다.

② **한계**

머튼의 긴장이론은 첫째, 범죄는 하류계층의 문제라는 가정은 범죄학자들 사이에서 뜨거운 논쟁거리가 되었고(범죄는 하류계층만의 저지르는가), 둘째, 경제적 이득이외의 목표를 경시했다는 점, 즉 모든 인간이 일률적으로 부의 성취라는 목표를 공유하고 있지 않다는 점, 셋째, 목표달성과 무관한 폭력범 및 중상층의 범죄 등에 대한 설명이 곤란하다는 점, 넷째, 왜 긴장을 경험하는 사람들 중 몇몇 사람만이 범죄행위를 하게 되는지에 대한 설명이 불가능 하다는 점 등에 대하여 비판을 받고 있다.

2. 일반긴장이론(긴장이론의 발전)

1) 애그뉴의 일반긴장이론

20세기까지 미국에서는 범죄와 관련한 사회학이론(사회적 긴장이론)이 주류를 이루었으나, 1970년에 들어서면서 많은 비판의 대상이 되었다. 로버트 애그뉴(Robert Agnew)는 이러한 비판에 대응하여 일반긴장이론(general strain theory, GST)을 주장하였다.

2) 내용

머튼의 긴장이론은 주로 사회적으로 통용되는 목표(경제적 성공이라는 문화적 목표)와 이를 달성하는 수단 간의 불일치에서 오는 긴장 때문에 범죄가 발생한다고 보았다. 반면, 애그뉴는 일상생활을 하다보면 사람에게 긴장을 초래하는 것이 비단 경제적 성공의 좌절뿐 아니라 수많은 간장을 느낀다고 생각하였다. 따라서 애그뉴는 머튼과는 달리 인지되는 긴장의 원인을 폭넓게 확대하는 한편, 사람들이 긴장이 왔을 때 범죄적 대응을 어떻게 할 것인가 하는 긴장처리방식을 제시하였다.

(1) 긴장유발요인과 적응행위

대부분의 사람들은 누구나 세상을 살아가면서 강한 스트레스를 경험하게 되는데, 그렇게 되면 긴장을 느끼기 마련이고 그러한 긴장 속에서 범죄를 저지를 가능성이 높아지게 된다. 따라서 애그뉴는 범죄를 분노·좌절·우울감, 그리고 파괴적인 인간관계로 인해 촉발되는 반감과 같은 부정적 감정의 결과라고 보았으며, 이러한 부정적 감정 상태는 다양한 긴장의 원천으로부터 생성된다고 보았다. 그는 원천 중 세 가지 유형의 긴장유발 요인과 이에 대한 적응 방식을 제시하였다.[242)]

① 세 가지 유형의 긴장유발요인

㉠ 목표달성의 실패, 즉 사회가 가치 있게 여기고 있는 목표를 달성하지 못하게 되면 긴장이 생성된다(예컨대, 경제적 성공을 갈망하지만 경제력이 없는 경우 등).

㉡ 긍정적으로 평가되는 자극의 제거, 즉 자기에게 긍정적인 자극을 주고 있는 것들이 제거되거나 박탈당했을 때 긴장이 생성된다(예컨대, 이혼이나 연인관계 파탄 등).

㉢ 부정적으로 평가되는 자극의 존재, 즉 부정적인 자극이 출현했을 때 긴장이 생성된다는 것이다(예컨대, 노숙·범죄피해[243)]·폭력적 친구관계 등).

② 적응행위

긴장을 경험하는 사람들이 모두 범죄행위로 나가는 것은 아니다. 범죄행위 발생의 결정적 요인은 바로 긴장의 요소들을 개인이 어떻게 해석하느냐에 달려 있는 것이다. 애그뉴는 부정적 결과를 최소화하고 결과적으로 범죄적 행위의 유발성을 낮추는 여러 인지적(어떠한 사실을 인식하여 아는 것)·감정적·행동적 적응행위를 제시하였다.

242) Stephen Brown, Finn-Aage Esbensen, Gilbert Geis 공저, 황의갑 외 역, 앞의 책, pp.321-322; 김재민, 앞의 책, p.152.

243) 범죄피해는 범죄가해행위와 관련된 부정적 자극의 하나이다. 아동학대나 배우자 폭행(가정폭력) 역시 궁극적으로 범죄행위를 통해 해소하고자 하는 긴장을 유발할 수도 있다고 애그뉴는 주장하였다.

예컨대, 사람들이 세 가지(인지적·감정적·행동적) 중 하나인 인지적 적응방식을 사용하는 경우, ㉠ 목표달성의 실패에 대하여는 "그건 별로 중요하지 않아"라고 목표의 중요성을 최소화 하고, ㉡ 긍정적으로 평가되는 자극의 제거된 경우에는 "그건 내 탓이야"라고 책임을 수용하고, ㉢ 부정적으로 평가되는 자극의 존재에 대하여는 "그렇게 나쁜 건 아니야"라고 부정적 결과를 최소화 시켜야 한다고 주장하였다.[244)]

결론적으로 애그뉴는 긴장과의 관련성을 축소시키는 법을 아는 사람들은 반사회적 행동을 할 가능성이 적어지는 반면,[245)] 충동적이고 타인과의 애착관계가 부족한 사람들은 부정적 정서의 강도는 높은데 사회적 통제가 약하게 되면 범죄를 저지를 가능성이 높다고 보았다.[246)]

3. 사회해체이론

1) 개설

(1) 인간생태학(사회생태학)

① 사회해체이론의 토대로서의 인간생태학은 살아있는 유기체의 습성·생활양식 및 주변 환경의 관계를 다루는 생물학의 한 분야이다. 인간생태학(사회생태학)은 인간과 지역사회와의 관계를 연구하는 학문이다. 이러한 생물학을 20세기 초 사회학자인 파크(Robert Park)와 버제스(E. Burgess) 등이 활약한 시카고학파에서 인간사회에 적용하였는데, 이 시기를 인간생태학(사회생태학)의 출발점이

244) Stephen Brown, Finn-Aage Esbensen, Gilbert Geis 공저, 황의갑 외 역, 앞의 책, p.323.

245) 긴장으로 인해 초래된 좌절이나 분노를 잘 처리하여 범죄를 범하지 않는 사람들은 절제력·높은 자존감·강한 자아상을 가지고 있어서 그러한 긴장에 잘 대처한다(Ravinder Barn & Jo-Pei Tan, Foster Youth and Crime: Employing General Strain Theory to promote Understanding, Journal of Criminal Justice 40, 2012, pp.212-220.).

246) Robert Agnew & Timothy Brezina & John Paul Wright & Francis T. Cullen, Strain, Personality Traits, and Delinquency: Extending general Strain Theory, Criminology 40, 2002, pp.43-71.

라고 볼 수 있다.

② 시카고학파의 연구자들은 지역사회와 인간관의 공서(共棲:전혀 다른 것이 함께함) 관계를 밑바탕으로 하여 사회학의 통합을 생각하였다.

㉠ 파크(R. Park)

초기 시카고학파이며 범죄학의 연구와 이론에 막대한 영향을 끼친 로버트 파크는 지역사회를 경쟁에 의해 생기는 공생관계를 보고, 그 속에서 인간과 제도의 분포과정 혹은 구조가 무의식적·경쟁적 협동의 결과를 나타내는 것으로 보았다.

㉡ 버제스(E. Burgess)

㉮ 버제스(E. Burgess)는 도시가 중심상업지역 → 과도기지역(천이지역)[247] → 노동계층지역 → 거주자지역(중류계급지역) → 통근자지역(통근자주거지역)으로 발전해 나가는 것을 동심원이론(同心圓理論)[248]으로 정리하였다. 이러한 이동패턴은 생물생태학의 침입 → 점령 → 계승 과정으로부터 차용한 것이다.[249]

247) 천이현상은 식물뿐 아니라 동물이나 자연현상에 널리 통용되는 단어이다. 예컨대 식물도 천이(遷移)하는데, 식물의 천이현상이라 함은 식물종(種)들이 시간의 경과에 따라 변천해 가는 현상을 말한다. 산불이나 홍수 등의 자연재해가 발생한 경우 이미 흙 속에 있던 뿌리와 씨앗, 잡초나 바랭이 등이 제일 먼저 자리를 잡아 지상의 생육조건을 바꾸어 놓고, 그 후 소나무와 같은 종(種)의 나무가 성숙해진다. 그러나 교목의 그늘에 숲이 성숙해 짐에 따라 어두운 곳에서는 소나무를 비롯한 햇빛을 좋아하는 양수들이 발육하기 어려운 반면, 그늘에 강한 종(種)인 참나무 등의 활엽수 등이 활발한 생육을 보이고, 생존경쟁에 밀린 소나무 등은 고사하고 만다. 이처럼 천이의 최종적인 모습은 활엽수림으로 극상을 이루며, 이렇게 안정된 삼림은 몇 백 년을 지속한다.

248) 동심원 이론은 도시가 성장하는 경우, 사회 계층의 공간적 분화에 따라 다섯 개의 동심원이 형성된다는 이론을 말한다. 저소득층은 편리한 출퇴근을 위하여 도심 가까이에 살려고 하며, 고소득층은 되도록 도시 외곽에 살려고 한다.

249) 인간생태학적 연구도 인간은 동물과 마찬가지로 주변 환경에 따라서 다르게 행동할 것이란 전제를 바탕으로 하고 있다. 즉, 동물의 세계에서는 한 종류의 동물이 다른 동물의 서식지를 침입하여 지배하게 되면 다른 동물들은 그곳에서 쫓겨나야 한다. 이처럼 생태계에서 일어나는 침입계승의 과정이 사회 내에서도 그대로 일어나고, 그 과정에서 일정한 문화적 갈등이 야기된다는 것이다.

버제스의 동심원 지역 모델[250)]

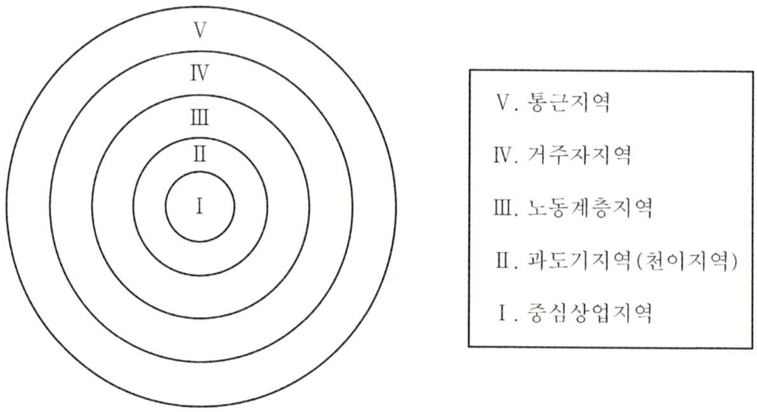

㈏ 동심원이론은 파크와 버제스(Ernest Burgess)가 1925년 시카고 시에 대한 실증적 연구를 통하여 주장한 이론이다. 이들은 도시의 구조를 ① 금융·상업 중심 비즈니스 지대, ② 과도기지역 또는 천이(遷移) 지대(제①지역에 입지하였던 업무시설 및 경공업이 주거지를 잠식하여 슬럼화 되어가는 지역), ③ 저소득층 주거지대, ④ 중산층 거주지대, ⑤ 교외(통근자 거주지대)의 5종으로 분류하고, 이들 지대는 동심원적 구조를 이루어 제각기 외축에 인접한 지대를 잠식하면서 팽창해 간다고 하였다. 쇼와 맥케이는 그들의 저서 「청소년비행과 도시지역」을 통해 버제스의 동심원 개념을 시카고 지역을 설명하는데 도입하였다.

모든 도시들은 이러한 방식에 따라 팽창하며 성장하는데, 중심상업지역(I)에 가까울수록 삶의 질이나 집세가 낮아지고, 경제나 지위가 높아짐에 따라 인접 바깥의 지역으로 이동하기를 원한다고 주장하였다.[251)]

250) Stephen Brown. Finn-Aage Esbensen. Gilbert Geis 공저, 황의갑 외 역, 앞의 책, p.335.
251) Stephen Brown. Finn-Aage Esbensen. Gilbert Geis 공저, 황의갑 외 역, 앞의 책, p.334.

㉰ 파크와 버제스 등 시카고학파에 속한 사회학자들은 범죄가 개인적 특질과 인간이성을 활용한 합리적 선택의 문제가 아니라, 지역사회의 형성조건이 어떠한 가에 따라 지대한 영향을 받는다는 사실을 규명하였다. 이후 그들의 이론은 사회학적 범죄원인론을 연구하는데 핵심사상을 제공하게 되었다.

2) 쇼와 맥케이의 사회해체이론

사회해체이론은 20세기 초에 쇼(Clifford Shaw)와 맥케이(Henry Mckay)에 의해서 정립되었는데, 이들은 파크와 버제스의 이론을 바탕으로 시카고 지역의 청소년 문제를 연구하였다.

(1) 사회해체의 의의

쇼(Clifford Show)와 맥케이(Henry Mckay)는 사회해체란 도시화와 산업화로 인한 급격한 사회변동·이민증대·계층 간의 갈등·윤리의식의 저하 등으로 인해 지역사회의 공식적 또는 비공식적 사회통제가 약화 또는 붕괴되어 가는 현상이라고 정의하였고, 특히 이들은 틈새지역[252]의 사회적 환경에 주목하였다.

(2) 사회해체과정의 2단계

그들은 사회가 해체되어가는 과정을 2단계로 보았다. 제1단계에서는 사회의 분화·가치규범의 갈등·사회이동 등 사회해체의 사회·문화적 조건이 발생하며, 제2단계는 사회해체가 내적 사회 통제를 약화시키는 단계로 진행한다고 보았다. 사회해체이론의 인과과정을 도식화해보면 다음과 같다.

252) 틈새지역이란 인구이동이 많은 지역에서 과거의 지배적인 사회관계는 와해되었지만, 아직까지 새로운 관계가 형성되어 있지 않은 지역을 말한다.

사회해체이론의 인과구조

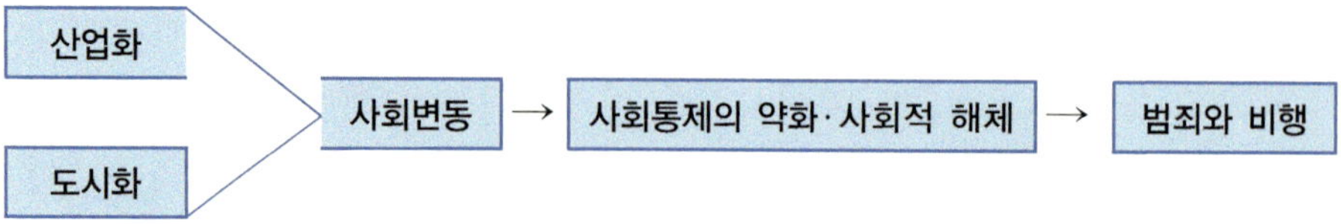

쇼와 맥케이는 뒤르켐(Durkheim)의 아노미이론[253)]과 파크와 버제스의 동심원개념을 바탕으로 시카고지역의 청소년 비행문제를 실증적으로 연구하였다.

동심원 시카고 도시지역의 모델

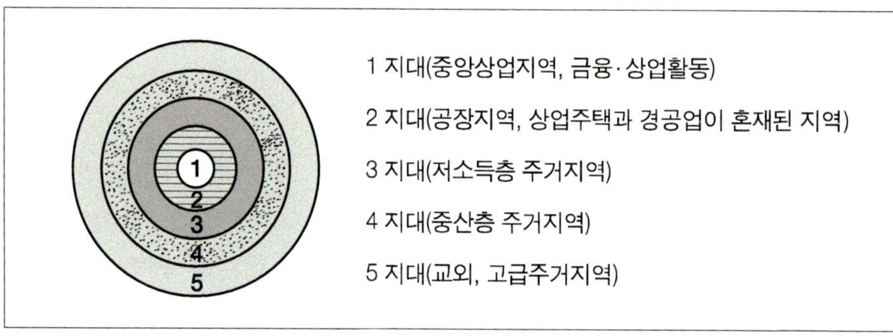

동심원 시카고지역모델 1지역은 금융·상업 활동의 도심지인 중앙상업지역, 2지역은 도심으로부터의 업무기능과 경공업 등이 뻗어 나오면서 주거환경이 열악하고 슬럼(slum)화 되어가는 곳, 즉 「변화하는 지역」으로 많은 공장들이 들어서 있는 지역, 3지역은 육체노동에 종사하는 사람들의 거주지역, 4지역은 일반 사람들이 거주지역, 5지역은 교외지역으로서 고급의 단독주택들이 밀집되어 있는 곳이다. 이와 같이 주택지구의 공간분화가 나타나는 이유는 각 지대의 거주자들이 보다 좋은 환경의 지대로 이주하려는 경향 때문이다. 즉, 저소득층은 통근의 편리성 때문에 도심 가까이 입주하려고 하고, 고소득층일수록 전원적 경관과 도시적 생활의 편리함을 동시에 얻고자

253) 뒤르켐은 산업화와 도시화로 인한 급격한 사회변화가 기존의 사회질서와 규범을 붕괴시키기 때문에, 이로 인하여 범죄를 보다 쉽게 저지른다고 보았다.

가장 외곽지역에 입주하려고 하기 때문이라고 주장하였다.

(3) 2지대(슬럼지역)와 사회해체화 관련성

쇼와 맥케이가 위의 다섯 개의 지역 중에서 관심을 가진 곳은 2지대인 변화하는 지역(틈새지역) 즉, 슬럼지역이었다.

이 지역은 다양한 민족들과 다양한 규범과 행동기준이 존재하고 심지어는 잦은 인구이동으로 지역주민 서로가 누가 누가인지를 잘 모르는 경우가 많기 때문에, 사회적통제기능이 제구실을 못하게 된다. 따라서 쇼와 맥케이는 이것을 사회해체라고 불렀다. 그 결과 이러한 사회가 해체된 상태의 지역에서는 아노미상태에 이를 수 있고, 범죄가 가장 많이 발생한다고 주장함으로써 범죄의 원인이 사회구조 그 자체라는 사실을 강조하였다.

(4) 범죄대책

① 쇼와 맥케이는 사회해체가 범죄의 원인이라고 보았다. 따라서 범죄자들에 대한 개별적 처우만으로는 범죄문제를 해결하는데 부족하고, 지역주민들에 의한 시민단체의 구성과 그것을 통한 사회통제능력을 회복하여야 한다고 주장하였다.[254] 그리고 이들은 자기들의 이론을 실천하기 위하여 비행 예방프로그램인 시카고지역 프로젝트(Chicago Area Projects)를 수립하고 시행에 착수하였다.

② 시카고 지역 프로젝트(CAP)는 1932년부터 1957년까지 (청소년)비행율이 높은 세 지역에서 시행되었다. 쇼와 맥케이의 청소년 연구기관으로부터 나온 현장 실무자들은 지역사회를 개선하기 위해 지역주민들을 조직하였다. 원래는 개인의 재정지원으로부터 시작하였지만, CAP는 나중에 일리노이 주에 인계되어 주 정부 차원의 비행 예방프로그램이 되었다.[255] CAP는 1960년대에 시행된 지역사회 예방프로그램의 선구자 격이었고, 지금까지 이어져오고 있는 지역사회활동과 비행청소년의 처우프로그램의 기초를 제공하고 있다.

254) 전돈수, 앞의 책, pp.176~177.
255) Stephen Brown, Finn-Aage Esbensen, Gilbert Geis 공저, 황의갑 외 역, 앞의 책, p.337.

(5) 공헌과 비판

① 공헌

쇼와 맥케이의 이론은 첫째, 범죄의 지역사회적 배경을 분석하는 거시적 관점에 대한 연구의 전통을 구축하는 기초가 되었고,[256)]
둘째, 시카고지역 프로젝트(CAP)의 궁극적인 목적은 청소년 비행 행위의 발생을 줄이는 것이었다. 시카고지역 프로젝트는 쇼가 사망할 때까지(1957년) 25년간 운용되었지만, 이들 지역의 비행에 미친 효과는 정확하게 평가되지 않았다. 다만, 월터 밀러(Walter B. Miller)는 보스턴에서 시행된 유사한 프로젝트를 3년에 걸쳐 시행하였는데, 그 결과 이 프로젝트가 목표를 달성하는데 괄목할 만큼 효과적이었다는 것이 밝혀졌다.[257)]
셋째, 사회조직의 해체는 집단적 목표 성취를 위한 안정성과 재원을 부족하게 하고,[258)] 이와 같은 것들은 결국 높은 범죄율로 귀결된다는 것을 밝혀냈다. 따라서 사회해체이론은 문화적 일탈에 대한 사회구조와 사회과정이론가들이 연구하는 두 가지 측면에 있어서 모두에 중요한 의미를 갖는다는 점을 들 수 있다.[259)]

② 비판

쇼와 맥케이의 사회해체이론은 첫째, 비행이 가장 많이 저질러지는 슬럼지역에서도 다수의 청소년들은 범죄를 저지르지 않는다는 점, 둘째, 비행청소년들을 반드시 자신들의 주거지역에서만 비행을 저

256) 여러 사회학자들은 쇼와 맥케이의 시카고 연구를 재연하였다.(Lander B. (1954). Towards an Understanding of Juvenile Delinquency. New York, NY:Columbia University Press; Chilton, R. J. (1964). "Continuity in Delinquency Area Research: A Comparison of Studies for Baltimore, Detroit, and Indianapolis." American Sociological Review, 29:74-83.
257) 보스턴 프로젝트는 지역 갱들과 긴밀한 관계를 수립하여, 갱 구성원을 클럽으로 조직화하였다. 그들에게 레크리에이션 활동 참여·직업이나 교육기회제공·시민조직구성, 그리고 지역사회문제 등에 대하여도 그들과 기관 간 협력을 증진시켰다.(Walter B. Miller, "The Impact of a 'Total-Community' Delinquency Control Project," Social Problems 10 (Fall 1962): 168-91.).
258) 사회해체가 되는 높은 비행지역의 특성 중 하나는 그 지역에 타 지역으로부터 재정 및 인사지원을 받는 봉사기관이 많이 존재한다는 것이다. 따라서 그 지역의 안정성을 위해서는 지역사회조직을 만들 재정지원이 필요하다는 것을 의미한다.
259) Stephen Brown, Finn-Aage Esbensen, Gilbert Geis 공저, 황의갑 외 역, 앞의 책, p.334.

지르는 것이 아니고 다른 지역으로 이동하여 범행을 저지를 수 있다는 점, 셋째, '완전한 사회해체란 존재하는가'라는 의문점 등에서 비판을 받고 있기도 하다.

3) 샘슨의 집합효율성 이론

샘슨의 집합효율성이론은 오늘날 주목을 받고 있는 상황적 범죄예방이론들 중의 하나이다. 이 이론을 여기에서 기술하는 이유는 쇼와 맥케이의 사회해체이론과 맥을 같이 하기 때문이다. 상황적 범죄예방이론들은 장소나 지역에 따라 학자들의 관심을 증폭시켰다. 그리고 이러한 관심은 지역사회 연구의 핵심이었던 시카고학파의 사회해체이론을 현대도시의 맥락에서 재이해하고자 하는 노력으로 연결되었다. 그 결과 로버트 샘슨(Robert J. Sampson)은 지역사회의 구성원들이 범죄문제를 공공의 적으로 인식하고 이를 해결하기 위하여 적극적으로 참여하는 것이 범죄문제해결의 열쇠가 된다는 집합효율성 이론(Collective efficacy theory)을 주장하였다.

(1) 의의

집합효율성이란 '이웃 간에 공동의 선을 위하여 기꺼이 자발적으로 개입하는 적극성과 결합된 사회적 응집력'이라고 정의되어진다.

로버트 샘슨은 지역사회가 높은 수준의 집합효율성을 갖기 위해서는 이웃 주민 간에 고도의 상호신뢰가 형성되어야 하며, 이는 오로지 주민 간에 서로 잘 알고지내며, 주민 서로의 반응을 예측할 수 있을 때에만 가능하다고 설명하였다.[260]

(2) 내용

① **비공식 사회통제의 결합**

집합성이론이란 지역주민 사이의 상호신뢰 또는 연대감과 범죄 등 사회문제에 대한 적극적인 개입, 즉 비공식적 사회통제의 결합을 의

260) R. Sampson, S. Raudenbush & F. Earls. Neighborhoods and violent crime: A multilevel study of collective efficacy. Science, 1997, pp.918-924.

미한다. 따라서 집합효율성이 높은 지역은 주민간의 유대감이 강하고, 비공식적 사회통제력이 잘 발달하게 되어 범죄나 비행 등이 줄어든다는 것이다. 이는 집합효율성이 높은 지역이 응집력이 약한 지역보다 무질서 행위가 적다는 가설을 뒷받침하는 것이다.

반면, 공동체의 비공식적 통제가 무너지고 전반적으로 사회통제를 위한 노력들이 약해지면 지역사회의 응집력이 감소되면서 범죄율은 증가하게 된다.[261)]

결론적으로 강한 집합효율성은 지역사회의 불리한 사회경제적 여건이 범죄에 미치는 영향을 상쇄시키는 효과를 가져올 수 있다는 것을 의미한다.

② 집합효율성과 무질서와의 관계

1982년 제임스 윌슨(James Q. Wilson)과 조지 켈링(George Kelling)은 '깨진 유리창'이론에 대한 논문을 발표하면서, 지역이 쇠퇴하여(사회해체) 사회적·물리적인 두 개의 무질서가 모두 나타나게 되는 것은 중범죄를 불러들이며, 결국 무질서가 범죄로 변질된다고 주장하였다.[262)] 즉, 무질서는 범죄의 두려움을 증가시키고, 두려움의 증가는 지역의 결집이나 집합효율성을 감소시키며, 결집의 감소는 범죄 그 자체를 증가시키게 된다는 것이다.[263)] 따라서 집합효율성과 지역의 무질서는 밀접한 상관관계가 있음을 시사해주고 있다.

③ 한계

범죄예방은 공식적인 통제집단인 경찰과 비공식적 통제집단인 주민들이 집합했을 때 그 효율성이 높아진다. 그럼에도 불구하고 이 이론은 공식적 사회통제, 즉 경찰 등 법집행기관의 중요성을 간과하고 있다는 점 등에서 비판을 받고 있다.

---

261) Robert Sampson & Jeffrey Morenoff & Felton Earls, Beyond Social Capital: Spatia Dynamics of Collective Efficacy for Children. American Socialological Review. 1999.

262) James Q. Wilson and George Kelling, "The Police and Neighborhood Safety: Broken Windows", Atlantic Monthly 127, 1982, pp.29-38.

263) Fred E. Markowitz, Paul E. Bellair, Allen E. Liska, and Jianhong Liu, "Extending Social Disorganization Theory: Modeling the Relationships Between Cohesion, Disorder, and Crime", Criminology 39, 2001, pp.293-320.

4) 범죄적 하위문화이론(문화적 일탈이론)

(1) 서설

① 의의

범죄적 하위문화와 문화적 일탈이론을 구분하여 정의하는 것은 쉽지도 않으며, 특별하게 유용한 것도 아니다. 따라서 사실상 두 용어는 같은 의미를 띤다고 보아도 무방하다.[264] 범죄적 하위문화이론은 어떻게 열악한 지역사회에 거주하는 사람들이 사회적 고립과 경제적 결핍에 반응하는지를 설명해주는 이론이다. 하위문화이론은 사회해체이론과 긴장이론[265]을 기본적인 틀로 하고 있기 때문에, 하위문화이론은 대부분의 비행행위가 집단 내에서 발생한다는 것을 전제로 하고 있다. 즉, 비행 소년들은 전형적으로 행동을 같이하고, 아니면 적어도 혼자 행동할 때라도 최소한 집단의 영향을 받게 된다는 것을 가정한다.[266]

② 하위문화의 개발이유

하류계층 구성원들의 생활양식은 소모적이고 좌절에 가득 차 있다. 그리고 하류계층의 청소년은 교육·가족지원·영향력 있는 인간관계 등 사회적 성공을 위한 승인된 수단으로부터 소외되기 쉽다. 따라서 이와 같은 것들을 상쇄하기 위해서 그들은 성공적이고 중요하다고 느끼는 자신들만의 특유한 가치관과 규범을 지닌 독립적인 하위문화를 만들게 된다. 하위문화이론에는 밀러의 하류계층문화이론, 코헨의 비행하위문화이론, 클로워드와 오린의 차별화기회이론 등을 들 수 있다.

---

264) Heidensohn, F (1989) Crime and society, Basingstoke: Macmillan. Hillier, B (1973) 'In defence of space', RIBA Journal, November,

265) 긴장이론에 따르면 서로 유사한 이념과 가치관을 가지고 상호필요성, 방어 그리고 저지를 위하여 결합하는 소위 하위문화의 형성을 이루어진다고 보고 있다.

266) 이윤호, 앞의 책, p.276.

(2) 밀러(Walter Miller)의 하류계층문화이론

밀러는 하층계층에는 하층계층에 따른 특징적 가치·생활양식·행동양식이 존재하고, 하층계층구성원은 그들만의 독특한 문화적 규범을 따르기 때문에 자동적으로 더 넓은 사회의 법규범에 위반하는 것이 된다고 주장하였다.[267] 나아가 범죄나 비행은 하층계층에서 현저하게 나타나는 현상이라 하였다.

① 범죄원인

㉠ 하류계층 구성원의 행동에 직접적인 영향을 주는 것은 하층계층의 공동사회 그 자체이고, 오랫동안 지켜온 그 공동사회의 고유한 전통적 가치이다. 그러기 때문에 하위문화가 가지고 있는 규범들은 전통적인 가치들과 필연적으로 충동하게 되어있다.

㉡ 밀러는 하류계층 구성원들이 하층계급의 독자적인 문화규범에의 동조가 중산층문화의 법규범에 위반함으로써 범죄가 발생하는 것이지, 중류계층의 규범에 대한 악의성의 표출이 아닌 그들만의 가지고 있는 고유한 전통적 가치에 대한 관심의 추구가 범죄원인이 된다고 보았다.

이러한 관점에서 볼 때 밀러의 하류계층 문화이론은 중류계층의 규범에 대해서는 위반이 되지만, 악의적인 원한이나 울분 또는 저항을 표시하는 것은 아니라는 점에서, 코헨(A. Cohen)의 비행적 하위문화이론과는 차이가 있다.[268]

② 하류계층 문화의 특징

밀러는 퇴화된 지역에 사는 하류계층은 피폐하고 좌절을 느끼며 의기소침한 생활을 영위하기 때문에 자신들의 고유한 가치와 규범에 따라 독립적인 하위문화를 형성하게 되는 데, 하류계층의 문화에는 6가지 특징이 있다고 하였다.

267) 김용준, 앞의 책, p.80.

268) 코헨(A. Cohen)의 연구는 후에 밀러(Miller)의 하위문화이론의 형성에 큰 영향을 주었다.

첫째, 곤란한 일(troble)

말썽 등 문제 만들기(trouble)에 대한 관심으로, 법이나 법집행기관(경찰)등과의 싸움이나 말썽이 오히려 영웅적이거나 정상적이며 성공적인 것으로 간주되는 것을 말한다.

둘째, 강인함과 억셈(toughness)

하류계층의 남성들은 육체적인 용맹·힘의 과시·용감성·격투능력 등 신체적 혹은 정신적으로 강인하다는 인정을 지역사회로부터 받기를 원하고, 감상적으로 정에 이끌리는 태도를 거부한다. 예컨대, 문신을 하는 경우도 여기에 속한다.

셋째, 교활·영악함(smartness)

남을 속이는 능력을 말한다. 특히 이 계층의 사람들은 생존하기 위하여 규칙이나 법을 속이는 것을 하나의 수단으로 알고 있다. 흔히 갱단의 두목이 되기 위한 선제조건 중의 하나가 강인함과 더불어 교활함이다.[269)]

넷째, 흥분·자극(excitement)

하류계층 사람들은 스릴·모험·권태감을 견뎌내기 위해 재미와 자극을 추구한다. 예컨대, 도박·격투·성적 모험을 감행하는 것이 여기에 속한다.

다섯째, 숙명·운명(fate)

자신의 장래는 알 수 없는 외적요소(운명의 소산)에 의해 결정된다고 믿고 있다. 따라서 하류계층사람들은 행운과 악운에 많은 관심을 갖고 있다. 예컨대, 인간이 비행을 저지르다가 경찰에 체포되면 운수가 나빴기 때문이라고 생각한다.

여섯째, 자율성(autonomy)

어느 누구도 자신에 대하여 통제나 간섭을 할 수 없다는 뜻이며, 자기 자신의 마음대로 자신의 일을 처리하고 싶어 한다. 즉, 경찰·교사·부모 등의 권위자로부터 간섭을 벗어나 독립적이기를 희망한다. 그러나 이들 하류계층 사람들은 사회계층 제도상의 위치 때문에, 항상 타인(예컨대, 보스)으로부터 명령과 간섭을 받고 있는 현실에 대한 잠재의식적인 반발을 가지고 있다. 이와 같은 구조적 요소와 관심의 초점들은 서로 결합하여 여러 가지 방법으로 범인성을 양산하게 된다.

269) Walter Miller, Lower Class Culture as a Generating Milieu of Gang Delinquency, *Jounynal of Social Issues*, 14, 1958, pp.5-19.

하류계층의 청소년들은 위의 6가지 관심사항에 초점을 맞춰 반응하는 것을 자랑거리로 생각한다. 따라서 하류계층 사람들은 중산층의 규범이나 사람에게는 관심이 없고, 자기들만이 살고 있는 삶을 영위해 나가고 추구하는 하위문화의 특성에 전념하는 결과 범죄로 되고 일탈로 나아가게 된다고 보고 있다.

③ **공헌과 비판**

㉠ 공헌

밀러의 이론은 문화적 측면에서 하층계급에 왜 범죄가 많은가 하는 의문점을 해소 시켜주고 있고, 그리고 하층계급에 현저한 범죄의 발생과정을 잘 설명하고 있다는 점에서는 높은 평가를 받고 있다.

㉡ 비판

밀러의 이론은 첫째, 다양성(소수민족)을 고려하지 않았다는 점, 둘째, 하류계층 청소년이 중류계층 청소년과 확연히 구별되는 상이한 가치체계의 구별의 불명확성, 셋째, 하류계층문화의 관심의 초점이 하류계층 문화의 일부요소는 될지 몰라도 하류계층사회와 생활의 유일한 관심사는 아니며, 중류계층의 가치와 문화도 하류계층 청소년들에게 영향을 미칠 수 있다는 것 등을 간과하고 있다는 점 등이 비판의 대상이 되고 있다.

(3) 코헨(Albert Cohen)의 비행적 하위문화이론(집단문화이론)

① **지위좌절**

알버트 코헨(A. Cohen)은 그의 저서인 『비행소년들(Delinquent Boys)』에서 상대적으로 많은 수의 하류계층 청소년들은 낮은 학업성적 등 학교에서의 실패를 겪으며 학교체제의 지배적인 중류계층과 갈등 속에서 신분좌절을 경험하고, 이에 대한 반항으로 비행집단과 함께 어울려 하위문화를 형성한다고 보았다.[270] 즉, 하류계층

270) Albert Cohen, *Delinquent Boys*, New York: Free Press, 1955, p.25. 코헨은 하버드대학의 학

청소년(노동계급의 청소년)들은 중류계층의 기준을 충족시킬 수 있는 언어나 사회적 기술을 갖고 있지 않기 때문에, 소위 '지위좌절'이라고 부르는 일종의 갈등을 겪게 된다. 그 결과 이들은 폭력집단에 가입하거나 악의적이고 무정부적인 행동에 참여하게 되고, 그러한 하위문화 속에서 하류계층 청소년들은 지위를 획득할 수 있다고 보았다.

지위좌절

미국에서는 흑인과 백인들의 문화 사이에도 차이가 있고, 사회계층 사이에도 서로 다른 문화를 가지고 있다. 중류층의 잣대로 본다면 하류계층의 문화는 충동적이고 파괴적인 경향이 강하고 언어도 저속하다. 따라서 이와 같은 하류계층의 문화는 중류층에 의해서 일방적으로 거부당하게 만드는 요인이 된다.[271] 이러한 요인들에 의해 하류계층의 소년들은 심한 긴장상태에 놓이게 된다. 이런 긴장상태는 하류계층의 소년들에게 죄책감·불안감·그리고 자신에 대한 증오심을 불러일으키게 되는데, 코헨(A. Cohen)은 이것을 「지위좌절」이라고 불렀다.[272]

② 밀러의 하류계층문화이론과의 차이

코헨의 비행적 하위문화이론은 밀러(Miller)의 하류계층문화이론과는 달리, 하류계층 비행이 실제로 중류계층에 대한 악의적인 원한이나 울분 또는 규범에 대한 저항이라고 보았다. 즉, 비행소년집단은 좌절감으로 인한 갈등해소와 자신들의 삶에 의미를 부여하기 위해서 다른 하류계층의 청소년들과 함께 동료집단을 형성하게 되면서, 하위문화가 이루어지게 된다는 것이다.

부시절에 머튼(Merton)의 수업을 들었고 그 후 인디아나 대학에서 서덜랜드로부터 한 과목을 수강하였다. 따라서 코헨은 머튼과 서덜랜드의 영향을 받았다고 볼 수 있다. 코헨은 청소년비행은 갱(Gang)의 형식으로 많이 저질러진다고 보았다.

271) 전돈수, 앞의 책, p.167

272) Piers Beirne & James Messerschmidt, criminology, 3rd ed. (Boulder, co: Westview Press, 2000), p.149

③ **코헨의 비행적 하위문화의 특징**

코헨은 비행적 하위문화의 특징으로 다음과 같은 것들을 들고 있다.[273)]

첫째, 물건 자체보다 단순히 애를 먹이거나 자기 동료들로부터 영광과 지위를 얻기 위한 절도행위 등 미래가치를 추구하지 않고 골탕을 먹일 목적으로 하는 「비공리성」

둘째, 다른 사람이 고통당하는 모습에서 쾌감을 느끼는 심리적인 「악의성」

셋째, 그들 나름대로의 정당성을 가지고 중간계급의 가치를 거부하는 「거부주의」

넷째, 순간순간 바뀌는 가치의 세계인 「변덕성」

다섯째, 장기적인 계획과 목표가 아닌 당장의 쾌감에 급급한 심리인 「단기적 쾌락주의」

여섯째, 외부에 대한 극도의 적개심과 내부에 대한 응집력인 「집단자율성」이다.

코헨은 목표달성의 차단이 비행을 유발하는 긴장으로 이어진다는 점에서는 머튼(Merton)의 입장에 동조하고 있으나, 중류계층의 기준과는 반대되는 「악의적」이고 「부정적인 가치」를 중시하였다는 점에서는 차이가 난다. 예컨대, 비행청소년들이 재산범죄를 범하는 것은 머튼의 주장과는 달리 금전적 성공을 이루려는 행위라기보다는 비행하위문화에 놓여 있는 비행 친구들에게 인정을 받기 위한 행위라고 보았다.

④ **비판**

코헨의 이러한 이론은 사회학적 이론가들의 많은 지지를 받고 있음에도 불구하고, 다음과 같은 이유 등으로 비판의 대상이 되고 있기도 하다.

첫째, 중·상류층의 비행이나 범죄는 설명하지 못하고 있을 뿐만 아

273) 김형중·이도선·정의롬, 앞의 책, p.312.

니라, 하위계급 출신 중에는 범죄를 저지르지 않는 소년이 더 많다는 점이고,

둘째, 비행하위문화의 특징인 비공리성·악의성 등은 이욕적인 범죄와는 무관하기 때문에 이욕적인 범죄와 관련지어 설명하기에는 한계가 있고,

셋째, 범죄소년들은 범죄행위에 대해 자부심보다는 대부분 뉘우치고 후회한다는 점 등을 간과하고 있다고 비판받고 있다.

(4) 클로워드(Cloward)와 오린(L. Ohlin)의 차별적 기회이론

① 아노미에 관한 머튼(Merton)의 연구가 발표되고, 20여년이 흐른 후(1960년) 클로워드(Richard Cloward)와 오린(Lloyd Ohlin)은 머튼의 긴장이론과 서덜랜드의 차별적 접촉이론을 하나로 통합한 「기회이론」으로 청소년 조직범죄를 설명하고자 하였다.[274)]

② **내용**

㉠ 차별적 기회이론은 성공(목표달성)을 하기 위한 수단으로 합법적인 것과 비합법적인 두 가지 기회구조가 있음을 전제로 하였다. 따라서 이 이론은 목표달성을 위한 정당한 수단이 제한될수록 비합법적 수단이 선택되고 일탈행위의 발생가능성이 높아진다는 머튼의 논의를 확대발전시킨 것이라고 볼 수 있다.

㉡ 클로워드와 오린은 합법적 기회가 주어진다면 굳이 비합법적인 수단을 통하여 목표를 성취하려고 하지 않으며, 단지 합법적 수단에 의한 목표의 달성이 제한될 때 비합법적 수단에 호소하게 된다고 하였다. 그러나 이러한 비합법적인 수단의 기회도 각 지역의 특성에 따라 다르다는 점을 강조하였다. 즉, 성공적인 범죄자가 되기 위해서는 그런 범죄문화에 접촉할 수 있는 기회가 주어져야 한다는 것이다.

---

274) J. I. Kitsuse and D. C. Detrick, "Delinquent Boys: A critique," American Sociological Review, 1959, 11:131-139.

㉢ 클로워드와 오린은 아노미에 적응하는 양태는 개인이 살고 있는 주변 환경과 밀접한 관련이 있기 때문에, 어느 수단(합법적 수단이나 비합법적 수단)을 취하는가는 개인이 사회구조와의 관계에서 어떠한 수단을 취할 수 있는 위치에 달려 있다고 보았다. 그러기 때문에 범죄는 개인의 심리적 결단의 문제가 아니라, 그 사람이 어떤 비행하위문화에 속해 있느냐의 문제로 보았다.

(5) 클로워드와 오린은 청소년폭력조직을 ① 범죄적 폭력집단, ② 갈등적 폭력집단, ③ 은둔적 폭력집단의 세 부류로 나누고, 이들 3가지 유형은 합법적 수단·비합법적 수단·그리고 폭력성의 수용여부에 따라 적응양식이 달라진다고 하였다.

차별적 기회에 따른 비행유형

적응 양식	비행적 하위 문화의 종류	문화적 목표	합법적 수단	비합법적 수단	폭력 수용	비고
동조		+	+			비합법적 수단을 사용하지 않기 때문에 범죄와 무관하다.
개혁(혁신)	범죄적 하위문화	+	−	+		머튼의 개혁형에 해당하지만, 머튼과는 달리 비합법적 기회구조와의 접촉을 강조한다.
공격(폭력)	갈등적 하위문화	+	−	−	+	머튼의 유형에는 없는 새로운 모형이다.
은둔(도피)	은둔적(퇴행적) 하위문화	+	−	−	−	머튼의 유형과는 달리 도피적응유형은 문화적 목표가 있는 것을 전제로 하고 있다.

클로워드와 오린의 차별적 기회에 따른 비행유형은 머튼이 목표와 수단에 대한 개인적 적응유형을 수정하여 발전시킨 모형이라고 볼 수 있다.

첫째, 동조형은 문화적 목표와 이를 달성하기 위하여 합법적 수단을 사용하기 때문에 비행행위를 할 이유가 없으며, 머튼의 동조형에 해당한다.

둘째, 범죄적 하위문화는 목표달성을 위해 비합법적 수단을 취하는 것이 일상화된 사회구조 중에서 형성된 문화를 말한다. 이런 범죄적 하위문화는 조직화된 성인범죄자와 청소년 비행자들이 유기적으로 결합된 안정적인 슬럼지역에서 발견된다. 이 유형은 성인범죄자들이 청소년 비행자들에게 성공을 성취하는 수단으로서의 범죄행위의 중요성을 가르치고, 범죄지식과 기술의 전수를 강조하게 된다. 즉, 범죄적 문화에서 범죄를 배운다고 하고 있다. 또한 이들은 범죄적 하위문화가 형성된 지역에서는 지역사회의 안정을 추구하기 때문에, 주로 비폭력적인 재산범죄(예컨대 절도 등)가 주류를 이룬다.[275)]

셋째, 갈등적 하위문화는 목표달성을 위해 합법적 수단을 취할 수 없는 사회구조 중에 형성된 문화를 말한다. 이런 갈등적 하위문화는 범죄적 하위문화가 형성되지 않는 지역에서 발견되는데, 이런 지역의 하류계층 소년들은 폭력성을 일종의 지위와 성공을 성취하는 수단으로 이용하게 된다.[276)] 왜냐하면 자신들에게는 비폭력적이며 절도위주인 성공수단이 주어지지 않기 때문이다. 따라서 범죄적 하위문화와는 달리 갈등적 하위문화는 범죄행위를 통해 물질적 이익을 추구하기보다는 싸움을 일삼는 충동적·폭력 지향적 비행행위가 나타나게 된다.

넷째, 은둔적 하위문화는 합법적 수단뿐만 아니라 비합법적 수단도 할 수 없는 사회구조 중에 형성된 문화를 말한다. 이런 지역의 소년들은 합법적인 성공을 위한 수단뿐만 아니라 범죄를 저지를 수 있는 기회마저 주어지지 않는다. 따라서 이중실패를 경험하게 되고 알코올·마약·성적 일탈 등 사회로부터 도피하고자 하는 경향을 나타낸다.[277)] 이런 유형은 머튼의 긴장에 대한

275) 이러한 지역에서는 지역사회의 안정을 갈구하여 성인범죄자 집단과 관습적인 집단 간에 타협이 이루어지고 상호의존성이 상존하게 되는데, 바로 이러한 점 때문에 이 지역의 비행은 폭력적이 아닌 절도 등과 같은 재산범죄가 주로 발생한다(이윤호, 앞의 책, p.283). 즉, 이런 지역에서는 하류계층 소년을 나름대로의 성공에 대한 기준과 범죄기술 습득 등 자신의 지위를 높일 수 있는 방법 등이 존재한다. 그리고 이런 하류층 소년의 주된 수입원은 절도 등 재산범죄를 통해서 이루어진다고 보고 있다(전돈수, 앞의 책, p.168).

276) 갈등적 하위문화가 형성되는 지역에서는 비행청소년의 역할모델이 되고 기술을 전수할 안정적이고 조직화된 성인역할모형이 발전되지 못한다. 따라서 통상적인 기회와 더불어 범죄적 기회 역시 제한되어 있기 때문에 지위향상 등을 위해 폭력을 사용하게 된다.

277) Cloward, R./ Ohlin, L., Delinquency and opportunity: A Theory of delinquent Gangs, New York, 1960.

개인적 적응 방식 중에 은둔·도피형에 해당되며, 어떠한 지역에서도 존재할 수 있다.

5) 공헌과 비판

(1) 공헌

클로워드와 오린의 차별적 기회이론은 첫째, 집단비행현상의 구조적 요인은 아노미이론에서, 그리고 구체적인 비행의 성격과 형태는 차별적 접촉이론에서 파악했다는 점,

둘째, 코헨(Cohen)은 비행소년에 대하여 중류계층에 대한 악의적인 원한이나 울분 또는 중류사회의 가치나 규범에 대하여 파괴적이고 부정적이라고 인식하였으나, 이와는 달리 클로워드와 오린은 범죄적·갈등적·은둔적 하위문화로 그 유형을 나누어 그 차이를 설명하고 있기 때문에 비행소년에 대한 보다 현실적인 반영이라는 점에서 긍정적인 평가를 받고 있다.[278)]

셋째, 이들은 범죄와 비행을 유발하는 중간적인 사회구조적 여건, 즉 합법적 구조·비합법적 기회구조를 제시하였다. 그 결과 1960년대 미국 존슨 정부 하에서 빈곤과의 전쟁을 통해 범죄방지대책의 이론적 기초를 제공하였고, 지역사회 교정과 비행예방 프로그램 등의 사회정책에 크게 영향을 끼친 점 등에 대해서 높게 평가받고 있다.

(2) 비판

클로워드와 오린의 차별적 기회구조이론은 첫째, 비행이 하류계층에 상대적으로 더욱 보편화되어 있다는 이론적 가정에서 출발했기 때문에, 중상류계층에서의 비행발생에 관한 설명이 없다는 점,

둘째, 동일한 기회구조 속에서도 왜 사람마다 서로 다르게 반응하는지에 대해서 설명할 수 없다는 점,

셋째, 다른 실증적 조사결과에 의하면 청소년비행률을 나타내고 있는 지역사회에서는 어느 특정한 한 가지의 하위문화가 아니라, 복수의 하위문화

278) Larry J. Siegel, Criminology(2nd ed). St. Paul, MN: West publishing Co., 1986, p.210

가 존재한다는 사실 등을 제대로 설명하지 못하고 있다는 점 등에 대해서 비판을 받고 있다.

6) 폭력의 하위문화이론

(1) 울프강과 페라쿠티의 폭력하위문화이론

울프강(Marvin Wolfgang)과 페라쿠티(Franco Ferracuti)는 「폭력하위문화」라는 저서를 통하여, 폭력범죄에 대한 연구들을 검토하고 그 결과를 일반화하여 사전에 고의성 없이 사소한 분노의 결과로 발생된 살인을 설명하려고 시도하였다.[279)]

① 내용

㉠ 이들은 필라델피아에서의 살인에 관한 자료를 분석한 결과 지배문화의 가치와는 다른 폭력의 하위문화가 있으며, 폭력의 하위문화에 속하는 사람들은 명예에 높은 가치를 부여하고 인간의 생명에는 낮은 가치를 부여한다. 그리고 존중하는 규범도 다르다.

㉡ 폭력하위문화에서는 사소한 몸싸움이나 모욕도 폭력을 당한 것으로 생각하기 때문에, 그와 똑같은 방식으로 응수하지 못하면 사회적인 비난을 받게 된다. 따라서 그 하위문화에서는 신체적 공격에 대한 즉각적인 대응이 용인되고 있고, 그것이 소위 자신과 가문의 명예를 지키기 위해서 폭력의 행사까지 정당화시킨다는 것이다.[280)] 그 결과 이 폭력의 하위문화가 바로 빈곤지역과 흑인밀집지역에서의 높은 살인율의 원인이 된다고 보았다.

② 비판

울프강과 페라쿠티의 이론은 살인범죄의 발생율이 높은 지역의 주민이라고 해서 발생률이 낮은 지역의 주민보다 폭력을 더 가치 있게 생각하지도 않는다는 점을 간과하고 있다는 지적을 받고 있다.

---

279) 김형만·이동원 공역, 앞의 책, pp.192-193.

280) Marvin E. Wolfgang, patterns in Criminal Homecide, Philadelpia, PA: University of Pennsylvania Press, 1958, p.329.

(2) 커티스의 폭력의 하위문화이론

① 내용

커티스(Curtis)는 미국 흑인들의 폭력을 설명하기 위하여 폭력의 하위문화이론을 약간 수정하였다. 폭력의 하위문화에서는 언어를 통하여 갈등을 해결할 수 없는 사람들은 자신의 남성다움을 과시하기 위하여 폭력에 의지하는 경향이 강하다. 즉, 폭력의 하위문화에서는 남성다운 이미지의 유지가 그만큼 중요하다.[281)]

그는 또 폭력의 하위문화에 속하는 남성들은 합의에 의해서 성관계를 이루는 사회적 기술이 부족하여 강간을 저지를 가능성이 높다고 보았다.

② 평가

흑인들의 폭력하위문화에 대한 커티스의 설명은 울프강과 페라쿠티의 이론보다 더 기존의 사회적 조건의 영향(예컨대, 남성다운 이미지의 유지 등)에 대하여 중요성을 부여하고 있다. 이와 같은 흑인들의 행동은 부분적으로 사회적 조건에 대한 반응이며, 또한 부분적으로 폭력의 하위문화로부터 흡수한 사고와 가치를 수용한 결과라고 보았다.[282)]

Ⅲ. 사회과정이론

사회구조이론은 범죄의 원인을 개인의 특성이 아닌 환경의 구조(그 사회의 조직과 사회적 구조의 특성)를 강조하였다. 사회구조이론은 그 사회의 구성원이 어떻게 범죄자가 되는지에 대해서는 별 관심을 갖지 않고, 범죄를 유발하거나 조장할 수 있는 환경의 구조, 즉 하류계층에 초점을 둔다.

반면, 사회과정이론은 어떻게 사람들이 범죄자가 되는지를 설명하려고 한

281) Curtis, LA Violence, Race, and Culture, Lexington, Massachusetts: Heath, 1975.
282) 김형만·이동원 공역, 위의 책, p.193.

다. 사회과정이론에 따르면 인간의 행위란 학습되는 것이며, 범죄행위 또한 동일한 방법으로 습득된다고 가정하고, 「사회과정」이 범죄행위의 중요한 결정요인이 된다고 보았다. 사회과정이론은 「사회학습이론」, 「사회통제이론」, 「낙인이론」등으로 나누어 볼 수 있다.

1. 사회학습이론

프랑스의 타르드(L. G. Tarde)는 당시 롬브로조가 제기하였던 생물학적 원인론을 부정하고 인간행위는 다른 사람들과 접촉하면서 관념을 학습하며, 행위는 자기가 학습한 관념으로부터 유래하는 것이라고 주장하였다. 그의 학습이론은 모방의 법칙(거리의 법칙·방향의 법칙·삽입의 법칙)[283]으로 설명되어진다. 타르드의 초기의 학습이론은 범죄행위를 생물학적 결함이나 심리적 기능장애로 설명하는 입장을 극복하고, 정상행위와 마찬가지로 학습의 결과라는 사실을 최초로 지적했다는 점에서 매우 중요한 공헌을 하였다. 이는 미국의 범죄사회학이론의 출발점이 된 사회학습이론에 결정적인 단서를 제공하였다.

대표적인 사회학습이론은으로는 차별적 접촉이론·처벌강화이론·차별동일시 이론·중화이론 등을 들 수 있다.

2) 서덜랜드의 차별적 접촉이론

서덜랜드(E. H. Sutherland)는 쇼(Show)와 맥케이(Mckay)의 사회해체이론 등의 연구결과를 토대로 하여 범죄의 전달(학습)과정을 밝히려고 노력하였다. 그의 차별적 접촉이론은 어찌하여 지역사회 간에 범죄율의 차이가 있으며, '왜 하필이면 어느 특정개인이 범죄자가 되는가'라는 명제에 대한 해답을 제시한 가장 유명한 이론이다.[284]

283) 타르드의 모방의 법칙은 사회는 곧 모방이라는 전제아래 개인의 특성과 사회와의 접촉과정을 분석한 사회심리학적 연구방법을 사용하였다.

284) 서덜랜드가 차별적 접촉이론을 주장하던 시기는 셸던의 체형이론과 지능이론 등이 인기를 얻던 시기였기에, 그의 이론은 매우 획기적인 주장이었다.

(1) 이론적 토대

서덜랜드는 쇼와 맥케이의 사회해체이론과 셀린(T. Sellin)의 문화갈등이론[285)]을 발판으로 삼아, 개인이 지역사회 내에서 범죄적 행위유형을 학습하는 과정을 차별교제로 설명함으로써 지역사회(거시적)수준에서 개인적(미시적)수준으로 초점을 돌렸다.

① 쇼와 맥케이는 범죄와 비행은 특정한 물리적·사회적 특성을 가진 지역사회에서 나타나는 경향이 있고, 범죄적 가치는 마치 언어 및 다른 문화적 특색처럼 전이된다고 주장하였다(문화전이).[286)]

② 셀린(T. Sellin)은 빈곤하고 사회적으로 해체된 지역에 존재하는 하위문화가 그들 스스로의 행동규범에 의한 특성을 가지고 있다고 하였다. 따라서 하위문화의 규범은 상위문화와는 대조되고, 하위문화에서는 정상적으로 여겨지는 활동이 상위문화의 시각에서는 범죄로 규정되어지기 때문에 갈등의 원인이 된다고 주장하였다.[287)]

③ 서덜랜드는 쇼와 맥케이의 문화전이와 사회해체 그리고 셀린의 문화갈등의 개념을 토대로 하여, 범죄를 설명하기 위한 차별교제이론을 발전시켰다.

(2) 차별적 교제이론의 인과관계

차별적 교제이론은 사회해체가 높은 지역사회 사람들은 범죄에 관여할 것을 권장하는 교제를 할 가능성이 크고, 반면 사회해체가 낮은 지역사회 사람들은 비범죄적인 교제를 경험할 가능성이 크다. 차별적 접촉이론의 인과구조를 도표화하면 다음과 같다.

285) 문화갈등이론은 학습이론의 개념과 밀접한 관계가 있다. 셀린의 문화갈등이론은 갈등론적 범죄학(비판범죄학)부분에서 구체적으로 후술하였다.

286) Stephen Brown, Finn-Aage Esbensen, Gilbert Geis 공저, 황의갑 외 공역, 앞의 책, p.358.

287) 위의 책, p.358.

차별적 접촉이론의 인과구조[288)]

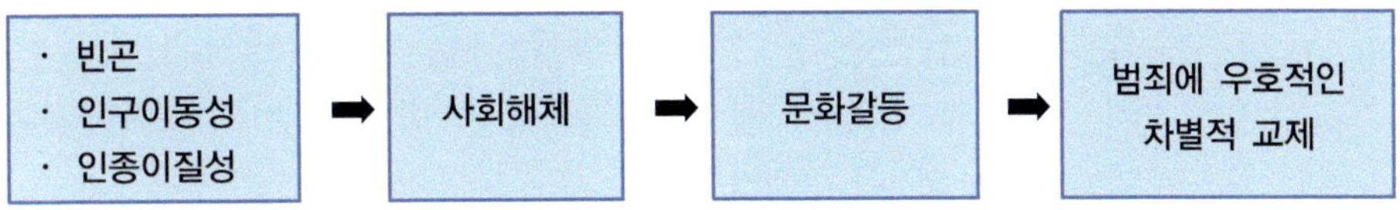

(3) 차별적 접촉이론의 내용

① 개요

서덜랜드는 사회조직은 범죄 집단·중립 집단·준법집단 등 서로 다른 특성을 가진 이질적 이익과 이질적 목표를 가진 잡다한 조직으로 분화되어 있다고 보았다. 그리고 그 가운데 어느 집단과 친밀감을 가지고 차별적 접촉을 갖느냐에 따라 백지와 같은 인간의 본성(백지설)에 특정집단의 행동양식을 배우고 익혀 나간다고 주장하였다. 서덜랜드는 인생사 연구(life history studies)의 방법을 이용하여 한 소년이 전문절도범이 된 과정을 조사하였다. 직업절도범은 범행의 계획과 실행·장물의 처리, 그리고 경찰에 체포되었을 때의 대처방법 등 복잡한 기술을 필요로 하는 데, 직업절도범은 주로 슬럼지역 출신으로 다른 지역에 비해서 슬럼지역에서는 일반소년들이 비행소년들과 접촉할 기회가 많기 때문에 이런 복잡한 기술들을 비행청소년을 만나면서 습득하게 된다고 보았다.[289)]

② 차별적 접촉이론의 원리

서덜랜드의 차별적 접촉이론은 다음의 아홉 가지의 내용을 핵심으로 하고 있다.[290)]

첫째, 범죄행위는 학습의 결과이다. 이것은 범죄행위가 유전이 되는 것이 아니며, 범죄행위는 배우지 못하면 범죄자가 될 수 없다는

---

288) 도표는 위의 책 p.358의 내용을 그대로 재인용하였음을 밝혀둔다.

289) Edwin H. Sutherland, The professional Thief in classics of Criminology edited by Joseph E. Jacoby, prospect Heights IL: Waveland press, 1988, pp.7-10.

290) 서덜랜드는 그의 저서 「화이트칼라범죄(White collar crime, 1937)」에서 처음으로 화이트칼라범죄라는 용어를 사용하였다. 이에 대해서는 특수범죄편 화이트칼라범죄에서 구체적으로 후술하였다.

것을 의미한다.

둘째, 범죄행위는 다른 사람들과의 의사소통 과정에서 상호접촉을 통해서 학습된다. 이것은 범죄에 대한 범죄안내자와 교사로서의 범죄전력자와 상징적 상호과정을 통한 학습으로 법률위반자가 될 수 있다는 것을 의미한다.

셋째, 범죄학습의 주요부분은 친밀한 개인적 집단 내에서 일어난다. 이것은 가족·친구 또는 동료와 같은 친근한 개인적 집단과의 접촉이 학습에 가장 큰 영향을 미친다는 것을 의미한다.

넷째, 범죄행위의 학습에는 범행기술의 학습과 동기·욕망·합리화 방법, 그리고 태도와 구체적 학습의 방향 등 다양하게 작용한다.

다섯째, 법규범을 우호적 또는 비우호적으로 정의하는가에 따라 동기와 욕구의 특정한 방향을 학습한다. 이것은 법을 지키는 것에 대해서 법은 지키지 않아도 된다는 비우호적인 사람들이 주변에 많이 있는 사람은 자연스럽게 그런 태도를 학습하게 되므로, 그 사람은 범죄자가 되기 쉽다는 것이다.

여섯째, 한 개인이 범죄자가 되는 것은 법을 위반해서는 안 된다는 거부반응보다 수용하는 태도가 강하기 때문이다. 즉, 한사람이 범죄자가 되는 것은 범죄자와 접촉할 기회가 많은 반면에, 선량한 시민들을 만나기 어려운 상황에서 살기 때문이다.

일곱째, 차별적 접촉은 접촉의 빈도·기간·시기·강도에 따라 다르다. 즉, 접촉의 빈도가 많고 길수록 학습의 영향은 더 커지고, 시기가 빠를수록, 그리고 접촉의 강도가 클수록 더 강하게 학습된다.

여덟째, 범죄행위와 그 내용에 있어서 비범죄적 유형의 행위와는 다르지만, 범죄행위를 학습하는 과정은 다른 일반 행위의 학습과정과 동일한 메커니즘을 가진다.

아홉째, 범죄행위도 욕구와 가치의 표현이라는 점에서 다른 일반 행동과 동일하다. 예컨대, 성실한 근로자가 돈을 벌기위해 일을 하는 것이나 도둑이 돈을 얻기 위해서 도둑질을 하는 욕구는 같지만, 수단은 다르다. 따라서 범죄행위와 정상적인 행위를 그 동기를 기준으로 연구하는 것은 별로 의미가 없다고 하였다.

(4) 공헌과 비판

① **공헌**

서덜랜드의 차별적 접촉이론은 첫째, 사회해체이론이 남긴 의문점(예컨대, 사회가 해체된 지역에 왜 범죄가 일어나는가?)에 대하여 범죄행동도 「학습」이란 사회심리학적 개념으로 설명하였다는 점, 둘째, 전통적인 범죄뿐만 아니라 화이트칼라 범죄[291] 등의 새로운 범죄현상도 동시에 설명할 수 있는 가능성을 제시하였다는 점 등에서 높이 평가되고 있다.

② **비판**

그의 이론은 첫째, 접촉 결과에 따른 반응에 있어서 어떤 사람은 범죄 집단과 접촉하더라도 법을 위반하는 것에 대하여 호의적 태도를 가지지 않고 습득하지 않을 수도 있고, 반면 어떤 사람은 준법 집단과 접촉하더라도 법을 위반하는 것에 대하여 호의적 태도를 가지고 습득할 수 있다는 개인적 차이를 무시하였다는 점을 들 수 있다.[292]

둘째, 과실범죄나 격정범 및 충동범죄 등 개별현상으로서의 범죄행위(단독행위)에 대한 설명이 곤란하다는 점 등에 대해서도 비판을 받고 있다.

3) 차별적 강화이론

(1) 의의

차별적 강화이론은 로날드 애커스(R. Akers)와 로버트 버제스(R. Burgess)가 서덜랜드의 차별적 접촉이론과 행동주의 심리학자 버러스 스키너(Skinner)의 심리학적 학습이론을 활용하여 만든 이론이다.

291) E. H. Sutherland and D. R. Cressey(1974), Criminology, Ninth Edition, pp.75-56, Philadelphia, PA: J. B. Lippincott.

292) Shoemaker, op. cit. p.140; Charles C. Thomas & John Hepburn, Crime Criminal Law and Criminology, Dubuque IW: WM. C. Brown Company Publishers, 1983, p.214; Siegel, op. cit. p.227.

차별적 강화이론은 사람이란 자신의 행위가 보상을 받으면 그 행위를 계속하는 반면, 처벌받는 행위는 더 이상 하지 않기 때문에, 범죄행위에 대한 처벌이 올바른 학습을 강화시킨다는 이론이다.

(2) 차별적 강화이론의 접근방법

① 애커스와 버제스는 차별적 접촉이론(서덜랜드)이 내포하는 측정하기 어려운 심리적·정신적 개념(접촉·학습·법 위반에 대한 호의적인 정의 등)은 측정할 수 없는 비과학적인 것이라고 비판하였다. 이에 따라 이들은 오직 「관념」만 학습된다는 서덜랜드의 이론에서 벗어나 「행동」 그 자체가 「조작적조건화」와 「사회학습」을 통해 학습된다고 주장하였다.

② 애커스는 준법행위이건 불법행위이건 간에 모두 유사한 학습과정을 거쳐 행동으로 나타난다고 하였다. 따라서 사람들은 전적으로 탈법행위만을 학습하거나 전적으로 준법행위만을 학습하지 않고, 양극단 사이의 절충점을 찾아 균형을 잡아나간다는 것이다. 이때 균형은 보통 안정 상태를 유지하지만, 시간이 흐름에 따라 변화를 맞기도 한다고 주장하였다. 그리고 이러한 변화를 주는 요인을 차별적 강화 또는 직접적 조건화라고 불렀다.[293)]

③ 애커스(Ronald Akers, 1985)의 차별적 강화이론은 심리학자 스키너에 의해 개발되었던 「조작적 조건화」의 이론과 연계된다. 애커스는 조작적(자발적 대응) 및 반응적(비자발적 대응)조건화의 요소를 가미함으로써, 서덜랜드의 차별적 접촉이론을 확대하였다. 애커스는 규범적 행위(순응적)나 범죄행위는 모두 그의 학습이론으로 설명될 수 있다고 가정하였다. 이에 따라 애커스는 행위를 형성하는데 관여하는 네 가지 핵심요소를 다음과 같이 제시하였다. 이는 서덜랜드의 관념적인 용어들을 더욱 구체화시킨 것이다.

293) 김재민, 앞의 책, p.171; Ronald Akers, Deviant Behavior: A Social Learning Approach. 2nd edition. Belmont, CA: Wadsworth 1977.

㉠ 차별적 접촉

사회학습의 가장 중요한 핵심은 차별적 접촉으로, 이는 법 위반에 우호적이거나 비우호적인 정의를 학습하는 것을 포함하는 개념이다.

애커스는 차별접촉이 빈도·기간·우선성·강도에 따라 다르다는 점은 서덜랜드의 주장을 그대로 따랐지만, 차별적 접촉은 상호의사소통을 통한 「정의」의 직접적 전달과 더 원거리의 준거집단과의 동일시를 통한 간접적 전달을 포함한다고 주장했다.

㉡ 정의

애커스는 「정의」를 사람이 자신의 행위에 부여한 의미를 반영하는 것으로 보았다. 따라서 「정의」는 개인 스스로의 태도와 관계되는 것으로 성향·합리화·상황에 대한 정의·옳고 그름에 대한 평가적 측면을 포함한다.

㉢ 차별적 강화

사람은 보상이 기대되는 일을 하고, 미래에 처벌이 예상되는 일은 피한다. 따라서 범죄행위의 개시와 지속여부는 어떤 행동에 대하여 보상의 정도나 처벌의 정도가 어떠하냐에 달려있다. 여기에서의 보상은 '실제의·유무형의 보상 및 이념적·종교적·정치적, 또는 다른 어떤 목적을 충족시키는 보상 등이 모두 포함된다'고 애커스는 설명하였다.[294)]

㉣ 모방

모방행위는 학습과정과 독립적으로 발생할 수 있다. 모방은 다른 사람이 하는 것에 대한 관찰 그리고 그 행위 결과에 대한 관찰은 모방으로 이어질 수도 있다. 따라서 행동이 모방될지 말지는 관찰되는 사람의 특성·그 사람이 하는 행동·관찰된 그 행동의 결과에 달려있다.

결론적으로 애커스의 사회학습과정은 다음과 같이 요약된다.

294) Akers, R. L, Criminological Theories: Introduction and Evaluation. Los Angeles, CA: Roxbury. 1994.

범죄행동에 개인의 초기 참여는 차별적 접촉 → 정의 → 모방 → 차별적 강화[295]로 설명될 수 있다.

(3) 공헌과 비판

애커스의 차별적 접촉이론은 첫째, 사회학적 변수와 심리학적 변수를 결합함으로써, 차별적 접촉이론을 보완하는 대표적인 이론으로 인정받고 있다. 그러나 시카고학파의 전통적인 관심의 대상인 비행문화의 의미나 정의가 경시되어 있으므로, 차별적 접촉이론의 재개념화라고 보기 어렵다는 견해도 있다.

둘째, 차별적 강화이론은 차별적 접촉이론이 맹점으로 지적되고 있었던 「접촉」과 「범죄」 사이의 부족한 연계를 차별적 강화라는 개념으로 연결시켜주었다는 점 또한 높이 평가받고 있다.

셋째, 차별적 강화이론은 행동주의적 입장에서 접근한 이론이다. 행동주의적 입장은 인간의 행동은 이익이 있어야만 한다는 공리적인 인간을 전제로 하므로, 고전주의의 영향을 받았다고 볼 수 있다. 나아가 범죄행위에 대한 처벌은 비행을 저지하고 규범적 행위의 학습을 강화한다고 주장함으로써, 「사회통제이론」이 출현하는 직접적인 계기가 되었다.

4) 차별적 동일시 이론

차별적 동일시 이론은 대니얼 글레이저(Daniel Glaser, 1956)가 서덜랜드의 차별적 접촉이론의 미흡한 점, 즉 범죄는 반드시 친밀한 집단과의 직접적인 접촉으로 학습된다는 것이 아니라고 지적하면서 제안한 이론이다.

(1) 내용

글레이저는 "개인이 범죄행위에 접촉해 그것에 동화될 때 범죄를 일으킨

---

295) 사람이 범죄를 저지른 후에는 차별강화(처벌의 정도)로 그 행동이 계속될지 아닐지가 결정된다. 여기에는 범죄행동으로 직접 경험하는 보상과 처벌 뿐 아니라 다른 사람의 범죄를 관찰함으로써 대리 경험을 통한 보상과 처벌의 사회적(주위로부터의 칭찬이나 비난)·비사회적(마약으로 기분이 좋아지거나 병을 얻게 되는 것) 강화를 포함한다.

다"고 하였다. 여기서 말하는 동일화는 타인과의 가치관에 따라 자신의 행동을 결정하는 것을 의미한다. 따라서 서덜랜드의 접촉이론과는 달리 그는 사람과 사람과의 직접적인 접촉에 그치지 않고, 메스미디어의 간접적인 접촉에 의해서도 학습이 일어난다고 주장하였다. 예컨대, 청소년들이 매스컴에 보도되는 범죄자를 동일시하여 모방하고 흉내 내어 범죄를 학습하게 되는 경우이다.

① 차별적 동일시 이론의 핵심은 범죄적 행동을 하는 사람은 자신의 범죄적 행동을 지지해 줄 수 있는 실존 또는 허구의 인물(소설 속의 가공인물)과 자신을 동일시하는 경향이 보다 더 강하게 나타나는데, 이를 차별적 동일시라고 하였다.

② 자신이 모델로 삼고 있는 집단이나 특정한 인물을 동일시한다는 것은 자신의 행동방향을 그 집단이나 그 인물이 지향하고 있는 행동규범에 부합하도록 조정한다는 뜻이 담겨있다. 특히 역할모델이 추구하는 가치체계에서의 동일시는 강한 영향을 주는데, 연쇄살인범 또는 폭탄테러범 등은 직접 만나지 않더라도 차별적 동일시를 통해 범죄를 행하게 된다. 반면, 비범죄인과 동일시는 건전한 사회구성원으로 복귀를 한다.

(2) 공헌과 비판

글레이저의 차별적 동일시이론은 1973년 케네스 도스(Kenneth Dawes)의 비행연구로 계승은 되었으나,[296] 대체적으로 일반의 주목을 끌진 못하였다.[297]

296) 도스는 글레이저가 주장한 차별적 동일시이론에 기초하여, 청소년들이 부모로부터 거절을 당하는 정도가 클 때 부모보다는 다른 사람과 자기 자신을 동일시하게 된다는 이론을 주장하였다(김재민, 앞의 책, p.172).
297) 김재민, 앞의 책, p.172.

Ⅳ. 사회통제이론

범죄행동에 관한 많은 이론들은 범죄를 저지르는 자는 생물학적·심리학적·사회학적으로 특별한 무언가가 있어 범죄를 하게 된다고 주장한다. 통제이론은 이와는 정반대로 왜 대부분의 사람들은 일탈하지 않고 사회규범에 동조하는가의 물음에 관한 이론으로, 누구나 범죄 또는 일탈 동기를 가지고 있으나 개인이나 사회적 통제에 의해 제지되고 있다는 것을 핵심내용으로 하고 있다.

1. 초기 통제이론

초기의 범죄통제이론은 특별히 관심을 받지 못하였으나, 이 시기의 범죄통제이론은 마짜(Matza)나 허쉬(Hirschi)의 현대 통제이론에 기본적인 개념과 틀을 제공해주었다.

초기의 대표적인 통제이론으로는 1) 리스(Albert Reiss)의 통제이론(에고·슈퍼에고에 대한 통제), 2) 토비(Jackson Toby)의 동조성 지분개념(현존사회에 대한 투자정도로 통제), 3) 니에(F. Ivan Nye)의 통제이론(부모의 애착관계 형성에 의한 통제), 4) 레클레스(Walter Reckless)의 견제이론(범죄에 대한 개인의 견제능력으로 통제)등을 들 수 있다.

2. 마짜와 사이크스의 표류이론(중화기술이론)

1) 표류이론의 기본개념

마짜(D. Matza)와 사이크스(Gresham M. Sykes)는 1964년에 『비행과 표류』라는 제목의 저서를 출간하였다. 그들은 『비행과 표류』라는 저서에서 하위문화이론을 주장한 학자들과는 달리 비행소년은 일반소년과 근본적인 차이가 없으며, 비행소년 대부분의 경우 다른 사람들과 마찬가지로 일상적이고 준법적인 행위를 하며 특별한 경우에 한하여 위법행위에 빠져든다고 보았다. 즉, 비행소년들은 완전히 하위문화에 몰입하지도 않고 그렇다고 완전히 전통적인 문화에 빠지지도 않으면서, 이 둘 사이를 왔다갔다 표류[298)]한다는 것이다.

2) 중화의 기술

그들은 비행소년들이 자신의 비행을 합리화시키고 변명하는 과정을 통해서 자신들의 행위에 대해 가지는 죄의식 내지는 양심의 가책을 중화시키려는 노력이 내적통제의 약화를 가져오고, 이것이 범죄의 원인이 된다고 보았다. 마짜와 사이크스가 제시한 중화기술[299)]의 유형을 도표화하면 다음과 같다.[300)]

마짜와 사이크스의 중화기술의 5가지 유형

비행중화의 기술	내 용
책임의 부정	자신의 비행이 의도적인 것이 아닌 단순히 실수나 사고의 결과·불량친구·열악한 환경 때문에 발생한 것으로 책임을 전가하거나, 또는 자기 자신도 외부세력의 피해자라고 여기는 등 합리화의 과정을 통해서 책임이 없다고 부정한다. 법정에서 '그것은 우연한 사고였다'고 진술하는 유형이다.
가해의 부정	자신의 행위가 위법한 것일지는 몰라도 실제로 자신의 행위로 인하여 피해를 입은 사람은 아무도 없다고 주장하며 합리화하는 경우이다. 예컨대 법정에서 훔친 돈을 갚으면 된다고 주장하거나, 또는 '그것은 별거 아니다'라고 진술하는 형태로 자신을 정당화시킨다.
피해자의 부정	자기의 가해행위는 당해야 마땅한 사람에 대한 일종의 정의로운 응징이라고 주장하면서 자신의 범죄를 합리화 시키는 것을 말한다. 예컨대, 마치 비위사실이 있는 자나 부정부패와 연루된 자를 응징함으로써 사회정의를 실현한다는 식의 변명을 한다.

298) 표류(drift)란 사회통제가 약화되었을 때에 소년들이 합법적인 규범이나 가치에 전념하지 못하고 그렇다고 위법적인 행위양식에도 몰입하지 않는 합법과 위법의 중간단계에 있는 상태를 의미한다.

299) 마짜와 사이크스는 비행소년이 위법행위를 저지를 때 스스로의 행위를 정당화한다고 생각하였고, 그들은 이것을 「중화의 기술」이라고 불렀다.

300) 이윤호, 범죄학, 박영사, 2007, pp.309~310; 김형만 외 공역, 범죄학개론, 2008, pp.203~204 내용을 참고하여 필자가 재작성 하였다.

비행중화의 기술	내 용
비난자에 대한 비난	자신의 행위에 대해서 비난하는 사람들 예컨대, 경찰·검찰·법원 등 형사사법 기관·부모·선생님 등이 더 나쁜 사람이면서, 자기의 작은 잘못을 비난하는 것은 잘못이라고 주장하면서 자신의 잘못을 합리화 시키는 것을 말한다. 예컨대 '판사는 술을 마시지 않는가?', 또는 '약간의 약물이 뭐가 나쁜가?' 라며 자신의 행동을 정당화시킨다.
더 높은 충성심에서의 호소	자기의 친척이나 친구 등 중요한 친근 집단에 대한 충성심이나 의리 때문에 자기는 어쩔 수 없이 범죄나 비행행위를 하지 않을 수 없었다는 식으로 중화시키는 것을 말한다. 예컨대, 자신이 범죄행위를 한 것은 윗사람이 시켜서 어쩔 수 없이 했다고 주장하는 경우, 또는 나는 내 친구를 돌봐야 했다는 식으로 법정에서 진술하는 형태의 유형이다.

3) 공헌과 비판

① 마짜와 사이크스의 이론은 사회심리학적 측면에서 범죄를 설명했다는 평가도 있지만, 반면 비행의 원인에 대한 설명이 아니라 비행에 대한 반응을 기술한 데 불과하다는 비판을 받고 있다.

② 또, 어떤 청소년은 지속적으로 비행에 표류하는 반면, 다른 청소년은 왜 관습적으로 비행에 표류하지 않는가라는 개인적인 차이를 설명하지 못하고 있다는 점도 지적받고 있다.

3. 허쉬의 사회통제이론

1969년 트레비스 허쉬(Travis Hirschi)에 의해 제시된 사회유대이론은 가장 강력하게 영향을 미치고 있는 사회통제이론이라고 볼 수 있다.

1) 내용

(1) 허쉬(T. Hirschi)는 「비행의 원인, 1969」에서 뒤르켐의 아노미이론과는 반대로, 규범준수행위가 정상적이고 규범위반행위가 오히려 비정상적이라 보고 있다. 따라서 우리 사회는 비행을 저지르도록 강요하는 긴장은 없으며, 한 개인이 범죄에 빠지지 않도록 만드는 중요한 요인은 사회결속이라고 주장하였다.[301)]

(2) 범죄가 왜 발생하는가?. 그것은 개인의 사회에 대한 유대가 약해지거나 끊어졌을 때 발생하며, 이는 관습적인 규범에 대한 신념이 없거나 사회결속이 약해지기 때문이라고 보았다.

2) 사회유대이론의 4대 요소

허쉬(Hirschi)는 사회결속의 중요한 4대 요소로서 (1) 애착, (2) 전념, (3) 참여, (4) 신념을 들고 있다.[302)]

사회유대이론의 4대 요소

요소	내용
애착	애정과 정서적 관심을 통하여 개인이 사회와 맺고 있는 유대관계로 부자지간의 정·친구사이의 우정·가족구성원끼리의 사랑·학교선생님에 대한 존경심을 들 수 있다. 예컨대, 부모와 강한 애착관계를 가지고 있는 소년은 비행을 저지르는 것을 억제할 가능성이 크다. 따라서 애착은 감정적·정서적인 관계를 기초로 한다.
전념	규범준수에 따른 사회적 보상에 대한 관심이다. 전념에 의한 통제는 규범적인 생활에 집착하고 많은 관심을 두는 사람은 그렇지 않은 사람들에 비해 잃을 것이 많기 때문에, 비행이나 범죄를 자제한다고 본다. 예컨대, 경찰공무원이 되고자 강한 집착을 가지게 되면 비행에 대한 유혹을 거부하기가 쉽다. 즉, 경찰관이 되고자 하는 욕망이 강하면 강할수록 비행을 통제한다고 보았다.
참여	참여는 건전한 여가활동을 하는데 보내는 시간의 정도를 말하는데, 스포츠 등의 건전한 여가활동에 몰입하다보면 비행을 저지를 수 있는 기회가 적어지게 된다. 허쉬는 참여와 범죄발생의 관계에 대해서 '게으른 자에게 악이 번창하듯이' 사회생활에 대하여 참여가 낮으면 그만큼 일탈행동의 기회가 증가됨으로써, 비행이나 범죄를 저지를 가능성이 높다고 보았다.
신념	신념은 사회의 규칙과 규범을 준수하는 것에 대한 태도를 말한다. 신념이란 내적 통제를 의미하는 것으로 사람들마다 사회규범을 준수해야 한다고 믿는 정도에는 차이가 있으며, 규범에 대한 믿음이 약할수록 비행이나 범죄를 저지를 가능성이 높다고 보았다.

허쉬는 애착·전념·참여·신념의 네 가지 사회통제와 관련된 요소들 중에서 허쉬는 애착에 의한 사회유대를 가장 강요하였다. 즉, 인종이나 사회계층

301) Piers Beirne & James Messerschmidt, *Criminology*, 3rd(ed.), Boulder Co: Westview press, 2000, p.167.

302) 전돈수, 범죄학개론, 21세기사, 2008, pp.201~202; 이윤호, 앞의 책, pp.317~318 내용을 참고하여 필자가 도표화 하였다.

과 관계없이 부모와의 애착이 강한 소년들은 비행을 가장 적게 저지른다고 하였다.

3) 공헌과 비판

(1) 공헌

허쉬는 범죄와 일탈을 설명하는 이론가들 중에서 상당한 경험적 연구를 바탕으로 하여 이론을 제안한 몇 안 되는 이론가들 중 한명으로 평가받고 있다. 허쉬의 이론은 많은 범죄학자들의 경험적 연구에 의하여 지지되었지만, 인과관계[303)]에 대한 설명을 확실히 하지 못했다는 데에 중요한 단점이 있다.

(2) 비판

① 허쉬의 사회유대이론은 설명력이 약하고, 주로 경한 범죄자들에게만 적용되었다는 비판을 받고 있다. 즉, 경미한 범죄는 설명이 가능해도 중대범죄는 설명이 안되는 것 아닌가 하는 점이 지적되고 있다.

② 허쉬의 사회유대이론은 여성범죄와 성인범죄는 제외시켰으나, 그 후 몇몇 학자들에 의해 여성 청소년과 성인을 대상으로 사회유대이론을 검증한 결과, 이들 또한 사회유대 요인으로 밀접한 관계가 있음을 발견하였다. 따라서 이들을 제외시킨 것에 대하여 성인범죄 등은 설명이 안 되는 것은 아닌가 하는 점 등이 지적되고 있기도 하다.

③ 허쉬의 유대이론은 유대가 약해지면 일탈이 생기는 견해는 단편적인 것에 불과하고, 범죄의 발생이 유대의 끈을 약하게 하는 점도 무시할 수 없다고 지적받고 있다. 즉, '유대감과 범죄의 상호작용

303) 허쉬의 사회유대이론은 횡단자료(일정한 기준시점에서 여러 변수에 대하여 수집한 자료)에 의존하였기 때문에, 인과관계의 순서를 다루는데 실패하였다. 에그뉴는 청소년을 대상으로 수집한 두 개의 종단자료(일정한 흐름이나 간격을 두고 동일한 변수에 대하여 수집한 자료)를 분석하여 사회통제이론에 대하여 깊은 의문을 제기하였다.

론' 또한 중요하지 않은가 라는 견해가 제기되고 있다.

4. 갓프레드슨과 허쉬의 범죄의 일반이론

허쉬는 현재 그의 사회통제이론을 포기한 상태이고, 갓프레드슨(Michael Gottfredson)과 함께 "낮은 자기통제력"의 개념에 기반을 둔 「범죄에 대한 일반이론, 1990」을 제안하였다. 이 이론은 허쉬가 초기(1969년)에 제안한 사회통제 또는 사회유대(애착·관여·참여·신념)와는 반대되는 개념이다.

1) 내용

(1) 이 이론은 개인은 태어날 때부터 이기적이며 자기중심적인 행동을 한다는 전제하에, 오로지 부모의 훈육과 관리만이 개인의 자기통제력을 만들어낼 수 있다고 보고 있다. 따라서 부모는 자녀의 행동에 관심을 갖고 잘못된 행위를 찾아내어 처벌함으로써 자녀들에게 자기통제를 심어줄 수 있고, 자녀의 부적절한 행위에 대한 부모의 적절한 감독과 훈육의 실패는 자녀의 '낮은 자기통제력'으로 귀결된다고 주장하였다.

(2) 갓프레드슨과 허쉬는 모든 범죄의 원인은 '낮은 자기통제력'이라고 주장하고(이를 다른 말로 '범죄일반이론'이라 한다), 이러한 자기 통제력의 특성이 아동기인 여덟 살 때까지 형성되어 일생동안 안정적으로 유지된다고 보았다.

(3) 갓프레드슨과 허쉬는 '낮은 통제력'을 가진 사람들은 충동적[304]·무감각·육체 선호적·위험추구적·근시안적·비언어적, 그리고 자기중심성[305], 급한 기질(발끈한 성미)[306] 등의 특징을 보인다고 하였다. 따라서 이러

---

304) '낮은 자기통제력'을 가진 사람들의 행동은 단순하고 즉각적인 만족을 위하고, 욕구충족에 대한 참을성이 부족하다.

305) '낮은 자기통제력'은 다른 사람들의 요구와 이익에 둔감하고, 자신의 욕구에 지나치게 민감한 특징을 갖는다.

306) '낮은 자기통제력'을 가진 사람은 쉽게 이성을 잃고 화를 잘 낸다. Michael Gottfredson and Travis Hirschi, A General Theory of Crime(Standord, CA: Stanford University Press, 1990.

한 특성으로 매우 다양한 여러 범죄를 저지르기도 하고, 그와 유사한 다른 행동(흡연·과음 등) 등의 경향이 높다고 주장하였다.

2) 갓프레드슨과 허쉬의 범죄일반이론에 대한 평가

「범죄에 대한 일반이론」 또는 「낮은 자기통제이론」은 현재 가장 많이 인용되고 검증된 범죄이론 중의 하나이다. 범죄학자들은 심리학적 측면에서[307], 또는 생리학적 측면[308]에서도 설명이 가능하다고 보고 있다. 최근 연구에 따르면 부적합한 양육이 '낮은 자기통제력'을 초래하고, 낮은 자기통제력은 범죄행동을 야기한다는 주장이 제기되고 있기도 하다.[309]

V. 사회반응이론(낙인이론)

일탈에 대한 사회적 반응은 범죄원인을 찾는데 집중하였던 실증주의 범죄학과는 달리, 일탈자에 대한 사회적 반응과 개인의 그러한 반응에 어떻게 대응하는가에 초점을 맞추면서 관점의 전환을 시도한 이론이다. 따라서 이 이론의 접근방식은 '누가 일탈자로 규정되며, 무엇으로부터의 일탈인가'를 묻는 것이다.

307) 자기통제력이 낮은 사람들은 예상하는 수치심에 대한 기대수준은 매우 낮으나, 비행행위를 함으로써 얻게 되는 쾌락에 대한 기대수준은 매우 높다고 보고 있다(Stephen G. Tibbetts, Criminological Theory. London: Sage. 2018. p.181).

308) 생리학적 측면에서 볼 때, 상습자의 범죄자인 경우 처벌 가능성에 대한 각성보다는 위험이나 위험을 감수하는 모험적인 일에 대한 각성이 훨씬 크다. 위험을 감수하는 행동이 있으면 뇌에서 기쁨을 주는 화학물질이 분비되도록 되어 있는 생리학적 기제 때문에, 범죄와 같은 위험한 행동을 감행하게 된다고 보고 있다(김재민, 앞의 책, p.184).

309) Cater Hay, Parenting, Self-Control and Delinquency: A Test of Self-Control Theory. Criminology 39. 2001. pp.707-736.

1. 낙인이론

1) 이론적 바탕

낙인이론은 미드(George Herbert Mead)와 클리(Charles Horton Cooley)의 「상징적 상호작용론」에서 그 근원을 찾을 수 있다. 클리는 자신을 이해한다는 것은 다른 사람들이 우리에게 어떻게 반응하는 가를 아는 것이라고 주장하였고, 미드는 이 개념을 정교화시켜 자아의 생성과 그 자아에 대한 다른 사람들의 반응에 관한 인식의 상호작용[310]에 초점을 맞추었다. 따라서 개인과 다른 사람들 간의 역동적인 상호작용이 자아개념의 발달을 이끌며, 이러한 자아개념은 차후 인간이 자기 이미지 형성에도 영향을 미친다고 하였다.

낙인이론은 이러한 토대 위에서 형성된 것이다.

2) 낙인이론의 기본개념

(1) 낙인이론에서의 일탈의 개념

낙인이론의 관점에서 '일탈'이라는 것은 객관적으로 실재하는 것이 아니고, 그 실체에 대하여 사람들이 주관적으로 해석한 것들이다. 따라서 '일탈'이라는 것은 특정 행위에 내재되어 있는 성질의 것이 아니고, 사회가 특정행위에 부여하는 부정적인 평가라고 할 수 있다.[311]

(2) 사회반응이론(사회적 상호작용이론)

낙인이론은 1960년대 이후 1970년 초에 발달한 이론으로 일탈행위와 사회적 낙인화의 동적 관계를 사회적 상호작용의 관점에서 파악하였기 때문에, 이를 사회반응이론 또는 사회적 상호작용론이라고도 한다. 사회반응이

310) 상징적 상호작용이란 사람들이 대화를 할 때는 말·신호·이미지 등과 같은 상징을 통해 의사소통을 하게 되고, 이러한 상징적인 것들을 통한 상호작용은 인간의 자기이미지 형성에도 영향을 미치게 된다는 이론이다.

311) Erikson K. 'Notes on the sociology of deviance', American Journal of sociology, 68, 1962.

론(사회적 상호작용론)은 범죄를 소질적 요인이나 환경적 요인에 기본을 둔 것이 아닌 범죄자로서 낙인찍힌 자(범죄자)와 낙인을 찍은 자(형사사법기관이나 사회)와의 상호과정에서 나타난다는 것을 핵심내용으로 한다. 따라서 낙인이론가들은 사람의 생물학적·심리학적 특질이나 심지어 개인의 자발적 행동이 범죄의 원인이 아니라, 법제도와 형사사법기관이 범죄원인 제공자라고 주장한다.

(3) 이차적 일탈

최초의 범행(일차적 일탈)에 의해 낙인찍힌 개인(범죄자)은 사회적으로 결점을 갖게 되어 낙인찍힌 자 스스로도 부정적 자기관념을 낳게 되어 범죄를 다시 저지르게 된다(재범). 이를 이차적 일탈이라고 부른다.

3) 낙인이론의 태동과 발전

1960년대 중반 미국에서는 기존의 전통적 가치관이 흔들리기 시작해 범죄가 급속히 증가하던 시기였고, 이때 등장하여 주목을 받기 시작한 것이 낙인이론이다.

(1) 하워드 베커(Howard Becker)

베커는 1960년 낙인이론이 출현할 수 있도록 한 중요한 제안자 중의 한 사람이다. 그는 1963년에 저서 「아웃사이더: 일탈 사회학의 연구」를 처음 출간하였고, 여기에는 낙인이론의 여러 가지 주요 요소들이 기술되어 있다.

베커는 "사회적 집단들은 규칙의 제정을 통해 어떤 행위가 위반행위라고 규정하여 일탈을 만들고, 이러한 규칙들을 특정 사람들에게 적용하여 국외자(일탈자)라고 낙인찍는다. 따라서 일탈은 개인이 저지른 행위의 성질이 아니라 「범죄자」에 대한 규칙과 제재를 다른 사람들이 적용한 결과이다. 그러기 때문에 일탈자는 낙인이 성공적으로 적용된 사람이며, 일탈 행동은 사람들이 낙인찍은 행동"이라고 주장하였다.[312)]

312) Becker, HS, Outsiders: Studies in the sociology of Deviance, New York: Free Press.

(2) 타넨바움(Frank Tannenbaum)의 악의 극화

낙인이론은 1938년 타넨바움의 저서 「범죄와 지역사회」에서 처음 주장하였다. 타넨바움은 불법행동에 대한 사회적 반응과정을 「악의극화(Dramatization of Evil)」[313]라고 불렀다. 즉, 사회가 한 인간을 일탈자로 낙인을 하게 되면 자기도 스스로를 일탈자로 평가하여 일탈적 행위를 계속하게 된다. 이처럼 부정적 낙인은 부정적 자아관념을 심어 일단 자신에게 일탈자로서 낙인이 붙게 되면 스스로 일탈자로 치부하여 일탈행위를 지속한다. 따라서 타넨바움은 국가통제기관이 범죄자를 낙인찍는 과정을 「악의극화」라고 정의하였다.[314]

(3) 레머트(Edwin M. Lemert)

낙인이론의 중요한 특징 중의 하나인 일탈의 두 단계(일차적 일탈과 이차적 일탈)를 제시한 사람은 에드윈 레머트이다.

① 일차적 일탈

㉠ 일차적 일탈이란 일탈의 정도가 심각하지 않고 자신의 자아에 대해서도 부정적인 영향을 크게 미치지 않는 일탈행동을 가리킨다. 따라서 일차적 일탈이 일어나는 과정에서 사람들은 자신의 일탈행위에 대하여 남들도 마찬가지 행동을 할 것이라고 스스로 합리화하려는 경향이 있다. 즉, 일차적 일탈은 행위자에게 별다른 영향을 주지 않고 쉽게 잊혀버리는 규범위반이나 행동을 말하며, 본인도 자신을 일탈자라고 생각하지 않는다. 예컨대, 자영업자가 소득을 신고할 때 소득을 다소 줄여서 신고하는 일을

1963, p.9.

313) 범죄자가 주인공이고 형사사법기관이나 사회가 연출가나 관객이 되어 「악의드라마」가 상영된다. 비행소년 대책의 요점은 이 「악의드라마」의 회피이다. 따라서 타넨바움은 비행청소년을 다룰 때 전반적 형사절차가 그를 비행자로 규정짓고 다루는 한, 그 모든 형사절차가 청소년에게 유해하다고 주장하였다.(Frank Tannenbaum, Crime and the Communication, New York: Columbia University Press, 1938, pp.19-20).

314) Frank Tannenbaum, Crime and the Communication, New York: Columbia University Press, 1938, pp.19-20.

부적절한 행동으로 생각하지 않는 경향이 있다. 그러나 실제로는 법률을 위반하고 사회적 기대와 다른 행동을 한 것으로 일탈에 해당한다.

㉡ 낙인이론가들은 일차적 일탈의 원인이 무엇인가에 대한 탐구에는 별로 관심을 두지 않았다. 더욱이 일차적 일탈과 이차적 일탈을 구별하면서도, 이차적 일탈에만 대부분의 관심을 집중한 것은 낙인이론의 관점의 신빙성을 심각하게 제한한 것으로 지적되고 있다. 이에 대하여 만코프(Mankoff)는 "규칙위반자가 정상인과 같은 지위를 회복할 기회가 있음에도 불구하고 스스로 규칙위반에 대하여 긍정적인 의미를 부여하기 때문에(일차적 일탈 이후에), 지속적으로 일탈행동을 할 가능성이 있다"는 사실을 낙인이론은 진지하게 고려하지 못했다고 비판하였다.[315)]

② 이차적 일탈

이차적 일탈은 규범위반 행위를 하거나(사소한 규범위반 행위 포함), 또는 형사사법기관(경찰·검찰)으로부터 부정적 낙인을 받을 수 있는 범죄행위를 범했을 때 발생한다. 이 경우 일차적 행동 때문에 사회적으로 일탈자라는 낙인이 찍히고, 그것 때문에 다시 더 큰 비행으로 발전하게 되어 이차적 일탈이 발생하게 된다. 따라서 일차적 일탈은 이차적 일탈 없이 일어날 수 있으나, 이차적 일탈은 일차적 일탈 없이는 발생할 수가 없다.

③ 낙인이론의 인과과정

낙인이론가들은 사회의 공식적 통제기관인 경찰과 사법부에 의한 처벌은 오히려 범죄자에게 낙인을 찍어서 그를 직업범죄자로 만들고, 두 가지의 부정적인 결과를 가져온다고 보았다.
첫째, 범죄자는 한번 전과자라는 낙인이 찍히면 스스로를 세상에 별로 도움이 안 되는 무가치한 인간으로 자기 스스로를 생각하고 더 많은 범죄를 저지를 수 있고, 둘째, 낙인은 범죄자에게 전과자

315) Mankoff, M, 'Societal reaction and career deviance: a critical analysis', Sociological Quarterly, 12, 1971, p.144.

라는 꼬리표를 붙여서 그 사람을 사회에서 매장시키는 결과를 가져온다. 따라서 취업하기가 힘들 뿐 아니라 늘 주위의 따가운 시선을 받으며 살아야 한다는 점을 지적하였다. 낙인이론의 인과과정을 도표화하면 다음과 같다.[316)]

낙인이론의 인과과정

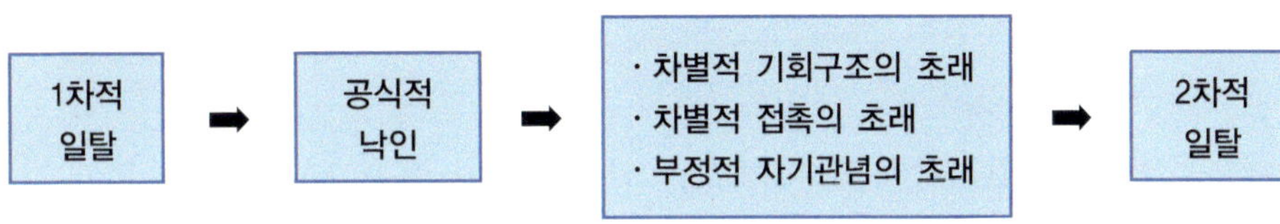

낙인이론의 인과과정을 보면, 1차적 일탈이 발생하면 형사사법기관인 경찰·검찰·법원·교정이 공식적인 낙인을 찍게 되고, 그로 인하여 사회와 기회로부터 격리·소외되고 합법적인 기회가 제한되는 반면, 차별적 기회가 증대되는 차별적 기회구조를 초래하게 된다. 그 결과 범죄인들은 자기들만이 차별적 접촉을 하게 됨으로 범죄를 학습하게 될 뿐만 아니라, 부정적인 자기관념이 형성되면서 2차적 일탈이 생기게 된다고 보았다.

(4) 기타

그 외의 낙인이론으로는 베커(Becker)의 '사회적 지위로서의 일탈'[317)], 그리고 슈어(Edwin M. Schur)의 '자기관념으로 일탈'[318)] 등을 들 수 있다.

---

316) Allen E. Liska, *Perspectives on Deviance*, Englewood N.J: Prentice-Hall, Inc. 1981, p.126.

317) 베커의 '사회적 지위로서의 일탈'은 법적으로 금지된 행동에 대한 사회의 반응이 어떠하느냐에 따라 심각한 일탈을 촉진할 뿐만 아니라, 낙인을 통해 일탈을 창조하고 일탈자의 지위를 부여하게 된다는 것을 내용으로 한다. 그는 사회규범을 위반한 행위와 일탈행위는 구분되어야 하며, 규율위반이 곧 일탈이 되는 것이 아니라 규율위반이 있더라도 사회통제기관의 반응방식에 따라 「일탈」로 규정되기도 하고 그렇지 않기도 하다고 주장하였다(김재민, 앞의 책, p.187).

318) 슈어(Edwin M. Schur)는 1973년 그의 저서 「급진적 무간섭」에서 '법을 위반한 아이들에 대해 아무것도 하지 말아야 하며, 대부분의 청소년의 규칙위반은 본질적으로 사소한 것이므로 처벌은 불필요하다고 주장하였다.

4) 낙인이론의 특징

낙인이론의 특징으로는 첫째, 범죄가 범죄통제를 야기하기보다는 범죄통제가 오히려 범죄를 야기시키고 있고,

둘째, 통제기관의 낙인행위는 사회적으로 힘이 있는 강자에게는 무력하고 사회적 약자에게는 강하게 작용하며,

셋째, 전통적인 범죄이론이 등한시했던 법집행기관(낙인의 주체)의 주요 연구대상이었고,

넷째, 낙인이론은 범죄개념을 실정법적인 범죄개념에 한정하지 않고 사회적 일탈을 폭넓게 연구대상으로 삼았다는 점이고,

다섯째, 실증주의 범죄학자들이 주장하는 범죄원인(개인의 소질이나 환경 등)과는 달리, 낙인이론은 법제도와 형사사법기관이 범죄원인의 제공자라고 주장하였다. 이러한 점에서 낙인이론은 실증주의 범죄학에 대한 코페르니쿠스적 전환을 가져온 범죄학이론으로 평가받고 있기도 하다.

5) 공헌과 비판

(1) 공헌

형사정책분야에 대한 낙인이론의 공헌은 첫째, 동기의 문제에서 정의의 문제로, 그리고 범죄문제 자체보다는 범죄통제의 문제로 관심을 전환시켰고, 둘째, 구금에 따른 악풍감염과 낙인의 문제점을 지적하고, 공적개입과 공식낙인보다는 다양한 전환제도(division)의 활용을 증대시켰다. 특히 소년사법 분야나 경미범죄 등에 대해 비범죄화와 비형벌화의 확대에 기여하였다.

셋째, 이는 곧 선별적 수용을 통한 교도소의 다양화와 사회 내 처우의 필요성을 강조하여 불간섭주의(Non-intervention)의 이론적 근거가 되었고, 나아가 비판범죄학의 형성[319)]에 기여하였다.

319) 비판범죄학은 사회적 반응이 일탈을 초래한다는 낙인이론의 기본전제를 수용하였다. 그러면서도 범죄발생과 통제의 저변에 작용하고 있는 구조적 요인인 자본주의 체제 자체의 모순점을 거시적

넷째, 피해자 없는 범죄에 대해서도 관심을 기울였다. 뿐만 아니라 일탈자에 대한 사회의 반응으로 인한 암수의 문제점을 지적하고 범죄피해자 조사를 통한 공식범죄통계를 보완하였다는 점 등은 높게 평가받고 있다.

(2) 비판

낙인이론은 다음과 같은 점에서 지적을 받고 있다. 첫째, 연구대상에서 하류계층의 일탈로 범위가 한정되어 있다는 점이다. 그 결과 기업범죄나 숨겨진 제도적 폭력 등은 간과하고 구조적 불평등 문제를 무시하여 비판범죄학의 출현계기가 되었다.

둘째, 일탈의 원인으로서 사회통제나 사회반응의 효과를 너무 강조하여, 사회통제기관에 대한 비판적 시각을 나타내었다는 점 또한 문제점으로 지적되고 있다.

셋째, 낙인이 없으면 일탈도 없다는 지나친 상대주의에 빠져 있으며, 또한 최초의 일탈에 대한 원인설명이 부족하며 반교정주의로 발전할 위험성이 크다.

넷째, 낙인되는 편은 주로 하류계층의 피지배층이며, 낙인을 가하는 편은 지배계층으로 보고 있는 편향적인 시각이다.

낙인은 죄질에 기초하여 반응되는 것이지, 계층에 따라 반응이 되는 것은 아니다. 즉, 낙인이론은 화이트칼라의 범죄와 같은 중상류층 범죄에 대하여도 지배계층이 낙인 할 뿐만 아니라, 낙인의 대상이 되기도 한다는 사실을 간과하고 있다는 점 등에 대하여도 지적을 받고 있다.

다섯째, 낙인이론은 논리적인 이론이나 패러다임으로 보기보다는 하나의 관점으로 보아야 한다는 견해도 제기되고 있다.[320)]

인 시각에서 분석하고 있다는 점에 낙인이론과 차이가 난다.

320) Gibbons, DC, The Criminological Enterprise: Theories and Perspectives, Englewood Cliffs: Prentice Hall, 1979, p.147.

Ⅵ. 범죄사회학(사회발전이론)의 비판

범죄사회학은 범죄의 원인을 빈곤·사회구조의 해체·사회통제의 약화·사회경제적 상황의 약화·심리적 박탈감 등을 사회적 환경으로 여기고, 이러한 환경 속에서 생활하는 개인들이 범죄를 저지를 가능성이 높다는 견해에 근거하고 있다. 그러나 범죄의 원인이 다양하기 때문에 이러한 모든 환경을 개선할 사회적 능력에는 한계가 있다. 또한 이러한 사회발전을 통한 범죄예방은 사회발전(경제적·사회적·문화적 환경의 발전)과 연결되어야 하고 막대한 인적자원이 필요하다. 따라서 개인이나 소규모 조직체에 의한 수행보다는 국가나 사회전체에 의하여 시도되어야 한다는 점도 지적되고 있다.

3

제4절

갈등론적 범죄이론(비판범죄학)

Ⅰ. 개설

비판범죄학은 1960년대 중반부터 낙인이론과 함께 주류범죄학에 대항하여 일어난 범죄학의 새로운 경향을 총칭하는 것이다. 비판범죄학은 급진적 범죄학·마르크스적 범죄학·사회주의적 범죄학 등 다양한 용어로 불리어지고 있으며, 범죄를 갈등론적 시각에서 바라보고 범죄학을 연구한다는 의미에서 '갈등론적 범죄이론'이라고 부르기도 한다.

1. 갈등이론의 기원

1) 갈등론적 범죄학(비판범죄학)은 마르크스와 엥겔스의 사회주의에 뿌리를 두고 있다.[321)]
마르크스는 '범죄라는 것은 어떤 개인이 문제가 있어서 범죄를 하는 것이 아니라 정부의 법집행 정책으로 만들어지는 것이며, 범죄와 자본주의적 제도와는 상호간에 불평등성 관련성이 있다'고 보았다. 따라서 마르크스와 엥겔스는 범죄를 산업자본주의하의 실업과 노동착취로 인해 타락한 사람들의 개별적 적응, 즉 '지배적 조건에 대한 소외된 개인의 투쟁'으로 표현하였다.[322)]

2) 마르크스와 엥겔스는 범죄 그 자체에 대해서 언급은 거의 없었지만, 자본주의 사회와 인간 문명의 역사에 대한 그들의 이론적 서술은 범죄학 내에서 갈등이론의 발전을 가져오는 토대가 되었다. 그 후 20세기 초에

321) Hall Williams, JE, Criminology and Criminal Justice, London: Butterworths, 1982, p. 147.

322) Marx, K and Engels, F, The German Ideology, London: Lawrence and Wishart, 1965, P. 367.

봉거(Willem Bonger)·볼드(George Vold) 등에 의해 그의 사상이 계승되어 갈등이론으로 체계화 되었다.

2. 갈등론적 범죄이론의 시각

1) 갈등론적 범죄이론은 사회구성 자체가 서로 상반된 가치와 이익을 가진 집단으로 이루어져 있으며, 국가는 가장 큰 권력을 가지는 집단의 가치와 이익을 대표하는 것으로 가정한다. 그리고 국가는 일반국민의 이익을 대변하는 것이 아니라, 국가 운영을 효과적으로 통제할 수 있는 지배집단이 자신들의 이익과 가치를 대변하기 위해서 법을 제정하고 범죄를 규정한 것으로 본다. 따라서 범죄란 자본주의 체제 자체의 이윤추구적 속성과 구조화된 불평[323] 등에서 비롯되며, 그러기 때문에 자본주의 사회에서의 범죄는 사회구조에 내재하는 문제들에 대한 합리적인 반응이라고 본다.

2) 갈등론적 범죄이론가들은 자본주의의 사회의 모순을 범죄원인으로 파악하고 그 모순을 극복해야만 범죄가 사라질 수 있다고 주장한다. 그리고 이들은 주류범죄학이 지배계급의 사회제도 변화를 고려하지 않고, 범죄의 원인을 단순하게 제거할 수 있는 요소로만 파악한다고 비판하였다.

323) 범죄란 지배계층이 피지배계층을 통제하고 억압하기 위해 노력을 기울인 결과물로 형성되었다고 본다. 즉, 범죄란 구조화된 불평등(지배계층과 피지배계층)에서 만들어진 결과물이라는 것이다.

3

Ⅱ. 갈등론적 범죄이론의 유형

1. 초기의 갈등이론

1) 셀린(Thorsten Sellin, 1987~1994)의 문화갈등이론

(1) 행위규범과 문화갈등(문화충돌)

토르스텐 셀린(Thorsten Sellin)은 1938년 그의 저서 「문화갈등과 범죄」를 통해서 「행위규범의 갈등」에 초점을 둔 범죄이론을 제시하여, 처음으로 문화갈등을 강조하였다.

① **행위규범(행동규범)**

행위규범이란 특정 상황 하에서 특정한 종류의 사람이 특정한 방식으로 행동하도록 규정짓는 문화규칙을 말한다. 셀린은 단순한 동종사회에서는 이 행위규범이 법으로 제정되면 실질적으로 사회적 합의가 이루어졌음을 의미하지만, 더 복잡한 사회에서는 문화적으로 다른 집단(주류층과 비주류층) 간의 행위규범이 서로 중복되고 상충된다고 하였다.[324)]

즉, 중류사회가 지향하는 전통적 규범과 사회에서 배제된 자들의 규범[325)]이 상호 충돌하는 상황이 발생할 수 있다고 보고, 이러한 행위규범은 어느 사회의 문화에서든지 발견할 수 있다고 주장하였다.

② **문화갈등(문화충돌)과 범죄**

셀린은 문화갈등이 사회적 가치에 대한 이해 및 규범 등의 충돌을 의미하는 것으로 보고(문화충돌), 이러한 여러 문화집단들 간의 규범의 충돌이 범죄행위와 관련이 있다고 지적하였다. 그는 문화갈등

---

324) THOMAS J. BERNARD JEFFREY B. SNIPES ALEXANDER L. GEROULD 지음, 이순래·이성식·박정선·김성언·박철현·김상원·박성민·류준혁 공역, Vold의 이론범죄학, 그린출판사, 2012, p. 345.

325) 사회에서 배제된 자, 즉 소수의 사회구성원들도 그들만이 일상의 삶을 지배하는 일련의 규범을 가지고 살고 있기 때문에, 중류사회가 지향하는 전통적 규범과 충동하는 상황이 발생할 수 있다는 것이다.

의 유형을 제1차적 문화갈등과 제2차적 문화갈등으로 나누어 설명하였다.

(2) 문화갈등의 유형

① 제1차적 문화갈등

제1차적 문화갈등은 이질적인 문화와의 충돌(국가 간의 병합·이민 등)을 말한다. 예컨대 한 민족이 다른 민족을 강제로 정복(국가 간의 병합)할 때에 이에 반항하는 충돌이 발생하거나, 또는 한 문화에서 살던 사람이 다른 문화의 지역으로 이주(이민)해 가면서 발생하는 문화충돌을 말한다.

② 제2차적 문화갈등

제2차적 문화갈등은 동질적인 문화권 내의 서로 다른 계층 사이에서 발생하는 것을 말한다. 예컨대, 상류계층과 하류계층과의 생활양식이 다른 것에서 비롯되어 생기는 갈등이다. 이러한 2차적 문화갈등이 존재하는 경우, 법은 다양한 구성원의 합의를 나타내는 것이 아니라 지배적인 문화의 규범을 반영하게 된다.

2) 볼드(George B. Vold)의 집단갈등이론

셀린이 문화갈등이론을 제시한지 20여년 후, 조지 볼드에 의해 집단갈등이론이 제시되었다. 볼드의 집단갈등이론은 범죄를 개인적 법률위반이 아니라 집단투쟁으로 이해하고, 전통적인 범죄학에서 도외시 되었던 특수한 범죄(정치범·인종충돌범죄 등)를 이해하려는 이론으로 볼 수 있다.

(1) 집단갈등과 범죄의 상호관계

① 법과 범죄의 정의

볼드는 법이란 무엇인가에 대하여 집단 간의 투쟁에서 이긴 정치집단(힘이 있는 집단)이 자기 이익을 위하여 법을 만든 것이라고 보고 있다. 한편, 범죄란 집단이익의 갈등이나 집단 간 투쟁의 결과이며,

범죄행위란 집단갈등과정에서 자신들을 제대로 방어하지 못한 집단의 행위라고 정의하였다.

② 볼드는 자기의 이론이 범죄일반(통상적인 범죄)에 관한 것에도 적합하지만, 특히 ㉠ 소외된 계층이 지배계층에게 정치적으로 항거하는 과정에서 발생하는 범죄, ㉡ 노동쟁의과정에서 발생하는 노동자들의 범죄, ㉢ 조합들 간에 혹은 조합내의 경쟁 때문에 발생하는 범죄, ㉣ 인종이나 민족 사이의 충돌과정에서 발생하는 범죄 등 4가지 종류의 범죄를 설명하는데 가장 적합하다고 주장하였다.[326)]문제는 이러한 4가지 범죄유형은 볼드가 제시한 일반적인 이론적 틀에서 충분하고 깔끔하게 설명이 가능하지만, 강도·강간·사기·횡령 등과 같이 개인에 바탕을 둔 범죄들은 잘 적용되지 않는다는 점이다.

(2) 한계

① 볼드의 이론은 이익집단들 간의 갈등과 연관되지 않은 비이상적·격정적 범죄를 설명하는 데에는 부적합하고,

② 범죄의 정치적 성격을 강조하면서도 권력과 범죄와의 관계에 대해서는 언급하지 않은 점에서 한계가 있다는 비판을 받고 있다.

2. 급진적 시대의 급진적 갈등이론

1) 사회경제적 계급과 갈등

① 급진적 갈등이론은 낙인이론이 제기한 문제의식을 마르크스주의의 인식론의 틀 안에서 재구성한 것으로, 일탈사회학과 범죄학 영역의 확대라는 두 가지 측면을 고려하여 새로운 대안을 모색하려고 하였다. Karl Marx는 범죄[327)]와 일탈행위에 대해서는 거의 언급한 일이 없으나, 그의

326) George B. Vold, Thomas J. Bernard, & Jeffrey B. Snipes, op. cit, pp. 236-238.
327) 마르크스는 범죄를 미화하거나 동정하지 않았으며, 오히려 범죄자를 부랑노동자라고 하였고, 이

저서에는 여러 곳에서 범죄와 관련된 사항을 기술하고 있다. 그는 법집행기관이 지배계층의 범죄에 대해서는 관대하고 하류계층의 범죄에 대해서는 집중적으로 통제하고 처벌하기 때문에, 낙인찍힌 하류계층은 계속 범죄행위를 저지르게 된다고 보았다. 특히 그는 자본가계급과 노동자계급의 자본주의 구조에서 범죄원인을 도출하였다. 그 후 20세기 초 봉거가 마르크스의 개념을 범죄연구에 적용하기 시작하면서, 급진적 갈등이론의 기반이 형성되고 체계화 되었다.

② **봉거(Willem Bonger, 1871~1941)의 이론**

봉거는 1905년 「범죄와 경제적 조건」이라는 저서에서 마르크스 사회주의 개념을 적용하여 「범죄학설」을 체계적으로 설명하려고 시도한 최초의 학자로도 유명하다. 그는 '자본주의 사회를 범죄의 온상'이라고 보았다. 따라서 범죄[328]는 자본주의의 부산물로의 착취 → 빈곤 → 범죄의 단계를 거친다고 주장하였다. 특히 봉거는 범죄대책과 관련하여서는 막스주의(Marxism) 이론을 원용하여 자본주의 체제를 사회주의 체제로 개혁해야 한다고 주장하였다.

2) 급진적시대(갈등시대)의 갈등이론(1950~1970년)

마르크스주의 범죄학은 1920년대 중반 이후로 쇠퇴하였으나, 1970년대 초반에 들어서면서 새로운 급진적 접근방식이 나타나기 시작하였다. 볼드가 집단갈등이론을 저술한지 10년 후 미국은 인권운동과 베트남전쟁으로 엄청난 사회적·정치적 혼란에 빠졌다. 그 갈등 속에 형사법과 사법체제는 다른 집단과는 달리 특정 집단만 보호했고, 많은 사람들은 볼드의 "범죄는 힘이 약한 집단의 행동"이라는 주장을 믿게 되었다.[329] 이러한 인식은 갈등이론에 대한 관심을 증폭시키는 계기가 되었고, 때마침 세 가지 중요한 갈등이론이 3년 연속 출판되었다.

들은 혁명적 목적을 위해 중요시될 수도 없고 계급적 위치를 포기한 쓰레기 또는 위험한 계층으로 분류했다(Larry J. Siegel, Criminology, Wadsworth, A Division of Thomson Learning, Inc., 2003, p.253).

328) 봉거는 생물학적 요인이 아니라 사회적 요인에 의해 범죄가 발생한다고 주장하였다.

329) 이순래·이성식·박정선·김성언·박철현 외 공역, Vold의 이론범죄학, 그린, 2012, p. 347.

(1) 터크의 갈등이론

① 범죄화 이론

1969년 어스틴 터크(Austin Turk)는 「범죄화 이론」을 제시하였는데, 이는 지배집단과 피지배집단사이의 차이가 갈등으로 귀결되는 조건과 갈등 때문에 범죄화가 이루어지는 조건을 서술한 것이다.[330)]
따라서 터크는 범죄성을 지배와 복종의 관계로 규정하고, 어떤 조건 하에서 권위자(지배자)와 대상자(피지배자)간의 대립이 법률 갈등으로 옮겨가고, 이 갈등으로 인해 법 위반이 초래되어 범죄자가 되는가를 규명하고자 하였다.[331)]

② 범죄의 원인

터크는 다른 갈등론자들과 같이 낙인시각과 매우 유사한 범죄에 관한 갈등이론을 제시하였다. 그는 다양한 집단 간의 권력획득을 위한 경쟁이 범죄의 주요 원인이라고 피력하면서도, 적정수준의 갈등은 사회를 보다 발전시킬 수 있는 계기가 되어 오히려 유익하다고 하였다.

(2) 퀴니의 갈등이론(급진범죄학)

① 범죄의 사회적 실재의 정의

리처드 퀴니는 급진범죄학 분야의 미국 이론가 중에서도 두드러진 인물이다. 1970년 리처드 퀴니는 「범죄의 사회적 실재」라는 저서를 출간했는데, 여기에서 그는 「범죄와 사회적 실재」를 다음과 같이 정의하였다.
"범죄의 사회적 실재화"란 권력이 있는 개인이나 집단이 자신이 권위를 정당화하고 공동이익이라는 명분아래, 사실상 자신들의 이익을 증진시키는 정책을 추진하기 위하여 특정한 개념을 만들어 내는 것"이라고 정의하였다.[332)]

330) 위의 책, p. 348.
331) 이윤호, 범죄학, 박영사, 2018, pp. 306-307.
332) 이순래·이성식·박정선·김성언·박철현 외 공역, 앞의 책, p. 350.

② **범죄대책**

㉠ 퀴니는 경제적 박탈이나 자본주의 특유의 상황 때문에, 하류계급이 저지르는 범죄에 대해서는 그것이 고의적인 반역행위라기보다는 자본가 지배에 대한 무의식적인 대항이라고 보았다.[333)]

㉡ 퀴니의 접근방식은 다른 마르크스주의 접근방식과 크게 다르지 않다. 그는 "형법은 계급 억압의 도구이며, 지배엘리트의 수중에 통제권을 두기 위한 방법으로 형사사법체계를 통하여 형법이 진행된다. 따라서 범죄를 종결시킬 수 있는 유일한 방법은 새로운 사회주의 사회로 대체하는 것"이라고 주장하였다.[334)]

(3) 챔블리스와 사이드먼의 차별적 범죄화

1971년 챔블리스와 사이드먼(Chamliss & Seidman)은 갈등이론의 입장에서 「법, 질서 그리고 권력」이라는 논문을 발표하였다. 그 과정에서 형사사법기관의 기능이 합의이론과 갈등이론의 주장 중 어느 것을 반영하는지 등의 여러 가지 측면에서 형사사법체계의 작동을 면밀히 관찰하였다. 그 결과 구조적으로나 기능적으로나 법은 권력집단의 이해관계에 따라 운영된다고 결론지었다.[335)] 즉, 국가나 사법기관은 사회의 갈등을 해소하기보다는 권력적 집단을 보호하고 옹호함으로써 갈등을 유발하고, 못가진 자들의 행위를 범죄화한다고 주장하였다.[336)]

3) 급진적 갈등이론에 대한 현대의 비판적 사상(이론)

모든 갈등이론(비판범죄학)은 갈등의 전제에 기반을 두고 있지만, 시간이 지나면서 비판적인 이론적 접근방식도 다양하게 발전하였다. 그러나 모두가 권력배분의 작용으로 「범죄」를 설명하고 있기 때문에, 모두가 '급진적'이라고 볼 수 있다. 따라서 이러한 급진적 갈등이론에 대한 대안적 범죄이론이

333) 김형만·이동원 공역, 앞의 책, p. 258.
334) 김재민, 앞의 책, p. 207.
335) 이순래·이성식·박정선·김성언·박철현 외 공역, vold의 이론범죄학, 그린, 2012, p.350.
336) Williams Chambliss and Robert Seidman, Law, Order and Power(Reading, Mass: Addison-Wesley, 1971), p. 504.

등장하게 되었다. 세 가지 중요한 현대 비판적 사상의 종류는 ① 좌파 현실주의, ② 여권주의(Feminism), ③ 포스트모더니즘(Postmodernism)을 들 수 있다. 페미니즘은 앞에서 이미 설명하였기 때문에, 여기서는 좌파현실주의와 포스트모더니즘에 한정하여 기술하였다.

(1) 좌파현실주의

① 기원

급진범죄학의 허점을 극복하고 급진적인 현실주의를 만들어 내기 위한 「좌파현실주의」는 1970년대에 영국 좌파현실주의의 두 선도자 존 레아(John Lea)와 영(Jock Young)에 의해 정립된 용어이다. 이들은 법과 질서유지를 강조하는 우파의 보수주의적 태도에 반대함은 물론 동시에 지배계급의 권력남용에만 초점을 맞추는 극좌파의 급진적 태도에도 반대한다. 따라서 그들은 보수적인 사회학자들이 범죄원인론적 시각을 차용하는 한편, 급진범죄학의 낭만주의적 구상을 던져버리고 좌파현실주의로 대체해야 한다고 주장하였다.

② 내용

㉠ 좌파현실주의자들은 급진적 범죄학자들이 시각을 비판해왔다. 급진적 범죄학자들은 권력을 가진자들의 범죄가 사회에 악영향을 준다고 하지만, "길거리 범죄"[337]도 마찬가지라고 주장한다. 따라서 범죄통제정책은 권력자나 부자들의 범죄뿐만 아니라 가난한 사람들이 가난한 사람들을 상대로 저지르는 범죄에 대해서도 역점을 두어야 한다는 것이다. 즉, 지배계급과 하위계급 내부의 범

337) '길거리 범죄'는 가난한 사람들이 가난한 사람들을 상대로 저지르는 범죄를 말한다. 이와 비슷한 용어로 '길거리 법칙'이라는 개념이 있으나, '길거리 범죄'와는 다른 개념이다. '길거리 법칙'은 엘리자 앤더슨(Elijah Anderson)에 의하여 제기되었다. 엔더슨의 '길거리 법칙'은 폭력의 하위문화와 유사하게 자신이 남에게 무시당할 경우 폭력적인 대결에 자신의 목숨을 내걸어야 한다고 느낀다. 그들은 빈곤·차별·가족붕괴·기타 구조적 문제 등을 안고 있으며, 이러한 사회구조적 결핍은 대안적 가치로써 길거리 법칙을 채택하게 하고, 결국 이것이 높은 수준의 폭력을 야기한다는 것이다.(Anderson, E.Code of the Street: Decency, Violence, and the Moral Life of the Inner City. New York: W, W, Norton.1999.

죄집단에 의해 이중으로 고통당하는 빈곤계층의 현실을 직시해야 한다는 주장을 펴고 있다.

㉡ 좌파현실주의자들은 경찰이나 법원과 같은 형사사법기관이 자본주의 이념을 위해 악용되는 도구라고만 생각하지 않고, 사회에 대한 경찰활동과 범죄자에 대한 억제시각의 중요성을 인정한다. 다만, 경찰이 법을 집행시에는 엄격한 시민적 민주적 통제가 요구되고, 경찰 스스로도 자기규제를 강화해 나가야 한다고 강조한다.

한편, 좌파현실주의자들은 보수적인 범죄 통제 정책들과 관련하여, ㉠ 재소자들에게 지역사회 봉사프로그램에 대한 더 많은 이용, ㉡ 지역사회 채용, ㉢ 교도소에 대한 의존의 전반적 축소를 권고하는 등 몇 가지 대안책을 제시하고 있기도 하다.

(2) 포스트모던(Postmodern) 범죄이론

① 개요

포스트모더니즘은 1960년에 일어난 문화운동이면서 정치·경제·사회의 모든 영역과 관련되는 한 시대의 이념을 말한다. 이 운동은 미국과 프랑스를 중심으로 학생운동·여성운동·흑인민권운동·제3세계운동 등의 사회운동과 전위예술, 그리고 해체 혹은 후기구조주의 사상으로 시작되었으며, 1970년대 중반 점검과 반성을 거쳐 오늘날에 이르고 있다.

② 포스트모던의 의미

㉠ 모던의 의미

모던(modern)의 사전적 의미는 '현대의 또는 근대의'라는 뜻으로, 서구에서 근대 혹은 모던시대라고 하면 18세기 계몽주의로부터 시작된 '이성중심시대'를 일컫는다. 계몽사상은 종교나 외적인 힘보다 인간의 이성(理性)에 대한 믿음을 강조했기 때문에, 객관적이고 합리적인 사고를 중시하였다.

그러나 지나친 객관성의 주장으로 20세기에 도전받기 시작하였고, 그 후 등장한 것이 포스트모더니즘이다.

㉡ 포스트모던의 과학적 방법을 바라보는 시각

㉮ 고전주의의 합리적 이성관 그리고 그 이후 실증주의 발생이 과학을 가져오게 하였지만, 포스트모더니즘은 「합리주의와 과학」이 사물의 이치를 설명하는데, 다른 방식보다 우위를 점한다고는 생각하지 않는다. 따라서 포스트모던이라는 개념은 「합리주의와 과학」을 넘어선다는 뜻이 내포되어 있다. 포스트모던주의자들은 사물을 이해하는데 있어서 과학적 방법을 유일한 것으로 생각하지 않는다. 즉, '진리'는 순전히 객관적이지도 않고, 진리를 추구하는 것에는 동등하고 타당한 다양한 방법이 있으며, 과학적 방법은 그 중 하나에 불과하다는 것이다.[338] 따라서 포스트모더니즘은 과학적 방법(과학적 사유체계)에 특별한 지위를 부여하지 않으며, 다른 유형의 사유체계보다 그 타당성이 더하지도 덜하지도 않는다고 본다.

㉯ 포스트모더니즘이론은 모든 사유체계와 지식이 「언어」에 의해 매개되고, 언어 그 자체는 결코 중립적인 매체가 아니라고 주장한다.[339] 계몽주의 이후 서구의 합리주의는 하나의 논리가 서기 위해서는 어떠한 방식을 써서라도 반대논리를 억압해 왔다. 프랑스의 철학자 자크 데리다(Jacques Derrida)는 어떻게 언어(말하기)가 글쓰기를 억압했고, 백인이 흑인을, 남성이 여성을 억압했는지, 이분법을 해체시켜 보여주었다.

③ 포스트모던 범죄학의 내용

㉠ 언어의 생산과 중요성

포스트모더니즘 범죄학은 마르크스주의 범죄학과 많은 점에서 닮았다. 그러나 마르크스주의가 경제적 생산을 중시했다면, 포스

338) Stephen Brown, Finn-Aage Esbensen, Gilbert Geis 공저, 황의갑 외 공역, 앞의 책, p. 454.
339) Dragan Milovanovic, A Primer in the Sociology of Law (Albany, NY: Harrow and Heston, 1994, pp. 143-145, pp. 155-184.

트모던주의자들은 언어의 생산으로 관심을 돌린다. 특히 포스트모더니스트는 범죄연구에서 상당한 장점을 지니고 있는 언어의 사용에 주목한다. 이들은 권력의 불공평한 분배의 근원은 언어로 간주한다. 포스트모던 범죄이론을 주장한 밀로바노빅(Dragan Milovanovic)은 언어를 통제하는 자들이 '진리'를 통제한다고 하였다. 예컨대, 형사피고인은 승소하기 위해 변호사를 고용한다. 피고인은 자기 자신들의 입장을 진술하지만, 변호사는 피고인의 진술을 재포장하고 재구성한다. 변호사는 그것이 소송에 승리하는 유일한 방법이기 때문에 그렇게 하지만, 통상 그 과정에서 피고인의 이야기에 담긴 충분한 의미는 상실된다. 이처럼 법률 용어는 오직 법률적 절차에서만 받아들여지는 언어이며, 진리의 전체를 객관적으로 나타내지 않는다.[340] 따라서 여러 다른 입장들의 진술사이에 진실을 가려내기 위해서, 포스트모던주의는 담론분석이라고 불리는 방법을 쓴다. 즉, 누가 무엇을 말하고 있는지, 왜 그런 진술을 했는지 그 의미를 탐구하고 논의된 내용들을 분석하려고 한다.[341]

ⓛ 해체주의

포스트모더니즘의 핵심은 해체주의 개념이다. 따라서 포스트모더니스트의 과제는 기존의 범죄이론에 대한 전통적이고 관습적인 해석을 거부하고, 현존하는 지식체계의 해체 혹은 분해라고 볼 수 있다. 그러기 때문에 포스트모더니즘은 지식의 창조라기보다는 지식의 해체가 핵심이다. 따라서 범죄개념은 부정확하고 애매모호하며, 범죄에 대한 실질적 대책도 제시하지 못하는 허무주의적 이론이라는 비판을 받고 있다.[342]

340) Milovanovic, A Primer in the Sociology of Law, op. cit., pp. 143-145, pp. 155-184.
341) 김재민, 앞의 책, p. 216.
342) Stephen Brown. Finn-Aage Esbensen. Gilbert Geis 공저, 황의갑 외 공역, 앞의 책, p. 456.

Ⅲ. 갈등론적 범죄이론의 공헌과 비판

1. 공헌

1) 갈등이론은 현존하는 사회구조의 정당성에 의문을 가지며 법률과 집행 과정은 부자에게 이익이 되며, 가난한 사람들을 처벌하도록 구조화 되어 있다고 주장한다. 따라서 법률의 제정·집행·형사사법절차를 진행함에 있어서 계층적 지위여하를 막론하고 공정하게 처리해야 한다는 것을 강조한다.

2) 갈등이론은 더 폭넓은 비판적 범죄학의 토대를 제공하였고, 1950년대와 1970년대 급진적 시대(급진적 갈등이론)를 열었다. 그 후 비판적인 사상은 보다 다양화되어 좌파현실주의·여권주의사상(페미니즘)·포스트모더니즘을 탄생시켰고, 이는 오늘날 현대 범죄학을 보다 역동적으로 발전시키는 계기를 제공하였다.

3) 갈등이론은 개인에게 초점을 맞춘 범죄원인론에 회의를 품고 범죄 및 범죄통제에 관한 새로운 관점을 제기하였는데, 이런 점에서 높이 평가할 만하다. 즉, 갈등론자들은 단순히 범죄인에 대해 싸우기보다는 「범죄」에 대해 싸워야 한다고 주장한다.

2. 비판

1) 갈등론자들의 주장은 너무 이데올로기적 성격이 짙고 막연한 논리에 그칠 뿐, 범죄통제를 위한 구체적인 대안을 제시하지 못하고 있다는 점을 들 수 있다. 코헨(Stanley Cohen)은 범죄로부터 자유로운 사회를 주장하는 것은 실현 불가능한 것이라고 표현하였다. 그는 급진자들이 부정행위의 범죄화에 대한 현실적인 대안을 만들어내지도 못했을 뿐만 아니라, 진정한 사회주의 사회 건설을 위한 처방을 제시하지도 않았다고 지적했다.[343)]

2) 사회주의 국가에서 범죄가 소멸하였다는 경험적 증거가 없고, 범죄문제를 너무 지나치게 정치적으로 이해하고 있다는 점 등이 또한 비판의 대상이 되고 있다.

343) Cohen, p, "Policing the working-class city', in B Fine (ed) Capitalism and the Rule of Law, London: Hutchinson, 1979, p. 41.

제4장

범죄유형론

제1절 전통적 범죄
제2절 특수범죄

CHAPTER

04 범죄유형론

제1절

전통적 범죄

범죄유형론(Criminal Typology)이라함은 범죄현상의 양상(樣相)을 그 인격 등 특징에 따라 분류하고 범죄학적 분석의 기초로 삼는 것을 말한다. 따라서 범죄유형론은 각 죄종별로 따로 따로 현상과 원인을 밝혀내고 그에 상응한 개별적 대책이론을 모색하려는 방법이다. 범죄유형론은 크게 전통적 범죄와 특수범죄로 대별할 수 있다.

Ⅰ. 살인

1. 개념

강력범죄[1] 중에 가장 흉악한 범죄가 살인이다. 일반적으로 살인이라 함은 타인의 생명을 의도적으로 빼앗는 행위이다. 살인죄라 함은 고의로 타인의

1) 강력범이라 함은 폭행이나 물리적·심리적 강제로서의 협박을 수단으로 하는 범죄로서 살인·강도·강간·방화·폭력 등과 같이 범죄수법이 잔인하고 악랄할 뿐 아니라, 피해상황이 심각하고 또 사회에 미치는 파급효과가 매우 큰 범죄를 말한다. 강력범은 대체로 교양과 지식을 필요로 하는 지능범에 대립되는 개념이다.

생명을 빼앗는 것을 내용으로 하는 범죄로서 보호법익은 사람의 목숨이고 객체는 사람[2]이다. 범죄학에서 주요 관심의 대상이 되는 것은 특정인을 대상으로 한 타인에 의한 불법적인 죽임인 살인행위를 말한다.[3]

2. 살인사건의 유형

살인의 형태는 크게 일반적인 살인(형법상의 살인죄로서 살인·존속살인·영아살해·승낙에 의한 살인·위계 등에 의한 촉탁살인 등)과 다수살인(Multiple Killing)으로 구분할 수 있다. 일반적인 살인이라 함은 한 사람에 의해서 다른 사람이 죽임을 당하는 경우를 말한다. 반면 고의로 사람을 죽이는 살인 중에서도 여러 사람을 죽이는 것을 다수살인(Multiple Killing)이라고 한다. 다수살인은 다시 대량살인(Mass Murder)·연속살인(Spree Murder)·연쇄살인(Serial Murder)으로 나누어 볼 수 있다. 사람들은 대량살인이나 연속살인 그리고 연쇄살인을 흔히 혼동한다.

1) 대량살인(mass murder)

① 대량살인의 원인

대량살인은 '인간시한폭탄에 가깝다. 이들은 대개 남성이며, 실패한 인생에 괴로워하는 유형에 가깝다. 이들의 실패 원인은 외부에서 찾는다(예컨대, 집을 쫓겨나거나, 회사에서 해고당하거나, 굴욕적인 일을 당해 이성을 잃기 직전까지 간 사람들). 분노에 몸을 떨다가 마침내 광폭한 행동으로 주변 사람들을 모두 죽여버리는 것이다. 연쇄살인이 성범죄라면 대량살인은 자살테러에 가깝다. 이들은 최대한 많은 사람을 죽이고 자살하거나, 경찰에 의해 사살되기 때문에 경찰력을 이용한 자살이라고도 한다.

2) 여기에서 사람은 범인 이외의 자연인에 한하며, 생명이 있는 한 환자·불구자나 살 가망이 없는 영아·실종선고를 받은 자나 사형선고를 받은 자도 객체가 된다.

3) Henry W. Mannle and J. David Hirschel, Fundamantals of Criminology(2nd ed.), Englewood cliffs, NJ:Prentice-Hall, 1988, pp.109~110.

② **대량살인의 목적**

대량살인의 목적은 가능한 한 많은 목숨을 빼앗는 것이므로, 대개 총포류를 사용한다. 대량살인의 핵심적인 요소는 한 장소에서 범죄가 발생한다는 것이다. 예컨대, 음식점·놀이터·학교·사무실에 나타나 아무런 경고도 없이 자살테러를 감행한다. 대량살인은 환상에 대한 집착이나 엽기적이지도 않고 성도착에 의해 발생하는 것도 아니고, 단지 상당한 시체를 만들어 낸다는데 있다.

2) 연속살인

① **연속살인의 원인**

연속살인[4)]은 여러 사람을 살해하되 그 행위들이 서로 단절됨이 없이 이어지는 일련의 행동들을 말하며, 극도의 흥분상태에서 살인사건이 지속되는 것을 말한다. 대량살인과 연쇄살인범은 거의 동일한 현상이다. 연속살인범도 대량살인범과 마찬가지로 심한 좌절감과 소외감을 안고 있다. 따라서 살인은 인생이란 전부 허무한 것이라고 느끼고, 더 참을 수 없는 지경에 이르렀을 때 폭발한다. 연속살인범들은 대부분 죽음을 선택하며, 죽음을 택하지 않는 경우 자신들이 처형되거나 평생 감옥에 있게 되리라는 것을 알고도 순순히 체포된다.

② **대량살인범과의 차이**

대량살인범과 연속살인범을 규정하는 차이는 장소와 관련이 있다. 대량살인범은 한 장소에서 살인을 저지르는 반면, 연속살인범은 장소를 이동하면서 가는 곳마다 살인을 저지른다. 그런 의미에서 연속살인범은 '움직이는 대량살인범'으로 설명할 수 있다. 연속살인의 대표적인 사례는 1980년대 초 경남 의령에서 발생했던 우범곤 순경사건[5)]을 들

---

4) 대량살인과 연속살인은 본래 동일한 심리적 현상에서 발생한 것이므로, 최근에는 그 두 가지를 한데 묶을 수 있는 새로운 용어가 제시되고 있다. 미국의 딜런 클레볼드, 찰스 휘트먼 등은 이들을 일컬어 「발작적 살인범」으로 칭하고 있다. 발작적 살인범이라는 용어는 위 두 가지 유형의 살인범들과 연쇄살인범의 본질적 차이를 아주 잘 짚어냈다고 평가받고 있다.

5) 1982년 4월 26일 오후 7시 30분 경남 의령군 궁유면 지서에 근무하던 우범곤 순경이 예비군 무기고에서 카빈소총 2정, 실탄180발, 수류탄 7발을 들고 나왔다. 먼저 우체국에서 일하던 전화교환원부

수 있다.

3) 연쇄살인

① 의의

범죄학에서 연쇄살인범(Serial Killer)이라는 용어는 미국 연방수사국(FBI)수사관 로버트 레슬리가 처음 사용한 것으로 알려지고 있다. 연쇄살인범은 특정한 유형의 범죄자를 지칭하기 위한 단어이나, 명확한 정의는 존재하지 않으며 FBI에서는 공식적으로 다음과 같이 정의하고 있다. "사건사이에 냉각기를 둔 채 세 곳 이상에서 세 차례 이상 살인을 저지른 것"이라고 하고 있다(FBI범죄분류매뉴얼, 1992)[6]. 반면, 한국의 일부 학자들은 "일반적으로 납득할 수 있는 살인의 동기나 계산 없이 살인에 이르는 흥분상태가 소멸될 정도의 시간적 공백을 두고 2회 이상의 살인을 저지르는 행위"라고 정의하고 있다.[7]

② 대량살인·연속살인과의 차이

연쇄살인은 대량살인이나 연속살인과는 근본적으로 다르다. 연쇄살인은 성범죄이며, 성(性)과의 연관성이 매우 중요하다. 연쇄살인의 고전적인 형태는 성도착과 밀접한 관련이 있다. 연쇄살인범이 저지르는 범행과 관련해서 통계가 결코 산정할 수 없는 요소가 있다. 그것은 바로 이런 사건이 불러일으키는 엄청난 공포이며, 그 사건이 일어난 지역에는 특정한 유형의 공포가 확산된다. 왜냐하면 연쇄살인범은 상식을 뒤엎는 발상으로 범행을 하고, 누구든지 갑작스럽고 끔찍한 죽음의 문턱을 넘어서게 만들기 때문이다.[8]

터 살해해 외부와 통신을 두절시킨 뒤, 불이 켜진 집을 찾아다니며 총을 쏘고 수류탄을 터뜨려 62명이 숨졌고 34명에게 중경상을 입히는 등 무려 8시간 동안 토곡리 등 4개 마을을 공포의 도가니로 몰아넣었다. 우순경은 전OO씨와 이미 2개월째 동거를 해오던 중이었는데, 그때까지도 결혼비용을 마련하지 못해 자신을 무능한 사람이라고 자책하며 열등감을 가져오던 차였다. 이날 비번으로 낮잠을 자던 우순경의 배 위에 파리가 앉자 전OO이 파리를 잡는다고 가슴을 찰싹 때린 것이 자신을 무시한 데서 비롯한 것이라고 오해한 그는 술을 마시며 말다툼을 벌이기 시작하였다. 이 사소한 말다툼이 급기야 인근 4개 시골마을을 공포의 분위기로 몰아넣는 대참사로 발전하였다.

6) 해럴드 셰터 지음, 김진석 옮김, 앞의 책, p.13.

7) 박노섭, 강력범죄수사론, 경찰대학, 2007, p.237.

4) 연쇄살인의 사례

연쇄살인과 관련하여 미국과 한국 사례를 근거로 하여 특징과 조건 등을 살펴보면 다음과 같다.

① 미국

㉠ 테드 번디(Ted Bundy)

1970년대 중반 미국 전역을 돌아다니면서 악명 높은 연쇄살인을 한 귀공자 테드 번디(Ted Bundy)를 들 수 있다. 테드 번디는 잘 생겼으며, 지적인 인물로 법학도였으며 공화당원이었다. 재판 때는 변호사를 해고하고 스스로 변론을 맡기도 했는데, 사건을 담당했던 판사가 "재능이 아깝다"며 혀를 찼을 정도였다. 테드 번디는 1946년 11월 24일에 미혼모의 아들로 출생했고, 번디는 평생 단 한 번도 친아버지의 얼굴을 보지 못했다. 번디의 엄마는 번디를 낳은 후 주위 사람들의 손가락질이 두려운 나머지 자신을 "엄마"대신 큰 누나 그리고 자신의 친부모(번디에게는 외할아버지, 외할머니)를 엄마, 아빠라고 부르면서 자라게 하였다. 1967년 스테파니 브룩스(Stephanie Brooks)라는 여성과 교제를 하다가 첫사랑의 상처를 받았고, 이로 인하여 졸업을 앞둔 워싱턴 주립대학을 중퇴하게 된다. 그리고 지금까지 "큰 누나"라고 부르던 사람이 엄마이고, 부모로 알고 있던 사람이 "외할머니", "외할아버지"였다는 사실을 알게 되면서 심한 충격을 받았다. 이때부터 극히 수줍음을 타지만 똑똑하고 예의바른 아이에서 갑자기 매사에 집중력이 뛰어나고 강압적인 사람으로 변모하게 되고, 다시 워싱턴 주립대학에 재입학하면서 심리학을 전공하여 장학생으로 발탁되었다. 1969년부터 72년까지 법대 여기저기에 입학원서를 냈으며, 정치판에 뛰어들어 경험을 쌓기 시작하였다. 1973년 12월 6일 첫 희생자 Kathy Devine (15세)을 필두로(목이 졸렸고 항문을 강간당했으며, 목이 베어진 시체로 워싱턴 주 McKenny공원에서 발견됨), 두 번째 희생자는 Joni Lenz로 한 달 후에 발견되었고, 곧 더욱 잔혹한 연쇄살인이 벌어지기 시작했다. 테드 번디는 74년부터 78년까지 미국 전역을 돌면서 37명을 연쇄살인을 했으나 이러한 희생자 수치는 본인이 추정한 것일 뿐, 정확한

8) 브렌다 랩프 루이스 저, 이경식 옮김, 연쇄살인범지도 매핑, Human and Books, 2011, p.6.

수치는 아무도 모른다. 테드 번디의 검거에 결정적인 단서가 된 것은 플로리다주에 있는 여자 기숙사(Chi Omega)기습사건이었다. 여학생 2명이 살해당했는데, 한명은 Lisa Levy였다. 몽둥이로 난타 당했고, 강간당한 후 교살됐다. 검시결과 엉덩이와 유두에 이빨 자국[9] 이 있는 것이 발견되었는데, 범인이 유두를 심하게 물어뜯었기 때문에 거의 몸에서 떨어져나간 상태였다. 또 한명은 역시 비슷한 상처를 입고 죽었으나, 다만 강간을 당하지 않았고 이빨자국도 없었다. 팬티 호스로 목이 졸려 죽었는데, 머리를 심하게 난타당하여 골이 깨지고 뇌의 일부가 밖으로 흘러나와 있었다. 이들 둘은 모두 저항한 흔적을 발견할 수가 없었으며 생존자들은 모두 자다가 습격을 당한 것으로 판명됐다. 경찰은 여기서 두 가지 결정적인 단서를 얻었는데, 하나는 스키 마스크에서 채취한 범인의 머리카락이었고, 또 하나는 Lisa Levy의 몸에서 난 치흔(이빨자국)이었다. 1978년 마지막 희생자인 킴벌리(Kimberly Leach)는 당시 겨우 12살이었는데, 플로리다주 레이크 시티에서 실종되어 8주일 후 스와니 카운터에 있는 공원에서 발견되었다. 현장에서 증거나 단서를 얻지 못하였으나 킴벌리사건으로 인해 번디는 완전히 발목이 잡히고 말았다. 범행 때 타고 다니던 하얀 밴을 현장에서 봤다는 3명의 목격자와 하얀 밴에서 번디의 옷에서 떨어진 섬유질 그리고 번디의 정액과 핏자국이 킴벌리의 속옷에 묻혀 있었다. 번디는 3년 사이에 연속으로 chi Omega 살인사건(재판:78년 2월 22일), 킴벌리 리피 살인사건(재판:80년 1월 7일)등 세 개의 재판을 치러야 했다. 번디는 사형이 언도되고도 장장 9년 동안이나 항소를 계속하여 형 집행을 연기시켰으나, 사형 언도 9년 만인 1989년 1월 24일 전기의자에서 사형 당했다. 번디는 원형적인 미국의 연쇄 살인마로 고찰되며, 실제로

9) Lisa Levy의 왼쪽 엉덩이의 이빨 자국은 번디(Bundy)의 이빨에 의한 치흔과 일치하는지 여부를 확인하는 것이 가능할 정도로 충분히 선명했다. 그의 깨문 자국은 균형이 맞지 않는 줄을 이루고 있었으며, 몇몇 이 빠진 자국도 갖고 있었다. 번디는 그의 아랫니로 Lisa Levy를 두 번 깨물었는데, 이와 같은 닮은 점은 오로지 번디로부터 나올 수 있는 높은 가능성을 치과의사들에게 제공하였다. 한편 검찰은 치흔(이빨자국)이 상당히 결정적인 증거였음에도 불구하고 유죄판결을 받아내지 못할까봐 전전긍긍했고, 스스로 죄를 인정하면 사형만은 면하게 해주겠다고 번디에게 제의했지만(Plea Bargaining), 번디는 비웃으면서 이를 일언지하에 거절하였다. 이 사건은 플로리다 형사법 역사에 있어서 범인의 신원을 확인하기 위하여 치흔(이빨자국)에 의존한 최초의 사건이었고, 피의자와 피해자를 연관시킨 물리적 증거에 관한 최초의 것이었다(Katherin Ramsland, The Forensic Science of CSI, New York:Berkley Boulevard Books, 2001, p.110).

연쇄살인범(Serial Killer)이라는 표현이 그를 나타내기 위해서 탄생했다고 할 수 있다.

㉡ 프랭클린 주니어

최근에 대표적인 연쇄살인마로는 2010년 7월에 검거된 미국 LA의 연쇄살인범 로니 데이비드 프랭클린 주니어를 들 수 있다. 용의주도하고 무자비하게최소 10명을 살해하고, 25년 동안 미국 LA를 공포로 몰아넣었다. 그는 '그림 슬리퍼(Glim Sleeper: 음침한 수면자 또는 운둔의 살인자)'라는 별명이 붙어있다. 그림슬리퍼는 1985년부터 4년간 살인을 저지르고, 14년 동안 잠든 듯 범행을 멈췄다가 2002년 다시 활동을 시작해서 붙은 별명이다. 프랭클린 주니어는 25년간 사우스 LA지역에서 10명의 성인여자를 살해한 혐의로 체포되었다. 프랭클린의 희생자들은 한 명을 제외하곤 모두 흑인여성이었고, 나이는 15~36세, 주로 젊은 여성이 표적이었다. 여성들에겐 성폭행 흔적이 남아 있었고 희생자 중 다섯 명은 총에 맞아 살해됐다. 동일한 소구경총이 범행에 쓰여졌다. 시신은 주로 프랭클린의 집과 가까운 웨스턴가(街)에서 발견됐다. LA경찰은 비슷한 수법 및 시체 유기장소를 통해 연쇄살인범의 존재를 확신하면서도, 범인을 검거하지 못해 절치부심했다. 사건의 매듭은 '가족 유전자 수사'라는 최첨단 수사기법을 통해 풀려나갔다. 그즈음 마약 소지 혐의로 체포된 젊은 남성 용의자의 유전자를 검사한 결과, 그동안 범죄현장에 남아있던 증거들에서 채취한 유전자와 상당 부분 일치하는 것으로 드러났다. LA경찰은 마약소지 용의자의 친아버지(프랭클린)가 범인이라는 결론을 내리고, 유전자 표본을 얻기 위해 미행수사를 펼쳤다. 미행 5일 만에 경찰은 그가 한 공원에서 먹고 버린 피자 바깥 부분에 묻은 침에서 DNA를 얻어내, 범행사실을 증명하는데 성공했다. 그러나 문제는 '가족 유전자 수사'와 관련된 부분이다. 미국은 범죄자의 유전자 데이터베이스를 구축하고 있다. 그러나 가족의 유전자를 가지고 그 가족 중의 범인과 관련된 미해결사건을 검색하는 것이 허용되는가 하는 것에 대하여는 지금도 논란의 대상이 되고 있다. 현재 미국에서는 '가족유전자수사'를 허용하는 주(州)는 캘리포니아와 콜로라도 두 곳 뿐이다.[10] LA경찰청 (The Los Angeles Police Department)는 2012년 12월 기자회견을 열고 그림 슬리퍼의 추가 범행

10) 조선일보, 美 LA '성폭행 살인마', 아들 DNA로 잡혔다, 사회면, 2010. 7. 9.

과 관련하여 희생자일 가능성이 있는 180명 여성들의 사진을 공개하고 시민들에게 사진 속 여성들의 신원확인과 제보를 당부했다. 이날 공개된 것은 신원을 알 수 없는 여성사진 180장은 '그림 슬리퍼'의 집에서 발견된 사진과 비디오 속 인물들이다. 대부분 흑인들로 이름과 나이를 알 수 없는 10~30대 여성들이다. 경찰은 이들 사진이 최소 20년에서 30년 전에 찍힌 것으로 추정하고 있으며, 이들은 은둔기간동안 알려지지 않은 희생자들일 수도 있다는 가능성이 크게 제기됐다. 경찰은 프랭클린 주니어를 검거한 후 10개월에 걸친 수사 끝에 추가로 실종된 6명이 프랭클린 손에 살해당한 사실을 밝혀내었다. 3명의 시신에서 프랭클린의 유전자가 발견됐고, 이 가운데 2명은 상처를 분석한 결과 프랭클린의 총에서 발사된 총탄에 맞은 것으로 나타났다. 경찰 창고 경비원과 시청 청소과 직원으로 일한 프랭클린은 피해자를 성폭행한 뒤 총을 쏘거나 목을 졸라 살해했다. 범죄자 아들의 DNA검사를 통해 체포된 용의자 프랭클린 주니어는 모든 혐의에 대해 무죄를 주장하고 있으며, 사진과 비디오에 대해서는 일체 모른다고 부인하였다.[11] 그러나 LA검찰은 확보된 증거로 유죄를 입증하는데 어려움이 없을 것으로 자신하고 있다. 그 이유는 DNA 수사가 오늘날 최첨단 수사기법으로 여기서 수집한 증거는 가장 유력한 증거능력으로 법원에서 인정하고 있기 때문이다.

② 한국

㉠ 유영철

한국 역사상 최악의 살인마로 유영철을 들 수 있다. 유영철은 전북 고창에서 노동일을 하는 부모 사이에 3남 1녀 중 막내아들로 태어나 그가 여덟 살 때 아버지가 서울로 올라와 막노동 일을 하면서 생활을 하였고, 중1때 아버지가 교통사고로 사망하면서 홀어머니 밑에서 자랐다. 고2때 절도사건으로 소년원에 수감되고, 21살 때 마사지 안마사인 황모씨와 결혼하여 11살 된 아들까지 두었다. 이후 14차례나 특수절도 및 성폭력범죄 등으로 11년을 전국 각지 교도소에서 보내 사회와 철저히 격리되었다. 2000년 3월 특수절도 등으로 교도소 수감 중 5월

11) 로스엔젤레스시경(LAPD)은 LAPD웹사이트에 180명에 당하는 여성들의 사진을 공개하면서 제보를 당부하고 있다(Needs Your Help in Locating These Missing Persons).

에 부인으로부터 일방적으로 이혼 당했으며, 이후 말을 하지 않고 대인기피증 병세를 보였다. 2003년 9월 출소 후 2004년까지 부유층 노인 또는 출장마사지 여성 등 20여명을 살해하였고, 2004년 7월 18일 체포되어 2005년 6월 9일 대법원에서 사형이 확정되었다.

ㄴ 강호순

강호순은 2006년부터 2009년까지 12명을 연쇄살인 하였다. 1969년 충남 서천에서 태어난 강호순은 어린 시절 아버지가 어머니를 때리는 가정환경에서 자랐다. 어린 시절 가정 폭력에 노출된 채 성장한 그는 그러한 아버지의 폭력을 답습해 결혼한 뒤 아내를 때리는 폭력적인 성향을 드러냈다. 그는 어린 시절부터 좀도둑을 일삼으며 손버릇이 나빴지만, 시골 마을 어른들에게 인사도 잘하고 싹싹해 마을 평판이 좋았다. 강호순은 20대 초반 결혼했다. 경제적으로 무능력 했었지만 잘생긴 외모와 언변이 좋아 심한 여성 편력 때문에 여러 번의 이혼을 했다. 이렇게 결혼과 이혼을 반복하다 강호순은 네 번째 부인을 만나 결혼하였다. 2005년 네 번째 부인과 장모가 화재로 사망하면서 4개의 보험사에서 4억 8천만 원을 수령하였다. 이전에도 강호순은 경제적 어려움을 겪을 때마다 보험금[12]을 타 위기를 모면하였는데, 이번에도 네 번째 부인과 장모를 방화 살인하고[13], 보험을 타는 수법으로 경제

12) 강호순의 보험전력을 보면 1995년 트럭화재사고로 보험금 2800만원, 동년 7월 6일 트럭도난신고로 5790만원, 2000년 1월 21일 자신이 운영하던 식당화재로 3800만원, 동년 10월 29일 자신이 몰던 차량전복사고로 24개 보험사로부터 7381만원의 보험금을 수령하였다. 강호순은 받은 보험금으로 마사지업소와 개사육장을 운영하였으나 실패하고 경제적 파탄에 놓이게 되자, 네 번째 부인과 장모를 계획된 방법에 의해 방화살인하여 거액의 보험금을 타서 경제적 위기를 넘기는 지능적인 수법을 사용하기도 하였다.

13) 네 번째 부인과 장모에 대한 방화살인은 자칫하면 완전범죄로 끝날 수도 있는 사건이었다. 2005년 10월 30일 안산시 상록구 본오동 강호순의 장모집에서 화재가 발생했다. 안방에 있던 네 번째 부인(당시 28세)과 장모(당시 60세)가 숨지고 건넌방에 있던 강호순과 아들은 밖으로 탈출해 목숨을 건졌는데, 당시 경찰은 3일간의 수사 끝에 단순화재로 결론을 내렸다. 그러나 유가족의 재수사 의뢰로 6개월간 재수사를 하였지만 특별히 새로운 사실을 밝히지 못하고 수사를 종결지었다. 강호순은 화재발생 1~2년전, 그리고 1~2주전 부인 명의로 보험 4건에 가입했고, 화재 5일 전 동거 3년만에 뒤늦게 혼인신고를 해 보험금 4억8,000만원을 받았다. 2009년에 다시 화재사건을 다시 재수사하면서 검찰은 '인화성 물질'에 의한 방화로 결론지우면서, 경찰의 초동수사의 문제점을 지적하였다. 그 이유는 첫째, 화재 현장에 잇던 모기향은 강호순이 「실화」로 위장하기 위해 갖다 놓은 '소품'으로 결론 내렸다. 왜냐하면 화재발생시기가 10월 말이고 3.7도의 날씨에 사람이 자지 않은 거실에까지 모기향을 피울 이유가 없다는 것 때문이었다. 둘째, 화재발생시 강호순과 아들이 밖으

적 위기를 모면 하였다. 2005년 10월 네 번째 부인이 사망하고 1년 후인 2006년 9월부터 고급승용차를 몰고 다니며 경기도 서남부 지역을 중심으로 연쇄살인을 저지르기 시작하였다. 강호순의 마지막 살인 행각은 2008년 12월 19일 오후 15시 07분쯤 버스를 기다리던 대학생 안모(19세)양을 납치하여 에쿠스에 태우고 현금과 신용카드를 강취하였다. 강호순은 안 모양을 성폭행하려고 했으나 안 모양이 반항하자 무차별로 때리고 성폭행한 후 목 졸라 살해하였다. 강호순은 안 모양의 시신을 안산시 본오동 도금단지 주변의 논에 암매장하였다. 강호순은 또한 안 모양이 저항하면서 손톱에 살점이나 머리카락이 남았을 것을 우려하여 10개의 손톱을 가위로 자른 것으로 드러났다.[14] 동년 오후 19시 28분쯤 안산시 상록구 성포동에 있는 현금 인출기에서 안 모양의 신용카드로 현금 70만원을 인출하였다. CCTV에서는 마스크와 더벅머리 가발을 쓴 남자가 안 모양의 카드로 현금을 인출하는 모습이 찍혔다. 경찰은 검정색 에쿠스 승용차가 예상 이동경로에서 수차례 발견된 것에 주목하고 에쿠스를 운전한 사람이 차 소유주 김모(54세, 모친)가 아닌 아들 강호순이라는 사실을 알아냈다. 경찰수사에 불안감을 느낀 강호순은 1월 24일 오전 5시 10분쯤 에쿠스 차량을 불태우고 집에 있던 컴퓨터 하드디스크를 포맷하였다. 경찰은 안 모양이 실종되던 당일 강호순의 행적이 수상하다고 보고 1월 23일 압수수색 영장을 발부받았고, 2009년 1월 24일 강호순을 유력한 용의자로 지목하고 오후 5시 30분에 검거하였다. 경찰에 붙잡히고도 "증거 가져오

로 탈출할 때 '방범창'을 발로 걷어차고 나왔다고 진술했지만, '방범창'이 6개의 나사로 고정돼 발로 차서는 열리지 않는 것을 안 뒤에는 "갖고 있던 공구로 나사를 풀고 나왔다고" 진술을 번복하였다. 그러나 화재 직후 유족이 찍은 사진에는 나사못이 온전하였기 때문에, 검찰은 강호순이 나사를 미리 풀어놓고 불을 지른 것으로 보고 있다. 따라서 검찰은 "경찰조사나 국과수 감식에서 이 같은 증거를 확보하지 못한 것은 강호순이 최초 발화 지점으로 진술한 모기향과 방범창 등을 충분히 조사하지 않았기 때문이라고"보았다(조선일보, 검찰, 강호순 아내·장모 살해 혐의 추가기소, 2009. 2. 26). 그럼에도 불구하고 강호순은 재판과정에서 8명에 대한 살인은 인정했지만, 2005년 장모집에 불을 질러 장모와 넷째부인을 살해했다는 혐의는 강력하게 부인하였다.

14) 강호순은 6번째와 7번째 희생자인 주부 김모(48)씨와 여대생 안모(21)양을 살해한 뒤 손가락 끝을 전지가위로 훼손한 뒤 시신을 암매장했다. 피해자의 손톱에서 자신의 유전자(DNA)가 검출되는 것을 막기 위해서였다. 강호순은 평소 TV드라마 등을 시청하면서 DNA를 통한 경찰의 수사기법을 알게 되었다. 따라서 TV에서 범죄자들이 검거되는 것을 보면서 자신도 잡힐 수 있다고 생각하였고, 이런 이유 등으로 손가락 끝을 훼손하는 등 완전범죄를 꿈꿨다.

라"며 항변하였으나, CCTV에 비친 얼굴과 희생자에게서 나온 DNA검식결과 범인으로 확정되었다. 강호순은 7명의 연쇄살인 혐의와 네 번째 부인과 장모를 방화 살인한 혐의로 2009년 4월 15일 사형선고를 받았다.

5) 연쇄살인의 특징

연쇄살인범은 대체로 다음과 같은 조건과 특징을 갖고 있다.

① 반복 가능성

㉠ 미국의 테드 번디는 1973년 최초의 살인사건을 필두로 78년까지 미국 전역을 돌면서 연쇄살인을 하였고, 데이비드 프랭클린은 1985년부터 4년간 살인을 저지르고, 14년 동안 범행을 중지하다가 2002년부터 다시 살인을 저질렀다.

㉡ 한국의 경우 유영철은 2003년 9월 11일 교도소 출소이후 13일만에 서울 강남구 신사동에서 첫 살인을 한 후, 2004년 7월 18일까지 20여명을 살해하였다. 강호순은 2005년 네 번째 부인과 장모를 방화 살인한 것을 필두로 2009년까지 12명을 연쇄살인하였다.

이처럼 연쇄살인범들은 수사기관에 의하여 검거되기 전까지는 반복해서 살인할 가능성이 많다는 점을 특징으로 들 수 있다.

② 시간적·심리적 단절 내지 공백 기간 존재

연쇄살인은 연속살인이나 일반적인 살인사건과는 달리 일정한 시간적·심리적·단절 내지는 공백을 갖는다는 점이다.[15] 즉, 연쇄살인은 흥분상태가 소멸될 정도의 시간적·심리적 냉각기를 가진다는 점을 특징으로 한다.

③ 범행수법의 발전과 장소 확장

연쇄살인범은 범행 수법 면에서 일정한 패턴을 보이기는 하나 범행

15) 박노섭, 강력범죄수사론, 경찰대학 2007, p.236.

을 반복할 때마다 그 수법을 발전시킬 가능성이 높다는 것이다. 뿐만 아니라 범행 장소의 범위도 점차 확장시켜 끊임없이 이동하면서 살인한다는 점을 들 수 있다.

「연쇄살인범들의 범행수법」

(1) 테드 번디의 경우 처음에는 폭스바겐을 이용하여 팔이나 다리에 기브스를 하고 보트를 차에 싣는 걸 도와달라면서 납치하여 성폭행하고 살해하는 수법을 사용하였다.[16] 그 후 점차 범죄수법을 발전시켜 쇠몽둥이로 머리와 얼굴을 난타하여 강간살인하거나, 경찰복장을 하고 수갑을 채워 납치하는 수법 등 흥분과 만족도를 높이기 위해 수단과 방법을 바꾸기도 하였다. 한편 범행장소도 유타 주·오리건 주·워싱턴 주 지역을 중심으로 하였으나 점차 플로리다 주까지 넓혔고, 주로 여자기숙사 등을 중심으로 범행을 저질렀다. 반면 로니 데이비드 프랭클린 주니어의 수법은 소구경총이 살인도구로 이용되었고, 시체유기장소는 집과 가까운 웨스턴가에 유기하였다.

(2) 유영철의 경우는 망치나 칼 등의 흉기를 사용하였고, 범행장소도 서울 강남구를 중심으로 살인행각을 벌이다가 점차 종로구·마포구 등 서울 각지로 돌아다니면서 범행을 저질렀다. 반면 강호순은 에쿠스 승용차를 운전하면서 버스정류장에서 버스를 기다리는 여성이나 홀로 있는 여성에게 다가가 차를 태워준다고 납치하거나, 노래방에서 유혹하여 강간 후 목을 졸라 살해하고 암매장을 하여 완전범죄를 꿈꿨다. 범행장소도 경기도 화성시를 중심으로 수원시·안산시·강원도까지 점차 범죄지역을 확대해가면서 연쇄살인을 하였다.

「연쇄살인범과 관련된 수사기법」

오늘날 연쇄살인범과 관련된 수사기법중의 하나가 매핑(Mapping)인데, 살

16) 테드 번디는 영화 "양들의 침묵"에서 한니발 렉터 박사의 모델이 되기도 하였다. "양들의 침묵"에서 연쇄살인마가 사용하던 수법, 즉 기브스를 하고 가구를 옮기다가 도와주겠다고 나서는 여대생의 머리를 둔기로 쳐서 실신 시킨 후에 차를 타고 도주하는 수법은 바로 테드 번디의 수법에서 따온 것이다.

인현장을 지리적 연관관계로 분석하는 지도프로파일링을 말한다. 연쇄살인범 등은 간편하게 장소를 옮겨 다니기 때문에, 경찰이 단서로 삼을만한 흔적은 거의 남기지 않는다. 또한 범행 현장지역의 사람들이 쉽게 알아챌 수 있는 그 어떤 사람과도 연관성을 거의 남기지 않는다. 이런 맥락에서 보면 매핑(Mapping)은 여타 수사기법과는 다른 차별성을 갖는다. 왜냐하면 특정범죄적 경향을 지니게 마련인 연쇄살인범을 추적하는데 높은 효과를 보이는 수사기법 가운데 하나이기 때문이다.

④ **피해자와의 관계**

살인의 대상은 주로 나약한 여성들이며, 이는 남자보다 여성이 훨씬 통제하기가 쉽기 때문이다. 그리고 피해자와의 관계는 전혀 알지 못하는 사이가 대부분을 차지한다.

㉠ 테드 번디에 의해 살해된 자는 12세 여자에서부터 26세까지의 여성을 대상물로 삼았다. 희생자들이 대부분은 여대생이었는데 거의 백인이며 날씬했고, 미혼이었으며, 긴 검은 머리에 가운데 가르마를 타고 있었고, 모두 바지를 입고 있었다는 점이다(유타주·오리건 주·워싱턴 주의 희생자들). 특히 그는 잘생긴 백인에다가 말을 잘하고 매너가 좋아서 여자들에게 인기가 있어 심지어 감옥에 가서조차도 그를 흠모하는 여성들로부터 팬레터까지 받았다. 이런 점에서 보면 테드 번디는 자기의 외모를 무기로 삼아 여성들을 유혹하여 납치하는 수법을 썼다고 보아야 한다. 반면 로니 데이비드 프랭클린 주니어의 희생자들은 한명을 제외하고는 모두 흑인여성이었고, 나이는 15세~36세의 주로 젊은 여성이 표적이었다.

㉡ 유영철의 경우는 주로 부자노인 및 출장마사지 여성 등을 살해대상으로 삼았고, 강호순의 경우도 여성만을 상대로 했다는 점에서는 동일하다. 강호순은 잘생긴 얼굴을 바탕으로 결혼도 4번씩 하였고, 범행대상도 노래방에서 여성을 유혹하거나 에쿠스 승용차로 목적지까지 태워준다면서 여성들을 납치 강간한 수법은 미국의 테드 번디와 유사한 방법을 사용하였다.

⑤ 심리적 특성

연쇄살인범은 살인자체를 즐기는 것으로 파악되며 납득할 만한 살해 이유나 동기가 없다는 점을 들 수 있다.[17)]

㉠ 테드 번디는 1946년 사생아로 태어났는데, 첫사랑의 실패와 어머니에 대한 증오심 등이 복합적으로 작용하면서 왜곡된 인격을 갖추어가게 되었다. 따라서 이런 이유 등이 연쇄살인의 단초를 제공하는 한 원인이 되었다고 볼 수 있다.

㉡ 유영철은 중1때 아버지가 사망하고 홀어머니 밑에 자라나서 열악한 환경에서 자라났다. 유영철은 유년 시절 자신의 외할머니가 "생활고에 못 이겨 옹알이를 하고 있는 유영철을 죽여버릴 생각을 했으며, 평생 딸(유영철의 어머니)에게 짐이었다"고 회고하였다.[18)] 외할머니의 이 같은 무의식이 유영철의 무의식에 투영되면서 고통과 좌절을 경험하는 등 정체성을 형성하는데 악영향을 주었다고 할 수 있다. 결정적으로 유영철에게 정신적으로 파탄이 온 것은 아내와의 이혼이 가장 큰 원인으로 보인다. 이것은 유영철에 의한 살인 대상물 중 이혼한 아내의 직업과 같은 출장마사지 여성들을 상대로 살인행각을 벌인 것은 아내에 대한 미움·증오 등이 출장마사지 여성들에게 전가되어 희생물이 되는 결과를 가져오게 된 것으로 보인다.

유영철은 체포된 후 "돈만 생각해 남자를 농락하는 여성을 상대로 복수하려 했다"는 진술은 이혼한 아내에 대한 증오와 미움을 표현한 우회적인 말로 해석할 수도 있다.

㉡ 강호순의 경우는 고등학교를 졸업하고 부사관으로 군에 입대했으나 군복무시 절도죄로 불명예제대를 했다. 1992년부터 2005년 사이 네 번 결혼을 해서 아들 셋을 두었다.

㉮ 강호순은 테드 번디나 유영철과 같은 환경이나 애정이 결핍

17) 박노섭, 앞의 책, 2007, p.236.
18) 여기에 기술된 내용은 월간조선 이은영 객원기자가 2004년 8월부터 이듬해 12월까지 수감 중인 유영철로부터 받은 편지를 모아 출간한 '살인중독(2005)'에 나온 편지내용 중의 일부분임을 밝혀둔다.

된 상태에 있었던 것도 아니기 때문에, 살인 이유나 뚜렷한 동기를 찾을 수 없는 연쇄살인범의 대표적인 특징을 나타내고 있다. 다만 "강호순은 어린 시절 어머니를 구타하는 아버지를 보고 자라면서 폭력에 대한 적개심을 품게 됐으나, 자신 역시 만족스럽지 못한 결혼생활을 하면서 폭력적인 성향을 분출했다"고 전처 3명은 한결같이 경찰에서 진술하였다.[19)]

㉯ 강호순은 20대 초반 일찍 결혼해 가정을 이루었으나 경제적 무능력으로 남의 집을 전전하면서 오징어·옥수수장사·트럭운전·식당·마사지업소운영·개 사육 등의 일을 했다. 그럼에도 불구하고 생활형편이 그다지 나아지지 않자, 돈에 대한 집착이 강해졌고 처와 주위로부터 매우 인색하다는 평가를 들어왔다. 10년 전부터 끊임없이 보험사기 행각을 벌인 것이나, 네 번째 부인과 장모를 방화 살인하여 억대의 보험금을 수령한 것 등은 돈에 대한 집착 때문이었던 것으로 해석이 가능하다.

㉰ 살인동기에 대해서 강호순은 "네 번째 아내의 죽음 이후 여자에 대한 살해 충동을 억누르지 못했다"고 진술하고 있다. 강호순은 한 가지 충동으로 살인까지 저지르는 타입이 아니고, 돈에 관심이 있고(보험금· 가축사육), 자식사진 공개로 아들 걱정까지 하는 사람이었기 때문에 충동형 인간이 아닌 여러 욕구를 관리할 수 있는 계획적 인간형이라고 볼 수 있다.
따라서 강호순은 자신의 경제적 이익과 성적쾌락만을 위해 살인을 저질렀다는 점에서 여타의 연쇄살인범과 다른 특징을 보여주고 있다.

⑥ **정신과적 진단상의 특징**

연쇄살인범은 심한 외톨이에 '반사회적 성격장애, 즉 사이코패스' 기질을 가지고 있다. 연쇄살인범 가운데 많은 수가 변태성욕자라서 강간·수간(獸姦)·또는 시간(屍姦)을 자행했으며, 때로는 이 셋을 모두 다 자행한 경우도 있다. 정신분열증이나 여성에 대한 강한 혐

19) 조선일보, 강호순 연쇄살인사건, 사회면, 2009. 2. 26.

오가 연쇄살인의 배경이 되기도 한다.[20)]

㉠ 테드 번디는 연쇄살인의 귀공자로 불리기도 하였는데, 매력이 넘치는 좋은 이미지 뒤에는 섹스와 폭력의 온갖 음험한 이미지들로 뒤덮인 사이코패스의 본성이 숨어 있었다. 번디는 자기 개성의 이런 측면을 자기 자신과 독립된 다른 개성이 있어서, 이 무서운 실체(본질적인 실체)가 번디로 하여금 끊임없이 살인을 저지르도록 충돌질 했기 때문이며, 모든 살해를 자신 안에 내재한 본질적인 실체가 했다고 진술했다. 이중인격자이며 다중인격자였다. 뿐만 아니라 번디는 시체애호가[21)]이기도 하였다. 번디는 보통 피해자를 둔기로 때리고 목을 졸랐는데, 때로는 강간과 항문성교 그리고 시간(屍姦)을 하기도 했다.

㉡ 유영철 또한 사이코패스의 전형을 가진 살인마였다.

㉮ 유영철은 21세 때 특수절도로 징역 10월을 선고받았을 때 집행유예를 기대했다가 실형이 선고되자 손에 쥔 십자가를 부수며 '신의 존재'를 부정하게 됐다고 진술했다. 그리고 나를 살인범으로 만든 사회에 문제가 있다고 잔혹한 범행을 정당화시켰다. 뿐만 아니라 병적으로 거짓말을 지어내고, 살인의 흥분을 추구하며 잔혹한 반사회적 행동을 저지르는 연쇄살인범의 특징을 나타내고 있다. 즉 '神'과 '여성' 그리고 '사회'로 범죄원인을 돌리면서 자신의 범행을 합리화 시켰다.

㉯ 유영철은 칼이나 둔기를 이용하여 사람을 죽였는데, 그는 증거를 없애기 위해 지문을 도려내거나 불에 태우는 등 잔혹한 수법을 사용했다. 체포된 후 사이코패스 성향을 알아보는

20) 브렌다 랩프루이스 저, 이경식 옮김, 앞의 책, p.7.

21) 시체애호가란 시체를 사랑해 시체를 생각하고 만지면서 성적흥분을 느끼는 사람들을 말한다. 시체애호가들 가운데 대표적인 연쇄살인범으로는 데니스 닐슨과 에드먼드 캠퍼, 조아킴 크롤, 테드 번디 등을 들 수 있다. 조아킴 크롤은 독일 루르밸리의 튀스브르크 지구를 공포에 떨게 했던 연쇄살인범이다. 여자를 살해한 뒤 시체를 대상으로 섹스를 하고난 뒤 시체를 훼손하고 또 나중에 요리해서 먹기 위해서 시체에서 살점을 도려냈다. 그가 경찰에 체포될 때, 그가 마지막으로 먹었던 인육음식도 스토브 위에 있었다(브렌다 랩프루이스 저, 이경식 옮김, 앞의 책, pp.12~23).

PCL-R 검사에서 40점 만점 중 3번 모두 34점 이상의 점수를 받았다. 그리고 심리진행 중에서도 태연하게 살해과정을 얘기했으며, 심박 및 뇌파에서도 일반인과는 다르게 점점 차분해지는 결과를 보였다. 그는 불우한 환경과 극단적·반사회적 감정을 가진 가장 대표적인 사이코패스라고 볼 수 있다.

㉢ '사이코패스'인 강호순은 어떤 성격을 지녔을까?.

㉮ 강호순은 겉과 속이 크게 다른 이중적 성격을 가졌고, 돈에 대한 집착도 강했다. 강호순은 2003년 11월부터 개·닭을 사육하면서 개를 목매달거나 굶겨 죽이는 등 잔인한 방법으로 도살했는데, 이 과정에서 생명에 대한 경시 성향이 드러났다고 볼 수 있다. 그는 범행과정에서 망설이거나 주저했던 흔적은 그다지 나타난 게 없다.

㉯ 강호순은 주도면밀한 지능범이었다. 강호순은 2007년 1월 피살된 여대생 연모(20)씨를 제외하고는 살인현장에 한 번도 가보지 않았다. 연씨의 경우는 "휴지 등을 많이 떨어뜨린 것 같아 현장을 다시 찾아갔다"고 진술하고 있다. 실제로 범죄자들은 불안감 때문에 범행현장을 찾는 경우가 많은데, 강호순은 괜히 그랬다가 의심만 더 산다는 사실을 알았고 실천할 줄도 알았다. 따라서 이런 대담함과 냉정함이 완전 범죄확률을 높였다고 볼 수 있다.

㉰ 강호순은 피해자들의 옷가지 등 유류품을 가져가 불태우는 등 완벽한 뒤처리도 했다. 뿐만 아니라 일부 희생자가 저항과정에서 자신의 얼굴을 할퀴자 살해 뒤 신체의 일부를 훼손했다. 자신의 유전자가 검출될 수 있다는 계산을 한 것이다. 이처럼 사이코패스는 이성적이고 때로는 아주 똑똑하다. 어떤 경우 대단한 매력을 뿜어내기도 한다. 이런 면에서 그들은 멀쩡해 보이기 때문에 더욱 위험하다고 보아야 한다.

3. 살인범죄의 발생원인론

살인범죄는 사람의 생명을 영원히 박탈하고 인륜과 도의에 반하는 범죄로서 세인의 가슴에서 쉽게 잊혀지지 않는다. 따라서 다른 강력범죄보다 훨씬 적은 수의 사건이 발생한다고 하더라도 살인범죄는 반드시 그 예방대책이 세워져야 하는 것이다. 따라서 살인범죄의 발생원인론을 탐구하는 이유도 여기에 있다.

1) 생물학적 이론

생물학적 이론은 살인의 원인을 인체내부에서 찾으려고 한다. 생물학적 이론은 다시 인종학적 이론과 유전학적 이론으로 나눌 수 있다.

(1) 인종학적 이론

① 인종학적 이론은 사람은 생물학적으로 다른 동물보다 살인본능이 강하다는 것이다. 인간의 공격성향은 모든 맹수 중에서 가장 가공할 존재이며, 또한 조직적으로 동족을 잡아 죽이는 유일한 맹수는 인간뿐이라는 말에서도 그 의미를 알 수 있다.[22] 이런 맥락에서 보면 아무리 위험한 동물이라도 동족을 살해하는 경우가 거의 없지만, 인간만이 서로를 죽인다는 사실에 의해 증명된다.[23]

② 왜 인간은 동족 간 공격성으로 인하여 다른 사람을 살해할까? 그 이유는 동물은 동족 간에 살해본능을 금하는 본능이 내재되어 있지만 사람은 그렇지 못하기 때문이라고 설명되고 있다. 따라서 인간이 무기를 개발하게 된 것도 동물과는 달리 살해 본능을 금지하는 기재가 내재되어 있지 않기 때문에, 인간은 종종 자신이 개발한 무기를 이용하여 다른 사람을 죽이기도 한다는 것이다.[24]

---

22) 조철옥, 현대범죄학, 대영문화사, 2008, p.185.
23) 이윤호, 앞의 책, p.91.
24) Alex Thio, Deviant Behavior, 2nd ed., Boston, MA, : HoughtonCo., 1983, pp.116~117.

③ 이 이론은 모든 사람이 동일한 살해본능을 가지고 있고, 동일하게 살해하는 기제[25)]가 부족함에도 불구하고 모든 사람이 전부 다 사람을 죽이는 것이 아니다 라는 지적을 받고 있다.

(2) 유전학적 이론

① 인간의 신체구조는 크게 손·발·머리 등 여러 기관으로 구성되고 있고, 그 각 기관들은 예외 없이 수많은 세포들로 구성되고 있다. 인간의 경우 대개 약 6조억개로 계산되는 생체내(生體內)의 각 세포에는 중심부에 핵이 있다. 그리고 그 핵 속에 다시 일정 수의 염색체라는 것이 있으며, 이 염색체의 하나에 선조로부터의 유전조건을 전달하는 유전인자(遺傳因子)가 함유되어 있다.

② 문제는 이 세포내의 염색체들의 구성상태가 기본적으로 잘못되어 있을 때 사람들의 성격·체격·기질 등에 상당한 특이현상이 나타난다는 것이다. 대표적으로 「XYY 범죄인」이 이에 해당된다.[26)] 유전학적 이론에 의하면 대부분의 정상남성은 X와 Y염색체를 하나씩 가지고 있으나, 극히 일부는 남성염색체인 Y염색체를 하나 더 가지고 있다. 그런데 이 Y염색체는 남성을 강인하고 공격적으로 만들기 때문에 XYY염색체를 가진 남성을 통상적으로 살인과 같은 범죄를 저지를 가능성이 높다고 보는 것이다. 그러나 이 이론에 대하여는 오늘날 부정적인 견해가 대부분이다.

2) 심리학적 이론

살인의 원인에 대한 심리학적 이론은 다시 심리분석학적 이론과 좌절-공격성이론으로 세분해 볼 수 있다.

25) 기제라 함은 ① 기계적으로 구성되어 있는 조직이나 공식 따위의 내부구성을 말하거나, ② 또는 인간의 행동에 영향을 미치는 심리적 작용이나 원리를 말한다.

26) R. G. Fox, "The XYY offender: A Mordern Myth?," J.05 Crime. L. Crimino., 1971. pp.62: 59~73.

(1) 심리분석학적 이론

심리학적 이론은 사람이 살인을 하는 원인에 대하여 세 가지로 설명하고 있다.

① 세 가지 성격구조의 불균형적 발달이나 갈등상태가 원인

프로이트는 인간의 정신구조는 의식(ego)과 무의식(id와 superego)층으로 이루어져 있다고 보았다. 이드(id:원초적 본능)는 쾌락을 요구하기 때문에 욕망대로 하려고 하고, 슈퍼에고(superego:자기비판과 양심 또는 도덕적 가치기준)는 그것을 제한하려고 한다. 따라서 이드(본능)와 슈퍼에고(초자아)는 갈등관계에 있으며, 이러한 갈등관계를 인간마음의 이성적 부분인 에고(ego:자아)가 해결해 준다. 그런데 이러한 세 가지 성격구조의 불균형적 발달이나 갈등상태가 일탈행위나 인간의 공격적 또는 정신병적 기질을 초래한다고 보았다. 즉, 에고(ego)가 이드(id)와 슈퍼에고(superego)사이를 제대로 조절하지 못했을 때에는 불행해지거나 죄의식을 갖게 되고, 나아가 정신질병을 앓게 되어 결국 살인과 같은 폭력으로 이끌게 된다는 것이다.[27)]

② 불안전한 초자아가 원인(초자아의 저발달)

㉠ 프로이트는 인간의 내부에 삶의 추동인 에로스뿐만 아니라 죽음의 추동[28)]인 타나토스(Thanatos)도 존재하기 때문에 엄청난 파괴를 저지를 수 있다고 보았다. 따라서 사람들에게는 자기 파괴적인 죽음의 욕망이 있으며, 그러한 죽음의 욕망을 타인에게 전가시키는 자기보호적 본능 때문에 공격행동이 표출된다고 주장했다.[29)] 그런데 슈퍼에고(초자아)는 이러한 죽음의 본능까지도 억제하고자 하기 때문에, 이에 대해서도 에고(자아)가 이를 조정하게 된다고 보았다.

---

27) 이윤호, 앞의 책, p.93.
28) 프로이트는 본능(instink, instinct)이라는 개념을 쓰지 않고 추동(Trieb, drive)이라는 개념을 썼다. 본래 타나토스는 그리스 신화에서 나오는 죽음의 신을 지칭하는 것이다.
29) 조철옥, 앞의 책, 2008, p.385.

㉡ 한편, 프리들랜더(Kate Friedlander)는 7살짜리 소년이 다른 애들과 계속해서 싸우고 동물학대와 성인들 앞에서의 노출행동을 하고 재산파손과 무단결석을 하는 행동을 분석한 결과, 소년의 반사회적 행동은 아버지에 대한 무의식적 오이디프스 갈등과 불완전한 초자아(superego)로 인한 반응이라고 주장하였다.[30)]

㉢ 범죄행동의 원인과 밀접한 관련이 있는 것은 초자아이다. 따라서 부모의 사랑 없는 양육이나 잔인한 공격의 대상이 되었던 어린애는 초자아의 저발달을 초래함으로써, 일탈자가 되게 하고 반사회적인 상태를 강화하여 더 많은 범죄행위를 하게 된다. 따라서 이렇게 성장과정을 거친 사람은 공격적 본능이 지나치게 강하기 때문에 자아(ego)가 이를 제어하지 못하게 되고 살인 등의 범죄를 저지르게 된다.
이 경우는 범죄자들이 이드의 본능을 유용한 행동이나 적어도 유해하지 않은 행동으로 전환하지 못한 사람들이기 때문에, 범죄행동을 야기할 수 있다는 것이다.[31)]

③ **과도한 초자아가 원인**

초자아의 저발달과는 반대로 과도한 초자아(superego)를 가지고 있기 때문에 범죄행위를 수행하게 되는 경우이다. 즉, 부모의 자식에 대한 과잉통제나 선행(先行)을 지나치게 강요하는 훈육은 일탈행동이나 범죄행동의 원인이 된다고 본다. 따라서 지나친 강요는 너무나 강력한 초자아(superego)를 갖게 되어 공격성 욕구를 완전히 억제하게 된다. 따라서 정상적인 해소방법이 없을 때 강박관념을 벗어나기 위해 그것을 폭발시키게 되는 것이다. 바로 이점이 아주 선한 사람이 살인을 하는 이유이다.[32)]

30) Shoemaker Donald J. Theories of Delinquency, An Explanation of Delinquent Behavior, Fifth Edtion, New York, Oxford University press, 2005, p.58.
31) Katherine S. Williams, Textbook on criminology, 5th edition(New York:Published in the Un ited States by Oxford University press Inc, 2004, p.174).
32) A. Thio, Deviant Behavior, pp.119~120.

(2) 욕구 좌절-공격가설

인간의 공격적 성격과 관련된 가장 보편적인 성격심리학적 이론으로는 좌절-공격가설을 들 수 있다. 좌절-공격가설은 본능 이론과는 달리 공격이 외부조건에 의해 유발된 동기로 생긴다는 이론이다. 그 주된 명제는 좌절이 되면 그에 따라 공격성도 커진다는 것이다.

① 존 달라드(John Dallard)의 좌절-공격가설

좌절-공격가설은 공격성에 대한 논의가 시작된 1930년대 말에 달라드(John Dallard)등에 의해 제안된 가설이다. 이 가설은 프로이트의 추동개념[33)]을 학습심리학의 틀 속에서 재개념화한 것이다.[34)]

「프로이트의 2원추동이론(삶의 추동과 죽음의 추동)」

프로이트는 일생에 걸쳐 인간의 심리내적인 삶을 움직이는 핵심적인 동기에 대해 탐구하였으며, 그는 최종적으로 삶의 추동(에로스, eros)과 죽음의 추동(타나토스: Thanatos)이라는 2원추동이론을 주장하였다. 프로이트의 공격추동개념은 죽음의 추동인 타나토스를 의미하는데, 인간은 내부에 삶의 추동인 에로스[35)]뿐만 아니라 죽음의 추동인 타나토스가 존재한다고 보았다. 그 결과 프로이트는 죽음의 추동인 타나토스로 인하여 공격성이 표출된다고 보았다. 이러한 공격성은 타인에게 향해질 수도 있고, 자살에서 보듯이 자신에게로 향해질 수도 있다는 것이다. 따라서 프로이트는 공격추동을 본능과 같

---

33) 프로이트는 추동개념을 사용하였는데, 본능과는 다음과 같은 차이가 있다. 본능은 타고날 때부터 얻어지는 행동도식으로서 개인차가 적고 시간이 흐름에 따라 발견되며, 목표를 달성하는데 비교적 장애가 적다. 반면, 추동이라는 개념은 에너지와 운동적 특성을 가진 유기체의 역동적 과정을 의미한다. 따라서 신체적 자극에 의한 긴장이 추동의 시발점이 되고, 긴장해소가 그 목적이다. 그 목표를 달성하는데 있어 추동은 본능보다 장애가 많고 갈등과 결핍현상을 유발시키며, 그것에 상응하는 무의식적 방어기재와 보상현상들이 나타난다는 것이다(윤순임, 정신분석치료, 현대상담심리치료의 이론과 실제, 중앙적성출판사, 1995).

34) Robert M. Libert & Lynn Langen bach Libert, Personality, Strategies & Issues; 조현춘·조현재·문지혜 공역, 성격심리학, 2003, pp.233~235.

35) 프로이트는 삶의 추동(eros)을 좁은 의미에서는 성추동 혹은 리비도(Libiedo)로 사용하기도 하였다. 리비도는 인간의 열정과 욕망 그리고 행동을 일으키는 근원적인 힘을 말한다. 즉 「성적본능」을 말한다.

이 타고난 것으로서 공격행동의 표출에 아무런 선행조건이 필요 없다고 보았다.[36)]

㉠ 존 달라드(John Dallard)는 프로이트의 주장과는 달리 욕구의 좌절을 공격행동의 표출에 필수적인 것으로 보았다는 점에 차이가 있다. 즉, 공격성은 항상 좌절의 결과라는 가정에서 시작하는데, 이는 행동주의 전통을 따르는 견해이다.[37)] 여기서 좌절이란 목표성취 시도의 봉쇄를 의미한다. 따라서 좌절상태에서 대부분은 불안과 불행을 느끼게 되거나 분노를 일으키고, 이것이 공격성을 가지게 되는 원인이 된다. 그 결과 목표성취의 좌절을 경험한 사람이나 동물은 그 좌절의 근원에게 공격적 행동을 하게 된다.[38)]

㉡ 반면, 경우에 따라서는 좌절을 일으킨 대상에게 직접적인 공격을 하는 것이 억제되고 그와 유사한 대상에게로 공격성이 전이(轉移)되어 다른 사람을 살해하기도 하는데, 이것을 대리살인(代理殺人)이라고 한다.[39)] 예컨대, 택시운전수가 자기 아버지와 닮은 통행인을 치여 죽이는 경우이다. 이처럼 대부분의 경우 직접적인 좌절근원에 대해서 직접적인 공격을 표현할 수 없기 때문에 공격할 대상을 찾게 되고, 이것이 좌절근원과 유사한 사람을 찾아 공격을 하는 이유이다.

② **비판**

㉠ 존 달라드의 좌절-공격가설은 경험적 연구에서 일관된 지지를

36) 죽음의 추동(타나토스)에 대해서는 현재까지도 논란이 많다. Klein은 프로이트의 이원추동이론을 그대로 받아들이고 확장시켰지만, Fairbairn과 Guntrip같은 많은 정신분석가들은 죽음의 추동 개념을 받아들이지 않고 자기소멸이나 파편화(fragmentation)같은 극도의 원시적이고 원초적인 불안으로 해석하고 있다.

37) John Dollard, Neal E. Miller. Leonard W. Doob, O. H. Mowrer, and Robert R. Sears. Frustration and Aggression, New Heaven:Yale University Press, 1939, p.1.

38) N. E. Miller, Theory and experiment relating psychoanalytic displacement to stimulus-response generalization, Journal of Abnormal and Social Psychology, 1948, 43, pp.155~178.

39) 장병림, 범죄심리학, 박영사, 1981, p.235.

받지 못하고 있다. 왜냐하면 공격성이 좌절의 결과라고 하지만, 좌절감이 항상 공격성을 야기하지는 않는다는 점이다. 즉, 좌절감이 인간을 공격적으로 행동하도록 하는 감성을 증대시킬지는 모르지만, 인간이 좌절감을 느낄 때마다 항상 공격적으로 대응하지는 않는다는 것이다.

㉡ 존 달라드는 공격성이 좌절감의 결과라고 주장하지만 좌절이 어떤 공격성을 초래하는지 또는 왜 좌절감이 다른 공격성이 아닌 살인을 유발하는지에 대해서 설명하지 못한다는 점 또한 비판의 대상이 되고 있다.

③ **레오나르드 버코위츠의 좌절-분노-공격가설**

레오나르드 버코위츠(Leonard Berkowitz)는 좌절-분노-공격가설을 제시하여 존 달라드의 욕구좌절-공격가설에 대한 수정을 시도했다.[40] 이 가설은 좌절로 인해 분노가 강하게 촉발되어 증오나 적개심이 극대화되었을 경우에, 공격행동이 유발된다고 보았다. 특히 분노의 강도가 크고 상대방에 대한 공격적 가치가 또한 커서 인간의 통제능력을 넘어설 경우에, 상대방에 대하여 공격적 행동으로 이어진다는 것이다.

3) 사회학적 이론

(1) Henry와 Short의 외적 제재이론

① 살인에 대한 사회학적 이론으로는 대체로 헨리와 쇼트의 외적 제재이론과 울프강의 폭력의 하위문화이론을 들 수 있다. 좌절과 공격성 이론의 맹점은 좌절이 어떤 종류의 공격성을 초래하는지, 또는 왜 좌절감이 여타의 공격성이 아닌 살인을 유발하는지를 설명하지 못한다는 점이다. 그런데 이 외적 제재이론은 살인이 좌절감의 결과라는 이유를 제공해준다.

40) Leonard Berkowitz, The Concept of Aggressive Drives: Some Additional Conside-rations, Advances in Experimental Social Psychology 2, 1965, p.303.

② 자살과 살인 모두가 공격적 행동이라는 점에서는 동일하다. 그러나 자살이 자신을 향한 내부지향적 공격성인 반면, 살인은 타인을 향한 외부지향적 공격성이라는 점에서 차이가 난다[41)]여기서 외적제재의 정도는 자신의 자유와 행동범위를 제한하기 위해서 자신에게 주어진 사회적 통제의 정도를 말한다. 따라서 이러한 사회적 통제를 많이 받는 사람은 자살보다는 살인을 지향하게 된다. 그 이유는 강한 사회적 통제로 인한 좌절감이 다른 사람을 살인하게 하는 원인이 된다는 것이다.

③ 한편, 골드(Gold)는 아동기의 공격적 사회화과정에 있어서 육체적으로 처벌받은 경험이 있는 사람은 좌절되었을 때 살인을 저지르고, 심리적으로 처벌받은 경험이 있는 사람은 자살을 선택한다고 주장하였다.[42)]

(2) 하위문화이론과 폭력의 하위문화이론

밀러의 하위문화 이론(1958)과 울프강과 페라쿠티의 폭력하위문화이론(1967)은 살인에 관한 부분을 잘 설명하고 있다. 그러나 양쪽이론 모두가 핵심적인 내용에 있어서 폭력적인 사람은 폭력적인 행위를 한 사람들이라고 언급하고 있기 때문에, 순환논리적 이론이라고 비판을 받고 있다.[43)] 이에 대해서는 범죄원인론에서 이미 기술한 바 있다.

4. 살인범죄의 개별적 요인

살인범죄의 원인을 규명하고 살인범죄의 개별적 요인을 살펴보는 이유는 무엇인가? 이는 살인범죄의 심각성이라는 측면에서는 물론이고, 범죄원인론의 유형화와 특수화라는 관점에서도 필요하기 때문이다.

41) 이윤호, 앞의 책, p.94 참조.

42) Martin Gold, "Suicide, Homecide, and the socialization of Aggression" American Journal of sociology, 1958, 43:651~661; 이윤호, 앞의 책, p.94 재인용.

43) Brookman, F, Understanding Homicide, London, UK: Sage, 2005, p.109.

1) 사회적·인간적요인

(1) 사회적 요인

① 살인의 결과 초래되는 피해는 영원히 회복될 수 없으며, 더불어 살인으로 인한 피해가족들에 대한 정신적·물질적 피해 등은 그 비용이 엄청나다고 보아야 한다. 따라서 오늘날 살인범죄에 대해서 가장 두려워하고 그것을 가장 강력한 범죄로 다루는 이유는 여기에 있는 것이다.

② 살인의 발생빈도나 형태는 사회적·문화적인 요인에 의하여 많은 차이가 난다. 이러한 각 국가 간의 살인발생율의 차이는 가치관의 문제·교육에 의한 사회화의 정도·종교상의 억제·대도시에 집중한 빈민가·인종문제·하류계층의 소외감이라는 사회적 요인이 작용하고 있기 때문으로 분석되기도 한다. 예컨대, 미국의 경우, 흑인이 백인에 비해 상대적으로 살인을 많이 저지르는 것은 무엇인가 하는 점인데, 그 이유는 인종 자체의 문제보다는 다른데 그 원인이 있다고 보기 때문이다. 즉, 흑인들이 백인들에 비해서 가난하고, 또한 사회적으로 인종차별이 아직 남아있다는 점이다. 따라서 인종보다는 경제적 박탈과 인종차별이 살인범죄와 많은 관계가 있다고 지적하고 있다.[44)]

(2) 인간적인 요인

① 인간은 사회적 동물이기 때문에, 살인은 사회속의 인간들 사이에서 발생하는 극히 인간적인 현상이다. 통계학상 대부분의 범죄와는 달리 살인은 평소 같이 생활하고 접촉하는 사이에서 많이 발생하는 것이 특징이라고 볼 수 있다. 일반적으로 우리는 낯선 사람으로부터의 공격과 살해위협에 대해서 많은 공포심과 두려움을 갖고 있다. 그러나 살인은 낯선 사람에 의해 가해지는 경우는 극히 희박하다. 실제로 80%이상의 살인범죄가 지면관계에 있는 사람에 의해

44) 전돈수, 범죄학개론, 21세기사, 2005, pp.27~28.

이루어지고 있으며, 그 중에서도 상당수는 가족 간의 살인으로 밝혀지고 있다. 그 이유는 가족 등 근친관계는 즐거움 그리고 동시에 좌절과 상처를 주는 주요 근원이 되기 때문이다.[45)]

② 살인사건에 있어서 그 피해자를 보면 여성보다는 남성이 많다는 것은 주지의 사실이다. 대체로 남자가 남자를 살해하는 경우 → 남자가 여자를 살해한 경우 → 여자가 남자를 살해한 경우 → 여자가 여자를 살해한 경우 등의 순으로 볼 수 있다.

2) 살인의 동기

(1) 사소한 말다툼 등의 언쟁

묻지마 범죄나 연쇄살인범들을 제외하고는 살인에는 그 동기가 있기 마련인데, 의외로 살인의 동기가 매우 사사로운 것에 지나지 않을 때가 있다. 살인이 가장 빈번하게 발생되는 경우는 가정 내의 싸움이나 술자리에서의 언쟁 등에 의해서 발생한다. 부부간·친구간·동료간의 말다툼이 살인으로 끝나는 경우나, 약자가 부유한 사람을 사사로운 논쟁에서 가장 쉽게 이길 수 있는 빠르고 효과적인 방법이 살인이라고 할 수 있다.[46)] 예컨대, 가난한 사람은 부유한 사람과의 논쟁에서 이길 수 있는 수단이 없고, 또한 신체적으로 약자는 강인한 사람을 이길 수 없다는 점 등이 그 근저에 깔려 있다고 볼 수 있다. 따라서 살인범죄자의 상당수는 가난한 사람들이며 사회적으로 약자인 경우가 많다는 특징이 있다.[47)]

---

45) Donald J. Mulvihill·Melivin M. Tumin·Lynn A. Curtis, Crimes of Violence, Staff Report to the National Commision on Causes and Prevention of Violence, Vol.11., Washington, D.C.:U.S. Government Printing Office, 1969, pp.217~218.

46) 실무상으로 보더라도 우발살인이나 연속살인 등과 같이 아무런 감정을 못느끼거나 갖지 못하는 낯선 이방인을 살해하는 경우는 비교적 많지 않다는 사실이 이를 증명하고 있다.; Ken Levi "Becoming a Hit Man:Neutralization in a very DeViant Career," urban Life, 1981, 10:47~63.

47) 이윤호, 앞의 책, p.90; 전돈수, 앞의 책, pp.27~28.

(2) 자존심과 명예문제

살인의 동기가 자신의 자존심과 명예를 더욱 중시하는 경향 때문에 발생한다는 점도 간과해서는 안 된다. 가난한 사람들과 사회적 약자들은 사회적으로도 존경받거나 대우받지도 못한다. 따라서 이들은 자신의 자존심과 명예 그리고 존중심이 땅에 떨어지거나 모욕을 받게 되면 곧 자신의 모든 명예를 위협하는 것으로 받아들여진다. 따라서 자신에게 위협이 되고 침해된 명예를 회복하고자 살인의 위협까지도 무릎 쓰게 된다.[48)]

(3) 성별(性別) 공격성의 차이

① 성별로 보면 남성이 여성보다 훨씬 더 살인범죄자가 되기 쉽다. 학자에 따라서는 이런 현상을 본성적으로 타고난 남자들의 공격성을 원인으로 보기도 한다. 살인범죄는 남성과 남성 사이에서 많이 벌어지고, 남성은 보통 전혀 모르는 타인을 상대로 범행을 저지른다. 즉, 남성범인은 주로 자신이 속한 공동체나 가족 바깥에서 살인을 저지른다. 그리고 희생을 당하는 쪽도 대개 남성이다.[49)] 한편 여성이 범인인 살인사건에서 희생자는 주로 남편이나 애인 또는 자신의 아이이다.

② 여성살인범과 남성살인범의 차이는 살인을 저지르는 동기에 있다. 남자들은 상대를 제압하거나 제거하기 위해 살인을 저지르는 반면, 여성은 제압당하거나 제거당하지 않으려고 살인을 저지른다. 뿐만 아니라 여성에게는 자존심을 지키려는 자기보호와 자기방어본능이 존재하기 때문이다.[50)]

(4) 욕구불만

공격은 욕구불만에 의하여 유발된다고 보기도 한다. 심리학 연구가인 Plamer에 의하면 살인자들은 정상적인 형제들과 비교하여 난산·간질·신체

48) Alex Thio, DeViant Behavior(2nd ed), Boston, MA:Houghton Miffin co., 1983, pp.111~113.
49) 슈테판 하르보르트 저, 김희상 역, 그녀는 왜 연쇄살인범이 되었나, 알마, 2011, p.50.
50) 헤럴드 셰터, 김진석 옮김, 연쇄살인범파일, Human&Books, 2007, p.13.

적 결함·질환·대뇌마비·지능장애 등 신체적인 욕구불만에 대한 체험율이 높다고 주장하였다.[51] 예컨대, 난산에 의한 어머니의 고통체험과 신체적 결함이나 질환을 체험한 어린이들은 무의식중에 어머니에 대한 적의가 형성되어 있고, 부모의 거부적인 태도 등은 어린이에게 욕구불만을 발생케하여 공격을 유발하게 된다는 것이다. 따라서 이러한 사람들은 평소에 말이 없는 등 극히 내성적으로 보이면서도 내면에 심한 공격의 형태가 형성되어 간다. 그리고 이러한 분노감정을 표현할 수 없는 채로 거짓말·절도·동물학대와 같은 반사회적 형태로 행동화되어 간다.[52] 그 결과 욕구불만에 의해 공격성이 형성되고, 이러한 공격성을 효과적으로 통제하는 능력이 상실되었을 때 공격성에 의하여 쉽게 살인을 저지르게 된다는 것이다.

Ⅱ. 강도

1. 개설

강도죄는 "폭행 또는 협박으로 타인의 재물을 강취하거나 기타 재산상의 이익을 취득하거나 또는 제3자로 하여금 이를 취득하게 함으로써 성립하는 범죄"다. 강도죄는 재산죄 중 재물죄인 동시에 이득죄에 속한다. 따라서 강도죄는 사람에 대한 폭행과 동시 재물을 취하는 두 가지 특성을 가지고 있기 때문에, 강도죄를 재산범죄로 보는 시각과 폭력범죄로 보는 시각에 따라 그 차이점이 다를 수 있다.

1) 재산범죄로서의 강도[53]

재산범죄로서의 강도는 첫째, 재물의 필요성에 의해 강도하고자 하는 동기[54], 둘째, 목표물 또는 대상물을 선택하는 결정[55], 셋째, 어떻게 강도할 것

51) S. A. Plamer, The Psychology of Murder, N.Y.: Thomas Y. Crowell, 1962, pp.12~16.
52) K. Loveall, 정최실 역, 인간발달과 교육, 배영사, 1981, p.28 이하.
53) 임상곤, 공안교정학의 이해, 백산출판사, 2003, p.157.

인가의 방법론을 결정하는 세 가지 연속적인 의사결정을 내포하고 있다.[56)]

2) 폭력범죄로서의 강도

(1) 대부분의 강도사건의 경우는 폭력이 수반되고 있다는 점에서 강도를 폭력범죄의 하나로 보는 시각이 있는데, 한국의 경우에도 강력범죄(폭력범죄)로 분류하고 있다. 대부분의 강도들은 폭력범죄의 전과경력이 있는 경우가 많기 때문에, 범행시 피해자가 저항을 하는 경우에 살인 등 강력한 범죄로 전환될 수 있는 계기가 된다.

(2) 폭력범죄로서의 강도의 경우, 무기의 사용은 도구적 기능과 표출적 기능을 가지고 있다.

① 도구적 기능
도구적 기능은 각종 흉기가 강도의 성공적 수행을 가능케 하는 직접적인 도구로 사용된다는 것을 의미한다.
John E. Conkin은 흉기에 의한 도구적 기능에 대하여 4가지의 기능을 수행한다고 주장하였다.

㉠ 흉기가 피해자와 강도범 사이의 완충지대를 제공하고,

㉡ 피해자를 위협하는 것으로 무기가 가지는 바로 이 기능 때문에 강도가 폭력에 호소할 필요성을 없게 해주고,

㉢ 단순한 위협으로 효과가 없을 때 흉기로 위해를 가하고,

㉣ 범행 후 도주를 담보하기 위해서 피해자·목격자 또는 경비원 등을 통제하는 것 등이다.[57)]

54) 재물이 모든 강도범에게 유일한 동기는 아니지만, 대부분의 강도범은 재물의 필요성을 범행의 동기로 가장 먼저 들고 있다(Floyd Feeny and Adrianne Weir, "The Prevention and Control of Robbery," Criminology, 1975, pp.13~104).
55) 목표선정은 취득 가능한 돈의 양, 체포의 위험성 그리고 피해자의 취약성 등을 고려하여 결정한다(임상곤, 앞의 책, p.157).
56) 상당수의 강도가 무작위적이고 계획되지 않은 경우도 있지만, 반대로 대부분의 강도는 계획적으로 이루어진다(이윤호, 앞의 책, p.106).
57) John E. Conkin, Robbery and The Criminal Justice system, Philadelphia: Lippincot, 1972,

② 표출적 기능

표출적 기능은 도구적 기능과는 달리 피해자의 심리를 위협하고 통제하는 기능을 의미한다.[58)]

2. 강도죄의 특징

1) 강도는 타인의 재물을 강취하기 위하여 주로 흉기(칼·드라이버·가스총·총기 등)를 활용한다는 점에 그 특징이 있다.

2) 강도죄는 재물을 탈취하다는 점에서 절도죄와 유사 하나 사람에 대한 폭행·협박 등의 유형력을 행사하고, 절도죄보다 발생빈도는 낮으나 강도실행 중 살인으로 이어지는 등 사회적 파장이 크다는 점에서 절도죄와 차이가 난다.

3) 강도행위는 돈의 필요성 때문이다. 특히 청소년들이 떼를 지어(소위, 떼강도) 무모하게 강도짓을 하는 경우에는 거의 여기에 속한다고 보아야 한다.

3. 강도의 원인

'왜 사람들이 강도짓을 할까, 원인은 무엇인가?'에 대하여는 다음과 같이 여러 가지 견해가 제시되고 있다.

첫째, 상대적 박탈감이다.

상대적 박탈론은 경쟁주의적 자본주의 사회에서는 어쩔 수 없는 빈부의 격차에서 빚어지는 것으로 보고 있다. 즉, 사회생활의 향상과 사회발전은 하류계층이 상대적으로 박탈감을 더 많이 느끼게 되어 그만큼 더 많은 강도를 행하게 된다는 논리이다.[59)] 그러나 경제적 성공의 기회가 제한되거나 차단

---

pp.110~112.

58) 임상곤, 앞의 책, p.158: 이윤호, 앞의 책, p.106.

59) John E. Conklin, Robbery and The Criminal Justice system, Philadelphia:Lippincott, 1972, pp.12~58.

되어 자신의 기대감을 실현하지 못한 모든 사람이 강도행위를 하지는 않는다는 사실 등에서 이 주장은 한계가 있다고 지적되고 있다.

둘째, 경제적 풍요로움이 강도의 한 원인이 된다는 주장이다.

경제적 공황기, 즉 경제적 풍요는 재물을 소유하지 못한 사람들에게 오히려 상대적 박탈감을 증대시키는 동시에 이들이 남의 재물을 쉽게 취할 수 있는 기회도 증가시키기 때문에, 아마추어 강도가 증가한다는 논리이다.[60] 그러나 경제적 호황기에 아마추어 강도가 증가한다는 주장은 일면 타당성이 있는 것처럼 보이나, 열심히 노력하는 사람이 더 많다는 사실을 간과하고 있다는 점이 비판의 대상이 되고 있다.

셋째, 강도는 상류계층의 세력집단에 의하여도 범해지고 있다는 사실이다.

'하류계층들만 강도행위를 하는가?' Thio는 하류계층 못지않게 많은 강도가 상류계층의 세력집단에 의해서 범해지고 있다고 주장한다. 화이트칼라범죄(상류층의 기술적인 지능 강도)는 기술적이고 지능적이다. 따라서 그 피해자가 불특정 다수인이어서 잘 인지되지 않고 있을 뿐이지, 그 건수와 피해정도는 전통적 강도에 못지않다고 보고 있다.

Ⅲ. 강간

1. 개설

1) 의의

강간은 불법적인 성폭행을 총칭하는 말인데, 일반적으로 여성이 자신의 의사에 반하여 강제적으로 성적피해를 당하는 것으로 정의된다. 이러한 정의는 남성이 자신의 성기를 여성의 자궁 안에 삽입하는 것·동성강간·그리고 동의하지 않는 성적 폭행 등을 포함한다.

---

60) Leroy C. Gould, "The Changing Structures of Property Crime in an Affluent society" Social Forces, 1969, 48:51~58.

2) 미국의 강간죄 성립요건

(1) 과거 미국에서는 강간죄의 성립과 관련하여 피해자인 여성의 동의가 없는 경우를 조건으로 하였다. 다만 실무상으로는 여성이 싫어하면서도 동의한 경우, 그리고 일정한 시간 저항한 후 그만둔 경우에는 동의가 있는 것으로 보았다. 이에 대하여 가해자인 남성을 부당하게 보호하는 요건이라는 지적이 있었다. 특히 페미니스트들은 강간죄를 남성지배와 성적불평등의 현실을 가장 잘 나타내고 있는 범죄로 이해하고 신랄하게 비판하였다.

(2) 이러한 지적과 비판 등의 영향으로 1970년대 후반부터 미국에서는 강간죄에 대해서 ① 진정한 동의 외에는 동의존재를 인정치 않으며, ② 부부간에도 강간죄가 성립한다는 등의 법 개정이 이루어졌다. 오늘날 한국의 경우도 부부강간에 대한 인정범위가 점차 확대되고 있는 실정에 있다.

2. 강간의 유형

강간의 유형에는 여러 가지가 있으나, 여기서는 1) 친족관계에 의한 강간, 2) 신체장애·정신장애에 대한 간음과 13세 미만의 여자에 대한 강간·강제추행, 3) 부부강간, 4) 데이트 강간에 대해서만 한정하여 논하였다.

1) 친족관계에 의한 강간 등

(1) 성폭력범죄의 처벌 등에 관한 특례법은 친족관계에 있는 자가 강간·강제추행·준강간·준강제추행의 죄를 범한 경우, 강간일 때는 7년 이상의 유기징역, 강제추행은 5년 이상의 유기징역에 처벌한다고 규정하고 있다[61]. 이와 같이 성폭력범죄의 처벌 등에 관한 특례법이 형법상 강간이

61) 성폭력범죄의 처벌 등에 관한 특례법 제5조.:친족관계에 있는 자가 강간, 강제추행, 준강간, 준강제추행의 죄를 범한 경우에는 비친고죄로 규정하고 있다. 친족의 범위도 종래의 4촌 이내 혈족, 2촌 이내 인척에서 4촌 이내의 인척으로 확대되어 고모부·이모부 등에 의한 성범죄도 가중처벌하도

나 강제추행에 비해 무겁게 처벌하는 것은 친족 간의 성폭력범죄(강간·강제추행)는 윤리적·도덕적으로 크게 비난받아 마땅하기 때문에, 엄하게 다스리고 있는 것이다.

(2) 현행 형사소송법은 아버지 등 직계존속을 고소하지 못하도록 규정하고 있으나, 성폭력범죄의 처벌 등에 관한 특례법은 성폭력범인 경우 직계존속이라도 고소를 할 수 있도록 고소제한에 대한 예외규정을 두고 있다.

2) 신체장애·정신장애에 대한 간음과 13세 미만의 부녀자에 대한 강간·강제추행

(1) 성폭력범죄처벌 등에 관한 특례법 일부 개정

장애인과 아동대상 성폭력 범죄에 대해 일명 도가니법(성폭력범죄처벌 등에 관한 특례법)이 일부 개정 신설되었다(2011년 10월 28일 일부개정). 주요 내용으로는 첫째, 장애인과 아동대상 성폭력범죄에 대해서는 공소시효가 폐지되었고, 둘째, 13세 미만 아동에게 성폭력을 저지른 범죄자에 대해서는 무기징역까지 선고가 가능하고, 셋째, 피해자가 항거불능인 경우에만 성폭행으로 인정하는 조항이 삭제되었다. 넷째, 장애인 보호시설 종사자들이 장애인을 대상으로 성범죄를 저지른 경우, 형의 1/2까지 가중처벌하는 것을 골자로 하고 있다.

(2) 13세 이상 강간범죄에 대한 세계 각국의 양형기준

① 13세 이상 강간범죄에 대한 양형기준을 보면, 한국은 미국·영국에 비해 아주 낮고, 집행유예의 여지도 커 대부분 성범죄자들에게 아주 관대한 것으로 나타나고 있다. 예컨대, 13세 이상 피해자에 대한 단순강간의 경우, 미 연방법원의 양형 기준은 평균 14년·영국은 5년, 이에 비해 한국만 3년 9개월에 불과하다. 그리고 13~16세 청소년 강간죄는 미국이 22년·영국은 8년인데 비해, 한국은 평균

록 규정하고 있어, 고모부와 이모부도 사실상 친족개념에 포함시키고 있다.

6년 6개월이다. 특히, 미성년자의 동의를 전제로 일어나는 의제강간죄의 경우(피해자가 13세 미만일 때), 미국은 평균 22년인데 비해, 한국은 평균 3년으로 7분의 1 수준이다.

② 강간범이 실형을 살 가능성도 한국이 훨씬 낮다. 미국은 모든 성범죄에 대해 실형이 원칙이다. 영국은 성추행과 의제강간에 한해서만 예외적으로 사회봉사명령·벌금형 등을 내릴 수 있다. 반면 한국은 모든 성범죄에 대해 집행유예를 선고할 수 있는 양형기준[62)]을 따로 두고 있다.

3) 부부(동거자) 강간

(1) 부부간에도 강간죄가 성립되는가?

고대의 남성 중심사회에서는 아내는 남편에게 순종해야 하므로 이것이 문제시 되지 않았으나, 현재는 인식이 달라져 일종의 강간으로 분류되고 있다. 배우자 강간은 주로 아내를 폭행하는 남성들에게서 나타나는 현상이다.

한국의 경우 1970년대 대법원이 「부부간 강간죄 성립」을 인정하지 않은 이후, 사실상 혼인관계가 파탄된 경우를 제외하고는 법원이나 검찰에서는 일관되게 확립된 태도를 견지해왔다. 그러나 부부간에도 '성적(性的) 자기결정권'을 존중하여야 하며, 동의 없이 한 강제적 성행위는 폭행도 수반되기 때문에 범죄로 봐야 한다는 시도가 있었으나, 여론의 반대에 의해 좌절되었다.

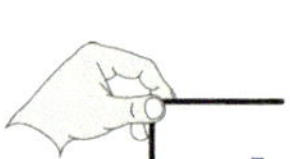

「관련판례」

처가 다른 여자와 동거하고 있는 남편을 상대로 간통죄 고소와 이혼소송을 제기하였으나 그 후 부부간에 다시 새 출발을 하기로 약정하고 간통죄 고소를 취하하였다면, 그들 사이에 실직적인 부부관계가 없다고 단정할 수 없으

62) 본래 '양형기준'은 과거 판사재량에 일임했던 형량 결정을 규격화해서 개별편차를 줄이자는 취지에서 나온 선진 제도이다.

므로 설사 남편이 강제로 처를 간음하였다 하여도 강간죄는 성립되지 아니 한다(대판 1970.3.10.,70도.29).

(2) 부부 강간죄의 성립과정

① 최초의 부부간 강제추행 인정

2004년 8월 8일 서울중앙지법 형사 22부는 성관계를 거부하는 아내에게 폭력을 쓰며 성행위를 강요한 남편에게 '강제추행치상죄'를 적용해 징역 2년 6개월에 집행유예 3년을 선고하며 부부간 강제추행을 인정했다. 이는 '부부사이의 성폭력'이라는 개념을 우리 법원이 처음 인정한 것이다. 따라서 논란의 여지에도 불구하고 여성의 '성적 자기결정권'을 존중한 판결이라는 점에서 의미가 있다고 보아야 한다. 왜냐하면 성폭력을 처벌하는 이유는 단순히 여성의 정조(貞操)를 침해했기 때문만이 아니라, 성(性)에 대한 자유와 자기결정권을 짓밟고 헌법이 보장하는 인격권과 행복추구권을 파괴했기 때문이다. 아무리 부부 간이라 하더라도 강요와 폭행이 개인의 기본적인 인권을 무시하고 깨뜨릴 정도에 이르렀다면 이는 문제가 있다고 보아야 할 것이다.

② 이혼의사가 합치되는 등 실질적인 부부관계가 인정될 수 없는 경우에는 부부강간죄 인정(완전히 인정한 판결은 아님)

2009년 2월 대법원은 "이혼 의사가 합치되는 등 실질적인 부부관계가 인정될 수 없는 경우에는 배우자에 대한 강간죄로 처벌할 수 있다"고 판시하여 부부 강간을 인정하였다.[63] 대법원은 강간죄의 객체인 '부녀'에 처가 포함되는지 여부와 관련하여 혼인관계가 존속하는 상태에서 남편이 처의 의사에 반하여 폭행 또는 협박으로 성교행위를 한 경우 강간죄가 성립하는지의 여부는 별론으로 하더라도, 적어도 당사자 사이에 혼인관계가 파탄되었을 뿐만 아니라 더 이상 혼인관계를 지속할 의사가 없고 이혼의사의 합치가 있어

63) 대판 2009. 2. 12, 2008도8601.

실질적인 부부관계가 인정될 수 없는 상태에 이르렀다면, 법률상의 배우자인 처도 강간죄의 객체가 된다고 보았다. 그러나 이 판결은 혼인관계의 지속 여부와 이혼의사의 합치 등이 반영된 것으로서 부부강간을 완전히 인정한 것이라고 판단하기는 곤란하다.

③ 부부간 강간죄 성립 인정

2013년 5월 16일 대법원 전원합의체는 아내를 흉기로 위협해 세 차례 강제 성관계를 맺은 혐의로 기소된 강 모 씨에게 징역 3년 6개월에 신상공개 7년, 전자발찌 부착 10년을 선고한 원심을 확정했다.[64)] 이는 "정상적인 부부관계라 하더라도 남편이 아내를 폭행 협박해 강제로 성관계를 맺으면 강간죄로 처벌할 수 있다"는 의견으로 부부간 강간죄 성립에 대한 인정의 폭이 확대된 것으로 생각할 수 있다. 당시 재판부는 형법 제297조의 강간죄 객체인 '부녀'에 법률상 아내가 포함되는지 여부와 혼인관계가 정상적으로 유지되고 있는 부부 사이에도 강간죄가 성립하는지 여부에 대해 "'부녀'란 성년이든 미성년이든, 기혼이든 미혼이든 상관없이 '여성'을 가리킨다"며 "법률상 아내를 제외한 명문 규정이 없어 법률상 아내도 강간죄 객체에 포함된다고 보는 것이 상당하다"고 판단하였다. 또 강간죄 성립 여부에 대해 "형법에서 강간죄가 '정조에 관한 죄'에서 '강간과 추행의 죄'로 바뀐 것은 보호법익이 여성의 정조 또는 성적 순결이 아니라 여성의 성적 자기결정권이라는 인식이 반영된 것"이라며 "민법상 동거의무에 성생활 의무가 포함됐다고 하더라도 폭행·협박에 의해 강요된 성관계까지 내포된 것이라고 볼 수는 없다"고 판결하여 부부 강간죄를 인정하였다.

4) 데이트 강간

데이트 강간은 1984년에 만들어진 용어로서, 데이트하는 과정에서 발생하는 성폭력을 말한다. 미국의 경우 데이트 강간은 일반적으로 알려진 것 보다 훨씬 흔한 것으로, 전체 강간 중에서 60%이상인 것으로 보고 있다.[65)]

64) 대판 2013. 5. 16, 2012도 14788, 2012전도252 전원합의체 판결.

(1) 의의

데이트 강간이라 함은 일반적으로 '이성간의 데이트 중에 상대방으로부터 강요나 조종에 의해 일어나는 성폭력으로 동의 없이 성관계를 하는 것'으로 정의된다. 데이트 강간은 지인에 의한 강간(친밀집단 간에 의한 강간)이라고 부르기도 한다.

(2) 데이트 강간의 유형

데이트 강간은 21세기에 들어서 다양한 형태로 변화하고 있다. 데이트 강간의 유형으로는 첫째, 인터넷을 통해 남녀가 만나 '데이트'를 시작하면서, 상대를 물리적인 힘이나 폭력·협박 등으로 성관계를 하는 것, 둘째, 피해자가 알코올·기타 마약류 등에 의해 술에 취해 있거나, 의식불명이 되어 성적 행동에 응하지 않겠다는 의사를 밝힐 수 없는 신체적 상황을 이용하여 성폭행을 하는 것(최근에는 GHB 등의 다양한 약물을 사용하는 일이 많아지면서 데이트 강간에 대한 우려가 증가하고 있음), 셋째, 나중에 해를 입히겠다고 파트너를 협박하거나, 상대방이 성행위를 요구할 때까지 계속 위협을 해서 강제적 성적행동을 하는 경우 등을 들 수 있다.

(3) 데이트강간에 대한 일반적 인식과 문제점

데이트 강간에 대해서는 다음과 같은 것 등이 일반적으로 인식화되고 있어 문제점으로 지적되고 있다. 첫째, 피해자와 가해자가 20대인 청소년과 대학생 등이고, 피해장소가 숙박업소나 가해자 집 등에 집중되어 가해자를 처벌하는 것이 그리 쉽지만은 않다는 점이다. 성폭력을 당한 여자 대학생의 경우 거의 83%가 그녀들이 알고 있는 사람이 가해자라고 진술하고 있으며, 이러한 사건의 대부분이 1학년 시기에 일어났다고 한다.[66] 이런 맥락에서 보

65) Lingren, H.C.(2001).Datingviolence and acquain-tance assault.Nebraska Cooperative Extension. University of Nebraska:Lincoln(최근의 몇몇 자료에 의하면,16-24세의 어린 성인들 중 ⅓이상이 적어도 한 번은 데이트 중에 배신을 당해 사건에 휘말렸다고 보고하고 있다).

66) Frinter와 Rubinson(1993)은 925명의 여자대학생을 상대로 설문조사를 한 결과, 응답자 중 ¼이상이 미수를 포함한 성폭력을 경험하였다고 진술하였다(Frintner, M., & Rubinson, L.(1993).Acquaintance

면 피해자가 숙박업소나 가해자 집을 따라 간 것은 성관계 허용이라는 사회적 통념으로 인해 사법기관에서 화간(和姦)으로 보는 경향이 많고, 가해자와 친밀관계 때문에 법적 처벌이 어렵다는 점이다. 둘째, 일반적으로 사회적 인식은 "진짜 강간"과 "데이트 강간"을 동일하게 보지 않는다는 점이다. 진짜 강간에서 가정되고 있는 것은 여성이 전혀 모르는 타인으로부터 전격적으로 공격을 받았다면 강간당한 것이 분명하다(예컨대, 가해자가 무기 등을 들고서 피해자의 침입하여 신체에 상처를 입히고 성관계 행위 등). 반면, 데이트 강간은 아는 사람과 동의한 후에 외출하거나 또는 어떤 사회적 상황에서 만나는 데이트 중에 일어난 것이므로 종종 '진짜 강간'처럼 보이지 않는다. 따라서 피해자를 믿지 않을 가능성이 있으며, 심지어 비난을 받을 가능성마저 있다.[67)]

「진짜 강간과 화간(和姦)–강간과 청바지사건」

1) 이탈리아

이탈리아 대법원은 18세 학생을 강간하여 유죄를 선고 받은 45세 운전 강사의 판결을 번복하였다. 하급 법원에서는 그에게 2년8개월의 징역형을 선고하였었다. 항소 법원의 판결은 피해 여성이 청바지를 입고 있었다는 근거 하에 이루어진 것이었다. 법원에서는 "일반적인 경험적 사실에서 봤을 때 꽉 끼는 청바지는 입고 있는 사람의 적극적인 협조 없이는 벗을 수 없다. 그러므로 성교는 합의 하에 이루어진 것임에 틀림없다."라고 판결의 이유를 설명하였다. 또한 법원은 고소인과 피고소인 모두 멍든 흔적이 없었다는 사실에 주목하였다.

이 판결은 분노를 자아냈다. 어느 참관인은 재판이 매우 드문 방식으로 진행되었다고 지적하였는데 결국 법원 판결에 사실상 모든 사람들이 반대를 하였다. 입법 기관에 있는 여성들은 모두 청바지를 입고 항의 시위를 하였으며 토크쇼 진행자들과 다른 사람들은 청바지가 현대판 정조대라면

---

rape:The influence of alcohol, fraternity membership and sports team membership. Journal of Sex Education and Therapy, 19.272–284

67) Ullman, S.E.(1999). Social support and recovery from sexual assault:A review. Aggression and Violent Behavior. A Review Journal, 4, 343–358

서 비꼬았다.[68)]

2) 한국

(1) 뒤집혀진 청바지 사건

2010년 8월 만취한 여성(A)을 자신의 집으로 데려가 강간한 혐의로 택시 기사에게 징역 1년이 선고되었다. 피해자 A는 다음날 오전 11시쯤 속옷 차림으로 깨어났는데, 현관 입구에서 청바지 "스키니 진"이 뒤집힌 채 있었다. 운전기사는 A씨가 재워달라고 해서 집까지 데려 왔으나, 구토가 심해서 성관계는 없었다고 주장했다. A씨는 술을 마시면 옷을 입고 자는 버릇이 있는 데, 꽉 끼는 청바지가 완전히 뒤집힌 것은 최씨가 벗겼기 때문이라고 주장하였다. 이에 대하여 서울고등법원 형사 1부는 준강간 미수죄를 적용하여 징역 1년 6월을 선고하였다. 따라서 법원은 뒤집힌 채 벗겨진 청바지는 강제적으로 벗겼다고 보아 유죄를 인정하였다.

(2) 가지런히 벗겨진 청바지 사건

① 서울 고등법원 형사3부는 나이트클럽에서 만난 여성을 모텔로 끌고가 폭행과 협박으로 강간한 혐의로 징역 7년을 선고한 1심을 깨고 무죄를 선고했다. 그 이유는 "꽉 끼는 청바지가 가지런히 벗겨진 점" 등을 근거로 하였다.

② 법원의 입장

뒤집혀져 벗겨진 청바지는 유죄, 가지런히 벗겨진 청바지는 무죄이다. 즉 강제성이 있느냐, 자발적이냐의 입증기준을 뒤집혀져 있느냐, 아니냐에 두고 있다. 따라서 성폭력 여부는 그만큼 입증하기가 어렵다는 것을 시사해주는 단적인 사례라고 볼 수 있다.

셋째, 친밀집단(지인)에 의해 강간을 당한 여성은 폭행을 당한 것을 자기의 탓으로 돌리는 경향이 있다. 즉, 데이트 강간을 성폭력범죄로 인식하지 못하고, 다만 도덕적으로나 윤리적인 잘못을 저지른 것으로 여긴다.

넷째, 가해자인 남성은 여성의 거부를 내숭이나 수동적인 자세라고 받아

68) Calavita, K.(2001)."Blue Jeans,Rape,and 'The Deconstructive Power of Law,'" Law & Society Review,35,89-116.

들이는 등 남녀의 의사소통의 문제가 크게 작용한다는 것도 데이트 강간의 한 원인이 된다.

다섯째, 데이트 강간으로 인하여 임신·낙태 등 여성이 겪을 후유증이 심각하고, 가해자가 화간을 주장할 경우 입증하기가 곤란하고 오히려 무고 등으로 고소당할 가능성마저 있다는 점을 들 수 있다.

여섯째, 피해자는 데이트 상대방이나 지인에게 당한 성폭력은 절대적으로 상대를 신용하고 있는 경우에 발생하였기 때문에, 낯선 사람에게 당한 경우보다 심리적 외상이 훨씬 크다. 따라서 이런 부정적인 반응은 심리적으로 자기자신에 대한 비난을 초래케 하거나 강화할 수도 있다.[69)]

3. 강간의 원인론

강간의 범행동기에 대해서는 여러 가지 관점들이 제시되고 있다.

1) 심리학적 이론

심리학적 이론은 강간범들을 성격적으로나 정서적으로 문제가 있는 사람들이라고 본다. 그들은 다른 여성들과 정상적으로 관계를 가질 수 없는 결함을 가지고 있다. 즉, 바람직하지 못한 어린 시절의 경험으로 인해 성적 부적절성이라고 일컬어지는 인성결함이 생기고, 이것이 자신을 여성과 적절하게 관계 짓지 못하는 원인이 된다고 보았다. 따라서 그들은 폭력에 의존하게 될 수밖에 없다는 것이다.

2) 사회심리학적 이론

사회심리학적 이론은 성적기회에 대한 상대적 좌절감 때문이라고 보고 있다. 즉, 성적으로 개방된 사회에서 성적 기회를 갖지 못하는 사람은 자유로운 성관계를 가지는 다른 남성들에 비해 자신은 그렇지 못하기 때문에 성적

69) Ullman, S. E.(2007).A10-year update of "Review and critique of empirical studies of rape avoidance." Criminal Justice and Behavior, 34, 411-429.

박탈감을 느끼게 되고, 강간에 의해 그것을 해소하게 된다는 것이다.

3) 페미니스트의 견해

페미니스트들은 강간죄를 남성지배와 성적불평등의 현실을 가장 상징적으로 제시한 범죄로 이해한다. 따라서 여성인권주의적 관점은 남성이 여성에게 성폭력을 사용하는 것은 여성들을 지배하기 위한 수단이며, 여성을 남성의 성적노예로 만들기 위한 것이라고 본다.

4) 차별적 편견의 문제

성과 관련하여 세 가지 차별적 편견이 강간 등의 범죄를 조장한다고 보는 견해도 있다.

첫째, 성욕에 관한 차별적 편견이다.

전통적으로 남성은 성욕을 억제하기 힘들고 발산적이라는 의식이 성폭력을 정당화하고, 오히려 여성의 몸가짐이나 태도를 비난하게 한다.

둘째, 성역할에 관한 차별적 편견이다.

여성은 수동적이고 순종적이며, 남성은 공격적이고 능동적이다. 따라서 남녀에 대한 통념적인 성역할 의식은 성문제에 있어서도 남성의 성적공격성이 「자연스러운 것」으로 간주된다.

셋째, 성윤리에 관한 차별적 편견이다.

한국의 경우 유교의 영향으로 여성에게는 「일부종사」를 강요하고 남성에게는 혼외정사뿐만 아니라 첩을 두는 것도 허용하는 극단적인 성윤리가 형성되어 온 것 또한 사실이다. 따라서 이러한 전통은 지금까지 이어져 여성의 순결은 강조되는 반면, 남성의 성적 자유에 대해서는 비교적 허용하는 것이 사회적 분위기이다.

한편 외국의 경우 한국의 문화적 전통과는 현저한 차이가 있지만, 양성 모두에게 성적 제한이 동일하게 가해지는 것이 아니고 여성에게만 제한이 가해지고 남성에게는 개방적이다. 따라서 강간이 많이 일어날 수밖에 없다는 것이다.[70)]

5) 남녀 성비의 불균형에서 오는 강간

사회의 성비율이 여자에 비해 남자가 월등히 많은 경우, 성적 배출구가 부족하게 되고, 이에 따라 성적 상대를 찾는데 있어서 사회적 긴장이 고조되기 때문에 강간이 성행한다는 단순 논리도 제기되고 있다.[71)]

6) 세력이론

① 강간범 중에서도 세력이 많거나 큰 사람일수록 그렇지 못한 사람에 비해 강간을 범하기도 더 쉬울 뿐 아니라 처벌받지 않고 빠져 나가기도 쉽다. 즉, 상류계층의 세력집단에 의한 강간은 강간피해자와 면식관계가 있기 때문에, 대체로 숨겨지기 쉽고 자신의 성적 충동을 표출할 수 있는 기회와 방법이 많다. 뿐만 아니라 자신의 지위를 이용한 회유와 협박 등의 방법으로 행하기 때문에 강간으로 치부되지 않거나 공식적으로 인지되지 않는다.

② 반면, 하류계층사람들은 그렇지 못하기 때문에 강간이 더 많은 것으로 비쳐지게 되고, 강간시 물리적 폭력을 행사할 가능성이 많다. 따라서 공중의 시선이 집중되고, 경찰의 법집행이 집중되는 경우가 많을 수밖에 없다는 점을 세력이론가들은 들고 있기도 하다.

7) 사회과정 이론

강간의 발생원인에 대한 범죄사회학적 이론으로는 허쉬의 사회유대이론·에이커스의 사회학습이론·갓프레드슨과 허쉬의 자기통제이론을 들 수 있다. 예를 들면 어떠한 한 개인이 자신이 소속되어있는 공동체의 유대가 약하거나 깨어졌을 때 비행에 노출되고(사회유대이론), 비행에 노출된 또래 집단과의 차별적 교제로 인한 법위반 성향을 학습하게 된다고 본다(사회학습이론). 또한 강간범죄는 우발적인 범죄가 대부분인데, 범죄자에게 내재되어 있

70) Robert A Levine, "Gusii sex offenses: A Study in social control." American Anthropologist, 1959, 61:987.

71) Kaare Scalastoga, "Rope and Social structure", pacific sociological review, 1962, 5:48~53

던 법위반성향이 순간적인 자기통제력 저하로 강간범죄를 저지르게 된다(자기통제이론)는 것이다.

4. 강간의 피해

1) 강간피해자는 한번은 가해자에 의해서, 또 한번은 범죄수사 동안(혐의자 체포 후 기소과정 동안) 피해를 입어, 2번의 피해를 입는다고 자주 언급된다.

2) 강간피해의 2단계

강간피해자는 일반적으로 신체적·경제사회적·심리적·사회전반에 걸쳐 심각한 피해를 입게 된다. 특히 강간피해자가 정상적으로 생활할 수 있을 정도로 회복되기까지에는 대체로 2단계의 해체과정을 거치는 것으로 알려지고 있다.[72)]

「강간피해로 인한 신체·경제사회적·심리적·사회전반에 대한 영향」

1) 신체적 피해로는 특히 어린아이의 성폭행인 경우(예컨대, 조두순 아동성폭행사건)에는 성기 구조의 변형까지도 일으킬 수 있고, 2) 경제사회적 피해로는 직장 성폭행인 경우 오히려 피해여성이 회사를 그만두게 되거나, 가해자의 협박에 의한 금전요구와 지속적인 성폭행 그리고 유부녀인 경우에는 이혼까지 당하게 되는 이중 삼중의 고통을 가져오게 한다. 3)심리적 피해는 피해정도와 지속정도, 가해자와의 관계에 따라 정도의 차이는 보이지만 일반적으로 두려움과 불안정세를 나타낸다. 그리고 심한 우울감, 좌절감, 순결상실에 대한 자기비하 등으로 삶 자체가 어둡고 피폐화 되어간다. 심한 경우 정신질환에 시달리게 되는데, 이러한 증상을 「강간쇼크증후군」이라고 부르기도 한다. 4)사회전반에 끼친 심각한 피해로는 피해여성의 가정을 비탄에 빠지게 하고 가족관계 손상 그리고 심한 경우 살인까지 일어나 양 가족을 불행하게 만들 수도 있다.

72) 이윤호, 앞의 책, p.99.

(1) 1단계

초기 며칠에서 몇 주 까지는 극단적인 공포·충격·자기비난 또는 노여움 등을 겪게 되는데, 이와 같은 경우는 강간범에 의해 직접 야기되기도 하고, 강간당했다는 사회의 성차별적 인식의 팽배로 인하여 간접적으로 야기되기도 한다.

(2) 2단계

대부분의 피해자는 자기가 강간당한 장소에 대한 공포와 혼자 있는 것을 두려워하게 되고, 군중에 대한 공포를 가지게 된다. 그 결과 외출 시 공포·남자친구 또는 남편과의 인간관계의 혼선·성적 만족감 감퇴, 그리고 더 많은 대인관계상의 문제점이 발생한다. 이처럼 강간의 피해는 피해자 본인에게 미치는 영향이 심대하다.

Ⅳ. 가정폭력

1. 법제정의 의의

한국은 1990년대 중반 가정폭력의 문제가 심각하게 제기되었으나, 이에 대한 형사개입은 형법상의 「보충성의원칙」과 형사불개입의 원칙(刑事不介入의 原則)에 따라 자제되어왔다. 이러한 형사사법의 소극성은 가정폭력의 심각성을 상승시키는 요인이 되었다. 이에 대한 반성으로 가정폭력을 방지하기 위하여 1997년에 「가정폭력범죄의처벌등에관한특례법」과 「가정폭력방지및피해자보호등에관한법률」 등 두 개의 특별법이 제정되었다. 「가정폭력범죄의처벌등에관한법률」은 가정범죄의 특수성을 감안하여 가정폭력범죄의 처벌에 관한 특칙을 규정하고 있다. 반면, 「가정폭력방지및피해자보호등에관한법률」은 가정폭력범죄의 피해자보호에 관하여 규정하고 있다. 이러한 두 개의 특별법의 제정목적은 첫째, 일반폭력사건과 동일하게 취급하는 경우에 「가족해체」라는 위험이 따르게 된다. 따라서 형사처벌 전에 폭력피해자를 보호하고, 가해자를 교화·개선시켜 가정의 평화와 안정을 회복할 수 있도록 법적 방안이 모색되었다는 점이고, 둘째, 가정폭력행위가 더 이상 개인적인 불행의 사건이 아니라, 사회문제로서 국가가 개입하지 않으면 아니 되는 범죄행위라는 사실을 선언하였다는 데에 그 의미가 있다.

2. 가정폭력의 개념

가정폭력이란 폭력이 가정 내 구성원[73]사이에서 발생하는 것으로, 가족 구성원 중 한 사람이 다른 가족에게 의도적으로 물리적 힘을 사용하거나 정신적인 학대를 통하여 고통을 주는 행위를 말한다. 여기에서의 폭력[74]이라 함은 신체적 폭력·성폭력 그리고 언어적 폭력을 모두 포함한다. 최근에는 상대방에게 지속적으로 욕을 하거나 모멸감을 느끼게 하는 언어적 폭력으로 인하여 존속살해 사건이 발생하기도 하였다.

「언어폭력에 의한 가정 폭력사건」

2005.5.21.05:00경 경기 과천시 한 아파트에서 대학교2년 휴학 중이던 피의자(만23세)가 평소 자신을 인격적으로 무시하고 멸시하던 어머니를 망치로 머리를 때려 살해했고, 같은 날 09:00경 안방 침대에서 잠을 자고 있던 아버지를 같은 방법으로 살해하여 어머니 시체는 10등분하고 아버지는 11등분 손괴하여, 인근의 공원 쓰레기장·전철역·배수지·빌딩 쓰레기장 등에 유기한 사건이 발생하였다. 이러한 가족 간의 존속살인 동기는 평소에 아들에 대한 부모로부터의 멸시와 모욕적인 언사 등이 주요 원인이었다. 예컨대, 자신이 글씨를 쓰면 "이게 사람 쓴거냐"라고 하면서 공책을 집어 던지고, 형이 성적이 떨어지면 그냥 넘어가면서 자신의 성적이 떨어지면 혼을 내는 등 어머니

73) 가정구성원이라함은 배우자(사실상 혼인관계에 있는 자를 포함) 또는 배우자 관계에 있었던 자, 자기 또는 배우자와 직계존비속관계(사실상의 양자관계를 포함)에 있거나 있었던 자, 계부모와 자의 관계 또는 적모와 서자의 관계에 있었던 자, 동거하는 친족관계에 있는 자 등을 말한다.

74) 가정폭력범죄에 있어서의 「폭력」이라는 개념은 폭력·학대·구타 등을 모두 포함하는 의미로 보아야 한다.

의 언어적 폭력이 결국 분노 등을 쌓이게 하여 존속살인으로까지 이어지게 된 것이다.

3. 가정폭력의 특성

1) 가정폭력은 일반적인 폭력에 비해 은폐성이 강하며, 순환성을 가지며 시간이 갈수록 더 심각해지는 경향이 있다. 가정폭력은 다른 어떤 폭력보다도 지속적이고 반복적이며, 가정을 파괴하고 폭력성향을 대물림하는 무서운 결과를 가져온다. 그러나 한국사회의 유교적이고 가부장적인 전통으로 인하여 가정 내의 폭력, 특히 남편의 아내[75)]에 대한 폭력은 당연시되거나 용인되는 사회분위기가 지금까지 유지되어 온 것도 사실이다. 그 결과 남성은 여성을 지배하고 그 한 가지 방법으로 폭력의 사용도 정당화되는 경우가 많다. 따라서 우리 사회에서는 가정폭력에 대해 국가가 개입하지 않고, 가족 내의 일은 가부장을 중심으로 가족 내에서 해결하는 것이 바람직스럽다고 생각하여온 것도 주지의 사실이다.

2) 피해자인 여성이 경제적 능력이 없을 때에는 매를 맞으면서도 다른 데로 피할 곳이 없는 경우가 많고, 가정폭력은 하류계층에 한정이 되어 일어나는 사건으로 보는 경우가 많다는 점이다. 그러나 가정폭력은 학력이나 사회계층과 관계없이 누구에게나 일어날 수 있는 사건이다.

3) 가정폭력은 여성이나 자기의 직계존비속관계에 있는 자로 하여금 또 다른 강력사건을 일으킬 수 있는 요인을 제공할 가능성이 있다. 상대적으로 힘이 약한 여성은 남편이나 동거하는 남자친구로부터의 폭행을 피하기 위해 살인이란 방법을 사용하기도 한다. 그러나 이 경우 정당방위로 인정받는 일을 극히 드물다.

75) 가정폭력 중 가장 빈번하게 발생하는 것이 바로 남편의 아내에 대한 폭력이다. 폭력가해자와 관련해서 아내폭력에 대한 정의를 살펴보면, 법적 혼인관계의 남편, 동거중인 남자, 교제중인 남자 등 모두를 포함하는 것이 일반적인 견해이다(박수미, 가정폭력 경험실태와 태도에 관한 연구, 석사학위논문, 2002, pp.7~8). 그러나 가정폭력법의 제정취지에 비추어 볼 때, 아내폭력의 경우에는 법적인 부부사이에서 행해지는 폭력으로 제한하는 것이 타당하다고 본다.

「여성이 남편을 살해한 사건에 관한 법원의 최근의 경향」

법원은 최근 들어 상습폭력을 휘두르는 남편을 살해한 사건에 대해 선진국처럼 '가해여성도 피해자'라는 관점을 조금씩 인정해 점차 낮은 형량을 선고하는 추세이다. 2007년 10월 바깥에서 술을 마신 채 귀가한 뒤 가족들에게 "다 죽여버리겠다"며 흉기를 휘두르던 남편 최 모(당시 음식점 운전사)씨를 아내가 흉기로 찌르고 둔기로 내려쳐 숨지게 한 사건과 관련하여 아내에게 검찰은 12년을 구형하였다. 그러나 서울지법 서부지원 형사1부는 "피고인은 초범으로 20여 년간 피해자의 잦은 폭행으로 인해 피고인은 물론 두 딸도 상처를 입고, 특히 피고인은 한 쪽 귀의 청력을 잃어버리는 등 피해자의 폭행과 협박으로 수많은 정신적·육체적 고통을 당해 오면서도 가정을 지켰다"며 "인간 생명이 존귀하기는 하나 사회의 기본구조인 가정 역시 존중되고 사랑받아야 한다는 점을 고려했고, 피고인은 가해자이지만 피해자"라면서 살인피고인에 대해 징역 3년 집행유예 5년을 선고하였다. 이는 매우 이례적인 판결이라고 볼 수 있으며, 최근의 가정폭력에 관한 법원의 판결경향을 살펴볼 수 있는 대목이기도 하다.

4. 가정폭력의 이론

가정폭력의 원인은 무엇인가, 이에 대하여는 여러 가지 견해가 제기되고 있으나 여기서는 정신병리학적 이론·사회학습이론·페미니즘이론 등으로 한정하여 기술하였다.

1) 정신병리학적 이론

(1) 정의

정신의학자들의 연구결과에 의하면 가해자들은 일정시기가 되면 다시 폭행하고 싶은 충동이 발동해 긴장이 고조되고, 그러한 긴장을 해소하기 위해 폭행을 하고 그러고 나면 긴장이 풀려 마음의 안정을 되찾는다고 주장하고 있다. 다시 말하면 긴장 → 긴장해소(폭행) → 평온이라는 과정을 되풀이 하는데, 이것은 외적 상황과는 별개의 내적 심리현상이라는 것이다.

(2) 비판

정신병리학적이론은 첫째, 가정폭력은 다양한 요인들에 의하여 야기된다는 점을 간과하고 있고,[76] 둘째, 심리상태가 정상적이라고 판명된 남성들에 의해 발생되어지는 가해행위를 설명해주지 못하고 있다는 점, 셋째, 정신병리학적 모형에 대한 가장 신랄한 비판은 여성해방론자들에게서 나오고 있다는 점이다. 그들은 가정폭력이라는 것은 예전이나 지금이나 이상스러운 것이 아니고 보다 힘 있는 사람이 힘없는 사람에게 자신의 의지를 실천하기 위한 수단에 불과하다고 주장하고 있다.

2) 사회학습이론

(1) 학습(모방)이론

① 의의

가정폭력에 관한 연구 중 가장 일관적인 것은 가정에서 폭력경험을 통하여 학습했기 때문에 가해자 역시 학대할 수 있다는 것으로, 그 원인을 가정적 배경에서 찾는 이론이다. 개인의 폭력적인 행동은 사회학습이론에 따르면 타인의 행위를 관찰하고 모방함으로써 학습되는 현상이다. 따라서 한 개인이 분노를 표현하거나 좌절감을 나타낼 때에는 부모를 모델로 하여 부모가 사용하던 방법을 쓴다는 것이다. 즉, 가정폭력의 사이클이라고 할 수 있는 이러한 가정폭력의 세대 간 전이(轉移)는 초기 아동기에 일어나는 사회학습이 성인으로서의 행위·규범·기대감·가치·태도 등에 강력한 영향을 미치기 때문에 일어난다고 한다.[77]

76) 예컨대, Gelles는 부모의 사회적 지위와 상황적 스트레스와 같은 사회적요인 등이 가정폭력 문제를 이해하는데 중요한 관건이 될 수 있다고 보고, 이제는 가정폭력이 아버지나 남편의 정신적 이상이라는 단 하나의 요인에 의하여 야기된다는 생각을 버릴 때라고 주장하면서 사회심리학적 모형을 대안으로 제시하고 있다(R. J. Gelles, "Child abuse as psychopathology: A sociological critique and reformulation," American Journal of Orthopsychartry, 1973, 43:611~621).

② 공헌과 비판

학습이론은 사회 환경과 개인이 겪고 있는 심리적 문제들이 폭력을 일으킬 수 있다는 것으로, 주로 아내를 학대하는 가해자에 대하여 유용하게 적용할 수 있는 이론이다. 그러나 그 폭력의 대상이 다른 사람이 아닌 부인이라는 사실에 대해서는 설명하지 못한다는 지적이 제기되고 있다.

(2) 자원이론

하류계층의 가족은 그들의 목표를 달성할 자원이 부족하기 때문에 더 많은 가정폭력을 경험할 수밖에 없다고 한다. 권한·돈, 그리고 특전 등 자신의 직업생활에서 거의 통제력을 가지지 못하게 되면, 사람들은 밖에서 거의 존중받지 못하고 가정에서도 그로 인하여 더 많은 좌절감을 느끼게 된다. 따라서 이 좌절감을 해소할 수 있는 자원은 거의 없기 때문에, 이처럼 자원이 없는 가정일수록 폭력적일 가능성은 높아진다고 한다.[78]

3) 페미니즘이론과 사회적 불평이론

(1) 페미니즘 이론

① 가부장제

가정폭력의 원인은 가부장적 제도나 남녀 불평등에서 비롯된 것, 즉 여성에 대한 남성의 지배수단으로 폭력이 동원된다고 보는 견해이다. 페미니스트(여성해방론자)들은 남녀 간의 불평등한 관계에 초점을 두고, 남성의 우월 또는 남성의 권한·권력·권위 등의 유지에 문제가 있다고 본다. 여성에 대한 남성의 폭력은 바로 이러한 남성지배적인 신념과 제도를 지지하는 오랜 전통에 기인한다는 것이다. 페미니스트들은 전통적으로 남성이 우월적 권위와 지배권을

77) Gelles&Comell(1990)은 가정이란 (가정)폭력에 대한 규범·가치·전략· 기술 등을 습득하는 훈련장이라고 결론짓고 있다.

78) W. Goode, "Force and violence in the family," Journal of Marriage and the Family, 1971, 33:624~636.

가지고 가정을 지배하며, 아내·자녀들은 남성에게 종속된 것으로 이해하였다.

따라서 이러한 지배-종속의 관계가 유지되기 위해서는 남성은 자신에게 의존해 있는 가족들을 통제해야 하며, 하나의 지배수단으로서 폭력이 허용된다고 보았다.

즉, 가정폭력은 병리적인 개인이나 가정의 문제라기보다는 자신의 상위적 지위를 유지하려는 남성들의 정상적인 또는 일상적인 활동으로 간주한다.

② **비판**

페미니스트이론은 사회속의 구성원 모두가 가정폭력을 행사하지 않는다는 점을 간과하고 있기 때문에, 각 개인의 개별적인 상황과 환경에 따른 폭력의 원인에 대하여는 설명할 수 없다는 비판이 제기되고 있다.

(2) 사회적 불평등이론

사회적 불평등이론은 가정폭력을 사회적 불평등에서 오는 좌절에 주로 관심을 두고 있다. 이 견해에 의하면 하류계층은 인생을 좌절하는 것 이상으로 스트레스를 받는 것이라고 가정하고, 스트레스로 인해 가족에게 학대적 행동을 한다는 것이다. 따라서 거의 모든 면에서 불평등이 존재하는 사회 속에서 하류계층 사람들은 기본적인 욕구나 필요에 대한 광범위한 좌절을 맛보게 되고, 그 결과 이러한 좌절로 인하여 가정폭력이 발생한다고 주장한다.[79]

79) 이윤호, 현대사회와 범죄 다해, 2008, p.233.

제2절 특수범죄

Ⅰ. 화이트칼라범죄(white-collar crimes)

1. 의의

1) 서덜랜드의 정의

화이트칼라범죄[80]는 1939년 미국의 범죄학자 서덜랜드(Edwin H. Sutherland)가 처음 사용한 용어로써 법적인 개념은 아니다. 서덜랜드는 화이트칼라범죄란 "직업과정에서 존경을 받고 사회적으로 높은 지위에 있는 사람이 범하는 범죄로 대략 정의될 수 있다"고 하였다. 서덜랜드는 전통적으로 범죄학 분야에서의 관심이 경제적으로 빈곤하고 문화적으로 결핍된 사람의 범죄에만 관심을 기울였던 것과는 달리, 기업이나 정부에 의한 범죄, 소위 "상층계층"의 범죄를 포함시킴으로써 학문의 영역을 확장시키는 역할을 하였다. 따라서 빈곤이나 이와 관련된 사회적·개인적 병리현상으로 설명할 수 없는 범죄가 있다는 것을 밝힘으로써, 범죄원인론에 대해서 이론적 문제를 제기하였다.

2) 현대 화이트칼라범죄의 정의

(1) 서덜랜드가 이 용어를 사용한 후 화이트칼라범죄 개념의 정의와 범죄의 유형 등에 대해서는 여전히 논의의 대상이 되고 있다. 오늘날에는

80) 형법전에 화이트칼라범죄나 Blue collar범죄라는 용어는 없다. Blue collar crime 또는 No collar crime은 사회적 지위가 낮은 사람들(예컨대, 노동자 계급)이 대개 활동이 편의상 청바지 등을 많이 입기 때문에, 이들의 범죄를 통칭하여 부르는 용어이다.

초기의 서덜랜드의 정의보다는 그 의미가 확대해석 된다. 대체로 자신의 범죄활동을 목적으로 시장을 이용하는 개인의 범죄적 행동(예컨대, 조세범죄·신용카드범죄)이나 직업을 이용한 사기[81], 정부나 기업에서의 자신의 지위를 이용한 범죄[82](예컨대, 횡령·뇌물수수), 그리고 기업이윤이나 시장점유를 확대하기 위해서 범죄적 음모에 가담하는 등의 조직적 범죄행위, 즉 기업범죄[83]까지도 화이트칼라범죄의 범주에 포함시키고 있다. 따라서 화이트칼라범죄는 사회의 각 방면에서 관리적·지도적 입장에 있는 자가 직무상의 지위를 이용하여 직무과정에서 범하는 범죄행위라고 정의할 수 있다.

(2) Garry Green(1997)은 「직업범죄」라는 개념을 제시함으로써 화이트칼라 범죄라는 용어와 연관되는 정의상의 문제를 명확히 하는데, 큰 기여를 하였으나, 널리 적용되지 않았다.[84] 그린(Green)은 직업범죄란 "합법적인 업무의 과정에서 생기는 기회를 이용하여 행해지는 행동으로 처벌을 받는 행위"라고 정의하였다. 그린에 의한 직업적 범죄유형을 도표화 하면 다음과 같다.[85]

---

81) 의사에 의한 사기나 내부거래 등이 이에 속한다. 예컨대 의사가 불필요한 약물처방과 수술을 함으로써 보험금을 부당하게 타내는 경우 등을 말하며, 내부거래는 직업상 알게 된 비밀정보를 이용하여 주식을 사고팔아서 개인적 이득을 얻게 되는 경우를 말한다(Piers Beirne & James Messerschmidt, Criminology, 3rd ed(Boulder, co: westview press, 2000), pp.373~397; 정영섭, 신양균, 앞의 책, pp.175~176; 전돈수, 앞의 책, p.36).

82) 화이트칼라범죄 중 가장 전형적인 범죄가 공무원범죄라고 할 수 있는데, 공무원범죄는 공무집행에 대한 공정성에 불신을 초래한다는 점에서 문제가 있다.

83) 기업범죄는 기업체가 불법적이고 부당한 방법으로 이득을 얻는 것을 말한다. 예컨대 일반대중을 대상으로 한 기업범죄로 전형적인 것은 공해물질을 배출시켜 공기·토질·그리고 수질을 오염시키는 경우 등을 대표적인 예로 들 수 있다. 이외에도 공무원 등에 대한 뇌물공여 및 수수 등도 기업범죄의 한 유형이라고 볼 수 있다.

84) Bartol,Curt R./Bartol,Anne M.저,범죄심리교재편찬회, 앞의 책, pp.692-963.

85) Green,G.S,(1997). Occupation crime(2nded.)Chicage:Nelson-Hall.

「그린에 의한 직업적 4가지 직업적 범죄유형」

직업범죄	내 용
조직적 범죄	기업이나 기관에 의한 위법행위(회사·기업·재단법인등)
전문적 범죄	업무 중에 범죄의 기회가 있어서 행하는 위법행위(변호사·의사·교사 등)[86]
공무원에 의한 범죄	공무원에 의한 위법행위(뇌물수뢰·경찰에 의한 고문 등)
개인적 범죄	기업이나 조직에 소속한 개인이 스스로의 이익이나 금전적 이득을 위해 행하는 위법행위(고의로 수입을 과소하게 신고하는 사람 등)

2. 화이트칼라범죄의 특성

화이트칼라범죄는 일반범죄와는 구별되는 다른 특징을 갖고 있다.

1) 범죄행위의 복잡성과 전문성

화이트칼라범죄의 행위양상은 여러 가지 측면에서 매우 복잡한 성격을 띤다.

첫째, 범죄행위가 정상적인 직업 활동의 일상사무의 보호 아래서 일어나며, 직업상의 전문지식이나 조직체계를 이용한다. 예컨대 범죄자가 범죄에 이용하는 지식은 대개 전문성이 강한 것이다. 즉, 과학적이거나 회계상에 관한 것, 그리고 법률적인 것이므로 일반인들은 그러한 행위를 범죄로 인식하기 어렵다.

둘째, 화이트칼라범죄는 조직적인 시스템을 갖추고 있어서 대부분 고용주나 상급관리자와 연계되어 있다. 그리고 사건자체가 짧은 시간 내에 이루어진 것이 아니라, 수십 년 동안 지속되어온 경우도 많다. 따라서 화이트칼라범죄는 복잡한 위장의 망에 쌓여 있게 되고, 마치 합법적으로 직업에 종사하는 것처럼 쉽게 위장될 수도 있다는 점을 들 수 있다.

86) 변호사에 의한 위증교사, 의사에 의한 저소득 의료보험제도 사기 등이 전문적 범죄에 해당된다.

2) 암수범죄의 발생과 피해자의 분산·책임문제

(1) 암수범죄의 발생

화이트칼라범죄는 피해의 규모가 큰 반면, 법률의 허점을 교묘히 이용하거나 권력과 결탁하여 조직적으로 은밀히 이루어지기 때문에 암수범죄가 많이 발생한다는 점을 들 수 있다.

(2) 피해자의 분산

화이트칼라범죄는 피해자가 분산되어 있다는 점에도 특징이 있다. 화이트칼라범죄에서의 피해자는 정부나 기업과 같은 추상적인 실체이거나, 단지 사소한 피해를 입은 다수의 사람이 된다. 서덜랜드는 대개의 화이트칼라범죄가 개개인 피해자에게는 단지 사소한 손실을 가져오지만, 해당 범죄자에게는 막대한 이익을 가져온다는 점에 주목하여 화이트칼라범죄의 「파급효과」를 지적하였다. 따라서 직접적인 피해자뿐만 아니라 대부분의 사람들이 그 유해성을 느끼지 못하는데 그 심각성이 있다.

(3) 책임의 회피

화이트칼라의 복잡성(조직성·전문성·지능성)은 누가 해당 범죄에 도덕적으로 또는 법률적으로 책임이 있는가를 결정하는 것은 고사하고, 누구의 행동이 특정 문제에 직접적인 원인으로 작용했는지를 가려내는 일도 매우 어렵다. 그 이유는 직업상 기능은 나누어지고 책임은 위임되기 때문이다. 뿐만 아니라 조직의 위계상 각 단계마다의 관리자는 그들 밑에 있는 사람들에 대한 감독책임이 있다. 따라서 책임의 연쇄관계에 있는 사람들은 단지 '명령에 따라서' 행동했다고 하거나, '그러한 명령은 내린 적이 없다'고 주장하면서 책임을 회피한다. 그 결과 실제사건이 발생하면 어떤 행위에 대해 특정인에게 책임을 지도록 하는 일은 매우 어렵다고 볼 수 있다.

3) 화이트칼라 범죄처벌의 관대한 처분

(1) 화이트칼라 범죄자들은 현실적으로 재판과정에서도 실형이 선고되는 경우는 드물고, 대부분 집행유예나 벌금형의 선고를 받는 경우가 대부분이다. 그 이유는 자기가 그러한 특정범죄를 저지르고자 의도하지 않았다고 하거나 직접적으로 책임이 없다고 주장하기 때문에, 그것을 입증하기가 매우 어렵다는 점도 한 요인이 된다.

(2) 화이트칼라 범죄자들은 그들의 범죄가 처음으로 발각된 것이기 때문에 초범으로 취급되고, 또한 국가나 사회에 공헌한 이유 등을 들어 관대한 처벌을 내리는 경우가 많다. 미국 등 선진국에서는 사회전체가 황금만능주의로 치우칠 가능성 때문에, 화이트칼라범죄에 대하여는 함정수사를 폭넓게 인정하고 있을 뿐만 아니라 화이트칼라범죄를 더 엄단하고 있다.[87)]

4) No Collar 대비 화이트칼라범죄의 특징

일본의 마에다 교수는 화이트칼라와 노칼라범죄와의 특성을 다음과 같이 열거하였다.

「노칼라 대비 화이트칼라범죄의 특징」

No Collar	프롤레타리아적	서민적, 무력적, 폭력적, 약탈적, 직접적, 절망적, 곤궁적
	상습적	단독적, 충동적, 발각적, 원시적, 유죄적, 가중적
White Collar	부르주아적	관료적, 권력적, 지능적, 착취적, 간접적, 이욕적
	직업적	조직적, 계획적, 은폐적, 신분적, 무죄적, 감경적

87) 조선일보, 구글에 5억 달러 벌금 美 함정수사...한국선 처벌 못해, 2012.1.26.사회면.

3. 화이트칼라범죄의 원인

화이트칼라범죄의 원인에 대해서는 그 개념에 대한 의견만큼이나 다양한 견해가 제시되고 있다.

1) 심리학적 소질론

(1) 의의

심리학적 소질론은 화이트칼라범죄자는 보통사람들과는 다른 심리학적 기질을 가지고 있기 때문이라고 주장한다. 구체적으로 그들은 기회만 주어진다면 남을 속이려는 타고난 기질을 갖고 있으며, 법규범의 위반에 대한 유혹에 쉽게 빠져드는 낮은 인성을 갖는다는 것이다.[88] 뿐만 아니라 기업범죄자는 어린 시절 부모의 끝없는 사랑을 갈망하기 때문에, 경쟁자를 이기고 돈을 벌고자 하는 극도의 신경증적 욕구를 가진 사람들로 진단되기도 한다.[89]

(2) 공헌과 비판

이 심리학적 소질론은 범죄를 계속적으로 반복하면서도 특별한 죄책감을 갖지 않는 범죄자의 심리상태를 효과적으로 설명할 수 있다. 그러나 화이트칼라범죄가 주로 직업 활동과정에서 조직적·반복적으로 이루어지는 행위에 대하여는 설명을 하지 못한다는 비판이 제기되고 있기도 하다.

2) 차별적 접촉이론

(1) 화이트칼라범죄에 대해서 최초로 논의를 시작한 범죄학자는 서덜랜드이다. 그는 화이트칼라범죄나 일반범죄가 다를 바가 없다는 전제하에, 자신의 차별적 접촉이론을 이용하여 화이트칼라범죄를 설명하였다.

88) 이윤호, 범죄학, 박영사, 2007, p.128.
89) John E. Conklin, "Illegal But Not Criminal," Business Crime In America, Englewood Cliffs, NJ:Prentice-Hall, 1977, pp.9~12.

(2) 서덜랜드는 화이트칼라범죄자도 화이트칼라범죄행위를 부정적으로 규정하는 정직한 기업인들보다 그것을 긍정적으로 규정하는 다른 화이트칼라범죄자와 더 많은 접촉을 가졌기 때문에, 그 범죄행위를 학습하게 된다고 보았다. 따라서 화이트칼라범죄는 부정직한 기업인과의 차별적 접촉을 통한 범죄의 학습과 부정직한 기업관행을 통제하고자 하는 사회적 노력의 부족에 기인한 것으로 보았다.[90)]

3) 마짜와 사이크스의 중화기술이론

(1) 의의

중화기술이론은 화이트칼라범죄자가 범죄를 저질러 놓고 자신의 범죄를 정당화 내지 합리화시켜 자기책임을 스스로 중화시키는 것을 핵심내용으로 한다. 화이트칼라범죄자들 가운데에서도 이 중화의 과정 또는 자기합리화의 과정을 철저하게 따르는 경우를 종종 볼 수 있다. 즉, 화이트칼라범죄는 고학력· 전문가들에 의해서 많이 발생하기 때문에, 그만큼 많은 기술과 정보·지식과 인적 네트워크를 가지고 있다. 따라서 자기 나름대로의 프라이드가 강할 뿐만 아니라 다른 사람들과의 대화에서 밀리거나 지기를 싫어하는 성격을 소유하고 있다. 이러한 성향은 결과적으로 본인들의 책임을 회피하게 만드는 내적인 메커니즘으로 작용한다. 따라서 화이트칼라범죄자들은 대부분이 범죄에 대한 자기 반성적 태도를 보이지 않고, 정반대의 태도를 보이는 것이 특징이라고 할 수 있다.

(2) 범죄자의 중화기술 유형

마짜(Matza)와 사이크스(Sykes)가 제시한 중화기술의 유형을 화이트칼라범죄자의 중화기술유형으로 대체하면 다음과 같다.[91)]

---

90) Edwin H. Sutherland, white-collar crime. New York: Holt, Reinhart and Wiston, 1949, p.9.

91) 이윤호, 앞의 책, pp.122~124;이언담. 김지훈 공저, 앞의 책, p.175 참조하여 필자가 재작성하였음을 밝혀둔다.

「범죄자의 중화기술의 유형」

구분	내 용
가해의 부정	자신의 범죄로 인한 피해를 부정한다. 예컨대 종업원이 회사의 기밀을 훔치더라도 보험으로 보상되기 때문에 회사에는 실제 아무런 피해를 주지 않는다는 합리화이다.
피해자의 부정	피해를 당연시 하는 것이다. 예컨대, 종업원이 회사의 물건을 훔치면서, 회사가 근로자와 고객을 착취하기 때문에 손실을 입어도 괜찮다는 식의 합리화이다.
비난자에 대한 비난	비합법적이거나 불공정한 법은 어겨도 괜찮다는 식의 합리화이다. 예컨대, 정부의 각종 규제가 곧 자유기업경영체제에 대한 위반이기 때문에 그것은 공정치 못하고 어길 수밖에 없다는 논리이다.
더 높은 충성심에서의 호소	큰 기업이나 다른 기업인도 다 법을 어기기 때문에 자신들의 행위도 그리 나쁘지 않다는 논리이다. 모든 사람이 다 세금을 포탈하고 모든 사람이 다 뇌물을 주고받기 때문에 안하는 사람이 바보일 뿐이라는 것이다.

화이트칼라범죄자의 중화기술의 유형에 비추어보면, 기업범죄나 경제범죄는 다른 일반범죄·지능형범죄가 심각해질수록 더욱 증가할 가능성이 많다. 따라서 돈이면 다 된다는 황금만능주의 사상과 기업인의 세금포탈행위는 부조리한 사회문화 때문이라는 등의 그릇된 논리가 사회에 만연할 수 있는 위험성을 내포하고 있다고 보아야 할 것이다.

4) 화이트칼라범죄의 영향

화이트칼라범죄는 그것이 신체적 폭력이나 어떤 공중질서의 위반을 초래하지 않는다는 점에서, 그 심각성이나 위험성을 과소평가하는 경향이 있다. 그러나 실질적으로 그 영향은 심각하다고 보아야 한다.

(1) 화이트칼라범죄는 신임을 배반한 것으로 불신임을 조장하고 사회질서를 어지럽힌다. 따라서 사회의 도(道)를 저하시켜 결국 사회해체를 조장하여 범죄발생의 온상 내지는 원인을 제공하게 된다. 즉, 믿을만한 사람을 믿지 못하고 특권계층을 부정직한 사람으로 보게 된다. 더욱 심각한 사실은 화이트칼라범죄가 청소년비행과 기타 하류계층 범인성의 표본이나 본보기가 된다는 사실이다. 사회적 지위가 높은 사람이 범행

을 저지름으로써 일반대중이나 청소년들에게 정직하기를 강요할 수 없게 되고, 오히려 일탈할 수 있는 동기와 빌미를 제공하게 되는 것이다.

(2) 직접적인 피해자뿐만 아니라 관련된 대부분의 다른 사람에게도 영향을 미치기 때문에, 일반인은 그 유해성을 느끼지 못한다. 예컨대, 금융사기사건피해는 일반예금주의 피해나 주식소유자의 피해를 강요하게 된다. 그리고 세금포탈의 경우는 일반시민의 납세액을 상승시키게 된다.

(3) 개인을 피해자로 하기보다는 사회 전체나 국가 전체에 대한 광범위한 피해를 야기시킨다. 예컨대, 화이트칼라범죄의 경제적비용은 일반범죄의 경제적 손실보다 몇 배 이상 된다는 점에 주목할 필요가 있다(예컨대, 컴퓨터를 이용한 횡령 등).

(4) 불법적인 기업행위의 대부분이 국가공무원과 결탁하여 이루어져 정부를 부패시킨다는 의미에서 국가의 기반을 흔드는 큰 범죄이다. 즉, 기업의 뇌물성 헌금이나 뇌물공여 등은 정부나 정치권에 영향을 미치게 된다. 그리고 이는 다시 부도덕한 기업이나 개인에 대한 특혜를 제공하게 되는 계기가 되어, 결과적으로 일반시민의 비용으로 남게 된다.

Ⅱ. 매춘

1. 개념

1) 피해자 없는 범죄

(1) 의의

피해자 없는 범죄(victimless crimes)란 피해자가 가해자 자신이거나 특별한 피해자가 누구인지를 정할 수 없는 범죄들을 말하며, 형법전에 나와 있는 개념은 아니다. 피해자 없는 범죄는 강도나 강간 등 전통적인 범죄와 구별하기 위해서 범죄학자들이 통상적으로 부르는 명칭이다. 피해자 없는 대표적인 예로는 매춘(성매매)· 마약범죄 등을 들 수 있다.

(2) 피해자 없는 범죄 왜 범죄가 되어 처벌되어야 하는가?

① 피해자 없는 범죄들이 감소하거나 없어져야 한다고 주장하는 사람들은 다른 사람들의 동등한 자유를 침해하지 않는 한(민주주의의 중요한 특성임으로), 모든 사람들이 자유가 보장되어야 한다는 것이다. 이들의 견해는 피해자 없는 행위가 범죄가 된 것은 종교적인 이유라고 주장한다. 매춘은 간음과 간통을 범죄시하는 신학적 명령을 어긴 것이다. 이와 마찬가지로 천주교 신학에서는 자살을 혐오스러운 행동으로 간주하고, 초기 자살자들을 범법자로 공표되어 자산이 압수되었고, 그들의 시신을 심장에 말뚝이 박힌 채 십자로의 부정한 땅에 매장시켰다. 이처럼 대부분의 서양종교는 형법이 규정하지 않은 상당히 많은 행위들(허영·고리대금·부모를 저주하는 것 등)을 또한 범죄시 하였다.[92] 따라서 피해자 없는 범죄는 처벌해서는 안된다는 입장이다.

② 반면, 이러한 견해에 반대하는 자들은 「피해자 없는 범죄는 없다」는 입장이다.
예컨대, 매춘은 에이즈(AIDS)와 같은 성병을 전염시키며, 가정을 파괴시키고, 손님들을 약탈하며, 그들을 무자비하게 착취하는 포주들을 유지시켜 준다는 것이다.[93]

2. 매춘(성매매)

1) 의의

'매춘이 무엇인가?' 라는 정확한 개념정의는 불가능한 일인지도 모르지만, 대체적으로 매춘부가 하는 일의 속성을 가지고 정의하는 것이 일반적인 경향이다.[94] 매춘이라 함은 감정적 관계나 성적인 보상이 개입되지 않고, 단지

92) Stephen Brown, Finn-Aage Esbensen.Gilbert Geis 저, 황의갑 공역, 앞의 책,p.608.
93) 위의책, pp.608-609

재물이나 성을 파는 행위라고 정의한다.

2) 성매매 행위에 대한 각국의 입법주의

성매매(윤락행위)에 대한 규제 형태를 보면 「금지주의」, 「규제주의 혹은 허가주의」, 「규제폐지주의 혹은 허용주의」로 대별해 볼 수 있다.

(1) 금지주의

① 어떠한 형태의 윤락행위도 허용하지 않는 「금지주의」를 들 수 있다. 「금지주의」는 윤락행위(성매매 행위)는 범죄로 간주하여 윤락행위자는 물론 포주 등 윤락행위의 조장·알선자·상대방까지 처벌하는 입법주의를 말한다. 윤락행위(성매매 행위)를 범죄로 간주하여 금지하는 나라로는 한국·태국·필리핀·미국의 뉴욕과 일리노이 주·헝가리·쿠바·대만 등이 있다.

② 한국에서는 거의 전방위 형태의 매춘이 행해지고 있다. 매춘은 성욕과 자본이 순간적으로 결합하거나, 그 결합의 가능성을 확인한 반대의 성(性)이 이를 수용할 태세가 마련이 되면 매춘행위는 언제, 어디서 그리고 누구와도 이루어질 수 있는 구조를 갖추고 있다.[95] 2004년 성매매특별법이 제정되어 서울·부산 등 전국 각지의 집장촌(예컨대, 서울의 미아리·인천의 옐로우하우스·부산의 완월동 등)을 대상으로 집중 단속을 실시하였다. 그러나 이와 같은 단속은 전통적인 집장촌이 폐쇄되었을 뿐이지, 최근에는 서비스업과 병행하여 이루어지는 겸업매춘(예컨대, 티켓다방·단란주점·룸싸롱·나이트클럽·안마시술소·퇴페이발소·전화방·성인사이트채팅 등)·과부매춘·주부매춘·화물차 기사들을 대상으로 하는 이동형 고속도로 매춘, 그리고 일반 가정집을 위장한 매춘업 사업까지 등장하는 풍선효과까지 발생하고 있다.

---

94) Paul H. Gebhard, "Definitions," in Donald S. Marshal and Robert C. Suggs(eds)〈 Human Sexual Behavior, New York:Basic Books,1971,p.258. 여기서 매춘은 직업으로서 또는 일로서의 행위를 말한다.

95) 하태영. 형사철학과 형사정책, 법문사, 2007,p.430.

(2) 「규제주의」 혹은 「허가주의」는 윤락업주들이 당국의 허가를 받아 법적 규제를 준수하면서 윤락업소를 운영할 수 있는 제도를 말한다. 따라서 윤락업소는 경찰과 행정당국의 허가를 받고 홍등가·사창가 등 특정 지역 내에서만 성매매 행위를 허용하며, 등록대장·카드나 의료감시 등을 활용하여 정부가 관리하고 규제하는 입법주의를 말한다. 독일·네덜란드·호주·미국·네바다 주 등이 채택하고 있다.[96] 한국에서는 일제 강점기에 공창제가 인정되다가, 미군정시 공창제도 폐지령(1947년)에 의하여 폐지되었다.

(3) 정부의 관리· 통제 없이 개인이 마음대로 성매매 행위를 할 수 있는 허용주의(규제폐지주의)를 들 수 있다. 따라서 성매매행위는 자유 활동으로 인정하고 있으나, 다만 이를 조장하거나 착취하는 자, 그리고 호객행위 등은 금지하고 있다. 이를 채택하고 있는 나라는 영국· 프랑스· 일본· 이탈리아· 스위스· 캐나다· 오스트리아· 뉴질랜드 등이 있다.

3. 매춘을 바라보는 인식문제

매춘부들은 '강요에 의해서 성매매를 하는가', 아니면 '자기의 선택에 의해서 하는가'. 이러한 의문점과 매춘을 하게 되는 동기 등을 이해한다는 것은 그리 쉽지만은 않다.

(1) 매춘부는 일반인에 비해 색광이기 때문에 매춘부가 되었다는 주장이다. 즉, 매춘부들은 다른 여성들보다 성욕이 강하다는 것이다. 그러나 그들이 매춘부가 되기 전에 다른 여자에 비해서 성행위를 더 많이 했다는 증거도 없고, 매춘부는 자신의 남자친구와의 성관계는 즐겨도, 고객과의 성관계는 즐기지 않는다는 점을 들 수 있다.

(2) 여성들이 매춘부가 되는 이유 중의 하나는 경제적 상황으로 볼 수 있다. 매춘부들이 매춘이외에는 자신의 생계를 책임질 다른 묘안이 없기 때문에 매춘을 시작하게 되는 경우가 있고, 어느 정도 돈을 모으기 전

96) 조철옥, 앞의 책, p.445.

까지는 매춘을 그만두려는 생각을 안 한다는 점이다. 이 문제는 매춘여성의 사회복귀와 관련하여 아주 어려운 문제 중의 하나이다. 각종 매매춘 관련 보고서를 보면, 사실상 아무 기술이나 능력이 없이 높은 수입을 올릴 수 있기 때문에 일단 매춘생활에 들어가면 쉽게 나오지 못하게 된다.[97] 설령 자립할 수 있는 돈을 모았더라도 매춘을 청산하고 새로운 사업을 시작할 경우, 그것이 성공하리라는 보장도 없다.[98] 이런 맥락에서 보면 대부분의 매춘부가 자기 자신을 나쁜 운명이라고 생각하여 자신을 후회한다고 보는 것도 잘못된 인식 중의 하나일 것이다.

(3) 매춘은 여성자신의 선택이 더 중요한 요인이라고 보는 견해도 있다. 많은 사람들은 매춘부가 납치되거나 꼬임에 빠져서 매춘을 강요받게 된 여성이라고 인식하고 있으나,[99] 적어도 성인매춘에 있어서는 이러한 경우는 많지 않다고 보아야 한다. 그러나 매춘부들의 '성매매 선택'을 단순일탈논리나 경제논리로 해석하는 것은 관례에 가까운 것이라면서 비판하는 견해도 있다.

(4) 매춘부들은 자신들의 직업을 정당화시킴으로써 스스로의 매춘행위에 대한 동기를 부여한다는 견해도 있다.[100] 그 이유를 보면 첫째, 자신들의 매춘행위는 남성들이 성욕을 해소해주기 때문에 성범죄를 예방하는데 도움이 되고, 가정적으로나 여자친구문제 등에 대하여 고객들에게 상담자로써의 역할을 하여 이혼을 막아주거나 문제점들을 해결하여 준다고 믿고 있다. 즉, 그들은 매춘을 필요악(necessary evil)이라 생각하며, 자신들의 직업에 대해서 죄책감을 느끼기 보다는 나름대로 자부심을 가지고 있다는 것이다.[101] 둘째, 그들은 많은 사회의 지도층인 남성 고객들이 공개적으로 매춘을 성토하지만, 사적(私的)으로는 매춘부

97) 하태영, p.454.
98) 실제로 룸싸롱의 호스티스나 마담의 경우 돈을 모아 음식점을 하는 경우도 있지만, 사업에 실패하거나 너무 힘이 들어서 포기하고 매춘으로 복귀하는 경우가 많다(하은경, 그러나 매춘은 없다, 새길, 1994, p.132.).
99) 다만 인신매매의 경우나 가출미성년자가 생계유지를 위해 매춘을 하게 된 경우 등은 매출을 강요받거나 꼬임에 빠지는 경우라고 할 수 있다(조선일보, "가출청소년 15% 임신경험", 2002. 5. 1, 사회면).
100) 이윤호, 앞의 책, p.142; 전돈수, 앞의 책, p.43.
101) Allex Thio, Deviant Behavior(Boston:person, 2006), pp.226~243.

를 찾는 위선자로 공박한다. 따라서 그들은 관습적으로 사회의 추앙받는 부정직한 지도층 남성과 여성보다 자신들이 더 우월하다고 주장한다.[102)]

1) 매춘의 원인

'매춘의 원인은 무엇인가'에 대하여 사회·심리학적 원인론과 기능주의적 이론으로 크게 대별해 볼 수 있다.

(1) 사회·심리학적 원인론

사회·심리학적 원인론은 매춘의 원인을 여러 단계의 사회심리단계의 붕괴에서 찾는다. 즉, 지금 매춘을 하고 있는 매춘여성들이 왜 매춘부가 되었는가를 설명하려는 것이다.

① 경제학적 이론

경제학이론은 매춘원인을 경제적 관점에서 분석한다. 경제적 압박·많은 소득·돈벌이가 쉬운 생활·포주나 유흥업소 등의 유혹에 넘어간 자 등(가출 청소년·젊은 주부·가정부·식당종업원·미장원 종업원·직장인)이 매춘에 가담하는 경우 등이다.

따라서 여성이 매춘을 왜 하는가라는 이유는 매우 다양하다고 할 수 있지만, 그 중 대체로 경제적 압박과 유혹이라고 할 수 있다. 이 점에 대해서는 매춘부들이 자신의 매춘이 강요에 의한 것이 아니라는 연구결과 등이 잘 뒷받침되고 있다.[103)]

---

102) 매춘부들이 주장하는 첫째와 둘째 이유에서처럼 자신들의 직업에 대한 자부심과 도덕적으로 우월하다고 생각하고 있는가 하는 점이다. 그러나 실제적으로 그들은 자신의 직업을 자랑스럽게 여기지도 않으며, 자신의 신분을 자랑스럽게 공개하기도 꺼려한다는 것은 주지의 사실이다. 그들 중 다수는 어느 정도 돈을 벌면 매춘의 세계에서 벗어나고 싶어 한다. 따라서 그들의 주장은 그들의 진실된 신념이라기보다는 자신에 대한 합리화라고 하는 설이 옳을 것이다(Karen E. Rosenblum, "Female Deviance and Female Sex Role: A Preliminaly Investigation." British Journal of Sociology, 1975, 26:169~185; 이윤호, 앞의 책, p.43.).

103) A Carmen and H. Moody, Working Woman: The Subterranean Word of street prostitution, New York: Bessie/Harper&Row, 1985; 이윤호, 앞의 책, p.143 재인용.

② 심리적 분석이론

심리적 분석이론은 청소년기 부모사랑의 결핍이 주원인으로 지적되고 있다. 즉, 매춘원인을 심리적 관점에서 찾는 이론으로, 부모의 학대와 태만 그리고 가정파괴 등이다. 예컨대 매춘부는 성구매자로부터 무의식적으로 사랑을 구하거나(원조교제) 또는 성매매자를 통해 사랑을 구하는 경우 등이 이에 해당한다.

③ 페미니즘 이론(feminism)

㉠ 페미니즘(여성운동주의적)이론은 매춘의 원인을 가부장적 관점에서 파악한다. 즉, 가부장적인 이데올로기는 여성을 섹스의 대상물로 규정하기 때문에, 이러한 이데올로기적 힘은 남성문화를 형성하고 섹스를 남자의 권리로 간주한다. 따라서 남성은 여성을 성적으로 지배하기를 원하며, 결국 가부장적이고 남성우월주의적 사회[104]가 매춘을 유발시키는 원인이라고 본다. 이 이론은 남성우월주의의 타파가 없이는 매춘이 근절되기 어렵다고 주장한다.[105]

㉡ 페미니즘 논의에서 보듯이 성매매는 금지되어야 하는가, 아닌가 또 매춘부는 피해자인가, 아닌가라는 이분법적 논리에서부터 다음과 같은 점들이 논의되어야 할 것이다. 예컨대, 매춘부의 인권이 페미니스트들이 주장해야 할 인권과 어떻게 달라야 하는가, 그리고 매춘부들의 피해성과 그들의 자발적 행위성이 엄밀하게 구분가능하지 않다면 그 이유는 무엇인가 하는 점 등이다. 한편, 최근에는 성매매에 대한 비판적 사고가 일방적인 인과논리나 가부장적 편견에서 자유로워질 것을 주장하는 견해도 있다.[106]

104) 테네시 윌리엄스의 희곡 '욕망이라는 이름의 전차'에서 남자 주인공 스탠리는 가장 마초(macho)다운 인물이다. 스페인어로 '남성'을 뜻하는 마초는 영어권으로 건너와 '남성우월주의자'로 통해왔다. 근육질의 거친 사내 스탠리는 "나폴레옹 법전에 따라 아내의 재산은 남편에게 귀속된다"며 아내에게 폭력을 휘두른다. 작가는 스텐리를 통해 '현대인의 동물적 냉소주의'를 그리려 했다고 밝힌바 있다.

105) Alex Thio, op, cit, pp.241~243.

106) 엄해진, 성매매, '어떻게', '입장'으로 진입할 것인가, 아시아여성연구 제64권 2호, 2007. pp.223~

④ 복합이론

복합이론은 매춘원인을 복합적 원인에서 찾는 이론으로, 그 원인으로는 가정결함·학교생활의 어려움·유년기의 성범죄피해·가족의 알코올중독, 그리고 본인의 알코올중독 등이 제시되고 있다.[107)]

⑤ 학습이론

학습이론은 배움의 시기에 가치구조의 행위가 왜곡되고, 매스컴·친구, 그리고 책으로부터 사회일탈행위를 배운다는 이론이다.

(2) 기능주의 이론

매춘에 대한 기능주의적 이론은 사회·심리학적 원인론과는 달리 거의 모든 사회에서 매춘을 추방하려고 노력하고 있음에도 불구하고, 아직도 매춘이 광범위하게 존재하는 이유가 무엇인가에 초점을 두고 있다. 킹슬리 데이비드(Kingsley David)는 매춘이 있음으로 정상적이고 선량한 여성들이 보호되고, 남성들의 혼전성교·혼외성교·변태행위와 같은 다양한 성적욕구가 매춘부에게서 해결된다고 보았다. 따라서 매춘은 이들 선량한 여성을 보호하는 기능적인 역할을 수행한다고 주장하였는데, 이를 기능주의 이론이라고 부르기도 한다.[108)]

2) 공창제도 도입에 관한 논쟁

(1) 개요

① 공창제도란 '매춘부와 매춘업소가 국가(지방자치단체)에 등록하고, 윤락하는 제도'를 말한다. 공창은 지방자치단체가 직접 운영하는 경우도 있지만, 대부분 지방자치단체가 사인(私人)이 운영하는 업소를

230.

107) 장 클로드 코프만, 김정은 옮김, 여자의 육체 남자의 시선, 토플리스 사회학, 한국경제신문사, 1996, pp.1~30.

108) Kingsley David, "Sexual Behavior," in Robert Merton and Robert Nisbet(eds.), Contemporary Social problems(3rd ed), New York:Harcourt Brac Jovanovich, 1971, p.347.

통제하고 관리하는 방식을 채택하고 있다.

② 한국는 일제시대 때 공창제도를 실시하다가 해방이후 인 미군정시대(1947년 11월 14일)때 공창제도가 폐지되었고, 1961년 11월 9일 윤락행위 등 방지법(법률 제 771호)[109]을 제정하여 윤락행위(매춘행위)를 일반적으로 금지하였다. 이후 2004년 성매매특별법이 제정되어 수차례 개정되면서 현재에 이르고 있다. 현재 한국는 어떠한 형태의 윤락행위도 허용하지 않는 「금지주의」를 채택하고 있고, 많은 특별법 제정에 의하여 형사처벌도 하고 있다. 그럼에도 불구하고 현실을 보면 우리 사회 각처에는 특수한 형태의 매매춘이 급격히 늘어나고 있고, 매매춘을 조장하는 성윤리가 위험수위를 향해 치달은지 이미 오래다. 이런 맥락에서 허가지역 외에서의 매매춘은 엄격히 단속하는 「허가주의」를 전제로 하는 공창제도 도입을 신중히 검토할 단계가 왔다고 보는 견해도 있다. 물론 공창제도 도입과 관련하여 지지하는 견해와 반대하는 견해는 극명한 차이를 보이고 있다.

(2) 공창제도 도입 찬반 논쟁

① 도입찬성 근거

공창제도 도입을 지지하는 논거를 보면 첫째, 무조건적이고도 구호뿐인 단속일변도의 정책은 매매춘의 효율적 해결방안이 될 수 없다고 주장한다. 예컨대, 한국는 2004년도 성매매특별법에 근거하여 성매매업소를 전국적으로 단속하여 성매매행위가 곧 없어질 것처럼 보였지만, 그 이면에는 풍선효과까지 가져왔다는 점 등을 들고 있다. 특히 성매매업소 등 단속에는 수많은 경찰인력·비용 그리고 노력이 소요된다. 뿐만 아니라 강도·강간·절도와 같은 민생치안과 관련된 범죄수사에 투입해야 할 경찰력을 다른 곳에 소비했다는 비판적인 여론도 있었다.

109) 1961년 11월 9일 윤락행위(매춘)를 규제하기 위해 제정된 윤락행위등방지법제2조의 윤락행위의 정의를 보면, 윤락행위란 "불특정인으로부터 금전 기타 재산상의 이익을 수수 또는 약속을 하거나 기타 영리의 목적으로 성행위를 하는 것"이라고 정의하고 있어, 오늘날의 성매매개념의 범위와는 상당한 차이가 있음을 알 수 있다.

둘째, 특정지역에 대해서는 경찰 및 행정당국이 매매춘업을 허가해주되(허가주의), 엄격한 과세실시·업주와 종업원들에 대한 등록대장 관리·종업원들에 대한 의료서비스 등을 책임지고 실시한다. 그리고 이와 병행하여 당국의 허가를 받지 않은 장소와 개인을 통한 매매춘행위는 지금보다 더 철저한 단속을 벌이면 된다는 것이다.[110)]

셋째, 공창제 도입은 매매춘 관련 병리현상도 함께 치유하는 효과도 가져온다는 것이다. 현행 법규를 근거로 한 매매춘 단속은 경찰 등 일선공무원과 업주들 간의 유착을 조장한다. 그리고 매매춘 산업자체가 폭력조직의 기생처가 되고, AIDS[111)]등 각종 질병의 전염경로 역할을 하는 부작용도 망각해서는 안 된다고 주장하고 있다. 따라서 공창제도를 도입하면 이러한 병리현상은 제거될 수 있다는 것이다.

② **반대 근거**

반대론자들은 첫째, 인권은 매춘부가 공창으로 공인될 때 보장되는 공창권이 아니다. 인권은 매춘부가 어떤 경우에 처해 있다 하더라도 인간이기 때문에 당연히 받을 수 있는 기본적 권리이다. 지문날인이 인권을 유린한다며 주민등록조차 포기하는 자유인들도 있다. 그런데 매춘부라는 사회적 낙인을 찍어서 어떻게 인권을 보호하겠다는 것인가라는 의문점을 제기하고 있다.[112)]

둘째, 성욕 자체가 본래 그런 것, 소위 '필요악'이라는 폭력의 횡포는 어떤 근거로도 정당화될 수 없다. 인간의 욕망이 다른 인간자체를 파괴할 때는 그 해악의 한계를 정하고 욕망의 힘을 제한해야 한

110) 이기문, '위험수위이론 매매춘 공창제도로 풀자', 월간중앙, 1999년 1월호, 중앙일보사, p.163.

111) 미국에서 유일하게 매매춘이 합법화 된 네바다주에 등록된 매춘부의 HIV바이러스 감염상태를 다른 주와 비교하였다. HIV바이러스는 에이즈(AIDS)를 유발하는 바이러스로서 〈수혈〉이나 〈성접촉〉을 통해서 사람에게 감염된다. HIV를 갖고 있다는 것은 그 사람이 HIV에 감염됐다는 사실을 말하며, 결국 「AIDS」로 진행하게 된다. HIV는 세포 안에서 자꾸 증식이 되면서 면역체가 완전히 파괴되어 〈세균〉, 〈바이러스〉, 〈기생충〉, 〈암세포〉 등이 몸 안에서 동시 다발적으로 쉽게 성장한다. HIV바이러스 자체가 사람을 죽이지는 않지만 많은 다른 감염을 유발시켜 〈에이즈〉를 야기한다. HIV바이러스 감염상태를 다른 주와 비교한 결과 네바다의 매춘부는 단 한명도 HIV바이러스에 감염되지 않았으나, 다른 주들은 HIV바이러스에 감염된 성매매매춘부들을 다수 발견하였다는 연구보고서가 있다(전돈수, 앞의 책, p.44).

112) 하태영, P.444; 김미령, 마이너리티의 소리 성매매 여성 인권 귀기울이자, 중앙일보사, 2002년 1월 23일자.

다. 따라서 이미 도덕성을 상실한 사회에 모든 권한을 위임한다면 자신의 의무를 방기하는 것이다.[113)]

③ **결론**

공창제도 도입 찬반의 논리는 그들대로의 이유와 타당성이 있다. 그러나 한국의 매춘과 관련한 현상을 보다 나은 방향으로 유도하기 위해서는 절대적 도덕주의·감상주의·페미니즘적 시각(여성의 성적 노예화)을 뛰어넘는 새로운 접근방법이 필요하다. 따라서 현실적으로 매매춘을 금지하기가 불가능하다면, 관리를 효율적으로 할 수 있는 허용주의(규제주의)에 의한 공창제의 도입도 현실적 대안의 하나가 될 수도 있을 것이다.

Ⅲ. 조직범죄

1. 의의

1) 미국

조직범죄란 그 규모와 형태 그리고 활동영역이 다양하여 조직범죄에 대한 정의를 내리기는 쉽지 않다. 미국의 경우 조직범죄에 대한 공식적 견해를 보면[114)] "조직범죄는 강탈행위에 관여하고, 적절한 경우에는 복잡하게 얽힌 금융조작에도 개입함으로써 불법적 이익과 권력을 추구하기 위하여 형법을 위반하는 활동을 주로 하는 사람들의 집단"이라고 정의하고 있다.[115)]

113) 김미령, 위의 글, 2002. 1월 23일자 참조.
114) 조직범죄에 대한 공식적 견해는 미국의 '법집행과 형사사법행정에 관한 대통령위원회'의 정의를 근간으로 하고 있고, 이를 토대로 '형사사법기준 및 목표에 관한 국가자문위회'에서 구체적으로 정의를 내리고 있다.
115) National Advisory Committee on organized crime, Wastington, D.C: U.S. Government Drinting office, 1976, pp.213~215.

2) 범죄학계

범죄학계에서는 "조직범죄는 불법적 또는 합법적 활동에 참여함으로써 이득과 권력을 확보할 목적으로 구성원 상호간 긴밀한 상호작용을 하는 위계적 근거로 조직된 사람들의 비이념적 사업"으로 정의를 내리고 있다.

3) 한국

(1) 한국의 경우 조직폭력범죄 특히 조직폭력배라는 용어는 학문적으로 규정된 개념이라기보다는 실무와 판례상 정립된 개념이다. 이는 다시 실무상 ① 조직폭력배(범죄단체), ② 조직성폭력배(유사범죄단체)[116]로 구분된다.

(2) 조직폭력배는 폭력행위등처벌에관한법률(이하 폭처법)에 규정된 범죄를 범할 목적으로 구성된 단체 또는 집단을 의미하며, 형법상의 범죄단체조직과 구별되는 개념이다(예컨대, 사기단·절도단 등은 형법상의 범죄단체조직이지만, 조직폭력배에 해당하지 않는다). 따라서 실무적으로는 폭처법 제4조(단체 등 구성의 죄)와 제5조(단체 등의 이용지원)로 의율되는 경우에만 조직폭력배로 취급한다.

2. 단체 등 구성의 죄(폭처법 제4조)

1) 범죄단체

폭처법에서 정의하고 있는 범죄단체조직이라 함은 첫째, 일정한 범죄를 한다는 공동목적 하에 이루어진 계속적인 결합체로서, 둘째, 단체의 구성원이 수괴·간부·단순가입자로 구분될 수 있어야 하고, 셋째, 그 위계에 상응하는 단체를 주도할 수 있는 최소한도의 통솔체계를 갖추는 것 등이다. 범죄

116) 조직성폭력배는 조직폭력배와는 달리 폭력행위등처벌에관한법률 제3조를 적용한다. 조직성폭력배는 범죄단체에는 미치지 못하나, 이와 유사한 특성·위험성을 갖고 있어 실무적으로 구별하고 있는 개념이다.

단체는 이러한 요건들이 구비될 때 성립한다고 대법원은 판시하고 있다(대판 89도 212).

2) 조직과 가입

단체 등 구성의 죄는 폭처법 제4조가 범죄의 고유한 행위양태이며, 조직 가입의 방법이나 형식에는 아무런 제한이 없다. 따라서 범죄단체를 조직하거나 이에 가입함으로써 기수가 되며, 목적한 범죄를 실행하였는지의 여부는 본죄의 성립에 영향이 없다.

3. 각국의 조직범죄의 연혁

일반적으로 세계 범죄조직으로 1)미국의 마피아, 2)중국의 삼합회, 3)일본의 야쿠자, 4)러시아의 마피아를 들 수 있다.

1) 미국 마피아(Mafia)

(1) 마피아는 시칠리아 토속어로 '아름다움', '자랑'을 뜻하는 말로, 사라센어(Saracen)에서 나왔다는 설도 있다. 범죄세계에서는 범죄조직 중에서 시칠리아 적(的)인 것을 가리키며, 범죄조직의 별명으로 해석되기도 한다. 마피아 기원에 대해서는 여러 학설이 제기되고 있다. 그 중 가장 신빙성을 인정받고 있는 설의 기원은 다음과 같다. 중세의 이탈리아 시칠리아는 사라센·노르만족·에스파냐 등 여러 나라들의 공격을 받아 혼란스러운 상황이었다. 이 같은 분위기 때문에 외적의 움직임을 사전에 파악하기 위해 애국적 차원의 비밀단체들이 속속 결성됐는데, 이들이 마피아의 원조라는 것이다. 이어 시칠리아에는 막대한 토지를 소유하고 있던 영주들의 도적이나 무뢰한의 공격을 받아 자신들의 재산을 약탈당하는 것을 방지하기 위해 마피(mafie)라고 불리는 사병을 운영했는데, 이들이 후에 마피아로 발전되는 토대가 됐다. 19세기 후반 이탈리아의 시칠리아 등이 계속 외침을 받지만 마피아들은 부자의 돈을 갈취해 가난한 이들을 돕는 등 자신들이 정한 법률과 독자적인 도덕관을 운영하

는 등 사법적인 정의를 실천해 필요악적인 존재로 인식되었다.

(2) 1920년까지 무소불위의 권리를 행사하던 마피아는 무솔리니의 파시즘 정권에 의해 거물과 단원들이 체포 수감되어 해체되다시피 되었다. 그러나 2차 대전 이후 미국에 의해 통치를 받게 되면서 마피아단원들이 대거 석방되었다. 그 후 1987년 이탈리아 정부는 시칠리아에 기반을 두고 있던 338명의 마피아 거물과 단원들을 살인 및 마약밀매 혐의로 모두 수감하는 조치를 취하였다. 이런 와중에 19세기 후반부터 20세기 초까지 시칠리아를 근거로 암약하던 일단의 마피아단원들은 미국이나 중남미 쪽으로 이주를 시작해 시칠리아 암흑가 조직이 전 세계적으로 세력을 넓히는 기회를 얻게 된다.

(3) 미국으로 이주한 마피아는 1920년대부터 미국 정부가 강력하게 실시했던 금주법(禁酒法)[117]을 이용하여 막대한 자금원을 확보하고 급속하게 세력을 확대해 나갔다. 1930년대에 들어서자 마피아 내부에도 질서가 생겼으며, 합의제인 위원회가 조직을 운영하게 되었다. 마피아조직의 구성은 피라미드 구조로 되어있다. 특히 시칠리아 마피아는 가족(family)이라는 혈연관계로 똘똘 뭉친 것이 단시일 내 다른 갱단들을 압도할 수 있는 원동력이 되었다. 새로운 조직원은 기존 조직원들의 추천을 받은 자 중에서 family의 두목이 가입여부를 결정한다. 마피아의 조직원이 되면 자기의 독립된 사업을 특정지역에서 할 수 있는 권리가 주어지는 반면, 거기서 얻은 수입의 상당부분은 조직에 돌려줘야 한다. 재원(財源)은 주로 매음·도박·마약·사채업 등을 운영하여 충당하며, 오늘날에는 '범죄복합기업'의 대명사로 미국의 지하조직을 움직이는 거대한 세력권을 형성하고 있다. 가장 악명이 높았던 조직범죄자는 미국 시카고를 중심으로 한 마피아 두목 알 카포네였는데[118], 심지어 그는 '밤

117) 1920년대에 미국에서는 밀주제작 및 판매를 일체 금지하는 금주법이 시행되었다. 그러나 술을 단속할 목적으로 제정된 금주법이 조직범죄를 활성화시키는 결과를 가져왔다. 뿐만 아니라 연방정부의 공무원들이 오히려 조직범죄자와 손을 잡고 많은 돈을 벌기도 하였다. 따라서 미국사람들은 이 법을 가장 실패한 법이라고 말하기도 한다.

118) 뉴욕태생이며, 남부 이탈리아 출신 이민자의 아들로 태어났다. 그가 이끌었던 시카고 아웃핏(Chicago outfit)은 미국 서부에까지 영향을 끼친 대조직으로 성장하였다. 별칭은 앨 브라운, 통칭 알카포네, 왼뺨에 흉터가 있어 스카페이스(scar face)라는 별명으로도 유명하다. 그는 이미 소

의 대통령'이라는 별명을 갖고 있기도 하였다.

2) 일본의 야쿠자

(1) 개요

① 야쿠자의 어원은 일본식 블랙잭인 '오이초 카부'라는 인기 있는 카드 게임에서 유래했는데, 그 패의 숫자인 8, 9, 3의 일본어 발음이 '야, 쿠, 자'이다. 이 게임은 카드숫자의 합이 19인(블랙잭은 21) 사람이 이기는 게임인데, 19이상의 숫자는 아무런 소용이 없다. 따라서 야쿠자의 세 숫자를 모두 더하면 20이 되는데, 이를 멍통이라고 한다. 멍통이란 말 그대로 전혀 쓸모없음을 뜻하는 것으로, 일본말로 무익(無益)이란 의미를 담고 있다. 그러나 그 쓸모없어 보이는 야쿠자의 세계에는 엄청난 법도가 있다. 그들이 정한 법도는 엄격한 것이며 규율은 냉엄하다. 조직원들은 그 법도와 규율을 지키기 위해서는 목숨까지 버릴 수 있으며, 그것을 지키지 못하면 가혹한 처벌과 함께 영원히 야쿠자의 조직에서 추방당하게 된다.

② 2차 세계대전 직후의 상황은 야쿠자가 현대의 사무라이를 표방하게 되는 결정적인 계기가 되었다. 일본인들은 전후 혼란기를 맞이하여 대만인과 한국인에게 가한 핍박에 대한 앙갚음을 두려워했다. 이때 야쿠사들이 일본경찰을 대신하여 일본 국민들을 제3국인들의 횡포로부터 그들을 보호하고 보복을 막아주었다. 그 결과 야쿠자는 의협심 있는 깡패 혹은 의적의 이미지를 국민에게 심어주게 되었다. 따

년시절부터 악명 높은 '파이브 포인츠 갱단'에 들어가 범죄를 일삼았으며, 금주법이 발효된 1920년, 21세 때 시카고로 옮겨 밀주·밀수·매음·도박 등의 불법산업으로 순식간에 돈을 벌었다. 특히 1927년에 한 해 총수입이 1억 달러인 세계 최고의 시민으로 기네스북에 올랐다. 1929년 2월 '성 발렌타인 데이 대학살'(당시 시카고 지역의 마피아는 이태리계와 아일랜드계로 나누어져 있었는데, 발렌타이 데이에 알카포네가 부하들을 사주하여 아일랜드계 마피아 7명을 사살한 사건을 말함)등 수많은 폭력과 살인사건을 배후에서 지휘하였다. 1932년 탈세혐의로 그 유명한 센프란시스코의 알카트라스(Alcatraz)감옥에 투옥되었다. 1939년 석방 후 마이애미에서 거주하다가, 1947년 뇌출혈과 폐렴으로 죽었다(두산세계대백과 Encyber 참조).

라서 이러한 지지기반을 토대로 그들은 보다 공식적인 세력 확장과 입지 구축을 할 수 있었다.

③ 일본에는 수많은 야쿠자 조직이 존재하는데 그 중에서도 야마구치구미(山口組)와 사카우메구미(酒組)가 가장 큰 조직으로, 일본의 야쿠자 조직을 양분하고 있다고 해도 과언이 아니다. 그 중 야마구치구미에는 한국계가 70%를 차지하고 있어, 조선 야쿠자연맹으로 인식되고 있다. 반면, 사카우메구미는 주로 일본인들로 조직되어 있는 전통적인 일본의 폭력조직이라고 볼 수 있으며, 1백년이 넘는 역사와 전통을 자랑하고 있다. 현재 일본 내의 야쿠자는 약 3,300여개 조직(약 8,800여명 추산)이 있으며, 그들이 벌이는 사업도 해결사(민사개입폭력)·마약·밀매·도박·건설·운수·항만하역·금융계통으로 사업을 확대하여 재정적인 기반을 확고하게 구축하고 있다.

(2) 야쿠자의 문화

그들의 조직은 그들만의 독특한 문화를 이루고 있다.

첫째, 엄격한 위계질서를 이루고 있다. 야쿠자조직의 우두머리는 오야봉이라 부르며, 그 밑에 있는 추종자들을 '꼬봉'이라 부른다. 야쿠자조직은 엄격한 위계질서를 따르며, 그들의 규율은 종종 우익이나 군국주의적 이데올로기와 연결되고 있다.

둘째, '유비수메' 즉, 조직의 규칙을 어기거나 배신행위를 한 경우에는 조직원이 보는 앞에서 자신의 새끼손가락 마디[119]를 칼로 잘라서 오야봉한테 주어야 한다. 이는 명령불이행의 속죄로, 그리고 생명을 보전하게 해 달라는 의미로 보내는 행위를 말한다.

셋째, 조직의 대부분은 전신 문신을 한다. 전신을 덮은 복잡한 문양의 문신은 인내심의 상징과 남성다움을 내세우기 위한 것이다.

넷째, '히트맨' 즉, 야쿠자 조직의 명령에 따라 살인도 서슴지 않는 행동대원들을 가리키는 말이며, '권총알'로도 불리운다. 이 저격대원들은 자신들의

119) 맨 처음 이런 일이 일어나면 새끼손가락의 끝 마디를 자르게 되고, 또 다시 이런 일이 발생하면 그 다음 마디를 절단한다.

직위를 위해 또는 자신들의 가족을 위해 마지막으로 조직에게 충성을 하는 자들이다.

(3) 야쿠자에 대한 시각

'야쿠자를 어떻게 볼 것인가' 에 대하여는 여러 가지 시각이 있다.

첫째, 야쿠자는 일본 경제의 침체와 밀접한 관련이 있으며, 경기회복에 큰 걸림돌이 되고 있다는 주장이 제기되고 있다.

둘째, 일반 시민들이 생각하는 야쿠자는 또 다른 측면의 시각을 제시해 주고 있다. 일본인들은 일반적으로 문제가 생기면 경찰대신 지역 야쿠자에게 도움을 요청하는 경우가 있다. 이런 경우 사회 통념적인 방법보다 빠르고 효과적으로 해결된다는 인식도 일부 있다는 사실이다. 따라서 이러한 일들은 일본 내 범죄율이 다른 나라에 비해 매우 적은 이유를 설명해주는 한 방편이 되고 있기도 하다.

셋째, 야쿠자는 단순한 폭력단원에 지나지 않는다는 견해도 있다. 왜냐하면 야쿠자는 개인 간의 문제 해결을 위해서 법적인 방법보다는 개인적인 친분을 이용하려는 일본인들의 경향을 악용하는 폭력배에 불과하다는 것이다. 이러한 야쿠자에 대한 여러 가지 시각에도 불구하고, 지금도 지진과 같은 대란 등에 조직원들을 동원해 수습과 봉사에 나서는 등의 노력은 현대의 사무라이로서 언제까지나 국민의 영웅으로 남고 싶은 자구적 노력의 일환이라고도 할 수 있다.

3) 홍콩의 삼합회(트라이어드)

(1) 삼합회의 기원과 발전

홍콩의 중국계 폭력조직인 삼합회는 마피아, 야쿠자와 더불어 세계3대 폭력조직으로 손꼽히는 집단이다. 삼합회의 기원은 1700년대에 복건(福建)의 장저우에서 창립되었다는 설이 유력하다. 18세기후반 대만을 포함한 화남 각지 및 동남아시아 화교간의 비밀결사인 천지회(天地會)와 동일단체라는 설도 있다. 청나라가 멸망의 길로 들어서던 19세기 초, 중국에는 수 없이 많은 비밀결사체들이 협객의 이름으로 활동하고 있었다. 이들 중 홍영이 세운 '홍문(洪門)'과 두월생을 중심으로 한 '홍방', 그리고 장소림이 이끄는 '청방' 등이 반청복명의 기치를 내걸고 세력권을 넓혀갔다. 중국 건국의 아버지로 불리는 손문도 홍방에 소속된 비밀결사원이었다. 손문은 각각의 협객조직을 규합해 거대조직인 '동맹회'를 결성한 후 신해혁명을 일으켜 중국 건국의 기틀을 마련하였다. 따라서 중국 건국에 결정적인 기여를 한 협객들은 중국 국민당 정부의 막강한 후원을 받게 되었다.

특히 홍방의 우두머리였던 「두월생」은 정부로부터 아편장사와 매춘업을 공식적으로 보장받았다. 그 결과 홍문은 매춘과 아편에 관여하게 되면서 본격적인 폭력조직으로 변질되기 시작했고, 장개석은 국민당 내부의 반대파를 숙청하는 '청당운동'에 홍방의 조직원들을 동원하기도 하였다. 국민당이 모택동에게 패해 도주할 때 중국본토에서 쫓겨난 협객조직들도 홍콩과 대만 등지에서 본격적으로 폭력조직으로 활동하게 되어, 현재에 이르게 되었다.

(2) 삼합회의 조직

삼합회[120]는 이른바 '14K단', '신의안', '화합도', '화승화' 등 4대문파로 구성되어 있으며, 이들 중 최대조직은 '신의안'이다. 현재 중국 내의 삼합회는 약 5,000개 조직에 인원은 약 20~30만 명으로 추정하고 있고, 미국에서도 약 10만 명이 활동하고 있는 것으로 보고 있다. 이들은 주로 마약·청부폭력·불법이민알선·매춘·도박·인신매매·위조지폐·무기밀매 등을 주요 수입원으로 하고 있다. 뿐만 아니라 80년대 중반 이래 세계 최대의 헤로인 밀매조직으로 부상한 삼합회는 사실상 홍콩의 지하 경제를 장악하고 있는 것으로 알려져 있다. 특히 한국과 관련하여서는 중국과 동남아시아인들의 밀입국알선[121]·조선족을 이용한 마약밀수·각종 공산품의 밀수출과 중국산 농수산물의 국내 밀반입 등에도 관여하고 있다.

120) 「삼합회」라는 이름은 홍콩경찰이 홍문이나 천지회의 조직을 상징하는 깃발에 천지인의 상징물이 결합되어 있는 것을 보고 영어로 '트라이어드'로 부르다가 한자로 번역되면서 삼합회로 불리우게 되었고, 이후 홍콩의 폭력조직을 상징하는 이름이 되었다.

121) 2002년 11월 삼합회 중의 하나인 흑룡회는 국내의 자칭 20세기파 김OO 등과 공모하여 조선족 등 40여 명을 공해상에서 목선으로 환승밀입국을 알선시키다가 적발되기도 하였다.

(3) 삼합회의 문화

삼합회는 일본의 야쿠자와는 또 다른 그들만의 독특한 문화를 가지고 있다.

첫째, 엄격한 위계질서를 이루고 있다.

삼합회에는 두목인 용두(또는 산주)와 그 밑에 부산주(副山主)가 있다. 입단식 등의 행사를 담당하는 향주(香主)와 신입단원을 모집하는 선봉(先鋒)이 있고, 백지선(白紙扇)은 행정업무를 담당한다. 홍곤(紅棍)은 행동대장, 초혜(草鞋)는 조직원들 간의 연락 업무를 담당하고 있다. 일반조직원은 사구자(四九仔)라 불리며, 입단식을 기다리는 예비단원은 남등롱(藍登籠)이라고 불린다.

둘째, 충성과 피의 맹세

삼합회는 조직의 결속력을 매우 중요시 한다. 새로운 멤버가 가입을 하려면 특별한 의식을 치러야 하는데, 자신과 다른 조직원의 피와 닭피, 그리고 술을 섞어 만든 일종의 혈주를 마시며 충성을 맹세한다. 뿐만 아니라 살인·폭력 등의 잔혹한 범행을 통하여 '피의 맹세'를 함으로써 용감성과 기지를 인정받는 행사를 실시한다.

셋째, 문신과 잔인성

삼합회의 회원은 만 14세가 넘으면 무조건 문신을 새겨야 한다. 판다와 뱀이 그려진 문신을 한번 새기면 평생 다른 조직으로 옮길 수 없다는 불문율이 있다.

(4) 삼합회에 대한 시각

홍콩의 중국반환 이후에도 홍콩의 경제권은 대부분이 삼합회가 장악하고 있다. 따라서 홍콩은 경제적 거점으로서 중요한 지역이기 때문에, 중국 정부도 쉽게 삼합회를 척결하지 못하고 있는 실정이다. 한편 중국 본토의 경우 최근 심각해지고 있는 실업 문제 등으로 삼합회와 연관된 범죄에 가담하려는 수요도 많은 편이어서, '3명당 1명'은 삼합회라는 말이 있을 정도이다. 따라서 이러한 점 역시 삼합회를 튼튼한 조직으로 유지시키는 원동력이 되고 있다. 삼합회에 대한 시각은 일본의 야쿠자조직과는 달리 범죄조직단체로서 불법행위와 그 폐해에 대하여 많은 시민이 인식하고 있다. 그리고 경찰이 삼합회 퇴치노력 역시 대단하여 범죄발생률이 현저히 감소되고 있다.

4) 러시아 마피아

(1) 구성원

러시아 마피아는 이태리나 미국 마피아와는 여러 면에서 차이가 있다. 1980년도 말 소련연방 붕괴 이후 KGB 부국장(체르네콘)등 군장성급이 주도하였는데, 그 근간을 이루었던 중요구성인원이 전 KGB 멤버와 전국에 걸친 범죄조직이었다. 러시아 마피아의 등장은 러시아의 치안능력 약화와 많은 관련성이 있다. 러시아 신흥재벌들은 무기력한 경찰보다는 마피아를 고용하여 보호를 받으려고 하고, 부분적이지만 부채가 있는 사람들의 돈을 받기 위해 법에 호소하는 것보다 마피아에 호소하는 것이 훨씬 빠르다고 믿는 시민들도 있다. 러시아 마피아들은 서로를 그렇게 신뢰하지 않으며, 단지 사업을 위해 모이고 사업이 종료되면 다시 해산하기도 한다.

(2) 조직

러시아 마피아는 현재 약 9,000여개의 조직에 인원은 약 10만 명으로 추정하고 있으며, 러시아 경제의 40%를 장악하고 있다고 보고 있다. 특히 러시아 마피아 중에서 가장 큰 조직은 모스크바에 근거지를 둔 Solntsevo이다. 조직의 인원은 9,000명 정도이며, 이들은 은행사업까지도 개입할 정도로 막강한 영향력을 행사하는 것으로 알려지고 있다.[122] 이들의 재원은 무기밀거래·마약·매춘·청부살인 등이 주 수입원이다. 특히 국제범죄조직과 관련하여 한국도 이제는 안전지대가 아니고 아시아 진출의 거점장소로, 또 돈세탁장소·마약밀매 등의 장소로 세계 폭력조직과 연계되고 있다는 점에 그 심각성이 있다.

122) 전돈수, 앞의 책, p.50.

(3) 러시아 마피아의 극동진출

① 러시아 마피아 '씨마바소파' 조직원 8명이 1998년부터 약 3년간 부산시 동구 초량동 텍사스 외국인 상가를 거점으로 삼아 헤로인과 대마를 밀매하였다. 뿐만 아니라 불법체류 중인 중동인을 모집해 러시아 선박에 몰래 승선시켜 일본으로 출국시키는 등 다양한 범죄를 저질러 오다가 검거되었다.

② 2003년 4월 전국을 떠들썩하게 한 부산 도심에서의 러시아인 총기 살인 사건이 발생하였다. 러시아 마피아조직인 '비트락코프파'가 블라디보스톡 등 극동지역 수산물수출과 관련된 이권 다툼으로 경쟁업체의 상대방인 마피아 중간보스를 청부살해하였다. 이 청부살인과 관련된 나우모프 바실리(54세)는 1년간(2002년)일본에 피신해 있다가, 일본 북해도를 거쳐 부산으로 잠입하여 영도구에서 은신 중 주거지에서 총기에 의해 살해되었다. 이 사건으로 한국경찰은 모스크바 인터폴과 공조하여 범인 세르게이 등 4명을 수배하고, 범인도피 혐의로 2명을 불구속하였다. 따라서 부산도 러시아 마피아들의 극동지역 본거지로 이용되고 있고, 국제범죄의 무대가 되고 있다는 현실에 주목할 필요가 있다.

5) 한국의 조직범죄(폭력조직)

(1) 기원

① **고려**

'한국의 폭력조직의 기원을 어디서부터 찾을 것일까?'

현존하는 문헌적 근거를 토대로 보면 조직폭력배는 고려 말부터 나타나기 시작했다고 볼 수 있다. 난세는 권력과 폭력의 유착으로부터 시작되게 마련인데, 고려말기는 이 악소배(惡小輩)[123]의 황금시대였다. 고려사 열전 정국검전(鄭國儉傳)에 보면, "그의 집은 개성 수정봉 아래 있어 음침하고 험한 산길을 올라가야만 했다. 그는 그 길목

123) 옛날에는 깡패를 악소(惡小) 또는 악소배(惡小輩)라 불렀었다(이규태, 눈물의 한국학, 기린원, 1987, p.230).

에서 5~6명이 악소배(불량배)들이 항상 모여 있다가 자색 있는 양가의 부인들을 보면 억지로 겁탈하고 옷과 물건까지 빼앗는 것을 종종 목격하곤 하였다. 하루는 검은 비단옷으로 성장한 부인이 겁탈당하는 것을 보고 정국검이 참을 수가 없어 그와 동행했던 종들을 시켜 그 중 3명을 잡고 보니, 대장군 이부(李富)의 생질 및 권세 있는 무관의 자질(子姪)이였다."[124] 또 제27대 충숙왕 때 재상 벼슬인 신여계(申汝桂)의 처 김씨(충숙왕비의 고모)도 비녀를 거느리고 밤길을 가다가 10여명의 조직폭력배(악소배)에게 겁탈을 당한 사건이 있었다. 이 사실을 김씨의 조카인 숙비에게 일러 이를 추적하여 일당을 잡았다. 그러나 이 폭력배가 당시 임금의 총애를 받고 있던 세도가 권춘의 비호를 받고 있음이 드러나자 이를 다스리지 못하고 풀어 주었다.

제28대 충혜왕은 엽색행각을 위해 악소배들에게 '고신(告身)'[125]이란 팻말을 주어 미녀를 강탈해 업어오도록 하는 데에도 폭력조직을 이용하였다. 충혜왕 4년 겨울밤에 이 친위폭력배인 봉골(鳳骨)등 3명은 주부 벼슬인 공보의 집에 들어가 그의 아내를 남편이 보는 앞에서 윤간을 하는 등 만행을 저지르기도 하였다.[126] 제31대 공민왕이 세자로서 원나라에 있을 때 가까이 모셨다는 배경을 가지고 횡포를 부렸던 정승 조일신(趙日新)도 그의 정적인 기(奇)씨 일문을 암살하는데, 행동대로서 그의 사조직인 폭력배를 동원하였다. 이처럼 고려 말에는 임금의 악소배를 사병으로 이용한 것 이외에 무신과 권신들도 자신의 세력을 과시하는 전위대로 이들을 부양하였다. 그러기 때문에 고려말 당시 정치력은 구조적으로 조직폭력배를 다스릴 수 없는 상황이었다. 이는 마치 자유당 정권말기 때처럼 고려 말기에도 이 악소배들을 정치파워로 악용하고 있었다는 점에서는 매우 유사성

124) 高麗史 卷一百 列傳 第三十 鄭國儉傳.
이 사건으로 "청탁이 오고 가면서 법관이 이를 치죄하지 않으려 하였으나, 형부원외랑(刑部員外郞) 조문식(趙聞識)이 홀로 항의하여 그들을 심문하여 곤장으로 쳐 죽이니 이를 잘하였다"는 백성의 여론이 있었다고 기술하고 있다(請謁交午, 法官欲不治, 刑部員外郞趙聞識, 獨抗議, 訊鞫杖殺, 時議快之).

125) 告身이라함은 관(官)직에 오르는 자에게 주는 사령서(辭令書), 즉 임명장과 같은 것이다.

126) 高麗史 卷三十六 世家卷第三十六 忠惠王 四年.

을 띄고 있다고 보아야 한다.

한편, 조선 제7대 세조 때 정난공신이 된 홍윤성(洪允成)도 십수명의 창두(蒼頭, 폭력배)를 먹여 기르면서 갖은 횡포로 재산을 축적하고 부귀를 누렸다. 자기 집 앞개울에서 말을 목욕시킨다는 단지 그 이유만으로 창두로 하여금 그 양민을 현장에서 박살내도록 지시하는 악행을 저지르기도 하였는데, 이는 권력과 폭력이 유착한 대표적인 사례라고 볼 수 있다.

② 구한말~일제 강점기

구한말에는 일본 폭력배인 천우협(天佑俠)이라는 비밀 폭력결사 30여명이 경복궁에 난입하여 민비를 살해하였고, 통감정치 시대에는 흑룡회라는 야쿠자 조직이 친일파 이용구의 일진회와 한·일 합작인 폭력조직을 만들어 고종을 강제로 양위시키고, 합방을 공작한 사건 등은 이미 잘 알려진 사실들이다.[127] 따라서 폭력조직은 현존하는 史實등을 근거로 볼 때 고려 말부터 처음으로 시작되었다고 보아도 무방하다. 그러나 폭력조직이 지휘체제를 갖추면서 각 조직 간의 대립과 갈등이 심화되고, 그 과정에서 조직폭력의 전형적 특성인 수법의 잔인성·활동영역의 확보성·상호연대성·신분위장성 등이 나타나기 시작한 것은 일제 강점기 또는 해방 이후부터이다.

(2) 해방이후 폭력조직의 흐름도

① 해방이후(1945~1960년대)

해방이후(1945~1960년대) 좌우익의 극렬대립 양상의 정치환경 속에서, 김두환이 '대한민주청년회 감찰부장'을 역임하면서 좌익세력을 격파하는데 선봉역할을 하였다(1946. 10).[128] 그 후 1955년 6월 18일 정치권력과 결탁한 이정재가 전국 폭력조직을 장악할 목적으로 동대문 사단인 「삼우회」를 결성하였다. 동년 7월에는 '삼우회'와 대항하기 위해 임화룡이 이북출신주먹 등을 규합하여 '명동파'를 결성

127) 내무부치안국, 한국경찰사(Ⅰ), 광명인쇄공사, 1972, pp.485~487.

128) 해공 신익희선생의 조언을 받은 김두환이 '대한민주청년회 감찰부장'을 역임하면서, 1946. 10. 좌익이 주도하는 철도 파업현장을 기습·격파하였다.

하였다.

1958년 8월 유자광이 자유당 정권보좌 및 서울지역 사회정화를 위한다는 목적으로 유자광 사단인 '화랑동지회'를 결성하였고, 1960. 3월에는 부정선거를 규탄하는 학생들의 궐기대회를 약 100명의 조직폭력배가 기습하기도 하였다.

1961년 5월 16일 당시 국가재건최고위원회에 의해 동대문사단의 보스 이정재·명동파 보스인 임화수가 사형에 처해졌고, 신도환 무기, 그리고 유지광은 징역 20년을 선고받았다. 해방이후부터 1960년대까지의 한국 조직폭력배의 특성은 정치권력과 결탁하여 정권유지의 배후세력으로 활동하면서, 전국 폭력조직을 장악하려는 양면성을 갖고 있었다고 볼 수 있다.

② 1970년대

1970년대 들어서면서 서울을 중심으로 한 신상사파[129]와 전국 폭력조직 제패를 꿈꾸며 호남의 폭력조직이 대거 서울로 상경하여 범호남파[130]가 결성되었고, 1975년 12월 호남 연합세력인 범호남파의 기습에 의하여 신상사파가 와해되었다. 그 후 범호남파에서도 내분이 발생하여 호남폭력배간 다툼이 시작되어 군웅할거시대(1984. 7월 진석파 전국 제패시도[131], 1988년 7월 호국청년연합회[132], 1988년 8월 일송회[133] 등)를 맞게 된다.

129) 신상사파는 1970년 명동 사보이호텔에서 결성되었다(조직원 100명). 주류공급권, 업소로부터 정기적 상납급(월정금)등이 주 수입원이었고, 주먹세계 왕자로 군림하였다.

130) 1970년대 오OO이 '호남파'를, 목포출신 박OO이 '번개파'를 결성였다. 그 후 신상사파와 대결하면서 필요에 의해 이들 세력은 연합작전을 펼쳐 범호남파를 결성하였다.

131) 1984년 7월 진석파 두목 장OO이 자금책인 정OO과 조직을 결성(1차로 목포조직 석권이 목적)하였고, 86. 8 전국을 떠들썩하게 한 서울 강남구 역삼동 서진관광호텔 룸싸롱에서 현장을 급습하여 맘모파 조직원 4명을 살해하였다. 이 사건으로 조직원 2명 사형, 장OO 무기징역으로 조직이 와해되었다.

132) 88. 7. 전북 주먹세계 대부 이OO이 서울 강남구 청담동에서 '호국청년연합회'를 창설하고, 87. 4월에 전국 통일민주당 창당 대회장 18개소에 난입하여 폭력을 행사하고 창당을 방해한 혐의로, 이OO이 구속되면서 조직이 와해되었다. '호국청년연합회'는 1959년 말 자유당 정권을 보좌하고 폭력세계를 제패하려던 '대한반공청년당'을 모방한 것이다.

133) 일송회는 1988. 8. 전북 레스링 협회장 김OO이 전주 이OO의 '호국청년연합회'결성에 자극받아 전국폭력조직을 석권할 목적으로 전국단위의 연합폭력조직인 '일송회(이리 배차장파·양은이파·

③ 1980년대

1988년 10월 부산의 이OO이 전라남·북도 폭력조직연합회(호국청소년연합회·일송회 등)결성에 대항하여, 부산 경남지역 폭력전과자 약 300명을 규합 결성하여 '화랑신우회'를 결성하였다. 이OO은 와해직전인 부산지역 칠성파[134]를 재건하고, 일본 야쿠자와 유대 강화를 위하여 전국 폭력조직 두목급 23명을 대동하여 오사카를 방문하였다.

1988년 11월 화랑신우회 회장 이OO이 일본 야쿠자 가네야마 고사부로와 사카스키의식(의형제)을 거행하였다. 한편 서방파 김OO이 1988년 1월 18일 출소 후 전국 폭력연합조직인 호국청년연합회·일송회·화랑신우회 등의 영향을 받아, 1989년 3월 경기도 파주소재 국제금식기도원에서 폭력조직원 300명을 규합하여 범호남파인 '신우회'를 결성하였다.[135] 반면, 조OO은 1970년경 상경하여 무교동일대에 자리 잡은 범호남파에 가입한 후, 1978년 11월 독자계보인 '양은이파'를 결성하여 두목에 오르면서, 활동무대를 서울·광주·순천 등지로 넓혀가면서 급성장했다.

④ 1985~현대

㉠ 1970~80년대 이후의 폭력조직은 이권다툼 등의 경제적 이익과 세력권 확장 등의 주목적이었다. 그러나 1985년 이후 급속한 경제성장에 따른 향락소비산업의 발달로 자금원이 풍부해지자, 조직이 재정비되면서 폭력조직은 과거보다 오히려 비대·광역·기업화되었다. 특히 양대선거를 치루면서 폭력조직은 호국청년연합회(호청련)·신우회·일송회·새마음회 등의 이름으로 우익반공단체 또는 청소년선도단체 등으로 위장하기 시작했다.

부산 영도파·군산파·수원파·온양파·대전 사거리파 등)'를 결성하였다. 그러나 호남지역 폭력조직의 지지를 받지 못하고, 89. 6월 부안군 위도 해상 폭력사건으로 김OO이 구속되면서 와해되었다.

134) 부산조직을 대표하는 전통적 폭력조직인 칠성파는 서면·범일동·광안리 등 일부지역을 제외한 부산시내 전역과 인접 양산지역까지를 활동무대로 삼았다. 칠성파의 견제세력으로 재건20세기파(남포동·광복동 일대를 무대로 결성됨)가 등장하면서 중부권을 중심으로 영도파·유태파·연산동파·칠성파이탈조직 등을 아우르는 연계세력 '반칠성파'가 형성되었다.

135) 연합뉴스, 부침거듭폭력조직, 서방파에 이르기까지, 1990. 10. 27일자.

㉡ 이들 조직의 생리는 1) 장기적인 이합집산 후 재결성, 2) 조직의 생명을 위한 새로운 조직원의 스카웃과 양성, 3) 끊임없는 실전 경험, 4) 행동대장의 단위부대화가 특징이다. 특히 최근에는 폭력계 내의 상하질서 붕괴로 신흥조직이나 반대조직과 마찰이 생기거나 이권 등에 청부 개입할 때, 또는 자체 내의 갈등과 도전이 발생할 때 이들은 원정살인까지 하는 등 서슴없이 칼을 휘두르는 잔혹성과 흉폭성을 갖고 있다.

㉢ 이들의 주 수입원도 전통적 영역인 유흥업소 갈취·도박장 개장 및 운영·인신매매 등에서 벗어나 대형호텔의 나이트클럽과 파친코 등 운영·주류도매상 경영·연예인 공급사업 독점·사채업 관여·부동산업계 진출·건설업계 침투·기업상대 폭력·노사분규 및 종교분쟁 개입, 그리고 국제범죄조직과 연계하여 히로뽕 등 마약에도 손을 뻗치고 있어 그 심각성은 더해 가고 있다.

(3) 조직범죄의 특성

조직범죄는 전통적 범죄와는 달리 일련의 특성을 갖고 있다. 미국 내에서도 조직범죄의 특성에 대해서는 여러 가지 견해가 제시되고 있다. 예컨대, 「형사사법의 기준과 목표에 관한 국가자문위원회의 보고서」, 「Abadinsku의 8가지의 포괄적 특성[136]」, 「Haskell과 Yablonsky의 5가지의 조직범죄의 특성[137]」 등이 그 예이다. 따라서 이런 견해들을 종합해서 공통된 특징들을 제시해보면,

첫째, 조직범죄는 정치적 목적이나 이해관계가 개입되지 않으며, 일부 정치적 참여는 자신들의 보호나 면책을 위한 수단에 지나지 않는 비이념적 특성을 가지고 있다.

둘째, 조직범죄는 권력과 신분의 확보도 동기요인이 되겠지만, 불법적 재화와 용역에 대한 독점을 통한 경제적 이득의 확보에 조직범죄의 주요 목적

136) Howard Abdinsky, organized Crime(3rd ed). Chicago: Nelson-Hall, 1990, pp.4~6.

137) Martin R. Haskell and Lewis Yablonsky, Criminology: Crime and Criminality(3rd ed.), Boston: Houghton Mifflin co., 1983.

이 있다.

셋째, 조직범죄는 위계적이며, 조직구성원이 매우 제한적이고 배타적이다.

넷째, 조직범죄는 목표달성을 쉽고 빠르게 하기 위해 불법적 폭력을 사용하거나 뇌물[138]을 활용한다.

다섯째, 전문성에 따라 조직 내 위치에 따라 임무와 역할이 철저하게 분업화되고 전문화되어 있다.

여섯째, 조직범죄도 합법적 조직과 마찬가지로 조직의 규칙과 규정에 의해서 통제된다.

일곱째, 조직범죄는 관련된 집단의 지도자들끼리 상호 맞물려 있는 특징도 가지고 있다는 점을 들 수 있다.

반면, 한국의 조직폭력의 특성을 실무적으로 본다면,

첫째, 최소한의 통솔체제를 갖춘다는 점에서 일반폭력과 구별되고,

둘째, 목적 면에서 경제적 이윤을 추구한다는 점에서 테러집단과 구별되고,

셋째, 폭력을 수단으로 하는 점에서 범죄단체조직과 구별되고,

넷째, 계속성·상습성·계획성이라는 점에서 일시적·우발적 집단폭력과 구별되고,

다섯째, 활동무대가 존재한다는 점에서 절도단 등과 구별이 된다. 특히 조직유지 및 활동보장에 필요한 경제적 기반을 확보하기 위하여 관할 구역을 설정하고 타 조직이 침범할 경우 사활을 걸고 투쟁한다는 점을 가장 큰 특징으로 들 수 있다.

(4) 조직범죄의 원인

① 미국의 시각

'조직범죄는 왜 발생하는가' 라는 물음에 대하여, 미국적 시각은 다음과 같은 측면(두 가지 측면)에서 접근하고 있다.

138) 조직범죄는 비교적 형사처벌로부터 면책되는 경우가 많다. 이것은 법집행관에게 직접 뇌물을 공여하거나 보호비용을 지불함으로써 경찰이 특정 범죄활동에 간섭하지 않게 하거나, 또는 범죄활동을 보호하기 위한 정치적 압력을 가하는 것, 그리고 조직범죄의 기업에 경찰관이 직접 참여하는 방법 등이 있다.

㉠ 외래적 음모론

외래적 음모론은 정부 등 공식적 입장에서 보는 시각이다. 조직범죄란 시실리안-이탈리아(Siciclian-Italian)의 산물로서, 마피아에 의해 결국 미국으로 들어오게 되었다는 주장이다. 그러나 대부분의 사회학자들은 조직범죄가 미국사회의 산물이지, 결코 외부로부터 유입된 것이 아니라고 반박하고 있다.[139)]

㉡ 사회적 이동성설

조직범죄가 다양한 하류계층 인종집단에게 아메리칸 드림(American Dream)을 실현할 수 있는 기회를 제공했다는 것이다.[140)] 즉, 조직범죄가 사회경제적 이동성을 위한 쉽고도 빠른 길을 제공했고, 따라서 사회적 이동성의 사다리를 오르기 위해서 폭력에 호소하는 것이지, 결코 새로운 것은 못된다고 다니엘 벨(Daniel Bell)은 주장하고 있다. 그러나 그의 견해는 조직범죄자가 전적으로 가난한 하류계층 출신도 아니며 오히려 중하류계층 출신자들이 대부분이라는 점, 그리고 조직범죄집단의 지도자는 대부분 중상류계층 출신자들이라는 사실적 자료로 인하여 많은 비판을 받고 있다.[141)]

② **한국의 시각(내생설)**

한국은 미국식의 견해처럼 외래적 음모론이나 사회적 이동성에 초점을 두는 것이 아니라, 내생설로 설명하는 것이 타당하다. 고려 말의 조직폭력배(악소배)는 무신과 권신들이 자신의 세력을 과시하는 전위대로써, 또는 권력을 배경으로 하는 권신들의 자제 등으로 구성된 자생적 조직으로써 악행을 저지르고 다녔다. 그 후 해방이후의 조직폭력배의 흐름을 보면, 초창기에는 정치권력과 결탁된 폭력조직[142)]이

139) 이윤호, 현대사회와 범죄, 다해, 2008, p.392.

140) Francis A. Ianni, "New Mafia : Black, Italian, and Hispanic Styles," in Francis A. Ianni and Elizabeth Reuss-Ianni(eds.), The Crime Society, New York : New American Liberty, 1976, pp.118~148. Ianni는 Bell의 주장에 동조하는 견해를 가지고 있다.

141) 이윤호, 앞의 책, p.392.

142) 한국의 조직폭력은 제1공화국 시절의 정치깡패들처럼 조직의 생존과 확장을 위하여 폭력을 수단으로 정치적 하수인 역할을 수행하여 정치권력에 유착하는 경우가 많았다. 예컨대, 자유당 정권

4

정치권력을 바탕으로 전국 폭력조직을 장악하려는 목적에서 출발하였으나, 점차 이권다툼 등 경제적 이익과 세력권 확장 등으로 그 목적이 전환되었다. 즉, 한국의 조직폭력은 해방을 전후하여 그 발생 원인부터 의리와 명분을 강조하고, 생계를 위한 지역 패거리들의 주먹다툼에 지나지 않았다. 그러나 현재는 생계형 조직폭력이 아니라 오히려 소비와 향락을 위하는 경우가 많고, 조직구성원들의 출신성분도 교육을 받을 만큼 받은 소외계층이 아닌 20~30대 젊은층으로 변하고 있다. 오늘날의 조직폭력은 조직력과 자금력을 바탕으로 외국으로 진출하거나, 외국의 범죄조직들과 연계하는 등 국제화되어 가고 있다. 이런 맥락에서 보면 한국의 조직폭력배는 한국 고유의 특성을 가진 조직범죄 발생 원인을 가지고 있다고 보아야 할 것이다.

당시의 동대문사단의 이정재, 1988년 호국청년연합회의 통일민주당창당방해사건(소위 용팔이 사건) 등과 같이 비교적 근래까지도 정치 깡패가 존재하고 있었다.

제5장

범죄대책론

제1절 범죄예방론
제2절 현대적 범죄예방이론

CHAPTER 05 범죄대책론

제1절 범죄예방론

Ⅰ. 서론

범죄를 방지하기 위한 통제방안에는 크게 사전적 범죄예방(범죄발생을 사전에 예방하는 것)과 사후대응적 대책(형벌과 보안처분 등 형사사법적 대응)으로 나눌 수가 있다. 범죄예방을 협의로 해석하면 사전적 대책이라고 할 수 있으나, 광의로 해석하면 사전적 대책과 사후적 대책을 모두 포함하는 개념이라고 할 수 있다. 본 장(章)에서는 강제적 시책인 사후적 대책(형사사법적 대응)은 제외하고 비강제적 시책인 범죄예방만을 기술하였다.

Ⅱ. 범죄예방의 개념에 대한 이론

범죄예방은 엄격히 말하면 이론이라고 볼 수는 없다. 그러나 예방대책에는 그것을 뒷받침하는 수많은 가설이 존재하므로, 「범죄예방론」이라고 불러도 무방하다고 생각된다.

종래의 범죄통제방안은 전통적으로 범인을 검거하여 더 이상 다른 범죄를 저지르지 않도록 하기 위한 사후대응적 대책(형사사법적 대응)에 치중하여 왔다. 그러나 20세기에 들어서면서 범죄예방의 중요성이 현대의 범죄학자들에 의해 새로이 강조되고 있고, 이들은 범죄예방을 통하여 범죄문제를 해결하려고 시도하고 있다. 범죄예방이란 무엇인가. 이에 대하여 본서(本書)에서는 범죄예방에 대한 가장 일반적인 구분이라고 받아들여지는 제퍼리(C. R. Jeffery)의 정의·랩(S. P. Lab)의 정의, 그리고 브랭팅햄(P. J. Brantingham)과 파우스트(F. L. Faust)의 정의에 한정하여 기술하였다.

1. 제퍼리의 정의

제퍼리(C. R. Jeffery)는 범죄통제의 모형을 1) 범죄억제모델[1] 2) 사회복귀모델,[2] 3) 범죄예방모델[3]의 세 가지 범죄대책모델을 제시하였다.

제퍼리에 의하면, 범죄예방모델은 첫째, 범죄가 저질러지기 이전의 행동에 대한 통제를 대상으로 하고, 둘째, 범죄우려 행동에 대한 직접적 통제이며, 셋째, 범죄가 발생하는 환경과 환경에 대한 사람들의 상호작용에 초점을 두며, 넷째, 사람의 행동을 연구하는 다양한 학문에 기초한 모델이라고 주장하였다. 따라서 범죄예방모델에서 주장하는 범죄예방에 대한 개념은 범죄가 발생하기 전에 이루어지는 직접적인 활동으로, 주로 범죄환경에 초점이 모아지는 활동으로 정의되어 질 수 있다.

---

1) 「범죄억제모델」은 형벌을 수단으로 범죄를 미연에 방지하려는 노력을 말한다. 주로 범죄인을 교화·개선하여 범죄가 다시 발생하지 않도록 하는데 중점을 두는 전통적인 방법에 속한다.

2) 「사회복귀모델」은 범죄억제모델과 비교할 때, 범죄인의 처우측면에서 다르다. 임상적 치료를 통해 개선하는 방법 또는 지역 활동·교육·직업훈련 등을 통하여 사회복귀를 도와주는 방법을 활용한다. 사회복귀모델은 현대 교정의 가장 중요한 기초를 이루고 있다(김상호 외, 경찰학개론, 법문사, 2006.p.540)

3) 「사회환경개선을 통한 범죄예방모델」은 범죄통제에 국한하지 않고, 사회전반의 분위기를 조정함으로써 범죄를 감소시키려는 노력을 말한다. 각종 도시환경정책·주거환경개선 등 물리적인 것뿐만 아니라 사회구성원에 대한 교육과 인간관계 개선 등 포괄적인 정책을 포함한다(C. Ray Jeffery, Crime Prevention Through Environment Design, Beverly Hills and London: Sage Publications Inc.1977, pp.51-234).

2. 랩의 정의

랩(S. P. Lab)은 범죄예방을 「실제의 범죄발생과 범죄에 대한 공중의 두려움을 줄이는 사전활동」으로 규정하고 있다.[4] 이는 실질적으로 범죄발생을 줄이려는 사전 노력이기도 하고, 심리적인 측면에서 안전성의 확보·범죄에 대한 두려움의 제거를 위한 노력이기도 하다.[5] 범죄예방에서는 실제상의 범죄를 줄이는 것도 중요하지만, 공중이 갖고 있는 범죄에 대한 불안과 공포를 제외하는 것도 매우 중요한 부분 중의 하나이다. 따라서 랩은 범죄예방활동을 심리적 측면인 범죄에 대한 두려움의 제거활동까지도 포함시킴으로써, 범죄예방을 광의로 해석하고 있다.[6]

3. 브랜팅햄과 파우스트의 정의

브랭팅햄(P. J. Brantingham)과 파우스트(F. L. Faust)는 질병예방의 공중보건모델과 유사한 세 가지 범죄예방 유형을 제시하였는데,[7] 이를 ① 1차적 범죄예방, ② 2차적 범죄예방, ③ 3차적 범죄예방으로 정의하였다.

1) 1차적 범죄예방

(1) 1차적 범죄예방의 대상은 일반대중이다. 1차적 범죄예방은 범죄행동의 기회를 제공하거나 범죄행동을 촉진하는 물리적·사회적 조건들을 제거하여, 범죄를 예방하고 범죄에 대한 두려움을 낮추는데 초점을 두고 있다.[8] 여기에 속한 예방대책 유형으로는 환경설계를 통한 범죄예방(CPTED)·범죄예방교육·민간경비·이웃감시·시민순찰·형사사법기관 등의 활동[9] 등을 들 수 있다.

4) S. P. Lab, Crime Prevention: Approaches, Practices and Evaluations 3rd(ed). Cincinnati: Anderson Publishing Co.,1977, pp.12-13.
5) 김형중, 행정경찰기능에 관한 법·제도사적 연구, 법학박사논문,2004.p.18.
6) 김형중, 위의 논문,p.18
7) 브랜팅햄과 파우스트는 범죄를 질병으로 비유하였다(P. J. Brantingham & F. L. Faust, A Conceptual model of crime prevention, Crime and Delinquency 22, 1976, p.292).
8) 김형중, 위의 논문, p.19.

(2) 1차적 범죄예방은 마치 질병예방을 위해서 주변 환경의 청결·소독과 같은 위생 상태를 개선하는 것과 같은 것이다.

2) 2차적 범죄예방

(1) 2차적 범죄예방은 우범자나 우범집단을 대상으로 한다. 2차적 범죄예방은 잠재적 범죄자를 초기에 판별하고 이들이 불법행위를 저지르기 전에 개입하는 대처방안이다. 2차적 예방은 1차적 예방과는 달리 재범을 막으려는 형사사법체재의 활동뿐만 아니라 잠재적인 범죄자가 범죄에 빠져 들지 않도록 하는 것이 2차적 예방의 특징이다.

(2) 이차적 범죄예방은 질병에 걸린 사람들을 격리하고 주변사람들에게 예방접종을 하는 것과 같다.[10]

3) 3차적 범죄예방

3차적 범죄예방의 대상은 범죄자로써, 마치 중병에 걸린 사람을 입원시켜 치료하는 것과 같다. 3차적 범죄예방은 실제범죄를 저지른 사람들을 다루며 그들이 더 이상 다른 범죄를 저지르지 않도록 하기 위한 의도를 가진 예방대책이다. 3차 예방의 대부분은 형사사법체계(경찰· 검찰· 법원· 교정기관)의 활동영역에 속한다. 체포·기소·수감·처우·재활 등과 같은 활동은 모두 3차 예방의 영역에 포함된다.

4) 종래의 경찰활동은 브랜팅햄과 파우스트가 주장한 것처럼 전통적으로 3차적 예방에서 출발하여(근대적 경찰의 출현), 이 부분에 집중해 왔다. 그러나 점차 2차적 예방과 1차적 예방의 중요성이 증가함에 따라서, 오늘날에는 경찰의 영역도 2차적· 1차적 범죄예방에 더 큰 비중을 두는 경향을 보이고 있다.

---

9) 형사사법체계의 활동도 1차적 예방의 영역에 속하는 경우가 있다. 경찰의 존재는 특정지역의 범죄발생에 영향을 미칠 수 있을 뿐만 아니라, 범죄에 대한 두려움을 낮출 수도 있다. 그리고 범죄의 객관적 수치와 형사사법기관과 일반시민과의 상호관계에 대한 공중교육 역시 범죄에 대한 생각에 영향을 미칠 수 있다.

10) 김형중, 위의 논문, pp.19-20.

제2절 현대적 범죄예방이론

Ⅰ. 개설

1910년대까지의 초기 생태학적 이론들은 환경의 영향을 전적으로 믿었기 때문에, 환경결정론이라고 부르기도 한다. 오늘날 생태학적 관점은 범죄의 원인을 인간과 환경과의 상호작용 속에서 찾는다. 인간은 어느 정도 제한된 자유의지(constrained free will)를 가지고 있으며, 인간과 환경과의 상호작용은 복잡하고 지속적이며 끊임없이 변화한다는 점을 기본 전제로 한다. 이러한 생태학적 관점은 1980년대(20세기 초·중반)이후 20세기 초·중반 유행했던 시카고 스타일의 지역사회 연구가 부활하면서 크게 주목받기 시작했는데, 현재는 유사한 전제를 가진 이론들이 다양한 형태로 발달되어 있다.

대표적인 현대적 범죄예방이론으로는 ① 상황적 범죄예방이론, ② 환경설계를 통한 범죄예방이론, ③ 깨진 유리창이론 등을 들 수 있다.

Ⅱ. 상황적 범죄예방이론

1. 서론

상황적 범죄예방이론은 브랜팅햄과 파우스트의 1차적 범죄예방 개념과 매우 유사한 개념이다.

상황적 범죄예방이론은 종전의 범죄원인론과 달리, 범죄의 기회가 주어지면 누구라도 잠재적 범죄자가 될 수 있다고 가정한다.[11] 상황적 범죄예방이론의 장점은 효과가 나중에 나타나는 것이 아니라 바로 지금 나타난다는 것이기 때문에, 최근 영국·호주·미국 등 선진국에서는 상황적 범죄예방 접근방법에 많은 관심과 투자를 아끼지 않은 경향을 보이고 있다.

2. 상황적 범죄예방의 개념

1) 의의

상황적 범죄예방이란 '범죄가 발생하는 상황을 변화시킴으로써 범죄를 예방하려는 시도'이다.[12] 즉, 지역사회 환경이나 범죄발생 요인을 개선함으로써, 범죄가 발생할 수 있는 기회를 감소시키거나 제거하여 범죄를 통제하려는 전략이다. 따라서 상황적 범죄예방이론은 범죄예방의 주체로서 개인이나 국가보다 지역사회가 강조되고 있다.[13]

2) 상황적 범죄예방의 기본이념

(1) 상황적 범죄예방의 기원

범죄예방의 기본발상은 1970년대 영국 내무성이 주관했던 범죄예방활동에서 그 기원을 찾을 수 있다. 영국 내무성은 상이한 범죄문제들을 효과적으로 대처하기 위해 다양한 연구사업을 실시하였는데, 연구사업의 목적은 상이한 범죄·장소·상황에 고유한 범죄유발요인을 감소시키는 것이었다. 영국 내무성의 이러한 노력의 배경에는 범죄는 범죄자의 위험·노력·이득 등에 대한 계산결과를 반영한 것이라는 인식이 그 바탕에 깔려 있었다. 즉, 범죄자는 자기에게 가장 이득이 되는 기회가 어떤 것인가를 선택하고, 이러한 계산결과에 따라 행동한다는 것이다.

11) 이도선, "CPTED에 대한 인식이 범죄두려움에 미치는 영향에 관한 연구", 동국대학교 대학원 박사학위논문, pp.49-50.
12) Poyner, B, Design Against Crime: Beyond defensible Space, London: Butterworths, 1983, p.5.
13) 기광도, 미국 경찰의 범죄예방활동에 관한 연구, 형사정책연구원, 1994, p.27.

(2) 상황적 범죄예방의 기본이념

상황적 범죄예방의 기본이념은 잠재적 범죄자의 경우에 범죄가 매력적이지 않은 것으로 생각하도록 환경변화를 할 수 있다는 것이다.

상황적 접근방식에서 「기회」는 핵심적인 개념이다. 범죄에 영향을 미치는 「기회」라는 뜻은 첫째, 잠재적 범죄자가 범죄를 저지를 수 있는 물질적 조건(금전이나 재물 따위의 보유상황)을 의미할 수 있고, 둘째, 충동범죄(우연적 범죄까지 포함)의 경우에 기회라는 것은 물질적 조건이 범죄를 발생시키는 원인을 제공할 뿐만 아니라, 최소한의 위험감수로 이익을 얻을 수 있는 경우에도 존재한다는 것을 의미한다.[14]

3. 상황적 범죄예방의 이론적 배경

상황적 범죄예방은 여러 이론적 입장을 기초로 하는데, 이 이론들은 대부분 범죄발생에서 「기회요인」의 역할에 관심을 갖는 내용들을 핵심으로 하고 있다.

1) 합리적 선택이론과 기회

(1) 고전주의 학파의 이론의 재등장

① 합리적 선택이론은 18세기에 베카리아나 벤담이 주장한 고전학파의 범죄학과 거의 유사하다고 볼 수 있다. 이 이론은 범죄에 의해 야기되는 비용과 이익을 비교 형량해 범죄의 실행여부를 결정하는 합리적인 범죄인상(犯罪人像)을 전제로 하고 있다. 이런 이유 등으로 「고전학파 범죄학의 부활」이라고 평가하기도 한다.

② 합리적 선택이론은 고전적 억제이론과 마찬가지로 인간의 자유의지와 합리적 선택 등에 근거한 고전주의 범죄관(비결정론적 범죄관)을 전제로 한다.

14) Clarke, RVG (1980), Situational crime prevention: theory and practice, British Journal of Criminology, 20: 136-47.

따라서 인간은 주어진 조건에서 손해를 줄이고 이익을 최대한 추구하려는 합리적 선택을 통하여 행동을 하려고 한다. 이 경우 범죄자는 합리적인 선택을 하기 위하여 ㉠ 체포의 위험성, ㉡ 예상되는 처벌의 엄격성, ㉢ 범죄행위의 잠재적 가치, ㉣ 범죄소득의 즉각적인 필요성 등의 요소들을 검토한다. 그리고 이러한 요소들을 평가한 후에, 범죄의 결과로 발생한 이익이 손해보다 크다고 판단되는 경우에 범행을 하게 된다는 것이 합리적 선택이론의 핵심 내용이다.

(2) 클라크와 코니쉬의 합리적 선택이론

① 20세기에 들어서면서 합리적 선택이론에 대한 새로운 연구들이 진행되었는데, 초기에는 범죄자의 의사결정과정에 경제적 선택을 그대로 적용시키는 매우 조잡한 수준이었다. 그 후 합리적 선택이론은 상당한 발전을 이루었는데, 이것은 클라크(Ronald V. Clarke)와 코니쉬(Derek B. Cornish)의 업적이라고 할 수 있다.

② 이들은 경제이론인 기대효용의 법칙에 기초하여, 인간은 범죄로 인하여 얻게 될 효용(이익)과 손실의 크기를 비교하여 범행여부를 결정한다고 보았다. 따라서 범죄행위는 결국 각 개인이 선택한 결과이고, 이러한 선택과정에서 자신의 개인적 요인(금전욕구·학습경험 등)과 상황적 요인(범행대상에 대한 위험성여부·처벌의 확실성과 강도·주위환경 등)등의 요소를 고려하여 범죄자는 범죄행위를 결정한다는 것이다.[15)]

③ **고전주의이론과 합리적 선택이론과의 차이점**

고전주의이론은 한 개인이 주변사회 환경의 영향과는 무관하게 독자적이고 이성적인 판단만으로 범죄를 선택한다고 하였다[16)]. 반면 합리적 선택이론의 접근방식은 개인의 배경뿐만 아니라 그 개인에

15) D. B. Cornish & R. V. Clarke, Understanding crime desplacement: An application of rational choice theory, Criminology 25: pp.933-947

16) 쾌락주의적 선택이론을 주장하였던 벤담은 인간이 어떤 행동을 함에 있어서 범죄로부터 얻게 되는 이익이나 즐거움을 나중에 당하게 될지도 모를 처벌의 고통과 비교한 후에, 범죄로 인한 즐거움이 처벌로 인한 고통을 능가할 때 범죄행위를 선택한다고 하였다.

게 인접한 환경·학습·인지 등을 중요하게 여기는 접근방식이다. 따라서 인간은 자신의 독자적 이성적 판단에만 의존하여 행동하지 않고, 「개인의 배경적 요인」과 「상황적 요인」 등 다른 많은 변수들의 영향도 받고 있다고 생각하였다. 이런 점에서 이들의 견해는 고전주의적 입장과 차이가 있다.

(3) 현대의 고전주의 학파의 범죄관

현대의 합리적 이론가들은 근본적으로 범죄자를 보다 엄격하게 처벌하는 것이 더 큰 범죄억제 효과가 있다고 생각하고 있는데, 이는 고전적 억제모형의 확장이라고 볼 수 있다. 그 이유는 두 이론 모두 범죄자에 대한 처벌의 확실성과 엄격성을 강조한다는 점에서 그렇다. 이런 점에서 1970년대 이후 미국의 형사사법체계가 사형제의 부활·가석방과 부정기형이 폐지·상습범에 대한 삼진종신형 등의 채택은 고전주의 학파의 범죄이론과 맥을 같이 한다고 보아야 할 것이다.

2) 일상활동이론

일상활동이론은 개인의 일상활동 유형에 따라 범죄의 기회를 증가 시킬 수 있고 감소시킬 수도 있는데, 범죄도 일반 행동과 마찬가지로 일상생활의 범주 안에서 일어난다고 보았다(예컨대, 학교생활· 가정생활· 직업생활· 여가활동 등). 일상 활동이론은 생태학적 범죄이론들이 범죄발생 공간과 범죄자에 집중하면서도, 시간적 차원과 피해자에 대한 내용이 부족한 것을 지적하면서 태동하게 되었다. 특히 기존 이론들이 범죄자의 「범행동기」를 중심으로 연구를 진행했던 것과는 달리, 일상활동이론은 장소를 중심으로 한 「기회적 요인」에 초점을 둔 것이 특징이라 할 수 있다.

(1) 이론의 배경과 특징

1976년 코헨(Lawernce Cohen)과 펠슨(Marcus Felson)에 의해 발전된 일상활동이론(Routine activity theory)은 고전주의 학자들이 주장한 합리

적 선택이론과 밀접한 관련성을 지니고 있으나, 고전주의 학자들과는 달리 「범죄자」가 아니라 「범행의 조건」을 특정화 하는 이론이라고 볼 수 있다.

① 범죄발생 결정의 3가지 요소

이들은 범죄동기나 범죄를 저지를 개연성이 있는 사람의 수는 일정하고, 시간과 장소면에서 범죄발생 가능성을 높이는 3가지 요소가 존재한다고 보았다. 이러한 3가지 요소로는 ㉠ 동기화된 범죄자, ㉡ 범행에 적절한 대상(매력적 표적), ㉢ 범행을 막을 수 있는 사람(예컨대, 경찰·집주인·이웃 등)의 부존재의 세 변수가 그것이다. 따라서 일상활동이론은 위에서 설명한 세 가지 요소들이 동일한 시간과 장소에 모아졌을 때 범죄발생률이 증가할 것이라는 가설을 전제로 한다.[17] 그리고 이와 같은 3가지의 범죄유발요인이 동일한 시간과 공간에 나타나는지의 여부는 개인의 일상적인 활동양상에 의존한다고 한다.

(2) 코헨과 펠슨의 일상활동이론 적용사례

코헨과 펠슨의 일상활동이론은 1960년부터 1970년대에 미국과 서유럽에서 주거침입절도가 급증하는 이유를 타당성 있게 잘 설명해 주고 있다. 그것은 첫째, 2차대전 후 출산(출생)세대가 성인기에 접어들면서 범행을 동기화한 사람(잠재적 범죄자)들이 늘었고(동기화된 범죄자), 둘째, 가벼운 텔레비전과 같이 이동이 용이하고 쉽게 팔 수 있는 범행대상이 많아지고(범행에 적절한 대상), 이 기간 중에 여성 취업률이 높아지면서 낮 동안에 집에 남아있는 사람의 수가 줄어들었기 때문이라고(범행을 막을 수 있는 사람의 부재)풀이하고 있다.[18]

(3) 범죄예방이론들은 대부분 일상활동이론을 일부 접목하고 있다. 최근에는 목표물을 덜 매력적으로 만들고 목표물을 철저히 감시하여 범죄를 감소

17) Lawrence Cohen and Marcus Felson, Social Change Crime Rate Trends: A Routine Activities Approach, American Sociological Review44, 1979, pp.588-608.
18) Steven P. Lap, “Crime Prevention”, Anderson Publishing co, 1997, pp.78~79.

시키는 전략을 사용하거나, 또 '환경설계를 통한 범죄예방(CPTED)'과 같이 환경개선을 통해 시민들이 느끼는 범죄에 대한 두려움을 감소시키고 범죄의 기회를 차단 또는 감소시켜야 한다는 주장이 제기되고 있다.

3) 비판

일상활동이론은 범죄자의 규명에 중점을 두는 전통적 범죄원인론과는 달리, 범행에 적절한 대상과 범행을 막을 수 있는 사람의 부존재 측면에 초점을 맞추고 있기 때문에 피해자 중심의 이론이다. 그럼에도 불구하고 (1) 범죄자의 동기는 무엇인지, 어떤 사람이 범죄를 저지르는지에 대한 설명이 부족하고, (2) 단지 3가지 요소(동기 부여된 범죄자·적절한 범행대상·감시의 부재측면)들이 일치할 경우에만 범죄를 저지른다는 주장을 하는 것은 설득력이 없다고 비판을 받고 있다.

4. 상황적 범죄예방 전략

1) 의의

상황적 범죄예방은 특정범죄를 저지를 기회를 감소시키고, 범죄자에 의해 인식된 위험을 증가시키는 전략을 말한다.

2) 범죄예방 전략방안

상황적 범죄예방 전략으로는 (1) 개인적 수준의 대책, (2) 지역사회 수준의 대책, (3) 물리적 환경수준의 대책 등이 주로 거론되고 있다.

(1) 개인적 수준의 대책

개인적 수준의 전략(대책)으로는 ① 대상강화(잠금장치·경보장치사용 등 물리적 안전성 증대), ② 접근통제(시정장치·울타리 설치 등), ③ 범죄수단의 제거(가정집에 사다리를 안전한 곳으로 치우는 것 등), ④ 대상제거(귀중

품 등 금고에 보관), ⑤ CCTV설치 등을 들 수 있다. 따라서 이와 같은 조치는 위험을 증대시키고 범죄로부터 얻는 이익을 감소시키는 전략이라고 볼 수 있다.

(2) 지역사회 수준의 대책

지역사회 수준의 대책으로는 ① 공식적 감시(경찰의 순찰활동), ② 자연적 감시, ③ 민간경비 활성화(경비원 및 경비시스템 등의 배치), ④ 주민감시(주민감시프로그램운영 등), ⑤ 시민순찰활동 등을 들 수 있다.

(3) 물리적 환경수준의 대책

물리적 환경수준의 대책에 대해서는 '환경설계를 통한 범죄예방'에서 후술하였다.

Ⅲ. 환경설계를 통한 범죄예방(CPTED)

1. 개설

1) 셉테드(CPTED)의 개념

환경설계를 통한 범죄예방은 적절한 설계와 건축 환경을 유효하게 활용하여 범죄발생수준과 범죄를 대상으로 한 공포를 감소시키고, 생활의 질을 향상시키는 것을 목표로 하는 기법이라고 정의할 수 있다. 즉, 환경을 디자인하는 것뿐만 아니라 개발지역 및 신도시를 더욱 안전하게 설계하려는 공공개발 주체들이 서로 협력함으로써, 많은 범죄를 효과적으로 예방할 수 있는 가치라고 설명할 수 있다.[19]

19) T. Crowe, Crime Prevention Through Environmental Design: Applications of Architectural Design and Space Management Concepts, 2nd ed., Oxford: Butterworth-Heinemann, 2000, p.11.

2) 전개과정

환경설계를 통한 범죄예방은 1961년 제이콥스가 그의 저서 「위대한 미국 도시의 생과 사(死)」[20]에서 도시 재개발에 따른 범죄문제를 대상으로 한 해법으로, 도시 설계방법을 이용해야 한다고 처음으로 제시하였다. 그 후 1971년 제퍼리의 「환경설계를 통한 범죄예방」과 1972년 오스카 뉴먼의 「방어공간」 등의 저서에서 환경설계와 범죄상관관계 연구가 발표 되었다. 셉테드(CPTED)라는 용어는 제퍼리의 책 제목에서 원용된 것이고, 1970년대 미국에서 범죄예방환경설계를 주거지뿐만 아니라 공공시설과 학교에 적용하기 시작하면서 관련 연구가 본격적으로 시작되었다.

2. 제퍼리의 환경설계를 통한 범죄예방이론

제이콥스와 뉴먼의 문제제기를 받아 환경설계의 테마에 최초로 접근을 시도한 사람은 제퍼리(Jeffery)였다. 제퍼리는 범죄의 실행 후에 범죄자를 처벌하는 종래의 형사사법방법을 격렬하게 비판하고, 범죄실행 전에 환경을 직접 통제하여 범죄예방을 해야 할 필요성을 주장하였다.

1) 방어공간 개념의 확장

(1) 제퍼리(C. Ray Jeffery)는 「환경설계를 통한 범죄예방(CPTED, 1971년)」이라는 저서에서, 방어공간의 개념을 주택지뿐만 아니라 학교나 공장 같은 비주거지역에 적용함으로써, 범죄예방을 위한 환경설계가 미국 전역의 관심을 받기 시작했다. 이처럼 제퍼리는 주택지이외의 학교나 상업지 같은 물리적 요인, 그리고 부모의 통제와 같은 사회적 환경 등을 모두 포함하는 종합적인 환경설계를 주장하였다. 따라서 제퍼

20) 제이콥스는 이 책에서 거리에서 보내는 눈길을 받을 수 있는 방향으로 건물을 세워야 하고, 포장도로의 이용이 높아지려면 도로의 이용자나 건물에서 내다보는 사람들 모두가 도로를 지켜보기 용이하여야 한다고 주장하였다.(Jacobs, The Death and Life of Great American Cities, New York: Jomathan Cape, 1962, p.35). 따라서 환경설계를 통한 범죄예방이라는 것은 범죄를 통제하는데 있어서 「감시능력」이 매우 중요하다는 것을 시사해 주고 있다.

리의 CPTED는 오스카 뉴먼이 주장한 주택지 설계만을 대상으로 한 범죄예방과는 중요한 차이를 보이고 있다.[21)]

(2) 제퍼리의 CPTED(Crime Prevention Through Environmental Design) 개념은 물리적 설계·주민참여·경찰활동 등 3요소를 종합적 계획적으로 접합시킨 것이다. 즉, 지역사회 전체·우범지역·주택지역·교육기관·교통수단 등을 범죄로부터 보호하고 범죄에 대한 두려움을 제거시키려는 범죄예방 전략이며, 인간행동에 대한 환경적 접근방법이라고 볼 수 있다.[22)]

2) 제퍼리의 CPTED의 기본원리

제퍼리는 4가지 정도의 핵심전략을 CPTED의 기본원리로 제시하고 있다. 즉, 영역성의 강화·자연적 감시·접근통제에의 강화·주민에 의한 방범활동 지원 등이 그것이다.

첫째, 「영역성의 강화」를 들 수 있다. 이는 주거지의 영역의 확보를 위하여 공적 영역을(공공의 공간) 보다 더 사적 영역화함으로써 외부인을 통제하고, 동시에 외부인도 자신이 통제대상이라는 것을 깨닫게 하여 범죄를 예방하는 전략이다. 즉, 지역사회에 대한 애착을 높이고, 주민들 스스로 지켜나가고자 하는 예방책이다. 예컨대, 일정한 영역에 울타리·도로의 포장·출입구 통제 강화·표지판 등을 설치하여, 자신들의 소유물이라는 것을 외적으로 알리는 일종의 물리적인 방법이다.

둘째, 「자연적 감시」를 들 수 있다. 즉, 잠재적 범죄인에게는 발각과 체포의 두려움을 높여주고, 적법한 사용자에게는 안전감을 향상시켜 긍정적 상호작용을 증대시키는 방법 중의 하나이다. 예컨대, 주차장이나 현관에 CCTV설치·담벽 및 시야장애물 제거·가로조명 개선, 그리고 방문이나 창문을 주변도로에서 잘 보이도록 설계하여 침입자에 대한 감시를 강화하는 것을 말한다.

---

21) C. R. Jeffery. Crime Prevention Through Environmental Design, Beverly Hills: Sage, 1971, p.184.
22) Ibid, p.46.

셋째, 「접근통제의 강화」이다. 이는 지역 및 지역 내 주택이나 건물에 수상한 사람이 침입하기 어렵게 설계하는 것으로, 흔히 '대상물 강화전략'이라고 불리기도 한다. 예컨대, 방범창 설치·방범경보장치·특수잠금장치·경비원을 배치하는 것 등이다. 이와 같은 조치는 범죄를 저지를 목적으로 어떤 장소나 건물에 출입을 시도하려는 것을 어렵게 하여, 범죄를 감소시키려는 전략이다.

넷째, 「주민에 의한 방범활동지원」이다. 이는 주거지 주변에 레크리에이션 시설의 설치·주택단지 안에 농구장 설치·산책길 주변에 벤치를 설치하는 등 「거리의 눈」을 이용하는 것이다. 즉, 지역주민 일상활동의 활성화를 통해 주민에 의한 감시의 빈도를 높여 감시기능을 적극적으로 활용하는 설계전략이다. 그러나 이 전략은 주민들의 방범의식 강화와 함께 경찰과의 협조체계가 확립되어야 하는 것이 선결조건이다.

3. 뉴먼의 방어공간이론

1) 영역성 개념의 확충

건축학자인 오스카 뉴먼(Oscar Newman)은 제퍼리(Jeffery)의 이론 중 「영역성」에 대한 개념을 더욱 발전시켜 '방어공간이론(Defensible Theory, 1972)'을 제시하였다. 그는 도시범죄는 범죄를 억제하는 사회적 메커니즘의 붕괴와 연대활동을 이끌어내는 공동체의 능력부재로 인하여 범죄예방이 어렵게 됐다고 보았다. 따라서 연립·아파트 위주의 공공주택에서의 공간관리 및 설계 등을 통한 도시의 거주환경을 재조정하면 범죄통제가 가능하다고 보았다. 그리고 그와 같은 노력들은 경찰에 의해서가 아니라, 지역사회의 주민들에 의해서 이루어져야 한다고 주장하였다.

2) 뉴먼의 4가지 기본원리

뉴먼(Newman)은 보안에 기여할 수 있는 환경에 관하여 영역권의 설정·자연스러운 감시·거주지의 이미지 형성·안전지역 또는 주변 환경(입지조건)의 정비 등 4가지 원칙을 제시하였다.

첫째, 「영역권의 설정」이다. 이는 외부로부터의 침입을 방지하기 위하여 「주거지내의 사적 공간」을 확장함으로써, 자기 영역에 대한 인식이 높아지고 외부인들에 대한 주의나 감시를 강화시키는 것을 말한다(예컨대, 펜스·표지판 등 소유의 관리가 잘 이루어지는 영역을 표시하는 방법 등).

둘째, 「자연스러운 감시」이다. 이는 건물배치 등의 환경설계에 의해서 주거지나 이웃사람들의 주거지의 출입문을 일상적으로 감시할 수 있도록 하는 것을 말한다(예컨대, 창문은 「준 사적 지역」이나 「공공지역」을 자연스럽게 관찰할 수 있는 곳에 설치하는 것 등).

「공간의 형태」

뉴먼은 일정하게 구축된 환경 내에는 「사적 공간으로부터 공공의 공간」에 이르기까지 위계적 성격을 띠는 공간의 형태가 존재한다고 하였다. 「사적 공간」은 주택이나 아파트 내부와 같이 완전히 거주자의 통제 하에 있는 공간지역을 말한다. 「준 사적 공간」은 주택의 정원같이 현재 거주자의 통제 하에 있는 지역인데, 사람들이 가시적으로나 물리적으로나 접근 가능한 지역이다. 「준공공의 공간」이란 고층건물의 복도나 휴식 및 주차를 위한 공유 공간 등을 말하며, 거주자들 집단의 통제 하에 있거나 그들의 책임 하에 있는 지역을 말한다. 그리고 「공공의 공간」이란 일반인들에게 접근이 개방되어 있는 곳으로, 거리에 있는 가로가 여기에 속한다.

셋째, 「거주지의 이미지 형성」이다. 이는 무질서나 비행의도를 저지할 수 있도록 정돈되고, 밝은 지역 환경을 조성하는 것을 말한다.

넷째, 「안전지역 또는 주변 환경의 정비」를 들 수 있다. 이는 주거지역이 범죄로부터 안전을 확보하는 것을 말한다(예컨대, 주택지를 범죄위험시설이 없는 지역에 배치하거나, 유흥시설이나 윤락업소 같은 풍속에 유해한 시설은 주택단지 주변에 위치하지 못하도록 하는 것 등).

3) 뉴먼(Newman)의 이러한 주장은 정책 결정자들에게 큰 공감을 얻어 미국의 경우, 공공주택을 건설함에 있어 하나의 중요한 기준으로 채택되기도 하였다. 따라서 오늘날 지역사회 감시프로그램을 비롯하여 현대의 많은 범죄 예방정책들이 이러한 환경범죄이론에 근거하여 시행되고 있다. 그리고 이러한 정책들은 잠재적 범죄자의 범행동기를 변화시키기 보다는, 환경적 변화를 통해 범행실행을 억제하는 방향으로 추진되고 있다는 점에서 특색이 있다고 볼 수 있다.

4. 근래의 환경설계를 통한 범죄예방이론

1) 모팻(Moffat)의 5가지 기본원리[23)]

(1) 모팻(Moffat)은 제퍼리(Jeffery)의 이론을 보완하여 CPTED 기본 원리로 다섯 가지를 제시하였다.

첫째, 「자연적 감시원리」

범죄 피해를 당할 잠재적 피해자를 보호하기 위해 피해자·범죄인·장소(환경을 구성하는 요건)들 간의 상관성을 분석하여, 일반인들에 의한 가시권을 최대화시킬 수 있도록 건물이나 시설물을 배치하는 원리를 말한다. 이 원리는 공간 및 시설배치·적절한 디자인을 통해서 잠재적인 범행의지를 가진 범죄자와 범죄피해자를 감시영역 안에 두는 원리를 말한다.[24)]

둘째, 「자연적 접근통제의 원리」

사람들을 도로·보행로·조경·문 등을 통해 일정한 공간으로 유도함과 동시에, 허가받지 않은 사람들의 진출입을 차단하여 범죄목표물에 대한 접근을 어렵게 만드는 전략을 말한다.

셋째, 「영역성의 원리」

23) 이도선, 앞의 논문, pp.26~27.
24) 박준휘 외, 셉테드 이론과 실무, 한국형사정책연구원, 2014, p.67.

어떤 지역에 대해 지역주민들이 자유롭게 사용하거나 점유함으로써, 그들의 권리를 주장할 수 있는 가상의 영역을 의미하는 것이다.

넷째, 「활동의 지원」

이것은 일반시민들의 눈에 의한 자연스런 감시를 강화하여 공공장소 등에 대한 범죄 위험을 감소시키고, 주민들로 하여금 안전감을 느끼게끔 하는 것이다.

다섯째, 「유지 및 관리의 원리」

어떤 시설물이나 공공장소를 처음 설계된 대로 지속적으로 이용될 수 있도록 하는 원리를 말한다. 이것은 처음 설계하고 디자인 한 것, 혹은 개선한 의도대로 범죄예방 기능을 지속적으로 발휘할 수 있도록 하는 것이다.[25)]

(2) 모펫은 이외에도 특정 장소의 이용자가 위험에 처해지거나 불안을 느낄 때의 대처방안도 제시하였다. 즉, 신속히 벗어날 수 있는 빠르고 짧은 대체적 경로(alternative routes)의 다양한 확보 전략 등이 그것이다.

5. 크로우(Crowe)의 4가지 기본원리

Crowe(2000)는 셉테드의 기본원리로, 접근통제(access control)·대상강화(target hardening)·자연적 감시(natural surveillance)·영역성 강화(Reinforce Territoriality)를 세시하였다. 이는 공간의 소유권·공간용도의 정의·적절한 디자인을 통한 자연스러운 감시와 접근통제를 의미하는 것이다.

첫째, 「접근통제(Natural Access Control)」

① 자연적 접근통제는 일정한 지역에 접근하는 사람들을 정해진 공간으로 유도하여 출입을 자연스럽게 통제하는 것으로, 범죄를 목적으로 접근하는 사람들이 정해진 출입구만 이용할 수 있도록 설계하는 것을 말한다.

25) 강석진, "안전한 도시관리를 위한 범죄 위험도 평가 연구", 고려대학교 대학원 박사학위논문, 2010, p.30.

그 결과 범죄자로 하여금 범죄행위의 위험도를 높이고, 도주로를 차단하는 효과까지 얻을 수 있다고 크로우는 주장하였다(경비원이나 시건장치 또는 방범시스템 병행 등).

② 제퍼리(Jeffery)의 셉테드의 기본원리가 대상물 강화에 주안점을 두었다면, 크로우(Crowe)는 이용자의 접근성을 보완하고 강화하는 방향에 주안점을 두었다는 점에서 그 차이가 있다.

둘째, 「대상강화(Target Hardening)」

대상강화는 범죄를 예방하기 위해 물리적인 장애물을 설치하는 것을 말한다. 즉, 자물쇠·잠금장치·경보장치·담장 등의 대상물을 이용하여 범죄를 예방하는 물리적 강화방안이다.

셋째, 「자연적 감시(Natural Surveillance)」

① 자연적 감시는 건축물이나 시설물 등의 도시계획 단계부터 가시권을 최대한 확보하도록 설계하는 것을 말한다. 이 원리는 특히 낮에 가시성 확보를 위해 취약공간에 대해 시설 및 공간 계획이 이루어져야 하고, 야간의 시야를 위해 건물 출입구·보행로·도로·주차시설·가로시설 등에 적절한 조명의 설치가 중요하다고 강조한다.

② 제퍼리(Jeffery)는 자연적 감시의 본질적 측면에 주안점을 둔 반면, 크로우(Crowe)는 보다 구체적인 시설 및 공간 계획 단계에서부터 적용되어야 한다고 주장하였다.

넷째, 「영역성 강화(Reinforce Territoriality)」

① 영역성은 어떠한 공간(space)의 정당한 사용자들이 지닌 재산권과 오너십(담장·포장도로·관리·표지판·조경·예술작품 등)에 대한 관념을 강화하기 위한 설계적 개념 혹은 디자인 컨셉을 말한다. 초기에 환경설계를 통한 범죄예방(CPTED)에서의 영역성은 다른 모든 것들을 기반으로 하는 기본적이며, 포괄적 개념(umbrella-concept)으로서 추상적인 개념이었다. 크로우는 이러한 1세대(제퍼리 등의 셉테드)의 영역성의 개념을 보다 구체화하여 강화시킬 것을 제안하였다. 크로우는 이런 조치

가 이루어진다면 자연적이고 규칙적으로 다른 전략인 접근통제와 감시를 보다 가능하게 하며, 공간 이용자로 하여금 해당 환경사용에 대한 긍정적인 행동을 강화할 수 있다고 하였다.

② 제퍼리(Jeffery)는 확실한 영역성의 강화를 통한 「소유감 강화」에 주안점을 둔 반면, 크로우(Crowe)는 「영역성 강화를 위한 이미지」가 시설이나 공간 이용자로 하여금 자연스럽게 질서를 준수하게끔 하는 전략이 되어야 한다고 강조하였다.

6. 적용사례와 세계의 관련정책

1) 적용사례

(1) 외국

① **미국**

미국 플로리다 주(州)에서는 1996년에 마이애미 북부 주거지역으로 연결되는 78개의 도로를 막는 범인들의 '접근통제' 셉테드를 도입했고, 또 케인즈 빌 시에서는 편의점 유리창을 가리는 게시물 부착을 금지시켰다. 계산대도 외부에서 잘 보이는 위치에 설치하도록 하고, 주차장에 CCTV와 밝은 조명을 설치하도록 하였다. 그 결과 인구 10만 명당 6,441건의 재산범죄가 2005년에 인구 10만 명당 3,974건으로 39%가 감소하였다.[26)]

② **영국**

1980년대 후반 에드먼턴·햄리츠 타워·해머스미스 세 지역에 가로조명을 평균5럭스(LUX)이하에서 10럭스로 높이자, 세 곳 모두에서 무질서와 범죄에 대한 두려움이 줄고, 보행자의 도로사용률도 50% 이상으로 급격히 증가했다.

---

26) https://Ko.Wilipedia.org/WiKi .... 검색일. 2020.1.12

(2) 한국

2005년 4월에 초등학생 2명의 살해사건이 발생했던 부천시(2004)에서 지역 안전 확보를 위해 방법CCTV설치·조경 및 보안등 개선 등 CPTED시범운영과 준실험적 설계에 의한 연구가 추진되었다. 2014년 4월에는 용산경찰서와 용산구청 합동으로 지표면 바닥에 푸른 불빛이 나는 발광형광등 150여개를 설치하여 시민들이 안전하게 야간 통행을 할 수 있도록 하는 등 본격적인 CPTED의 적용이 전국 단위에서 활발히 진행되고 있다.[27)]

2) 관련정책

근래에 캐나다·일본·네덜란드·프랑스·독일·터키 등에서 범죄통제를 위한 종합적인 전략의 한 부분으로 CPTED 프로그램이 시행되고 있고, 이와 관련하여 법령· 규칙· 조례 등에서 CPTED 계획수립과 적용 의무화를 규정하고 있는 것이 일반적인 경향이다.

(1) 외국

환경설계를 통한 범죄예방은 도시 설계 계획에서 개별 건축자재 품질관리까지 다양한 방법으로 시행되고 있다.

예컨대, 영국에서는 방범환경설계제도를 제정하여 1992년부터 표준 규격화 실험기준과 경찰청에서 하는 심사를 통과한 건축자재나 건축물에 인증을 부여하고 있다. 이런 정책을 실시한 결과 영국에서 방범환경설계제도를 도입한 주(州)단지는 미도입 주택단지보다 절도·차량·범죄·손괴행위를 위시한 범행이 덜 발생하였다.[28)]

한편, 네덜란드에서는 1994년에 경찰안전주택인증제도를 도입하였고, 1996년에 전국으로 확대실시 하여 표준에 부합되는 건축재료나 구조에 인증을 부여하였다.

그 결과 연간 주거침입절도가 1997년 12만 건에서 2000년 8만 6천 건으

27) 김형중. 이도선. 정의롬, 앞의 책, p.341.
28) 신의기 외, "범죄예방을 위한 환경설계의 제도화 방안", 한국형사정책연구원,2008, pp.89-123.

로 반감 하였다.

(2) 한국

① 국내에서는 1992년 건설교통부에서 전국의 설계사무소에 '방범설계를 위한 지침'을 배포한 적이 있으나, 그 효용가치는 미흡하였다. 그러다가 2005년 3월에 와서 경찰청에서 한국 역사상 최초로 경찰조직의 셉테드 추진계획을 수립하여 시행하였다. 그리고 2005년 7월 판교신도시·2006년 10월 세종특별시[29]·2009년 3월 서울시의 뉴타운 사업에도 적용하였다. 이외에도 부산[30] 등 전국의 광역·기초자치단체는 해당 지역의 안전마을·도시재정비촉진구역·도시재생 등의 사업과 연계하여, 안전인프라 구축을 위한 노력을 경주하고 있다.

② 한편, 경찰청에서는 환경설계를 통한 범죄예방(CPTED) 방안 설계지침 제작(2005). 경찰청 경찰인재개발원에서는 CPTED 전문화 과정 교육(2005년부터 현재) 진행, 학생안전지역 지정(2013), 편의점 방범인증제 도입(2013), 안전공원 DREAM 프로젝트(2013), 그리고 부산지방경찰청에서는 CPTED 행복마을 조성(2013)계획을 수립·시행하고 있다.

③ 국토교통부는 2014년 건축법을 개정해 '제53조의2(건축물의 범죄예방) ①국토교통부장관은 범죄를 예방하고 안전한 생활환경을 조성하기 위해 건축물, 건축 설비 및 대지에 관한 범죄 예방 기준을 정해 고시할 수 있다. ②대통령령으로 정하는 건축물은 제1항의 범죄예방 기준에 따라 건축해야 한다'는 조항을 신설했다. 이 조항에 따라 500세대 이상 아파트·소매점·오피스텔 등은 정부의 범죄 예방 기준을 적용해 설계하도록 하고 있다. 또한 건축법 시행령 제61조의3

29) 도시 인프라 구축에 있어 최첨단의 과학기술 집약적인 도시계획을 진행해 온 세종특별자치시는 도시재정비 사업시 CPTED 적용 의무화 및 조례제정(2010), U-City 사업시 CPTED 도입(2013), CPTED 적용 안전한 가로환경 조성지침(2013) 등의 사업을 진행하였다.

30) 부산시는 CPTED 가이드라인 개발(2013)과 CPTED 조례제정(2013), 범죄예방환경디자인예비사업(2013)과 본사업(2014)을 통해 안전한 도시환경조성을 위한 노력을 기울이고 있다.

(건축물의 범죄예방)에 따르면 공동주택(500가구 이상)·근린생활시설(소매점, 다중생활시설)·문화 및 집회시설·교육연구시설 등은 국토교통부 장관이 고시하는 건축물별 범죄예방 기준에 따라 건물을 설계·건축해야 한다.

Ⅳ. 깨진 유리창 이론

1. 개설

1) 의의

깨진 유리창 이론(Broken Windows Theory)은 무질서와 심각한 범죄를 이론적으로 연결시킨 최초의 시도로서, 1982년 미국의 범죄학자인 윌슨과 켈링(Willson & Kelling)에 의해 주장된 이론이다.

2) 짐바르도

깨진 유리창 이론은 1969년 스탠포드 대학의 심리학자인 짐바르도(Philip Zimbardo)의 자동차 실험에서 유래한다(Philip Zimbardo의 자동차 실험). 뉴욕시의 브롱스(Bronx)거리는 번호판 없이 보닛을 열어놓은 차 한 대를 세워두고, 캘리포니아의 소도시인 팔로 알토(Palo Alto) 거리에는 동일 차종으로 보닛을 닫은 상태로 세워 두었다. 브로스에서는 세운지 10분이 채 지나지 않아 한 가족이 차량의 냉각장치와 배터리를 해체하여 가져갔고, 24시간 이내에 사용 가능한 모든 부품이 분해되어 절취되었다. 반면 알토에서는 1주일이 지나도록 아무런 이상이 없자, 실험자가 그 차의 일부분을 헤머로 부수었고 이후 몇 시간 내에 행인들이 달려들어 완전히 파괴되었다. 즉, 유리창을 조금 깨어놓은 것이 걷잡을 수 없는 파괴로 이어진 것이다. 윌슨과 켈링은 이러한 짐 바르도의 자동차 실험의 내용을 정리하여 1982년에 발표하였는데, 이것이 그 유명한 '깨진 유리창 이론'이다.

2. 깨진 유리창 이론의 내용

1) 무질서와 범죄와의 관계

(1) 이 이론은 깨진 유리창을 비유로 무질서와 범죄와의 관계를 강조한다. 깨진 유리창이론에서 제시하는 '깨어진 유리창'은 버려진 차량과 낡은 건물, 쓰레기 등과 같이 물리적 징후를 대표하는 용어이다. 한편, '무질서'는 가시적인 물리적 무질서 외에 술에 만취한 사람이 위협적으로 거리를 걷는 모습이나, 그리고 청소년들이 무리지어 다니며 배회하거나 노상방뇨 행위 등과 같이 사람과 관련한 사회적 무질서를 모두 포함한다.

(2) 무질서는 범죄를 유발하는 시발점이자 핵심요소로서, 범죄를 잇는 연결고리이다. 무질서한 행위(구걸·매춘·음주소란 등)와 환경(쓰레기·낙서·비거나 낡은 집·버려진 자동차) 등이 방치되면 주민들은 그 장소를 회피하게 되고, 그곳에 대하여 범죄두려움을 증가시킨다. 그리고 그 지역이나 장소는 잠재적 범죄자들과 십대 청소년들의 일탈욕구를 증대시키는 무대가 되어 무질서가 더욱 심각해지고 비공식적 사회통제가 약화된다. 나아가, 증가한 무질서와 약화된 비공식적 사회통제 때문에 주민들이 느끼는 범죄두려움은 더욱 커지게 되고, 심지어 이사를 하게 되는 경우가 발생한다. 그 결과 그 지역은 다른 지역의 범죄자들까지 해당지역으로 이동하고, 절도·강도·폭력 등 심각한 범죄가 증가하게 된다. 따라서 무질서 → 범죄피해에 대한 두려움 → 비공식적 사회통제의 약화 → 주거지 이주에 대한 고려와 결심 → 도심공동화 → 지역사회의 혼란과 해체 → 범죄증가 등의 연쇄작용을 겪게 된다는 것이다. 윌슨과 켈링은 이의 해결책으로 지역사회를 개선하려면 무질서에 대한 엄격한 통제관리가 우선되어야 한다고 역설하였다.

2) 통제수단과 예방책

깨진 유리창이론은 지역의 무질서한 환경으로 인한 범죄의 두려움의 증가와 범죄발생 원인을 설명하고 있다. 이는 적절한 지역사회환경의 구성과 형태가 범죄에 대한 두려움과 범죄발생에 미치는 영향과 효과를 간접적으로 제시한 이론이기도 하다. 깨진 유리창 이론은 무질서와 관련하여 첫째, 무관용의 원칙, 즉 직접적인 피해자가 없는 사소한 무질서 행위에 대하여도 경찰의 무관용 원칙(Zero Tolerance)에 입각한 강경한 대응을 하고, 둘째, 지역주민들 간 상호협력의 필요성, 즉 시민들이 파괴되거나 더럽혀진 주변 환경에 대해 신속한 회복을 수행함으로써, 지역주민 간의 상호협력을 통한 범죄와 무질서에 대한 예방노력이 어우러진다면 효과적인 범죄예방이 이루어질 수 있다고 주장한다. 따라서 이 이론은 무관용 정책과 집합효율성의 강화가 범죄를 예방하는데 중요한 역할을 한다고 강조하고 있다.

3. 깨진 유리창이론에 의한 실제적 실험

1) 1994년 세계에서 가장 범죄율이 높고 치안이 불안한 뉴욕시에 루돌프 줄리아니 시장과 브래튼 경찰국장이 취임하면서, 이 이론을 도입하여 실제로 적용하였다. 이들은 뉴욕지하철 강력범죄를 줄이는 정책으로 지하철 낙서지우기·지하철 무임승차·구걸·노상방뇨 등 경범죄 등에 대하여 우선적으로 강력하게 처벌하였다.

2) 처음에 뉴욕시민들은 뉴욕치안 개선을 공약하고 당선된 줄리아니 시장의 사소한 치안정책 등에 대하여 비난의 목소리가 높았다. 그러나 시간이 지나면서 뉴욕의 범죄발생건수는 서서히 감소하기 시작하였고, 마침내 연간 살인사건이 50%나 줄어들면서 범죄도시의 오명을 불식시키는데 성공하였다. 이는 경미한 질서위반을 방치하다 보면, 더 심한 타락과 범죄를 발생시킬 수 있다는 것을 의미한다.[31)]

31) 김형중 외, 앞의 책, p.353.

범죄학 INDEX

(ㄱ)

가로팔로 79
가부장제 177
가정폭력 371
가정폭력의 사이클 374
가정폭력의 이론 373
가정폭력의 특징 372
가족 유전자 수사 332
가치학 22
가해의 부정 297
각국의 조직범죄의 연혁 397
각성제 157
간질 139
갈등론적 관점 15
감별불능형(undifferentiated type) 236
강간 357
강간의 피해 369
강도의 원인 356
강도죄 354
강도죄의 특징 356
강인함과 억셈(toughness) 277
거리의 눈 430
거리의 법칙 85, 287
거주지의 이미지 형성 430
건강염려증 230
게이트 밀레트 178
격세유전 73, 139
결정론적 견해 23
경제학적 이론 390
경찰력을 이용한 자살 327
경험과학 29
고다드 109
고링(C. Goring) 101
고전주의 학파 53
고전주의 학파의 범죄이론 59
공간지각능력 137
공공의 공간 431
공식범죄통계자료 31
공차제도 도입에 관한 논쟁 392
공창제도 392
광의의 범죄학 22
균형형 106
그로스 93
그림 슬리퍼(Glim Sleeper) 332
글룩(Glueck)부부의 체형이론 106
금주법(禁酒法) 398
금지주의 393
급진적 범죄 311
급진적 페미니즘 177
기능성정신병(functional psychosis) 233
기능주의 이론 392
기독교의 범죄관 49, 54, 54, 54, 54, 54
기분장애 241
기사도 정신가설 175
기업범죄 378
기저핵(basal ganglia) 238
기제 344
기질성정신병(organic psychosis) 233
긴장이론(아노미이론) 260
긴장형(Catatonic type) 236
깁스(Gibbs) 64
깨진 유리창이론 438

(ㄴ)

낙인이론 302
낙인이론의 특징 308
남성성 가설 171
내배엽우월형(비만형) 103
내장긴장형 104
노미 마사히코의 혈액형 인간형 129

뇌와 범죄와의 상관성 연구 137

(ㄷ)

다수살인 327
다원적 범죄원인론 76
다중인격자 341
달라드(John Dallard) 347
달튼 182
대뇌 136
대뇌피질(cortex) 136
대리살인(代理殺人) 327, 348
대마 164
대마수지(해쉬쉬) 165
대마수지기름(해쉬쉬 미네랄 오일) 165
대상물 강화전략 430
대상회(cingulate gyrus) 237
대조집단 44
더 높은 충성심에서의 호소 298
더램 법칙(Durham Rule) 251
덕테일(R. L. Dagdale) 109
데이트 강간 362
데이트 강간 약물 162
덱스트로메트로판(일명 러미라) 162
도구적기능 355
독일학파 90
두뇌긴장형 104
뒤르깽(Emile Durkheim) 86, 260
드크하임(Emile Durkheim) 260
따르드(L. G. Tarde) 85, 287

(ㄹ)

라까사뉴 84
라즈노비츠 35
랑게(Lange) 111
러시아 마피아 404
렌츠 93
로니 데이비드 프랭클린 주니어 332
로드리게스의 재판 231
로버트 고던(R. Gordon) 222
롬브로조 73
롬브로조의 연구 171
리스트 90
리퍼드 헤른스타인과 찰스 머레이 224

(ㅁ)

마르크스주의 페미니즘 178
마리화나 164
마약 154
마약 비범죄화론 168
마약의 분류 153
마약의 합법화에 대한 논의 167
마피아(Mafia) 397
만성기 147
말썽 등 문제 만들기(trouble) 277
망상(delusion) 234
망상장애(delusional disorder) 239
망상증(편집증)과 범죄 239
망상형(Paranoid type) 236
매춘부 171
매춘을 바라보는 인식문제 388
매춘의 원인 390
맥노튼 법칙(M. Naughten Rules) 249
머튼(R. K. Merton) 261
메사돈계 157
메스암페타민(필로폰 또는 히로뽕) 157
멕케이(Henry Mckey) 269
명동파 407
모르핀 154, 155
모방의 법칙 85, 287
모범형법전 251
무관용의 원칙 440
무죄항변제도 252
문신과 잔인성 403
미국의 사회범죄학파 94
밀러(Walter Miller) 276
밀러의 하위계층문화이론 275

(ㅂ)

바르비탈염제류 160
반교정주의 309
반사회성 성격장애 245
반사회적 성격장애 243
반사회적 인격 245
반합성마약 156

발육이상형 191
발작적 살인범 328
방향의 법칙 85, 287
배심제도 249
배우자(동거자) 강간 360
백지설 289
범죄 19
범죄 집단 289
범죄단체 396
범죄사회학 255
범죄생물학 100
범죄생물학회 93
범죄수사학 93
범죄원인 23
범죄인론 66
범죄인류학파 73
범죄자가계의 연구 109
범죄적 사이코패스 252
범죄피해자 25
범죄학 22
범죄학교과서 93
범죄현상 24, 30
범호남파 408
법률적인 정의 20
베르코바츠(Leonard Berkowitz) 349
베르코비츠(David Berkowitz) 236
벤담 56
벤조다아제핀제제 160
벨곡선 224
변태성욕자 340
복합이론 392
본성이론 227
볼덴베르크 181
부적증상(nagative symptom) 235
부정적인 자기관념이 형성 307
불간섭주의(Non-intervention) 308
불안장애 229
브루너규정 251
비결정론 23
비난자에 대한 비난 298
비만형 192
비범죄화 308
비타민 결핍과 비타민 의존에 의한 범죄 124
비판범죄학 308
비행과 표류 296
비행적 하위문화이론 279
비형벌화 308

(ㅅ)

사고의 장애 234
사례·생애사 연구(개별적 사례연구) 43
사면제도 56
사실학 22
사이코패스 232, 340
사이크스(Gresham M. Sykes) 296
사적공간 431
사형 56
사회·심리학적원인론 390
사회구조적 이론 255, 259
사회부적합형 사이코패스 248
사회주의 페미니즘 179
사회통제이론 298, 301
사회해체이론 269
살인 326
살인범죄의 개별적 요인 350
살인범죄의 발생원인론 343
살인의 동기 352
삶의 추동 347
삼우회 407
삼합회(트라이어드) 401
삼합회의 문화 403
삽입의 법칙 85, 287
상대적 암수범죄 34
샌드버그(Sandberg) 116
생리적 현상과 범죄 182
생리적증후군(premenstrual) 182
생리전 증후군 182
생리현상과 여성범죄 181
생물학적 범죄원인론 100
생물학적 이론 343
생아편 154
서덜랜드 35, 43
성염색체 이상연구 115
성적 결정권 360

세력이론 368
세린(Sellin) 35
셀던(William Sheldon) 102
셀던의 체형이론 103
쇼(Clifford Show) 269
쇼클리 쇼크 221
숙명·운명(fate) 277
슈나이더(Kurt Schneider) 243
슈바브(G. Schwab) 191
슐징거(F. Schulsinger) 113
스파이스(스컹크) 164
스페크(Speck) 117
시각 137
시체애호가 341
신경생리학과 범죄 136
신경증적 장애 229
신념 299
신롬브로조학파 102
신상사파 408
신의안 402
신체긴장형 104
신체형장애 229
실증적연구 29
실증주의 66
실험연구 29
실험집단 44
심리분석학적 이론 345
심리적 분석이론 391
심리학적 소질론 382
쌍생아 연구 111

(ㅇ)

아노미(anomie) 260
아사펜부르크 92
악풍감염 308
안전지역 또는 주변환경(입지조건)의 정비 431
알 카포네 398
알카로이드 154
알코올과 유전 148
암수문제 33
암페타민류 158
애착 299
야바(YABA) 161
야쿠자의 문화 400
약물남용의 원인 166
양극화가설 226
양들의 침묵 337
양육이론 227
억제제 160
언어능력 137
에로스 345
에스트로겐 124, 182
엑스너(Exner) 35, 92
엑스터시(MDMA, Ecstasy) 161
여성범죄연구에 대한 비판 184
여성범죄의 원인 170
여성범죄의 특징 180
여성범죄인 171
연속살인 328
연쇄살인 329
연쇄살인의 특징 336
영역권의 설정 430
영역성의 강화 429
오스트리아 학파 92
외과적거세(물리적거세) 124
외배엽우월형 104
왼손잡이 141
왼손잡이와 범죄 141
요시마스(吉益脩夫) 192
욕구좌절-공격가설 347
우반구 137
우범곤순경사건 328
우울장애 241
우울증과 범죄와의 관계 242
운명으로서의 범죄 112
울프강(Marvin Wolfgang) 285
움직이는 대량살인범 328
월경과 범죄에 관한 諸硏究 181
위기이론 194
위험기 147
윌슨과 켈링(Willson & Kelling) 438
윌슨과 헤른스타인 224
유비수메 400
유영철 333

유전과 범죄 108
유전학적 이론 344
유죄이지만 정신질환 253
의제강간죄 360
이시바지 부지 교수 134
이욕적인 범죄 281
이탈리아의 초기 실증학파 73
인생사 연구(life history studies) 43, 289
일반예방효과 61
일원적 범죄원인론 76
일탈행위 28, 303
입양아연구 113

(ㅈ)
자기보고식 조사 36
자살론 88
자살테러 327
자연범설 79
자연스러운 감시 430
자연적 감시 429
자유의사론(비결정론) 23
자유주의 페미니즘 177
자율성(autonomy) 277
잔여형(residual type) 236
재산범과 여성범죄 180
재산범죄로서의 강도 354
저능화가설 226
저항불능의 충동 테스트 250
전구기(前驅期) 146
진념 299
전통적 범죄 326
전형법학(全刑法學) 90
전환제도(division) 308
절대적 암수범죄 33
접근통제의 강화 430
정국검 406
정보제공자 조사 38
정산(insanity) 253
정상인의 가면(masks of sanity) 247
정신병과 범죄 232
정신분석학 345
정신분열증 233
정신분열증의 원인 237
정신신경증과 범죄 229
정신이상항변 233
정신장애와 범죄 228
정치집단 314
제1차적 문화갈등 314
제2차적 문화갈등 314
제퍼리(Jeffery) 428
젠센 221
젤리히 93
조사연구(조사연구법) 45
조직범죄 395
조직범죄의 원인 411
조직범죄의 특성 410
조직성폭력배 396
존 힝클리(John Hinckley)사건 252
좌반구 137
좌절 348
좌절-분노-공격가설 349
죄형법정주의 15, 55, 55
주민에 의한 방범활동지원 430
죽음의 추동 347
준공공의 공간 431
준법집단 289
준사적 공간 431
중립집단 289
중배엽우월형 104
중장년기 188
중화기술이론 296, 383
쥬크(Jukes)家 연구 109
지능과 유전성 논쟁 221
징후기 146

(ㅊ)
차별적 기회구조 307
차별적 접촉 307
차별적 접촉이론 287, 289, 382
참여 299
참여적 관찰 41
책임의 부정 297
처벌의 신속성 61
천두술(trephing) 49

천연마약 154
청소년기(사춘기포함) 186
체형과 범죄 102
초자연적 설명 49
초자연주의 49
추동개념 347
추행조사(追行調査) 45
충성과 피의 맹세 403
치흔(이빨자국) 331
친족관계에 의한 강간 358

(ㅋ)

칼리카크(Kallikak)가(家) 연구 109
케네스 비앙키(Kenneth Bianchi) 232
코렌 141
코르테(cortes) 107
코카인 155
코페르니쿠스적 전환 308
코헨(A. Cohen) 278, 281
코헨의 비행하위문화이론 275
크란츠와 로사노프의 쌍생아 연구 112
크랙(crack) 155
크레츠머(Ernest Kretschmer) 102
크레츠머의 체격형 이론 102
클럽마약(Club drug) 161

(ㅌ)

타나토스(Thanatos) 345
테드 번디(Ted Bundy) 330
테스토스테론의 동물실험 122
토마스의 연구 173
투사형 191
특별예방효과 61
특수범죄 326
티틀(Tittle) 64

(ㅍ)

파놉티콘형(원형 교도소) 57
페라커터(Franco Ferracuti) 285
페리 77
페미니즘 176
페미니즘 이론(feminism) 391
페이오트(메스카린) 159
페치단계 157
펜시클리딘(Phencyclidine) 237
포옹마약(hug drug) 161
포이에르바하 58
포플 163
폭력범과 여성범죄 180
폭력범죄로서의 강도 355
폴락(Pollak) 35, 174
폴락의 연구(Pollak, 1950) 174
표류 297
표본집단 44
표본집단조사 44
프랑스의 범죄사회학파(환경학파) 83
프로이드의 연구 173
프로포폴 162
프리더랜드(Kate Friedrander) 346
플래시백 현상 159
피해자 중심의 이론 426
피해자의 부정 297
피해자조사 37

(ㅎ)

하위계층문화이론 276
학습이론 287, 392
한국의 조직범죄(폭력조직) 405
한외(限外)마약 156
합성마약 157
합의론적 관점 15, 16
해리성장애 230
해리성정체성장애 231
해마(hippocampus) 237
해방이후 폭력조직의 흐름도 407
해체형(disorganized type) 235
해피 스모크 164
향정신성의약품 157
허가주의 393
허비 클렉클리(Herby Cleckley) 247
허쉬(T. Hirschi) 298
허쉬와 힌데랑 223
허칭스와 메드닉(Barry Hutchings & S. A. Mednick) 114

헤로인(Heroin) 156
현대적 고전학파(현대적 억제이론) 64
현장조사 42
혈액형과 성격 130
혈액형별 범죄성향과 대책론 134
화랑동지회 408
화랑신우회 409
화이트칼라범죄 291, 377
화이트칼라범죄의 영향 384
화이트칼라범죄의 원인 382
화이트칼라범죄의 특징 379
화학적 거세 123
환각(hallucination) 234
환각제 158
환경설계를 통한 범죄예방(CPTED) 427, 428
환청 234
후튼(E. Hooton) 102
휘버너(Hubner) 182
흥분·자극(excitement) 277
히트만(Charles Whimam)살인사건 138
히트맨 400

(영문)

AB형의 기본기질 133
AIDS 394
A형의 기본기질 132
Blue collar crime 377
B형의 기본기질 132
CPTED 429
DID(해리성정체성장애) 232
DNA검사 333
E. H. Sutherland 287
GBM I 253
GHB(물뽕) 162
Henry와 Short의 외적 제재이론 349
id(본능) 345
IQ논쟁 221
Karl Marx 315
Kingsley David 392
L.S.D(lysergic acid diethyamide) 159, 237
Lisa Levy 331
MPD(다중성격장애) 232
MPD항변 231
New롬브로조 102
O형의 기본기질 131
PCL-R 249
PCL-R 검사 342
rush현상상태 158
superego(초자아) 345
XXY 성염색체(여성적 남성) 119
XYY 범죄인 344
XYY범죄인에 관한 연구 116

(숫자)

1차적 사이코패스 247
1차적 일탈 307
2차적 사이코패스 247
2차적 일탈 307

(한문)

人本主義 59
神本主義 59

저 / 자 / 소 / 개

김형중

약 력

- 경북대학교 학사
- 건국대학교 대학원 행정학석사
- 경성대학교 대학원 행정학박사
- 동의대학교 대학원 법학박사
- 경찰간부후보생 제27기
- 제주지방경찰청 수사과장, 경남지방경찰청 형사과장·경비교통과장
- 부산지방경찰청 정보과장·보안과장·외사과장
- 부산지방경찰청 사하서·부산진서·연산서·남부경찰서장

- 전 부산외국어대학교 법·경찰학부 교수
- 현 대한민국 경비협회 부산지방협회장

저 서

『韓國古代警察史』 (修書院, 1991)
『韓國中世警察史』 (修書院, 1998)
『경찰행정법』 (수사연구사, 2005)
『객관식 경찰행정법』 (경찰공제회, 2007)
『경찰행정법』 (경찰공제회, 2008)
『경찰학개론』 (청목출판사, 2010)
『범죄수사총론』 (청목출판사, 2011)
『범죄학』 (그린출판사, 2013)
『경찰학총론』 (청목출판사, 2014)
『경찰행정법』 (박영사, 2014)
『경찰행정학』 (박영사, 2015)
『한국경찰사』 (박영사, 2016)
『일반 경비원 현장실무론』 (박영사, 2019)

이 도 선

약 력

- 동국대학교 학사
- 동국대학교 경찰행정학과 경찰학석사
- 동국대학교 경찰행정학과 경찰학박사
- 한국셉테드(CPTED)학회 부회장
- 지식경제부 범죄예방환경설계(CPTED) 전문위원
- 법무부 통합형사사법정보체계추진기획단
- 한국형사정책연구원 청소년범죄연구센터 위촉연구원
- 경찰인재개발원 CPTED 전문화과정 외래교수
- 경기도, 부산광역시, 대전광역시, 울산광역시 CPTED 자문위원

- 현 한남대학교 법정대학 경찰학과 교수

저 서

『경찰학』 (다해, 2012)
『범죄학』 (백산출판사, 2013)
『경호학』 (백산출판사, 2013)
『법학개론』 (백산출판사, 2013)
『민간경비론』 (백산출판사, 2013)
『경비업법』 (백산출판사, 2013)
『스포츠안전지도법』 (진영출판사, 2013)
『경찰학』 (박영사, 2014)
『셉테드 : 범죄예방설계』 (기문당, 2016)

정 의 롬

약 력

- 동국대학교 경찰행정학과 학사(39기)
- 동국대학교 대학원 경찰행정학과 경찰학석사
- 동국대학교 대학원 경찰행정학과 범죄학박사
- 동국대, 용인대, 극동대, 한남대 외래교수
- 한국공안행정학회 사법위원회 위원·연구국장
- 한국해양경찰학회 이사
- 한국공공안전정책학회 이사
- EBS 경비지도사 경비업법 강사

- 현 부산외국어대학교 법·경찰학부 교수

저 서

『법학개론』 (백산출판사, 2013)
『민간경비론』 (백산출판사, 2013)
『경비업법』 (백산출판사, 2013)
『범죄학』 (백산출판사, 2013)
『경호학』 (백산출판사, 2013)

조 상 현

약 력

- 동국대학교 경찰행정학과 범죄학 박사
- 동국대, 신라대, 울산대, 부산외대 일반경비원교육 강사

- 현 동서대 경찰사법학부 조교수

저 서

경찰학개론 기출문제, 경비지도사, 민간경비론 외

도서출판
그린

개정판 **범죄학**

개정판 인쇄	2020년 8월 24일
개정판 발행	2020년 8월 27일
저 자	김형중·이도선·정의롬·조상현
발행처	도서출판 **그린**
발행인	윤 덕 우
출판등록	제8-161호(1995. 5. 3.)
주소	경기 파주시 가람로116번길 107 운정한강듀클래스 411호 (우) 10896
전화	02) 333-2574, 2575
Fax	02) 333-2561
E-mail	greenpress@greenpress.co.kr
Homepage	http://www.greenpress.co.kr

정가 : 25,000원

ISBN 978-89-5727-324-1 (93350)